信息推荐系统

第二版

曾子明 著

WUHAN UNIVERSITY PRESS
武汉大学出版社

图书在版编目(CIP)数据

信息推荐系统:第二版/曾子明著.—武汉:武汉大学出版社,2020.8
ISBN 978-7-307-21566-5

Ⅰ.信… Ⅱ.曾… Ⅲ.信息系统 Ⅳ.G202

中国版本图书馆 CIP 数据核字(2020)第 151506 号

责任编辑:詹 蜜 黄河清 责任校对:汪欣怡 版式设计:马 佳

出版发行:**武汉大学出版社** (430072 武昌 珞珈山)
(电子邮箱:cbs22@ whu.edu.cn 网址:www.wdp. com.cn)
印刷:武汉中科兴业印务有限公司
开本:720×1000 1/16 印张:19.5 字数:329 千字 插页:2
版次:2020 年 8 月第 1 版 2020 年 8 月第 1 次印刷
ISBN 978-7-307-21566-5 定价:58.00 元

作者简介

曾子明，男，1977年生，博士，博士后，教授，博士生导师，武汉大学信息资源研究中心研究员，入选为武汉大学“351人才计划”之珞珈青年学者。先后主持国家社会科学基金重大项目子课题、国家自然科学基金面上项目、国家自然科学基金青年项目、教育部人文社科重点研究基地重大项目、教育部人文社科研究项目、中国博士后科学基金、湖北省教育厅人文社科研究项目和企业委托项目等项目，参与教育部人文社会科学重点研究基地重大项目、香港特区自然科学基金研究项目、国家自然科学基金项目等。近年来，在国内外核心期刊和重要国际学术会议上发表论文80余篇，其中多篇论文被SCI、EI、CSSCI等重要检索机构收录，兼任国家自然科学基金通讯评审专家、教育部学位中心博士学位论文抽检通讯评议专家以及国内多家期刊审稿专家，同时兼任国内外多个学术期刊的审稿专家。

第二版前言

随着"互联网+"战略的推进以及信息技术的高速发展，大数据已成为我国经济和社会发展过程中重要的战略资源，被认为是未来引起社会变革和技术创新的"下一个前沿"。在互联网和不同行业和领域的深度融合过程中产生了大数据，其蕴含的丰富价值和巨大潜力，将给社会生产和生活带来深刻的变化，改变人们的信息获取和使用方法，以及社会生产、生活和学习方式。然而，基于大数据的互联网各种应用中出现了信息过载的问题，信息服务领域面临"信息丰富、但有用信息获取困难"的窘境，这使得人们从互联网中有效地获取信息变得日益困难。目前，搜索引擎是最普通的辅助人们获取信息的工具，但只能满足主流需求，没有考虑用户的个性化信息需求，仍然无法很好地解决信息过载的问题。以"信息推送"为服务模式的信息推荐系统，是当前解决信息过载问题的主要手段，它能够在分析预测用户需求的基础上主动推送其可能需要但又无法获取的有用信息，并能够以用户为中心，通过研究用户行为、兴趣和环境等，为用户推荐更具针对性的信息，即实现信息的"按需定制服务"。

信息推荐系统作为一种人机交互系统，主要应用信息检索、信息过滤、数据挖掘、深度学习等多种技术和方法为用户提供"信息推送"服务，帮助用户在互联网海量信息中筛选符合其个性化需求的信息资源，为用户带来全新的信息服务体验。随着电子商务、社交媒体的流行和发展，信息推荐系统作为信息服务科学一个重要的研究领域，已得到了国内外学者、研究机构和企业界的广泛关注。因此，系统地探讨信息推荐系统的基本原理、技术以及研究热点无疑将从理论和实践上推动信息推荐系统的进一步发展。

本书较为系统和全面地论述了信息推荐系统的相关原理、技术和应用，全书内容较新颖，反映了信息系统和信息服务领域的发展动态以及作者多年来的研究成果。相比于第一版，第二版在保留第一版基础知识和研究风格的基础上，做了较大幅度的调整和更新，使得第二版内容能够反映该领域最新研究热点和作者近年来的研究成果。例如，新版增加了三章内容，包括社会化信息推荐系统、基于用户画像的信息推荐系统、智慧图书馆信息推荐服务，与研究热点和应用领域紧密结合；同时，增加了相应章节内容，如基于深度学习的推荐系统、内容过滤推荐的用户兴趣建模、基于情境感知的个性化移动阅读推荐等，使得新版在内容上更加丰富完整。

全书共 9 章：

第 1 章是概述部分，在介绍两种服务模式的基础上介绍了基于“推送”模式的信息推荐系统，包括它的应用领域和研究热点。

第 2 章首先介绍了信息推荐的基本技术，包括信息检索、信息过滤、数据挖掘和信息推荐的基本算法。在此基础上，本章引入深度学习技术，在介绍深度学习技术的基础上，探讨了融合深度学习的信息推荐系统模型和方法，并对基于深度学习的推荐系统发展趋势进行了分析和展望。

第 3 章介绍信息内容过滤推荐的模型和方法，包括内容过滤推荐的相关技术、内容过滤推荐的系统模型和相关算法、内容过滤推荐的用户兴趣建模等。

第 4 章首先介绍两种基本的信息协同过滤推荐方法，在此基础上介绍基于模型的协同过滤推荐方法，并提出一种移动环境下基于隐式评分的博客信息推荐方法。

第 5 章针对顾客经常购买的商品，提出了一种基于 Web 挖掘技术的商品信息推荐系统。

第 6 章首先介绍社会化信息推荐系统的概念、研究现状和基本模型，在此基础上重点探索基于主题的科技文献社会化推荐模型和知识网络社区中基于声誉的社会化信息推荐。

第 7 章针对泛在环境下用户个性化信息需求具有情境敏感性，研究基于情境感知的信息资源推荐服务的理论、模型与方法，从不同研究视角提出相应基于情境感知的信息推荐方法。

第 8 章详细介绍用户画像的概念，探讨用户画像对信息推荐系统的推动作用，提出一种新颖的基于用户画像的信息推荐服务模型，并针对电影和移动图书馆两个领域进行应用。

第 9 章从不同视角研究智慧图书馆个性化信息推荐服务，首先探索智慧图书馆个性化信息推荐服务体系；接着提出基于情境感知的智慧图书馆个性化推荐服务模型；而后提出基于 SoLoMo 模式的智慧图书馆嵌入式推荐服务模式，最后探索将推荐系统嵌入读者泛在学习过程，为读者提供泛在、全面、互联、高效的智慧型服务。

本书反映了作者及其领导的学术团队近年来的研究成果。在撰写、成稿的过程中，参考了国内外许多专家、学者的论著，他们的成果为本书提供了丰富的素材和理论支撑，书中在每章的章后参考文献中进行了标注。如果有不慎遗漏的，亦表示特别的歉意。

信息推荐系统可以无缝嵌入不同领域的应用场景中，为相关领域用户提供个性化的场景式服务体验。同时，信息推荐系统的理论和方法与时俱进、发展迅速，有许多新问题亟待进一步深入解决，因此本书出版希望能起到抛砖引玉的作用。尽管笔者在项目研究和本书撰写过程中付出了艰辛的努力，但由于该领域研究内容新颖，一些理论方法和技术还在不断发展之中，书中错漏之处难免，欢迎读者不吝赐教。

曾子明

2019 年 12 月

目　　录

第 1 章　信息推荐系统概述

近年来，随着云计算、大数据、物联网和智能计算等信息技术的发展，互联网各种应用(电子商务、社交媒体和信息搜索等)层出不穷，数据资源的规模和数量呈几何级数激增，信息服务领域面临“数据丰富、但有用信息获取困难”的窘境。一方面，互联网各种应用产生了大数据，其蕴含着丰富的价值和巨大的潜力，给社会生产和生活带来深刻的变化，但同时出现了严重的“信息过载”(Information Overload)问题；另一方面，用户被这些数据所包围着，却无法从中有效获取自己所需的信息资源。针对信息过载的问题，网络信息获取以现代信息技术为手段，向用户提供所需的信息资源，其服务模式包括信息拉取和信息推送两种类型[1]。信息拉取包括门户网站、信息检索和搜索引擎等，但这些工具只满足主流需求，没有个性化的考虑，仍然无法很好的解决信息过载的问题[2]。推荐系统(Recommendation System)作为一种“信息推送”模式的重要方法，是当前解决信息过载问题的主要手段，它能够在分析预测用户需求的基础上主动推送其可能需要但又无法获取的有用信息，并能够以用户为中心，通过研究用户行为、兴趣和环境等，为用户推荐更具针对性的信息，即实现信息的“按需定制服务”。本章首先介绍网络信息获取及其提供的两种主要服务模式；在此基础上重点介绍基于“推送”模式的信息推荐系统；最后介绍信息推荐系统的应用领域和研究热点。

1.1　网络信息资源及获取服务模式

我们生活在一个越来越依靠信息的时代，并在向数字化时代迈进。数字化时代来临时，各种信息资源的电子化传递都将成为数字化经济的标志[3]。信息社会化、社会信息化，信息生产与消费促进了信息产业和信息技术的飞速发展。当前，互联网已经成为人们获取信息的重要来源，是人们获取信息、改变生活方式、赢得商机的重要媒介。然而，互联网规模和信息资源的迅猛增长使得人们从互联网中有效获取信息日益困难。因此，针对用户的信息需求，如何高效地为其提供高质量的信息获取服务就成为当前互联网可持续发展的关键。

1.1.1 网络信息资源

网络信息资源是指以数字化形式记录的，以多媒体形式表达的，存储在网络计算磁介质、光介质以及各类通信介质上的，并通过计算机网络通信方式进行传递的信息内容的集合[4]。随着 Internet 的普及和发展，网络信息资源对日常生活及商务活动起到了越来越重要的作用。人们可以足不出户，方便地接触到大量的信息，信息资源不足的问题已不复存在。但是，人们也深刻感受到，目前最大的问题不是信息资源的缺乏和不足，而是网络信息资源严重膨胀，出现"信息过载"的问题；另一方面，用户被这些信息所包围着，却无法从中有效获取自己所需的信息资源，即用户面对的信息资源远远超出其处理的能力。现代信息服务领域已经进入了一个"信息丰富、但有用信息获取困难"的两难窘境。因此，针对用户的信息需求，如何高效地为其提供高质量的信息获取服务已成为当前网络信息资源健康、可持续发展过程中亟待解决的重要问题。

目前，Internet 网络上的信息资源主要有以下几个特点[5]：

第一，存储结构无序性。网络信息资源分散存储在 Internet 网络中不同的 Web 服务器中，采用不同的系统平台、数据管理平台、存取方式及人机接口，并缺乏集中统一的管理控制和质量控制，使得网络信息资源处于无序的分布式存储状态。

第二，形式多样性。网络信息资源形式广泛，涉及人们生活的各个领域。传统信息资源主要是以文字或数字形式表现出来的信息。而网络信息资源则以文本、图像、音频、视频等多种形式存在，涉及科学研究、商务、教育、娱乐、体育和艺术等不同领域。例如雅虎网站，其主页就是按字母排列的 15 个大类，464 个二级类目，每个二级类目又分为若干个三级类目。搜狐网站与雅虎网站相似，它将所提供的信息资源分为 18 个大类，各个大类又细分为二、三、四级类目，各级子类目总数达 5 万多个，其主题几乎涉及各个行业和领域。

第三，网络信息资源的实时性。网络信息发布者根据各自的需要和迎合用户的需求，经常更新信息，甚至变换发布信息的网页形式和内容。在增加网络信息的同时，也增加了其动态性，这些都给信息获取增加了难度。CNNIC 于 2012 年 1 月发布的《第 29 次中国互联网络发展状况统计报告》指出，2011 年中国网页数量已达到 866 亿，年增长率为 44. 3%。由于网络信息更新容易，传播迅捷，其实时性也是任何传统载体所无法比拟的。

第四，信息冗余度高。由于大量的网络信息是免费的，而且相关信息网站没有统一的规划，所以各个网络站点之间存在着大量冗余的信息，这就造成了信息检索过程中对相同信息的重复检索，这既增加了网络信息资源建设的成本和开销，同时也增加了用户获取资源的困难，浪费了用户的时间。

第五，信息资源的异构性。Internet 网上包含了海量的 Web 站点，这些 Web 站点的信息格式各异，有结构化的数据(如关系型的 Web 数据库)、半结构的数据(如 HTML 网页等)和非结构化的数据(如图片、广告视频等多媒体信息)。由于 Interent 开放式网络架构和网际互联协议的成功，如今人们可以轻易地在 Interent 网络许可的范围内访问任何信息资源。但网络信息资源在数据结构定义、语法格式、语义描述、不同信息系统的异构性以及访问语言上的异构，使得信息资源并不能得到有效的开发和利用，即存在“信息过载”现象。

Internet 网络的发展带来了信息资源的极大丰富，成为人们获取信息的重要来源，但是网络信息资源的无序多样、异构以及冗余度高等特点也给用户从 Internet 网络中获取信息带来了困难。人们通常借助各种网络信息获取工具，如门户网站、搜索引擎、专业数据索引、RSS 等，从网络获取信息。网络信息获取服务是指在互联网上，针对用户的信息需求，以现代信息技术为手段，向用户提供所需的信息资源及服务，其服务模式包括信息拉取(Information Pull)和信息推送(Information Push)[6]。

1.1.2　信息获取服务模式

信息拉取和信息推送是人们从网上获取信息的两种主要手段。信息拉取和推送的区别在于用户获取信息的模式不同。所谓信息拉取是用户根据自身的需求，通过信息服务系统搜索或浏览信息，经过不断筛选和重定位，找到所需信息资源的过程；信息推送是指信息服务系统无须用户表明自身的信息需求，就能根据用户的历史访问记录以及所处环境等，主动在网上搜索信息，将符合用户需求的信息以合适的方式主动推送给用户的过程。可以看出，从信息系统服务的视角上，信息拉取是系统根据用户的请求，被动地提供信息服务；而信息推送则是系统主动地提供信息服务。两种服务模式之间的关系如图 1-1 所示。

图 1-1 “信息推送”和“信息拉取”示意图

(1)信息拉取服务

信息拉取是用户获取网络信息资源的传统方式，它是指用户有目的地在网络上主动查询信息，其一般过程为：用户从浏览器给 Web 服务器发出请求，由 Web 服务器处理用户的请求，并将处理结果(即满足用户请求的信息或无法满足的信息)返给用户[7]。信息拉取服务的方式主要有两种：基于关键词检索的信息拉取和基于分类目录的信息拉取服务[8]。

①基于关键词检索的信息拉取。

这种信息拉取方式是搜索出符合检索条件的网页信息，信息服务系统服务器端通常采用基于机器人的技术，即使用一个被称为机器人(Robot，也叫做 Spider、Web Crawler)的机器人程序自动访问 Web 站点。机器人程序以某种策略自动地在 Internet 中搜索和发现信息，由索引器为搜索到的信息建立索引，根据用户的查询输入检索索引库，并将查询结果返回给用户。这种拉取服务方式是基于网页的全文检索服务，其优点是信息量大、更新及时、不需要人工干预；缺点是返回信息过多，没有个性化的考虑，用户仍需要从检索出的信息中手工选择自己所需要的信息。另外，基于关键词检索的信息拉取仍会出现两个问题：一个是用户有时很难简单地用关键词来准确地表达需要检索的内容，用户需求表达困难将导致检索困难；另一个是检索词的语义问题，同一概念可以用不同的检索形式来表达，如“计算机”和“电脑”，同时同一检索词在不同的上下文环境中可能语义不同，如“苹果”可以指一种水果，也可以指Apple公司旗下的“苹果手机”或“苹果电脑”。

②基于分类目录的信息拉取方式。

这种信息拉取方式使用网站分类技术，即把网站进行树状的归类，对每个站点进行简略的描述，形成分类目录。分类目录按网站的内容进行系统的分类整理，最终形成一个按类别编排的网站目录。在每一类中，排列着属于这一类别的网站的别名、网址链接、内容摘要以及子分类目录。同时，为了信息资源分类的科学准确，需要相关各学科的专业人员对信息资源进行分类和维护。这些专业人员在访问了某个Web站点后撰写一段对该站点的描述，并根据站点的内容和性质将其进行归类，即把该Web站点的URL(Uniform Resource Location，统一资源定位符)和描述放在这个类别中。当用户通过目录的某一节点进行检索时，用户安装目录的层次结构逐步细化直到找出满足用户需求的信息资源。由于基于分类目录的信息拉取方式是依靠人工来评价该Web网站的信息内容，因此用户从目录搜索得到的结果往往更具参考价值。这类信息服务系统因为包含人的智能辅助，所以发布的信息较为准确、信息导航质量较高；但是缺点也很明显，即信息服务系统需要大量的人工介入，信息资源维护量大，因此信息更新不及时，维护成本较高。

搜索引擎是实现网络信息拉取服务的主要工具，它可以在面对拥有海量信息的网络环境时，辅助用户快速、高效地寻找有用信息。根据工作原理的不同，可以把搜索引擎分为两个基本类别：全文(Full Text)搜索引擎和分类目录(Directory)搜索引擎。Google、百度都是比较典型的全文搜索引擎。分类目录搜索引擎则是通过人工的方式收集整理网站资料形成数据库，比如雅虎中国、搜狐、新浪、网易等均采用了分类目录和索引技术搜索信息资源。以Google为例，它是目前全球规模最大的搜索引擎，它支持用户以关键词的方式查询，提供包括网页、图像、视频、地图、学术、博客、电子商务等在内的信息搜索功能。同时，Google也提供了许多智能化的搜索功能，例如跨语言信息搜索功能，允许用户使用自己的本国语言搜索外文网站，从而解决了互联网上横亘在人们面前的语言障碍。百度搜索引擎是目前世界上最大的中文搜索引擎，它拥有超过千亿的中文网页数据库，同样也支持用户以关键词的方式搜索信息资源，提供包括网页、图片、视频、MP3、地图、新闻等在内的信息搜索。目前，百度在国内各地分别设立的服务器，能直接从离用户所在地最近的服务器上，把所搜索的信息返回给用户，使用户享受方便、快捷的信息搜索服务。

除以 Google、百度等为代表的传统搜索引擎外，元搜索引擎也是一种比较常用的信息搜索工具。元搜索引擎(Meta Search Engine)通过调用、控制和优化其他多个独立搜索引擎的搜索结果，并以统一的格式在同一界面集中显示。例如，国内开发的搜魅网(Someta)，推出了一种全新的信息聚合服务，它集成 Google、百度、雅虎、搜狗等多家主流搜索引擎的结果，即将其他搜索引擎的返回结果利用自动聚类的方法聚合在一个独立的搜索界面上，为用户提供网页、图片、资讯等信息搜索服务。

从以上分析，我们可以看出：信息拉取服务在当前网络环境下仍然居于主导地位，在网络数字化信息服务中依然会发挥重要的作用。在信息拉取过程中，用户是通过明确表达自身的需求后(例如输入搜索关键词)才从信息服务系统中得到现有的信息服务。但是，信息拉取方式存在着如下缺点：

第一，信息拉取所获取的信息结果仍然是大量的，用户仍将从搜索结果进行人工过滤，以获取自己所需信息，这将耗费用户较多的时间和精力。

第二，信息拉取从本质上是以“信息资源”为中心，而不是以“用户”为中心的信息获取行为，即需要用户主动从信息服务系统中获取信息资源。因此，用户不能随时进行搜索，无法得到及时的信息更新。

第三，用户表达请求不准确，例如采用基于关键词的信息搜索，无法用合适的关键词精准地表达自己的需求，因而导致信息服务的误差。

第四，信息拉取方式没有考虑用户个性化需求，搜索的信息资源并不符合用户的个性化需求。

因此，从以上几点可以看出，现有的信息拉取及其实现工具(例如信息资源门户网站、专业数据索引、搜索引擎)从本质上仅是帮助用户进行网络信息资源过滤的手段。这些工具只提供公共用户的一般需求，并没有针对目标用户的个性化需求提供定制的信息服务，因此仍然不能很好地解决信息过载的问题。

(2)信息推送服务

随着互联网上数字信息资源的迅速增长，基于“信息拉取”方式的搜索引擎返回的结果少则几百条多则上千条甚至更多。用户通常需要不断手工构造复杂的查询条件以减少无关的返回结果。为减轻用户的负担，提高信息获取服务的质量，研究人员在研究信息服务系统新的搜索算法的同时，更关注用户的个性化需求和行为。因此，新的信息获取服务——信息推送服务应运而生。

①信息推送的定义。

关于信息推送的研究目前已为国内学者所关注，关于信息推送的概念也有不同的解释和定义。其中具有代表性的有：第一，信息推送服务是利用推送技术(Push Technology)自动搜索网络上用户感兴趣的信息，并主动推送到用户面前的服务，也可以称为基于"推"模式的网络信息服务。从技术上看，Push 模式的网络信息服务是具有一定智能性、可以自动提供信息服务的一组计算软件，或者将其描述为网络环境下的一个高度专业化、智能化的网络专题信息服务系统[9]。第二，信息推送服务利用推送技术主动把用户感兴趣的信息推送到用户端，与传统的信息拉取技术(Pull Technology)相比，减少了用户盲目的网上搜索时间，提高了信息检索效率[10]。第三，信息推送服务就是通过一定的技术和协议，从网上的信息源或信息提供商获取信息，通过固定频道向用户发送信息的新型信息传播系统[11]。第四，信息推送服务相对于传统的信息拉取服务而言，它是在"推"技术作用下以信息寻找用户，而不是用户找信息[12][13]。

我们可以将以上关于信息推送的定义进行综合，给出一个较为全面的定义：信息推送服务是信息服务系统通过识别和获取用户在信息检索过程中的行为和个性化需求特征，记录、学习并推导出用户的潜在需求和偏好，并及时动态追踪用户需求的更新情况，主动实时地把用户所需的信息资源推送给用户。

②信息推送的方式。

根据信息推送采取的媒介和方式不同，可以将信息推送的方式分为以下几种[10]：其一，频道推送服务。信息服务系统将互联网上一些内容相关的文档、网页以及多媒体信息等组合起来，通过特定的频道推送给用户查看。其二，页面推送服务。页面是互联网的基本组成单元，页面推送就是把以页面形式组成的信息内容推送给用户。其三，电子邮件推送服务。电子邮件推送主要利用了电子邮件的群发功能，将用户预订的或可能感兴趣的信息内容推送给相关用户群组。其四，专用式推送服务。专用式推送采取专门的信息收发软件进行推送，由信息员把信息直接推送给用户。其五，移动通信推送，即将用户感兴趣的信息通过移动设备进行传送。

③信息推送技术的应用。

信息推送技术最早于 1996 年由美国 Point Cast 公司提出，它因而成为第一个在 Internet 上使用推送技术发表信息的公司[14]。该公司通过与一些媒体公司合作，利用信息推送软件通过 Internet 网络向读者发送预先打包好的新闻、经济、体育和其他信息，如 CNN、《纽约时报》、生活时尚等信息会在预先的频道中循环播出。信息推送技术最成功的应用是在一些特定的领域，针对特定的用户群体，如通过 E-mail 或短消息方式向特定用户提供新闻、天气、广告等。

RSS 是一种起源于网景(Netscape)的信息推送技术。由于版本的不同，RSS 全称既可以是 Really Simple Syndication(真正简单聚合)，又可以是 Rich Site Summary(丰富站点摘要)或 RDF Site Summary(RDF，站点摘要)。虽然三种规范定义的结构不同，但是所包含的核心信息和技术实质却基本相同[15]。从本质上来讲，RSS 是一种数据规范或结构，该规范规定网站在发布新信息的时候要遵循的标准格式，以 XML 文件形式呈现某网站内容更新的摘要信息，是一种用于共享新闻标题、摘要等内容的 XML 文件。作为互联网上信息推送方式的实现，RSS 能够将新内容在服务器中出现的第一时间推送到用户端阅读器中，极大地提高了信息的时效性和价值。网上信息发布者，无论是企业还是个人，都可以通过 RSS 服务平台向所有用户“推送”出他们所需要的信息内容。另外，RSS 能够实现信息的“聚合”，即能将互联网上很多不同源信息以 feeds 订阅的方式集中到同一点[16]。因为 RSS 是一种被广泛采用的内容包装定义格式，所以任何内容源都可以采用这种方式来发布信息。而在用户端，RSS 阅读器软件按照用户的喜好，有选择地将用户感兴趣的内容来源聚合到软件界面中，从而为用户提供多来源信息的“一站式”服务。基于 RSS 的信息推送服务使得大量经过筛选的高质量信息能够及时满足用户的需求，同时信息流的方式也不再是用户单一方向的“拉”，还包括反方向的“推”，从而提高了信息服务与信息利用的效率和效益[17]。目前，基于 RSS 的信息推送服务被广泛地应用于网络在线新闻、电子报刊、电子学习和数字图书馆等领域。

信息推送技术还被广泛地应用于博客、论坛和电子商务中，用来为不同类型的用户推送广告、新闻、朋友和商务等信息。此外，信息推送技术也被应用于企业情报搜集、信息资讯等服务中[6]。例如，企业竞争情报系统(Enterprise Competitive Intelligence System)，它将反映企业自身、竞争对手和企业外部环境的时间状态和变化的数据、信息、情报进行收集、存储、处理和分析，并以适当的方式推送给企业有关战略管理人员。

从以上关于信息推送的定义、推送方式和推送技术的应用中可以看出，信息推送服务与信息拉取服务的本质区别在于：信息推送服务是信息服务系统根据用户的需求为其主动推送所需的信息资源，服务是以“用户”为中心；而传统的信息拉取服务则相反，信息拉取是用户根据自身需求向信息服务系统提出服务请求，通过信息服务系统在网络上寻找相应的信息资源，因此服务是以“信息资源”为中心。因此，在当前互联网上数字信息资源呈几何级数增长，信息服务领域面临“信息丰富、但有用信息获取困难”的窘困背景下，信息推送服务为信息服务学科提供了一种崭新的信息服务方式和解决问题的思路。

1.2　基于“信息推送”模式的信息推荐系统

1.2.1　信息推荐系统的概念与通用模型

随着互联网技术的应用普及和电子商务的迅猛发展，充斥在网络中的信息资源数量呈现指数增长的态势。海量的信息同时呈现在用户面前，使得用户感觉无所适从，很难从中找到自己真正感兴趣的资源，从而出现所谓的“信息过载”问题。基于“信息拉取”方式的传统搜索引擎没有考虑用户的特征，将所有用户等同处理，返回给用户相同的资源序列，而且反馈的信息量非常大，不能从根本上帮助用户解决“信息过载”问题。因此，如何根据每个用户的偏好需求从互联网海量信息中寻找满足用户需求的信息，进而采取主动“推送”模式传送给用户，已经成为信息服务领域亟待解决的问题。

信息推荐系统(Information Recommendation System)就是在这种背景下诞生的。它基于“信息推送”服务模式，能够在分析预测用户需求基础上主动推送其可能需要但又无法获取的有用信息，并通过研究用户行为、兴趣和环境等，为用户推荐更具针对性的信息，即实现信息的“按需定制服务”，因此是当前解决信息过载的非常有潜力的方法。信息推荐系统与以搜索引擎为代表的信息检索(Information Retrieval)系统最大的区别在于：①信息服务模式不同，信息推荐系统是基于“信息推送”服务模式，以用户为中心；而搜索引擎则基于“信息拉取”服务模式，以信息资源为中心。②工作机理不同，推荐系统不需要用户主动地对其感兴趣的信息资源进行描述，而是通过显式或隐式的方式来收集用户的历史行为信息(例如网站访问、购买行为、资源评分等)，进而利用这些历史信息来构建用户的偏好模型，从而根据该模型寻找用户可能感兴趣的信息以进行推荐。③搜索引擎的信息搜索过程由用户主导，包括输入查询词和选择结果，如果结果不满意用户会修改查询再次搜索；而推荐是由系统引导用户的浏览顺序，引导用户发现需要的结果，高质量的推荐系统会使用户对该系统产生信任和依赖。因此，推荐系统不仅能为用户提供个性化的服务，而且能够与用户之间建立长期稳定的关系，提高用户忠诚度，防止用户流失。

一般来说，信息推荐问题可以简化为预测目标用户对未评分资源的评分情况。一旦系统可以基于目标用户已有评分信息来预测用户对未评分资源的评分情况，就可以向该用户推荐那些评分值较高的信息资源。通用的信息推荐系统模型主要包括三个组成要素：用户、推荐候选对象、推荐方法，如图1-2 所示[18]。用户可以向推荐系统主动提供个人偏好信息或推荐请求，也可以不提供，而是由系统自动采集。推荐系统可以采用不同的推荐策略或算法来完成推荐，如利用采集到的用户个性化信息和项目数据进行计算来得到推荐结果，或者直接基于知识库中的数据来完成推荐。

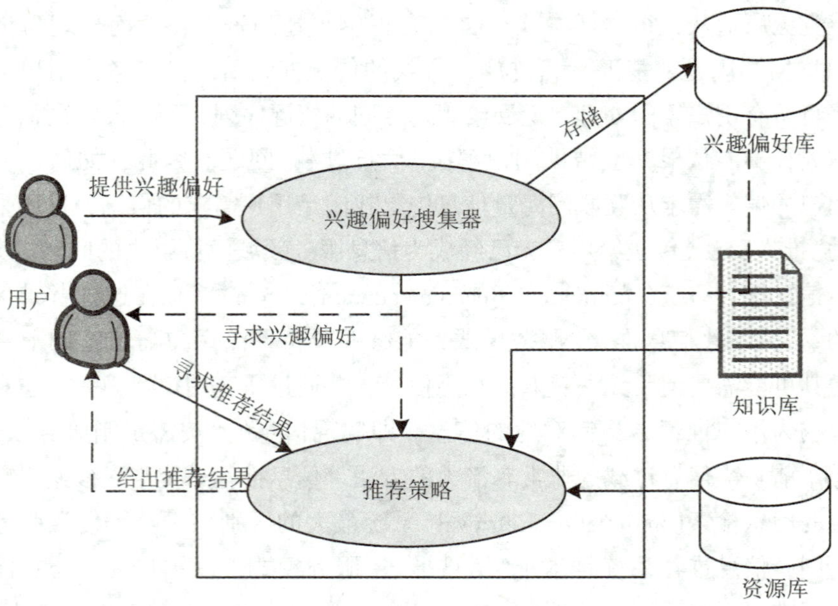

图 1-2　推荐系统通用模型

Admomavicius 等指出[19]，推荐问题可以形式化地描述为：设 C 表示推荐系统中所有用户(User)的集合，S 表示推荐系统中所有信息资源(如商品，图书、电影、旅馆等)的集合，C 和 S 集合的规模通常很大。设效用函数 u：$C \times S \rightarrow R$，其中 R 为一给定评分区间的有序集合。可以使用该效用函数来衡量特定信息资源 $s \in S$ 对特定用户 $c \in C$ 的效用性。因此，信息推荐要研究的问题就是：对于系统的目标用户 $c \in C$，选出特定信息资源信息资源 $s^* \in S$，使得该用户的效用函数 u 达到最大，即有：

$$\forall c \in C,\ s^* = \arg\max_{s \in S} u(c, s) \tag{1-1}$$

在基于评分的信息推荐系统中，经常使用用户对信息资源的评分值来表示资源项目对用户的效用值，即评分值的大小反映了用户对该资源项的喜好程度[20]。例如，在一个评分值区间为 [1，5] 的推荐系统中，用户 Tom 对电影《泰坦尼克号》的评论值为 5，而对《罗马假日》只评 1 分，则表示 Tom 非常喜欢《泰坦尼克号》这部电影，而不喜欢《罗马假日》。根据不同的应用场景，效用函数 u 可来源于用户的定制信息，如用户主动向系统提供自己的评分信息；也可以使用系统计算出来的评分预测值。对于用户集合 C，可以用一个描述文件来定义 C 中的每个元素，该描述文件记录了用户的性别、年龄、职业、学历、收入等多项特征。类似地，信息资源项目集合 S 中的每个元素也可以用一个项目特征集合来表示。例如，在电影信息推荐系统中，S 为一电影集合，每部电影可以用电影 ID、电影类型、导演、主演、国家、上映时间等一系列特征来描述。

用户和对象的度量与采用可以使用不同的属性和特征，这根据实际面对的问题不同而不同。推荐服务研究的中心问题是效用函数 u 的计算。在信息推荐系统中，效用函数 u 并没有在整个 $C \times S$ 空间上进行定义，而只是给出了其在该空间的某个子集上的定义。因此，信息推荐系统的核心任务就是把 u 扩展到整个 $C \times S$ 空间上。对于基于评分的信息推荐系统来说，效用函数 u 初始时只在那些已经拥有评分的“用户—项目”组上有定义。例如，在电影推荐系统(http：//movielens. umn. edu)上，新用户注册时，需要提供其若干个已经看过的电影的评分值。例如，表 1-1 给出一个“用户—电影”评分矩阵，其中评分值位于区间 [1，5] 之间，“?”表示用户还未给相应的电影进行评分。因此，该电影推荐系统的任务是根据已评分的电影进行评分扩展，即根据用户已有的电影评分来预测用户未评分电影的评分值，最后根据预测结果为用户产生相应的推荐电影。

表 1-1　　　　**电影推荐系统“用户—电影”评分矩阵**

	廊桥遗梦	罗马假日	泰坦尼克号	乱世佳人
Tom	5	1	5	4
Jack	2	4	?	3
Rose	2	2	4	3
Peter	5	2	5	?

可以用来预测推荐系统中未评分资源项目评分值的方法有很多，各类推荐服务模型在评分矩阵扩展和评分预测方面采取了不同的策略和算法，设计了不同的效用函数，这些内容将在本书后面章节中逐一详细介绍。

1.2.2　信息推荐系统与个性化信息服务

所谓个性化信息服务，就是将用户信息需求作为终极导向，以用户为中心，以满足用户信息需求为最终目的。“以满足用户信息需求为最终目的”是个性化数字信息服务区别于传统信息服务的本质，也是成功的数字信息服务不可缺少的理念[21]。在现代社会中，互联网作为信息资源的重要平台，大大丰富了信息服务机构的信息资源，并突破了传统信息服务机构的物理界限，实现了信息服务机构的异地服务，满足用户的各种需求。这种信息服务机构的地位发生了根本的改变，它由以“信息资源为中心”演变为以“用户为中心”，信息服务机构服务的重心已转移到用户需求上来[22]。

为了更好地适应这一改变，信息服务模式必须由基于“信息拉取”的服务模式演化为基于“信息推送”的服务模式，即以用户为中心，以用户的信息需求为导向，根据用户行为需求和偏好进行信息资源的检索和定制，并将信息资源以人机交互的方式主动推送给用户。信息推荐系统作为“信息推送”服务模式的典型，能够根据用户的信息需求、行为模式和偏好，将用户感兴趣的信息资源、商品和服务推送给用户，从而为用户提供一种完全不同的个性化体验。因此，信息推荐系统是解决互联网中信息资源过载问题和为用户提供个性化服务体验的一种新思路，目前已成为信息服务学科的一个重要研究领域和方向。

信息推荐系统在产生和发展的过程中，其个性化服务水平经历了由“低级”到“高级”逐步发展和演化的过程。不同阶段中，信息推荐系统的个性化程度不同。根据信息推荐系统的个性化服务程度，我们可以将其分为如下几类[23][24]。

(1)非个性化推荐系统

这种推荐系统对每个用户所产生的推荐都是相同的，出现在信息推荐系统发展的早期阶段。它完全基于内容、不定向的推荐服务模式，不考虑构建和利用用户模型。该类推荐系统既不考虑和区分用户特征，也不对推荐内容做相似度的比较和分析，更没有利用任何形式的相关反馈，一般是基于Web站点工作人员的手工推荐。例如电子商务网站为了找到潜在感兴趣的用户，而将某种新的产品或服务推荐给所有用户。非个性化推荐系统的优点在于实现起来比较简单，只需要通过某种方式突出所要推荐的服务即可。常见的方式有：标注“推荐”“热销商品”“最新消息”等字样，并使用特殊字体和颜色，使用广告条或弹出式窗口等。例如，电子商务网站上的打折商品推荐服务，图书馆网站上的新书推荐服务、新闻网站上的重要新闻推荐服务等，都属于此类推荐服务。该类推荐系统的缺点是无个性化服务或个性化程度低，推荐质量差，并且容易被用户所忽视。例如，用户常常使用阻截工具阻止此类窗口弹出。

(2)半个性化推荐系统

推荐系统根据用户当前的行为产生相应的推荐。这种推荐系统根据用户当前的浏览行为或信息访问记录产生推荐结果，不同用户得到的推荐结果各不相同。半个性化推荐系统的个性化程度比非个性化推荐系统要高。这种推荐系统是由用户的检索请求或浏览活动激发，并采用基于内容聚类或统计分析等技术提供信息推荐服务。因此，这种推荐服务的实质就是把推荐问题转化为信息检索问题，只不过查询构造是由系统自动完成，查询表达式是预先定义的。用户的查询以及所浏览的信息资源被当作一种相关反馈提交给系统，系统利用所访问或查询的资源对象与其他资源对象的某种聚类关系将相关的商品、文献资源或服务等推荐给用户。例如，中国知网(China National Knowledge Infrastructure，CNKI)的“同类文献链接”就是采用文献聚类的方法提供相关文献资源的推荐。此外，半个性化推荐系统也可利用被访问信息对象的某种统计特性，并采用统计分析技术提供推荐服务。例如在电子商务系统中，可以对商品的点击流数据进行统计和分析，从而提供相应的推荐服务。但是，这种推荐服务在推荐过程中没有考虑用户特定的需求和特征，因此最后提供的推荐结果仍不能很好地满足目标用户的特定需求，个性化服务程度仍然不高。

(3) 完全个性化推荐系统

推荐系统保存用户的各种历史信息，如历史浏览信息、历史数值评分信息、用户注册信息。然后根据用户的历史信息，结合用户当前的行为为用户产生完全个性化的推荐服务。这种推荐系统一般只对注册用户提供服务，个性化程度最高。因此，完全个性化推荐系统从本质上是针对不同用户提供不同的推荐信息资源，甚至不同的推荐形式和布局。设计此类推荐系统的关键是如何建立、维护和利用用户模型，即采用什么技术和方法对目标用户进行模型构建，以精准地描述用户的需求和偏好。信息过滤、数据挖掘、智能代理和机器学习等技术则是实现完全个性化信息推荐服务的关键技术。根据推荐系统对用户模型的不同利用方式，完全个性化信息推荐系统可采用单用户模式、群体模式和情境集成模式三种推荐服务模式。

①单用户模式。单用户模式是一种基于用户个性的定向推荐服务模式，其核心是建立、维护和利用用户模型。该模式采用基于内容的推荐方法，即利用构建的用户模型反映和汇集用户的兴趣和偏好等个人特征，并被用作相关反馈提交给推荐系统。目前，信息推荐系统使用了多种技术和方法来获取和表示用户的兴趣，其中常用的有特征向量表示、贝叶斯分类法、决策树、语义网等技术。

②群体模式。群体模式是一种基于群体认知、以用户划分为基础的社会化定向推荐服务模式。在这里，信息推荐系统更多地被看作一种社会信息交流系统，更强调社会交流要素，例如群体协同、群体反馈和信任等。基于群体协同的社会化推荐服务在电子商务系统、电子学习(e-Learning)系统以及社会化网络系统等具备明显社会交流特征的信息服务系统中获得了非常成功的应用。其中，协同过滤技术、社会群体中用户之间的匹配技术是决定这类推荐服务质量的关键因素。用户匹配是社会化推荐的核心环节，用户归类、生成用户群体模型、推荐都是建立在比较用户相似度的基础上的。群体模式和单用户模式的最大区别体现在对用户模型以及用户相关反馈信息的使用上。在单用户模式中，用户模型中的数据直接服务于推荐结果的产生；而在群体模式中，用户模型主要用于比较用户之间的相似度或者用于用户群体的

聚类和分类。基于“群体模式”的社会化推荐可以从两个角度来分析[23]：一是以个体用户为目标用户，二是以特定用户群为目标用户。大多数社会化推荐服务是以个体用户为目标对象的，其基本思想就是利用具有相似兴趣用户的相关评价来预测目标用户可能感兴趣但没有发现的资源对象。另一种社会化推荐则以特定用户群体为服务对象，这类推荐服务要求预先建立用户群体模型。用户可以选择加入某个或某几个用户类，每一个用户类均构成一个互动的信息空间。用户模型以及用户群体模型都通过该信息空间里的交互信息产生。

③情境集成的模式。情境集成模式是信息推荐服务的一个发展趋势，它将用户、信息资源和所处的上下文环境(情境)进行有机集成和协同，从而形成用户、信息资源以及情境的“多维”推荐服务模型。基于“情境集成模式”的推荐服务模型考虑了用户和信息资源所处的情境信息，因而能够适应复杂、动态的互联网环境，是目前改进系统推荐性能和质量的新颖方法。因此，情境集成模式将情境特征和用户特征、资源特征一起纳入集成、统一的推荐服务模型中，能够为用户带来更为精准、更为个性化的信息服务体验。

1.2.3 信息推荐系统的研究内容

信息推荐系统的研究内容和研究方向主要包括[25][26][27][28][29]：

(1)推荐技术和算法研究

推荐技术和算法是信息推荐系统的核心部分，推荐系统推荐质量的优劣是由所采用的推荐技术和相应算法决定的。目前推荐技术主要包括基于内容过滤的推荐技术和基于协同过滤的推荐技术两种。由于基于内容过滤技术自身的局限性，基于协同过滤的推荐技术是当前研究的主流。另外，随着研究的深入，统计分析、数据挖掘、深度学习、语义网等相关领域的技术在信息推荐系统中得到了广泛的应用，包括关联规则挖掘、聚类分析、贝叶斯模型、卷积神经网络(Convolutional Neural Network，CNN)、长短期记忆网络(Long Short-Term Memory，LSTM)以及领域本体等技术。通过应用相关技术，可以用于解决推荐系统算法设计中的某些难题，例如新用户问题、新项目问题和数据稀疏性等。目前，将数据挖掘、机器学习、深度学习和语义网等相关技术同推荐技术相结合，设计满足用户个性化需求的推荐算法，以提高信息推荐系统各方面性能是目前研究的主要内容之一。

(2)推荐质量研究

推荐质量是决定信息推荐系统能否成功应用的关键因素。由于信息推荐系统中用户评分数据具有高维和极端稀疏的特点，特别是对于用户不经常访问和使用的信息资源尤其如此。用户评分数据的高维和极端稀疏性使得推荐系统无法产生有效的推荐，从而使得推荐系统有效地产生推荐结果变得相对比较困难。因此，如何克服数据稀疏性，提高推荐质量是信息推荐系统研究的一个重要内容。另外，对于推荐质量的评价标准本身，研究人员也进行了相应的研究。

(3)实时性研究

伴随着信息推荐系统规模的不断扩大，数据都具有高维、海量的特点。由于对于用户的推荐是在线的，伴随着用户数据和信息资源数据量的越来越大，信息推荐的可扩展性和实时性的要求越来越难以保证。如何在不损失信息推荐系统的推荐精度的前提下，有效地满足推荐系统的实时性是目前研究人员关注的焦点之一。

(4)多种数据多种技术的集成

当前大部分的信息推荐系统都只利用了部分可用信息来产生推荐，例如某类数据模型和某类技术方法，即信息推荐所采用的数据模型和技术均比较单一。这些单一的数据模型和技术在某一方面可能运行效果较好，但随着信息推荐系统应用环境和应用领域的变化，单一的数据模型和技术难以适应复杂、动态的推荐环境。因此，随着研究的深入，新型信息推荐系统应该利用尽可能多的信息，收集多种类型的数据模型，有效集成多种推荐技术；并且在不同的推荐环境和应用领域中，能够选择最有效的数据模型和技术产生推荐，从而为用户提供更加有效的信息推荐服务。

(5)用户隐私保护研究

由于信息推荐系统需要分析用户的购买习惯和兴趣爱好，这涉及了用户的隐私问题。用户隐私保护面临着两难问题：一方面，为了提高推荐结果的精确性与可用性，推荐系统需要尽可能大规模、高精确度地提取用户相关历史数据信息；另一方面，用户的历史数据给出的体量越大、越具体，其隐私暴露的风险就越大。因此，如何动态平衡推荐系统的精准可用和用户隐私保护也是目前信息推荐系统研究的内容之一。

(6)推荐系统的可解释性研究

信息推荐系统的目的是为用户提供服务，因此必须学会与用户沟通，了解用户认知和心理，并以用户容易接受的方式进行推荐。推荐结果的好坏除了可以对其准确度、实时性等指标进行评价外，系统对于推荐结果的可解释也逐渐成为提高用户体验的重要方法之一。用户对于推荐系统所推荐的内容往往存在疑惑，原因在于用户不清楚推荐系统是依据什么来给自己做出相应的推荐。可解释性能够帮助消解这些疑惑从而提高用户对推荐系统的信任度进而提高用户的忠诚度。不同的推荐解释会带给用户不一样的体验感受，直接影响到用户对推荐系统的满意程度和对推荐结果的信任程度。特别是在基于深度学习的信息推荐中，由于深度神经网络本身是一个“黑盒子”的原因，导致推荐结果的可解释性较差。因此，如何引入推荐系统的可解释机制，在保证推荐精准度的同时提高推荐结果的可解释性已成为信息推荐系统研究领域的热点之一。

1.2.4 信息推荐系统的分类

信息推荐系统以用户为中心，为用户提供“信息推送”服务。可以根据推荐系统使用技术分类，即从用户的角度出发，按照推荐技术的自动化程度(Degree of Automation)和持久性程度(Degree of Persistence)两个标准对信息推荐系统进行分类[27]。

(1)自动化程度

自动化程度是用户为了得到推荐系统的推荐而需要显式地通过手工方式或自动输入信息的程度。自动方式意味着推荐的产生不需要用户明显的任何操作，例如用户与网站进行交互时，恰好出现用户感兴趣的推荐。手工方式意味着用户得到自己兴趣的推荐前需要进行一些显式的操作，如对信息资源进行评价等。

(2)持久性程度

信息推荐系统的持久性程度体现了系统所产生的推荐是基于用户当前的

单个会话(Session)还是基于用户访问历史的多个会话，即"推荐服务"是瞬时的还是持久的。"瞬时推荐"只考虑了用户的当前会话，不考虑该用户任何的历史信息；而"持久推荐"通过对当前用户的识别，根据他的历史偏好提供推荐服务。

以上的技术分类标准体现出用户对信息推荐系统最重视的性能特性，信息推荐系统应逐渐向自动地、持久地为用户进行个性化推荐的方向发展。根据以上两个标准，可以将信息推荐系统分为以下几个类型：

①非个性化信息推荐系统(Non-personalized Recommendation)。

信息推荐系统的推荐主要基于其他用户对该信息资源的平均评价，这种推荐系统不区分不同用户，所有的用户得到的推荐都是相同的，是非个性化的推荐。这种推荐的产生是自动的，用户参与很少，而且基于用户当前单个会话，对用户不予区分，是瞬时的。

②基于资源内容属性的信息推荐系统(Attribute-based Recommendation)。

信息推荐系统的推荐主要基于信息资源内容的属性特征。由于需要用户输入他所需要的资源内容属性特征，因此这种推荐往往是手工产生。基于资源内容属性的推荐也可以是瞬时的或个性化的，这取决于信息推荐系统是否保存有用户偏好的记录。

③相关性资源推荐(Item-to-Item Correlation)。

推荐系统根据用户当前感兴趣的资源推荐相似的资源。它不需要用户访问或使用资源的历史纪录，只需了解用户当前选择的资源，因此是瞬时的。如果推荐系统产生的推荐是基于用户长期较少改变的资源使用模式，可以认为它是自动的，如果需要用户明确输入一些感兴趣的资源后产生推荐，则认为它是手工的。

④相关性用户推荐(People-to-People Correlation)。

相关性用户推荐又称协同过滤。信息推荐系统根据当前用户与那些已访问并使用了目标资源的其他用户之间的相关性进行推荐，此种推荐是自动产生的，而且是持久的。例如 CDNow 网站使用该技术完全自动地产生推荐，用户的偏好通过用户在 CDNow 商务网站建立自己个人音乐站点时的行为获得，不需要用户输入任何信息，而且不同的用户所得到的推荐是根据其个人的具体情况得到的，因此个性化程度较高。

1.2.5　信息推荐系统的发展现状和实例

信息推荐系统是一种人机交互系统，主要应用信息检索、信息过滤、数据挖掘、人工智能等多种技术和方法为用户提供“信息推送”服务，帮助用户在互联网海量信息中筛选符合其个性化需求的信息资源，为用户带来全新的信息服务体验。从 20 世纪 90 年代中期，第一个基于协同过滤技术的推荐系统(Tapestry)诞生以来，信息推荐系统的研究和应用得到了飞速的发展，电子商务、Web 2.0 和社交网络的蓬勃兴起给推荐技术提供了良好的发展契机。由于巨大的应用需求，信息推荐系统得到了国内外众多学者和研究机构的广泛关注。美国计算机协会(ACM)多次举办了以推荐技术为研讨主题的学术会议，众多的国内外期刊也纷纷将推荐技术作为研究专题。2006—2011 年的 Netflix 竞赛[30]也掀起了信息推荐技术的研究热潮。

目前，信息推荐系统已成为信息服务领域中一个独立研究的领域，主要集中在信息推荐技术的改进，以适应不同类型的推荐场合。在众多信息推荐技术中，研究最多的是基于内容过滤的推荐和基于协同过滤的推荐。基于内容过滤的推荐技术是信息过滤技术(Information Fitering)的延续与发展，该推荐技术是根据用户的兴趣模型与资源的描述为用户推荐与其兴趣相似的信息资源(项目)[31]，该类算法源于一般的信息检索方法，可以用于推荐包含文本信息的资源，如文档、网页和在线新闻等。典型的例子就是网页推荐系统 Fab[32]，Fab 系统中有一个基于内容过滤的组件负责向用户推荐网页，网页内容用其中 100 个最重要的词语进行描述。类似地，Webert 系统[33]使用网页中 128 个信息含量最高的词语来表示文档，词语在文档中的重要程度则根据信息检索中经典的 TF-IDF[34]方法来衡量。由于基于内容过滤的推荐算法的技术基础在于信息抽取和信息过滤，因而这种推荐技术属于文本信息资源处理的研究范畴，其理论体系相对来说比较成熟。但是，受限于信息抽取技术的发展，基于内容过滤的推荐技术受到了很多约束。例如，在自动抽取一些视频、图像和语音等多媒体信息的特征时，面临着较大的技术困难，从而也限制了相关领域的应用。此外，基于内容过滤的推荐技术存在资源特征过度规范化问题[20]，只能推荐和用户过去历史兴趣相似的资源，推荐的内容缺乏新颖度，因而在实际应用中存在一定的局限性。

协同过滤推荐技术是推荐系统中最为成功的技术之一，可以有效解决基于内容过滤存在的问题[35]。在协同过滤中，用户通过相互协同来选择信息，即通过用户之间对资源的评分来产生推荐，其算法类型主要包括基于用户的协同过滤推荐算法和基于资源（项目）的协同过滤推荐算法。基于用户的协同过滤根据目标用户的最近邻居（最相似用户）对某个资源的评分来预测目标用户对该资源的评分；而基于资源的协同过滤推荐则认为大部分用户对不同资源的评分具有相似性，通过找到目标资源（待评分资源）的若干最近邻居（最相似资源），根据用户对最近邻居的评分来预测目标资源的评分，从而产生最后的推荐结果。目前，协同过滤推荐算法广泛应用于推荐系统中，学术界和企业界已出现多个协同过滤的应用系统，比较著名的有：邮件推荐系统 Tapesrtry[36]、图书推荐系统 Amazon[37]、音乐推荐系统 Ringo[38] 和电影推荐系统 MovieLens[39] 等。协同过滤推荐系统虽然可以应用于任何资源的推荐，为用户发现新的感兴趣的信息，但是也存在着稀疏性、数据冷启动以及系统可扩展等问题[40]。为了克服单一推荐方法的不足，国内外学者提出了综合内容过滤和协同过滤的混合推荐方法，例如将一些内容过滤的特征融入协同过滤算法当中，构建了合并内容过滤和协同过滤特征的统一推荐模型[41][42]。

目前，有很多企业和研究机构开发了信息推荐系统，其中有代表性的有如下几种。

① Tapestry，是由 Xerox 公司研究中心开发的邮件推荐系统，是目前公认的第一个真正意义上的信息推荐系统，提供了电子文档存储、用户评价存储和协同过滤推荐服务。Tapestry 系统设计了一种类似于 SQL 的查询语言 TQL，用户的查询请求中必须明确指出与自己兴趣爱好相似的其他用户。由于用户之间必须了解对方的兴趣爱好，因此 Tapestry 系统只适用于用户群体比较小的场合。

② GroupLens，是由 MIT 开发的自动协同过滤系统，主要用于新闻组信息的推荐。系统通过用户的评分信息自动搜索目标用户的最近邻居，然后根据最近邻居的评分信息产生最终的推荐结果，适用于用户数量比较大的场合。GroupLens 系统具有较好的开放性，用户可以通过 GroupLens 系统提供的 API 函数向 GroupLens 服务器提供评分信息，请求推荐结果。同时，系统提供三种客户端工具 Emacs Gnus、NN 和 NewsWatcher 来完成上述的推荐过程。

③ FAB，是美国斯坦福大学数字图书馆项目组开发的信息推荐系统，用于推荐 Web 页面。该系统的特点是综合基于内容过滤和协同过滤两种推

荐技术，实现了一种混合型的推荐模型。FAB 主要包括页面收集代理、个人推荐代理和中心路由器。其中，页面收集代理负责从 Web 中收集特定主题的页面，并存储在中心路由器的数据库中；个人推荐代理从中选择出用户感兴趣的页面推荐给用户，并且能够收集用户对页面的评分，并根据文档内容更新用户模版，用来作为基于内容推荐和协同过滤推荐的依据。

④ACF(Active Collaborative Filtering)，是卡内基梅隆大学开发的主动协同过滤推荐系统，用于电子文档推荐。ACF 系统通过指针实现协同过滤推荐服务，指针包含指向电子文档的超链接、电子文档的上下文信息以及用户撰写的电子文档评论。在 ACF 系统中，用户可以通过主动的方式将创建的指针推荐给其他可能感兴趣的用户，也可以将创建的指针保存在系统中供其他用户查看。ACF 系统也只适用于用户群体比较小的场合。

⑤ Movielens，是明尼苏达大学开发的研究型自动协同过滤推荐系统，用于推荐电影。与 GroupLens 不同，MovieLens 系统是一个基于 Web 的推荐系统，系统通过浏览器的方式进行用户评分数据收集与推荐结果显示，用户使用更加方便。

⑥Ringo，是由 MIT 媒体实验室开发的研究型协同过滤推荐系统，用于提供个性化的音乐推荐服务。Ringo 系统可以向用户推荐其最喜欢的音乐，预测用户最不喜欢的音乐，也可以预测用户对特定音乐的评分。

⑦ Video Recommender，是由 BellCore 开发的协同过滤推荐系统，用于电影推荐。Video Recommender 系统通过电子邮件的方式收集用户评分数据，提供推荐服务。在该系统中，不仅可以预测用户最喜欢的电影，也可以预测用户对特定电影的评分。在 Video Recommender 系统提供推荐结果时，同时向用户提供用户最近邻居的电子邮寄联系方式，以及用户与最近邻居的相似度等信息。

⑧ Amazon，作为互联网上最大的在线书店，Amazon 在其网上交易平台上采用了基于协同过滤的推荐技术，能够及时地分析用户的购买情况，并能向他们推荐具有类似购买经历的其他顾客历史购买的图书，同时还能够对顾客的购买偏好进行分析预测，并在线反馈出该顾客还可能对哪些类型的商品感兴趣，从而把用户的潜在需求转化为真实需求，有效地提高了商品的在线交易额。Amazon 推荐系统成功地使用了各种推荐技术，是大型电子商务推荐系统的典型应用代表。

1.3 信息推荐系统的应用领域和研究热点

1.3.1 信息推荐系统的应用领域

针对互联网中各类信息资源，信息推荐系统都可以为用户提供“信息推送”服务，它的应用领域非常广泛。本书介绍信息推荐系统典型的三个应用领域：电子商务、社会化网络和数字图书馆。

(1)电子商务领域

目前，个性化推荐服务已得到了国内外专家的广泛研究，其最典型和最重要的应用是在B2C电子商务领域，具有良好的发展和应用前景。电子商务系统通过Internet网络建立了虚拟的网上商店，但这些虚拟的网上商店并没有配备相应的导购人员来引导消费者购物。随着电子商务系统规模的不断扩大，商品越来越多，这一方面让顾客有了更大的选择空间，另一方面也增加了顾客购买所需的难度，顾客在找到自己需要的商品之前，必须浏览大量的无关信息。为了解决上述信息过载问题，有效地指导顾客在电子商务系统中方便地购物，人们提出了将信息推荐技术应用于电子商务领域，设计和开发了相应的电子商务推荐模型和系统。

推荐系统主要通过如下三种途径提高电子商务系统的销售能力：

①将电子商务系统的浏览者变成购买者：电子商务系统的访问者在浏览过程中经常并没有购买欲望，电子商务推荐系统能够向访问者推荐他们感兴趣的商品，从而完成购买过程。

②提高电子商务系统的交叉销售：电子商务推荐系统在用户购买过程中向用户提供其他有价值的商品推荐，用户能够从提供的推荐列表中购买自己确实需要但在购买过程中没有想到的商品，从而有效提高电子商务系统的交叉销售。

③保留客户：与传统的商务模式相比，电子商务系统使得用户拥有越来越多的选择，用户更换商家极其方便，只需要一两次鼠标的点击就可以在不同电子商务系统之间跳转。电子商务推荐系统分析用户的购买习惯，根据用户需求向用户提供有价值的商品推荐。如果电子商务推荐系统的推荐质量很高，那么用户会对该电子商务推荐系统产生依赖。因此电子商务推荐系统不

仅能要为用户提供个性化的推荐服务，而且能与用户建立长期稳定的关系，从而能有效保留用户，防止用户流失。

设计个性化程度更高的电子商务推荐系统，必须有效地理解和描述消费者网上购物的行为。麻省理工学院 Guttman 教授提出了一种消费者行为模型(Consumer Buying Behavior, CBB)[43][44]，它来自传统的市场客户购买行为，是一个理解电子商务环境下客户行为模型的有利工具。CBB 是针对交易过程中消费者的购买行为而建立的模型，是网上商务活动中消费者遵守的一般规律。CBB 模型由顾客需求定义阶段、商品代理阶段、商家代理阶段、谈判阶段、购买与送货阶段以及服务与评价阶段六个部分组成。目前，大多数网上交易都采取人工方式，例如，人们手动地从网上搜索满足要求的商品，决定购买什么商品并采取什么服务等。随着电子商务的快速发展，网上商品信息量出现了过载问题，人们很难进行浏览和筛选。因此，信息推荐系统就是针对“商品信息过载”问题，为顾客主动提供“商品推送”的一种有效解决该问题的技术。

从 CBB 模型来看，信息推荐系统主要支持顾客购买行为中需求定义、商品代理、商家代理及购买与送货这几个阶段，对这些购物阶段提供自动化和智能化的服务。首先，电子商务推荐系统直接与顾客交互，获取顾客的购买需求或偏好，然后根据相应的推荐算法帮助顾客对候选商品和商家进行选择，从中选择最优商品，从而顺利完成购买过程。电子商务推荐系统产生的推荐可以基于顾客以前的购买历史及其购买行为，也可以基于顾客当前表现出来的兴趣爱好等。目前，几乎所有大型的电子商务系统，如 Amazon、eBay、FireFly、CDNow 等，都在一定程度上使用了各种技术的推荐系统，成功的信息推荐系统将会为电子商务企业带来巨大的经济效益。

(2)社会化网络领域

社会化网络(Social Web 或 Social Network)指突出开放共享和社会交往功能的社会化网络。在社会化网络服务中，用户通过各种社会化行为建立起各种关系网络，将用户以及用户的信息活动纳入统一的关系链条中。随着 Web 2.0 的流行和发展，整个互联网络开始进入社会化进程[45]，用户在信息活动中越来越成为一个社会化的媒体角色，其需求也从低层次的信息需求逐渐向高层次的社交和情感需求过渡。用户之间的交互变得越来越频繁，通过用户关系所凝聚的“智慧”使得信息推荐更具智能化和个性化，所催生的信息推荐理念即“社会化推荐”。

随着互联网社交媒体的广泛应用，用户复杂的社交行为催生出具有用户社会属性特征的社会化网络。在社会化网络中，用户之间的活动行为表现得越来越社区化和群组化，这些行为蕴含和记录着用户大量的社会属性信息。基于社会化网络分析的理论和方法，将用户或者项目的社会化属性（如标签信息、朋友关系和信任关系等）融合到传统“用户—项目”两维推荐系统中，构建社会化推荐系统（Social Recommendation，SR），能够在缓解传统推荐系统中数据稀疏性和冷启动问题的同时，提高信息推荐的精度和性能。随着社交媒体的发展，社会化推荐的推荐项目不局限于普通的信息资源（如数字文献、图像和电影等），还包括社交媒体上广泛存在的群组、好友和社会化标签等。用户社会属性信息及其社会行为数据的收集更为便捷，既包括“用户—项目”的评分数据和用户之间的社会化关系信息，也包括用户的点击、收藏和评价行为等。其中，用户社会行为不仅仅是用户个人兴趣和爱好的体现，而且在一定程度上受到与其有社会关系的其他用户的影响。社交媒体中蕴含的大量用户社会属性信息能够作为连接“用户”和“资源”的桥梁，相比单纯的“用户—资源”评分而言，蕴含着丰富得多的信息内容，能够精准地分析用户对信息资源的偏好。因此，可以将用户社会属性信息作为一个新的维度引入信息推荐系统中，通过社会化网络结构、项目在社会群体中的流行度以及用户间信任关系等用户社会属性信息不仅可以满足用户的个性化信息需求，而且使得信息推荐的资源种类呈现多样性，提高社会化网络环境下相应社交媒体网站的用户体验能力。

(3)智慧图书馆领域

随着大数据和人工智能技术的发展，传统的图书馆借阅服务模式正在向以读者为中心的智慧型知识服务模式转变，这正成为图书馆服务模式未来发展的必然趋势。如何为读者提供全面感知、立体互联和泛在互动的个性化知识推送服务，以支持读者的泛在学习、移动阅读和科学交流等各种类型的场景活动，是智慧图书馆建设面临的重要问题。

在当前泛在信息环境下，知识弥漫对图书馆的知识服务能力和水平提出了更高的要求，读者关注的重点已从简单发现信息转变为以最高效的方式获取满足自身个性化需求的知识资源。图书馆利用自身在知识资源方面的优势，在实现图书馆与泛在智慧服务的融合与协同的基础上构建智慧图书馆来满足大众化的需求。随着智慧图书馆的建设与发展，在智慧图书馆智慧体系中融合个性化推荐系统，利用个性化推荐技术来改变用户和图书馆的交互模式和协同平台智慧推荐服务方式，为读者提供高效率、高时效、精确化的个性化知识推送服务，将是智慧图书馆智慧服务的发展路径之一。

1.3.2 信息推荐系统的研究热点

信息推荐系统是信息服务科学一个重要的研究领域。随着电子商务、社交媒体的流行和发展，信息推荐系统得到了国内外学者、研究机构和企业界的广泛关注，可以深入研究并可能取得的研究方向和热点也有很多。

(1)基于协同过滤的信息推荐算法的实时性和可扩展问题研究

协同过滤是目前应用最成功的信息推荐技术，广泛地应用于电子商务、数字图书馆等领域中。在基于协同过滤的推荐算法中，最近邻的选择是最为核心的问题，因为最后的预测结果要使用选择后的最近邻来进行组合预测，其效率将直接影响基于协同过滤的信息推荐算法的效率。随着信息系统规模的扩大，用户数量和资源项目数量将急剧增加，用户评分矩阵的规模必然随之急剧增加。而协同过滤推荐必须快速处理高维评分矩阵，这就要求在很短时间(如几毫秒)内实时搜索成千上万的邻居，在最近邻基础上提供协同推荐。而这对于经典的协同过滤算法来说，是很难实现的，这就导致了基于协同过滤算法的实时性和可扩展问题的研究。因此，应用相关的技术改进经典的协同过滤算法，降低算法的维度，提高算法的实时性和可扩展问题是当前信息推荐系统研究的热点之一。

(2)社会化信息推荐研究

当前社会化媒体迅速发展和兴起，社交媒体上产生了大量用户和项目的社会化属性信息，使得社会化信息推荐成为信息推荐系统领域研究的热点，同时也逐渐成为当前学术界和产业界共同关注的热点问题。其中，社会化属性信息是实现社会化推荐的关键维度信息，它包括用户之间的好友关系、信任关系、关注关系等社交关系，同时也包括项目之间的相同社会化标签和相同类别信息等。因此，如何基于社会化网络分析的理论和方法，将用户或者项目的社会化属性融入传统“用户—项目”两维推荐系统中，在社会化网络关系计算的基础上构建社会化信息推荐模型，已成为信息推荐领域的一个研究热点。

(3)基于情境感知的信息多维推荐研究

传统的信息推荐系统和相应算法仅关注用户与信息资源之间的两维关联关系，较少考虑用户所处的情境(Context)信息，导致推荐精准度不高。特别是在泛在环境(Ubiquitous Computing)中，用户的个性化信息需求具有高度情境敏感性，同一用户在不同情境下会偏好不同的信息资源，并在搜索过程中采取不同的选择策略。因此，面向泛在环境的个性化推荐系统应考虑相关情境信息，将情境信息融入推荐过程中，即将传统两维的“用户—资源”推荐服务模型扩展为包含多种情境信息的多维推荐服务模型，以提高泛在环境下信息推荐服务的精准度。目前，基于情境感知的信息多维推荐服务的模型与算法也是信息推荐领域的研究热点之一。

(4)基于用户画像的信息推荐研究

在大数据环境下，随着互联网应用系统规模的不断扩大，表征用户特征的数据体量日益增多，数据种类变得更加繁杂，数据更新也日趋快速，对于当前大多数个性化推荐系统而言，都或多或少存在着功能不足的问题。如何从这些海量增长、异构多源和实时高频的数据中攫取有价值的用户信息，如何从相似的用户中尽可能地捕捉用户兴趣，仍然是当前推荐领域应解决的关键问题。

用户画像是用户真实数据的虚拟代表，其根据用户的基本属性内容、情境特征、社交行为习惯等用户属性，抽象得到用户原型，再通过标签的形式，如性别、所在地区、年龄、兴趣爱好、社交行为习惯等，构造出用户的立体“画像”。该画像可以清楚地描绘出用户的属性特征，有利于我们分析用户的社交特性、兴趣爱好、行为倾向等，有着极大的应用价值。

用户画像作为后续数据分析加工的起点，能够通过收集用户社会属性、偏好特征等维度数据来对用户特性进行刻画，能够有效挖掘用户兴趣，弥补个性化推荐系统捕捉用户兴趣偏好能力不足的问题。因此，对用户行为进行画像，以此构建基于用户画像的推荐系统将成为信息推荐领域的研究热点之一。

参考文献

[1] 刘渊．互联网信息服务理论与实证——用户使用、服务提供与行业发展[M]．北京：科学出版社，2007.

[2] 许海玲等．互联网推荐系统比较研究[J]．软件学报，2009，20（2）：350-362.

[3] Stephen Haag，Maeve Cummings，Donald J McCubbery. Management information systems for the information systems for the information age[M]. 4th Edition. The McGraw-Hill Companics，Inc.，2004：1-5.

[4] 张晓静．论网络信息资源管理[J]．现代情报，2003，23(8)：70-71.

[5] 杨震．个性化信息获取方法的研究[D]．大连理工大学博士论文，2004.

[6] 刘康苗．自适应网络信息获取服务技术研究[D]．浙江大学博士论文，2008.

[7] 王辉，陈凌，张丽娟．信息拉取技术[J]．2004，22(12)：1440-1443.

[8] 冯勇．网络环境下知识推送平台构建的若干问题研究[D]．东北大学博士论文，2007.

[9] 韩丽．学科信息门户中的信息推送服务[J]．情报杂志，2004，23(6)：2-3，6.

[10] 葛嘉佳．网络个性化信息服务综述[J]．计算机时代，2004，(5)：11-12.

[11] 沈艺．信息推送技术及其应用[J]．计算机系统应用，1999，(5)：26-27.

[12] 彭国莉．图书馆信息推送服务[J]．图书馆杂志，2001，20(5)：41-42，53.

[13] 袁丽芬，颜惠，王苏海．基于 XML 的信息推送服务及实现[J]．情报科学，2003，21(6)：619-620，623.

[14] 袁俊华，袁琳．基于推送技术的个性化定制服务模式研究[J]．情报杂志，2005，24(11)：75-77.
[15] 胡昌平等．信息服务与用户[M]．武汉：武汉大学出版社，2008.
[16] 黄艳娟．基于 RSS 的图书馆个性化信息推送服务[J]．情报科学，2006，24(7)：1023-1026.
[17] 胡潜，汪会玲．基于 RSS 的个性化推送服务[J]．情报杂志，2008，27(10)：31-33.
[18] 闫祥雨．基于语义 Web 技术的推荐系统研究[D]．太原理工大学硕士学位论文，2010.
[19] 高建煌．个性化推荐系统技术与应用[D]．中国科学技术大学硕士学位论文，2010.
[20] Adomavicius G, and Tuzhilin A. Toward the next generation of recommender systems: A survey of the state-of-the-art and possible extensions[J]. IEEE Transactions on Knowledge and Data Engineering, 2005, 17(6): 734-749.
[21] 郭亚军．个性化数字信息服务模式研究[J]．情报理论与实践，2011，34(7)：56-59，48.
[22] 钱红．网络环境下高校图书馆个性化信息服务探析[J]．图书情报工作，2008，52(12)：103-106.
[23] 蔡宏志．个性化信息推荐服务模式[J]．情报杂志，2006，25(9)：116-118，121.
[24] Linden G, Smith B, York J. Amazon. com recommendations: Item-to-item collaborative filtering[J]. IEEE Internet Computing, 2003, 7(1): 76-80.
[25] Schafer J B, Konstan J A, Riedl J. Recommender systems in E-commerce[C]//The 1th ACM Conference on Electronic Commerece, 1999, 158-166.
[26] Schafer J B, Konstan J A, Riedl J. E-commerce recommendation applications[J]. Data Mining and Knowledge Discovery, 2000, 5(1): 115-152.
[27] 邓爱林．电子商务推荐系统关键技术研究[D]．复旦大学博士论文，2003.
[28] 王春才，邢晖，李英韬．推荐系统的推荐解释研究[J]．现代计算机(专业版)，2016(2)：41-43，80.
[29] 余以胜，韦锐，刘鑫艳．可解释的实时图书信息推荐模型研究[J]．情

报学报，2019(2)：209-216.

[30] Netflix prize[EB/OL]. [2016-12-20]. http：//www. netflixprize. com.

[31] Mooney R J, Roy L. Content-based book recommending using learning for text categorization[C]//The 5th ACM Conference on Digital Libraries, New York, 2000：167-176.

[32] Balabonovic M, Shoham Y. Fab：Content-based collaborative recommendation [J]. Communications of the ACM, 1997, 40(3)：66-72.

[33] Pazzani M, Billsus D. Learning and revising user profiles：The identification of interesting web sites[J]. Machine Learning, 1997, 27(1)：313-331.

[34] Resnick P, Varian H R. Recommender systems[J]. Communications of the ACM, 1997, 40(3)：56-58.

[35] Adomavicius G, Kwon Y. New recommendation techniques for multicriteria rating systems[J]. IEEE Intelligent Systems, 2007, 22(3)：48-55.

[36] Goldberg D, Nichols D, B M Oki, D Terry. Using collaborative filtering to weave an information Tapestry[J]. Communications of the ACM, 1992, 35 (12)：61-70.

[37] Greg L, Brent S, Jeremy Y. Amazon. com recommendations：Item-to-item collaborative filtering[J]. IEEE Internet Computing, 2003, 7(1)：76-80.

[38] Balabanovic M. An adaptive web page recommendation service[C]//The 1th International Conference on Autonomous Agents, CA, ACM Press, 1997：378-385.

[39] Miller B N, Albert I, Lam S K, et al. MovieLens unplugged：Experiences with an occasionally connected recommender system[C]. Proceedings of the International Conference on Intelligent User Interfaces, New York, 2003：263-266.

[40] Berkvosky S, Kuflik T, Ricci F. Distributed collaborative filtering with domain specialization[C]//ACM Conference on Recommender Systems, New York, 2007：33-40.

[41] Rin P, H U Lyle, M P David, et al. Probabilistic models for united collaborative and content-based recommendation in sparse-data environments [C]//The 17th Conference Uncertainty in Artificial Intelligence, 2001：437-444.

[42] Melville P, Mooney R J, Nagarajan R. Content-boosted collaborative filtering for improved recommendations. In: Proceedings of 18th International Conference on Artificial Intelligence, 2002: 187-192.
[43] Guttman R H, Moukas A G, Maes P. Agent-mediate electronic commerce: A survery[J]. The Knowledge Engineering Reviews, 1998, 13(2): 147-159.
[44] Guttman R H, Maes P. Agent-mediated integrative negotiation for retail electronic commerece[C]. Lecture Note in Artificial Intelligence 1571, Agent Mediated Electronic Commerce, 1998: 70-90.
[45] 胡吉明. 社会化推荐服务研究述评[J]. 情报科学, 2011, 29(2): 308-311, 315.

第2章　信息推荐系统技术

随着电子商务、社交媒体和数字图书馆等领域的兴起和发展，互联网上的信息资源正呈指数增长，信息资源的过载现象越来越严峻，海量的信息资源已经造成了用户的选择困难。基于信息推荐(Information Recommendation)的个性化信息服务应运而生，在技术实现和应用方面都得到了长足的发展。本章首先介绍了信息推荐的基本技术，包括信息检索、信息过滤、数据挖掘和信息推荐的基本算法。在此基础上，本章引入深度学习技术，在介绍深度学习技术的基础上，探讨了融合深度学习的信息推荐系统模型和方法，并对基于深度学习的推荐系统发展趋势进行了分析和展望。

2.1　信息推荐系统的基本技术

推荐算法是信息推荐系统的核心，其性能直接影响了信息推荐系统的服务质量。为了产生精确而有效的推荐，保证信息推荐系统的实时性要求，近年来研究人员将信息检索、数据挖掘和机器学习等领域的技术引入信息推荐系统的设计中，并提出了各种不同的推荐算法。因而，目前在信息推荐系统中应用的核心技术主要包括信息检索、信息过滤以及数据挖掘等技术。

2.1.1　信息检索和信息过滤

推荐系统的关键技术主要包括信息检索(Information Retrieval，IR)技术和信息过滤(Information Filtering，IF)技术。与信息检索不同，信息过滤对动态信息进行筛选，着重排除不希望得到的信息，带有即时性。虽然实现技术极其相似，但是信息检索和信息过滤所完成的任务根本不同。

(1)信息检索

信息检索(IR)是指信息的收集、加工、存储、查找以及向用户提供所需信息的服务技术。它一般是指根据用户需求，从大规模的相对静止的数据库中检索用户需要的信息，主要满足用户瞬时的信息需求[1]。典型的例子就是根据关键字查询。传统的信息检索(狭义的信息检索)是指文献检索、数据检索，一般处理文献信息和数值信息，例如，在数字图书馆中进行检索时，用户提交所需要的书籍的关键字，数字图书馆中的搜索引擎根据预先建立好的内容索引，检索出用户需要的书籍或信息。而广义的信息检索不仅包括文献检索、数值检索，而且还包括事实检索和知识检索。检索信息的范围包括文本数据、数值数据、声音数据、图形、动画、电视、图像数据等，实现图、文、声一体化对象管理。

信息检索的核心研究内容主要包括索引技术和查询技术。索引技术是对资源的具体内容进行分析，并将资源内容表示为计算机可以处理的数据结构的过程。查询技术主要是根据用户的需求，查询用户需要的信息资源。其研究范围主要包括查询语言的设计研究、可视化查询接口研究、用户请求与资源信息的匹配研究等。在许多情况下，索引技术与查询技术相互重叠，查询技术依赖于信息所采用的索引结构。

信息检索系统的界面主要包括两种形式。传统的信息检索主要使用关键词查询接口，用户根据自己的信息需求输入一个或多个关键词，信息检索系统根据用户提交的关键词进行查询，然后向用户返回检索结果。目前，越来越多的信息检索系统提供动态查询接口[2][3]。信息检索系统查询接口向用户提供一系列的信息主题供用户选择，然后根据用户的选择向用户提供下一层的信息主题，这样一直进行下去，直到用户检索到自己需要的信息为止。这种不断与用户进行交互的动态查询接口使得用户能更加容易地检索到所需信息。

信息检索技术是实现基于内容的推荐系统的关键技术之一。推荐系统根据用户需求，搜索产品类别数据库，然后返给用户其需要的信息。其搜索过程可以实时进行，也可以周期执行。同时，推荐系统提供的推荐界面既可以基于传统的关键字查询，也可以基于动态查询接口。前者如 Amazon. com 中的关键字查询，后者如 drugstore. com 中的 Advisor 推荐。

(2)信息过滤

信息过滤技术一般适合于用户需求相对不变而信息动态更新比较频繁的情况。信息过滤系统主要面对的是半结构化和非结构化的数据。它为用户的长期信息需求提供信息过滤服务。用户的兴趣模型可以采用用户特征(Profile)文件的形式表示。信息过滤系统将动态信息与用户特征进行匹配，根据匹配结果返给用户其所需要的信息。信息过滤与信息检索的主要区别包括[3][4]:

①信息过滤面向用户长期的信息需求，而信息检索技术面向的是用户短期的、实时的信息查询。

②信息过滤使用特征文件表示用户的信息需求特点，而信息检索技术是用关键词表达用户的查询需求。

③信息过滤中用户需求相对不变，但用户访问的是动态数据流，是从动态数据流中选择数据；信息检索技术访问的是相对静止的数据，但用户需求却具有瞬时性。

邮件系统信息过滤和新闻组信息服务是信息过滤技术的典型应用。邮件系统信息过滤技术可以将特别紧急的消息从常规消息中分离出来，或是限制常规消息的显示，可以缓解用户受外来信息的干扰。在新闻组信息服务中，用户输入自己感兴趣的一组关键词，新闻组信息服务通过关键词建立用户档案。当新闻组中加入新信息时，信息过滤系统对新信息进行过滤，将满足用户需求的新信息反馈给用户。新闻组信息服务也可以分析用户订阅的信息，自动抽取关键词，建立用户档案，然后通过信息过滤系统将用户感兴趣的新信息反馈给用户。

信息过滤技术也是实现基于内容的推荐系统的关键技术之一。例如，Amazon. com 提供的 Eyes 推荐就是一个典型的基于关键词检索的信息过滤系统。用户输入基于作者、标题、主题、ISBN 和出版日期的关键词，Eyes 推荐根据用户输入的关键词，建立用户档案。当产品目录中加入新书时，Eyes 推荐根据用户输入的关键词和新书提供的相关信息，选择用户感兴趣的新书作为推荐结果，通过 E-mail 的方式推荐给用户。

信息过滤的一种扩展技术就是信息过滤智能代理(Agent)。该智能代理根据用户需求智能地搜索用户需要的信息，可以与推荐系统有效结合以产生高质量的推荐。在信息过滤智能代理中，用户根据自身需求输入关键词，建立初始化的用户档案。信息过滤智能代理根据用户对信息的反馈自动更新用户档案。用户反馈可以由用户直接提供，也可以根据用户的行为自动获取。信息过滤智能代理广泛应用于新闻组、电子邮件系统和互联网中。

2.1.2 数据挖掘技术

数据挖掘(Data Mining)是指从大量的数据(结构化和非结构化)中提取有用的信息和知识的过程[5][6]。在这个定义中，要求数据源应该是大量的、真实的、含有噪音的；所发现的信息和知识是潜在的并隐藏在大量数据背后的，是用户感兴趣的、可理解的、可运用的知识。所以，数据挖掘有时也被人们称为知识挖掘、知识提取、知识发现等。数据挖掘采用的技术包括数据库、数据仓库和OLAP、统计、机器学习、可视化、神经元网络等不同领域的技术。并且在诸如零售、银行、保险、基因分析、股票市场分析、Web挖掘等不同行业都得到了应用。

数据挖掘过程一般由三个主要的阶段组成：数据准备、数据挖掘、结果表达和解释。数据挖掘可以描述为上述三个阶段的反复过程。数据准备阶段主要包括数据集成、数据选择和预处理三个步骤。数据挖掘阶段对预处理的数据进行数据挖掘，得到各种模式。结果表达和解释则对得到的模式进行评价，抽取出有价值的模式作为知识存储。数据中隐藏的知识有各种各样的形式，这些知识实际上是大量数据之间的某种关系。大致说来，数据挖掘中的知识可以分为如下几类：

①分类：将数据划分到事先定义好的类别中。

②回归：将数据项映射到若干预定义的变量上。

③聚类：将数据划分到几个聚类之中。

④链接分析：判断数据库或数据仓库中字段之间存在的关系，如关联规则。

⑤序列分析：构造顺序模型，发现数据之间在时间上的相关性。

信息推荐系统则是将数据挖掘技术应用到智能信息系统领域的范例，其系统工作流程如图2-1所示。

随着电子商务等信息领域的应用，数据库中可以收集到大量的用户数据，如用户交易数据、用户注册数据、用户评分数据、用户投票数据等；同时Web服务器中也保存着用户访问电子商务系统的日志数据、用户购物篮信息等，这些数据中蕴涵着丰富的知识，基于数据挖掘的推荐系统通过数据

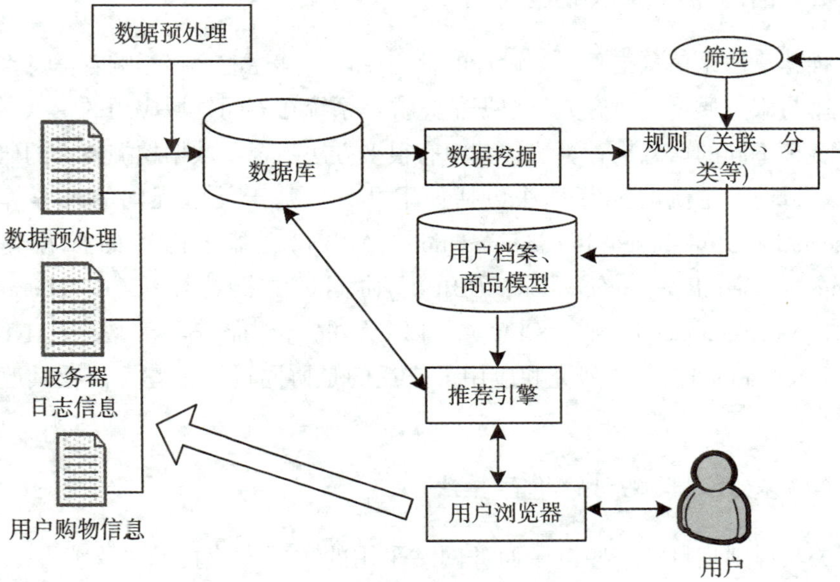

图 2-1　基于数据挖掘的推荐系统工作流程

挖掘技术对用户行为和用户属性进行学习，从中获取有价值的知识，根据得到的知识产生推荐。

基于数据挖掘的推荐系统根据数据挖掘技术建立用户档案。用户档案的建立可以基于长期对用户长期行为的分析，如用户的浏览记录、购买历史、性别、职业、收入、年龄等。也可以基于用户的当前行为，如用户当前的会话行为、当前购物篮信息、当前浏览商品等。

信息推荐系统中的数据挖掘主要包括关联规则挖掘和分类挖掘两类[7]。关联规则挖掘是数据挖掘中的一个重要研究内容[8]。在电子商务领域，关联规则挖掘根据销售数据发现不同类型商品在销售过程中的相关性。关联规则的挖掘可以离线进行，基于关联规则的商品推荐根据生成的关联规则模型和用户的购买行为产生推荐结果。分类挖掘模型根据用户的输入信息将之划分为相应类别，基于分类挖掘的推荐系统根据用户输入信息和项的特征信息，预测是否向用户推荐该项。分类挖掘通过对训练集进行学习，训练出对应的分类器，然后利用该分类器对新用户进行分类。分类挖掘模型可以通过多种方法实现，例如 Bayesian 网络、聚类、神经网络等。

2.1.3 信息推荐算法概述

推荐算法是信息推荐系统设计的核心模块，其性能直接影响着信息推荐的效率与服务质量，研究人员根据信息推荐系统在不同领域应用的特点，提出了各种不同的信息推荐算法，其中有很多方法结合了数据挖掘技术的研究成果。目前，主流的推荐算法包括如下几种：基于关联规则的推荐算法（Association Rule-based Recommendation，ARBR）、基于内容的推荐算法（Content-based Recommendation，CBR）、协同过滤推荐算法（Collaborative Filtering Recommendation，CFR），以及混合推荐算法（Hybrid Recommendation）。其中研究和应用最广泛的是协同过滤推荐算法及其改进技术。

(1)基于关联规则的推荐算法

关联规则是目前一些电子商务网站采用的主要推荐技术之一[9][10]，用于实现交叉销售。关联规则作为数据挖掘领域中的重要技术，已在零售领域应用多年，先根据用户交易数据产生关联规则，再结合用户当前购买行为作出推荐。最典型的关联规则应用是购物车分析，即通过研究用户购物车中商品之间的关系，发现同时被频繁购买的商品，从而帮助电子商务网站在用户下订单和付款时向其推荐相关商品。基于关联规则的电子商务推荐系统如图2-2所示。

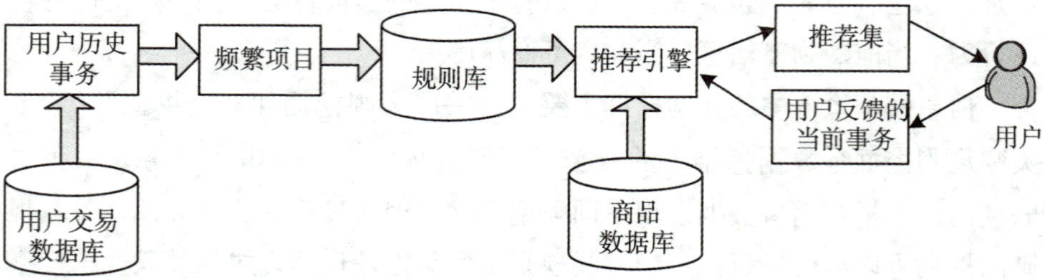

图 2-2　基于关联规则的电子商务推荐系统模型

关联规则挖掘的数据集存放在用户交易数据库中，数据库中的每条记录代表一个事务。关联规则挖掘形式化定义如下：设 $I = \{i_1, i_2, \cdots, i_m\}$ 是项的集合。设与任务相关的数据 D 是数据库事务的集合，其中每个事务 T

是项的集合，使得 $T \subseteq I$。每一个事务有一个标适符，称作 TID。设 A 是一个项集，事务 T 包含 A 当且仅当 $A \subseteq T$。关联规则是形如 $A \Rightarrow B$ 的蕴含式，其中，$A \subset I$，$B \subset I$，并且 $A \cap B = \Phi$。规则 $A \Rightarrow B$ 在事务集 D 中成立，具有支持度 s，其中 s 是 D 中事务包含 $A \cup B$ 的百分比，即概率 $P(A \cup B)$。规则在事务集合 D 中具有置信度 c，如果 D 中包含 A 的事务同时也包含 B 的百分比是 c。这是条件概率 $P(B \mid A)$。即是：

$$support(A \Rightarrow B) = P(A \cup B) \tag{2-1}$$

$$confidence(A \Rightarrow B) = P(B \mid A) \tag{2-2}$$

同时满足最小支持度阈值(*min_sup*)和最小置信度阈值(*in_conf*)的规则称为强规则。项的集合称为项集(*itemset*)，包含 k 个项的项集称为 k-项集。项集的出现频率是包含项集的事务数，简称为项集的频率、支持计数或计数。项集满足最小支持度 *min_sup*，如果项集的出现频率大于或等于 *min_sup* 与 D 中事务总数的乘积。如果项集满足最小支持度 *min_sup*，则称它为频繁项集(*frequent itemset*)。频繁 k-项集的集合通常记作 L_k。关联规则的挖掘是一个两步过程：

①找出所有频繁项集：根据定义，这些项集出现的频繁性至少和预定义的最小支持计数一样。这一步需要反复扫描交易数据库，是整个算法性能的瓶颈。

②由频繁项集产生强关联规则：根据定义，这些规则必须满足最小支持度和最小置信度。

基于关联规则的推荐算法可以分为离线的关联规则推荐模型建立阶段和在线的关联规则推荐模型应用阶段。离线阶段使用各种关联规则挖掘算法建立关联规则推荐模型，这一步比较费时，但可以离线周期进行；在线阶段根据建立的关联规则推荐模型和用户的购买行为向用户提供实时的推荐服务。典型的关联规则算法有 Apriori、DHP、FP-tree、Tree Projection 等。目前，基于关联规则的信息推荐系统有 e-VZpro 等。

(2)基于内容的推荐算法

基于内容的推荐系统的产生根源于信息检索与信息过滤，该类推荐系统综合采用了很多信息检索、信息过滤技术。基于内容的推荐系统具体是根据资源项目(*items*)之间的相似性来进行推荐的，先用机器学习等技术分析用户已经评分的项的内容，建立用户档案模型，然后从 *items* 中选择与用户档

案相似的 *item*(*s*)，再从中根据评分选择一定的项目推荐给用户，最后根据用户的反馈信息修正推荐。用户 u 对项 i 的评分 $R(u, i)$ 是根据用户 u 对与项目 i 相似的项目 i' 的评分 $R(u, i')$ 来估计的，其中 $i' \in items$。基于内容的推荐模型如图 2. 3 所示。

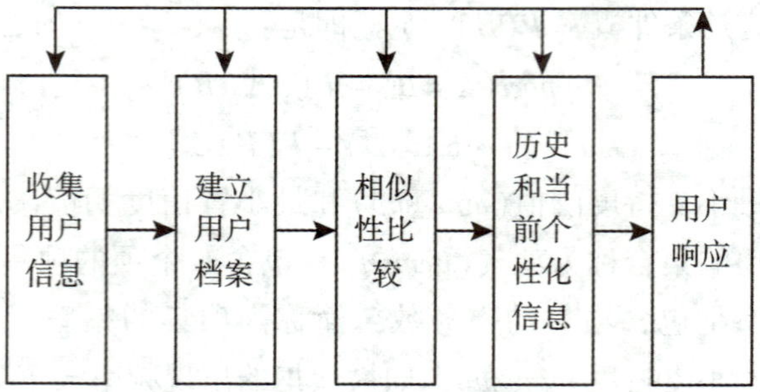

图 2-3　基于内容的推荐模型

通过抽取项 i 的特征计算出它的属性集合 *Content*(*i*)，通常该集合用来决定一个项与被推荐项的适合程度。用户档案 *ContentBasedProfile*(*u*) 常常根据重要关键词的权重来定义，其实 *ContentBasedProfile*(*u*) 就是一个权重向量 $W_u = \{w_{u1}, w_{u2}, \cdots, w_{uk}\}$，$w_{ui}$ 表示关键词 k_i 对用户 u 的重要程度。在基于内容的推荐系统中评分函数 $R(u, i)$ 被定义为：

$$R(u, i) = score[ContentBasedProfile(u), Content(i)] \tag{2-3}$$

但是，基于内容的推荐技术具有一定的局限性[11]：①其所能分析的项目内容仅限于能够用一系列的特征集合来表示的信息，而无法有效处理声音、图片、艺术品和影像等多媒体信息。②用户仅仅能够接收与过去喜好类似的推荐项目，而无法找出与过去体验有所不同、同时又具有潜在意义的新颖性推荐。③无法处理品质、风格或观点。以文章为例，若两篇文章的主题相同，但其内容品质有所差别的时候，基于内容的信息推荐无法有效分辨。

(3) 协同过滤推荐算法

协同过滤推荐(Collaborative Filtering Recommendation)由 Goldberg 等研究人员于 1992 年首先提出[12]，是目前信息推荐系统中最为成功的技术。协同过滤的基本思想是根据具有类似观点用户的行为对目标用户进行推荐或预测，它基于这样的假设：如果用户对一些项目的评分比较相似，则他们对其他项目的评分也会比较相似。因而，这种方法首先找出一群具有相同兴趣的用户，形成用户群，也就是某些行为或偏好上有类似特性的成员集合，通过分析成员的共同兴趣或爱好，对目标用户产生相关的推荐。

可以看出，在协同过滤推荐算法中，预测项目 c 对用户 u 的效用 $f(u, c)$，就是根据与用户 u“相似的”其他用户 $u_j \in U$ 对项目 c 的效用评分 $f(u_j, c)$ 获得的。例如，在推荐电影的应用中，为了向用户 u 推荐电影，协同过滤推荐算法将搜索用户 u 的“近邻”，也就是那些与用户 u 具有相同电影喜好的成员(如对相同的电影评分相似)。进而，只有那些近邻用户喜好程度比较高的电影推荐给用户 u。目前，协同过滤推荐分为三类，即基于用户的协同过滤、基于项目的协同过滤和基于模型的协同过滤。

①基于用户的协同过滤推荐。

基于用户的协同过滤方法是最直观、便于理解而且是应用最为广泛成功的一种协同过滤技术。基于相似邻居的协同过滤推荐的基础性假设如下[13][14]：针对特定信息资源(项目)，根据用户的评价日志，如果不同用户对于不同的项目(*items*)具有相同或者相似的喜好度，则这些用户在其他项目上也将具有较相似的兴趣偏好。所以，基于用户的协同过滤技术需要首先从用户集中根据用户的项目评价日志进行用户之间的相似度计算，根据相似度得分的高低从用户集中选择同目标用户最相似的若干个邻居用户，然后基于这些邻居用户的兴趣喜好来为目标用户进行资源推荐。

②基于项目的协同过滤推荐。

基于项目的协同过滤方法是基于不同项目之间的相似度来进行项目的推荐预测[15]。该方法首先测量目标用户的已评价项目和待评价项目之间的相似度，具体是根据其他用户的资源评价来完成目标用户的已知、未知项目间的相似度的计算，然后根据目标用户的已有项目评价和前面得到的项目之间的相似度给出对待评项目的评价预测。基于项目的协同过滤方法中比较关键的仍然是相似度计算部分，只不过这里的相似度计算不是用户之间的相似度，而是项目之间的相似度了。同基于用户的协同过滤方法比较起来，很多试验评测表明，基于项目的协同过滤的精度指标与采用的试验数据的相关性比较大，多数情况下还是基于用户的协同过滤方法的精度指标高[16]。基于用户的协同过滤方法和基于项目的协同过滤方法都属于启发式(Heuristic)的协同过滤推荐策略。

③基于项目的协同过滤推荐。

基于模型的协同过滤方法通过对用户的历史项目评价信息进行学习以构建用户模型[17]，以用户模型为基础进行项目的评价预测。基于模型的协同过滤方法广泛使用机器学习技术、概率模型，贝叶斯网络，人工神经网络等技术，训练历史数据得到一个模型，然后根据模型产生信息推荐[18][19][20]。模型相对于原始数据而言具有滞后效应，为了保证模型的有效性，必须周期性地对模型进行更新。

协同过滤推荐的优点在于该算法并不关注项目内容本身，所以对于待处理的项目的结构等没有特殊要求，项目是否具备统一的处理格式都没有关系，系统只需要获得足够的项目评价就可以可靠地进行项目评价了。另外，协同过滤主要是根据用户的相似性来推荐资源，这与基于内容的推荐算法有所不同。协同过滤比较的是用户描述文件，而不是资源与用户的描述文件。由于是根据相似用户进行信息推荐，所以有可能为用户推荐出新的感兴趣的内容，或是潜在的兴趣点。

但是，协同过滤算法的缺点也非常明显，即冷启动问题和数据稀疏问题比较突出[21][22]。冷启动主要是针对新用户和新项目而言的，新用户和新项目的评价信息都是比较少的，推荐系统无法确定新用户或新项目的“最近邻居”，基于协同过滤算法就无法对其进行推荐，协同推荐此时就具有冷启动问题。另外，在很多实际的信息推荐系统中，由于用户和项目的数量都非常巨大，相对于进行推荐预测的所需要评分，已经获得的评分数量非常有限。例如，在 Amazon. com 这样的大型商务系统中，用户最多不过就评分了上百万本图书中的 1%～2%。这就造成“用户—项目”评分数据矩阵非常稀疏，难以找到相似用户集，进而导致推荐效果大大降低。因此，在实际应用环境下，协同过滤又会产生数据稀疏性问题。

(4)其他推荐算法

为了更好地解决信息过载所引发的一系列问题，除了传统的推荐算法外，研究者们还提出了如下几种常见推荐算法。表 2-1 显示它们的基本内容，U 表示用户的集合；I 表示所有资源项目的集合；u 表示当前要预测的用户(即目标用户)；i 表示当前要预测的项(即目标项目)。表 2-2 则对各种推荐算法的优缺点进行比较。

表 2-1　**各种信息推荐算法**

推荐技术	背景条件	输　入	主要步骤
协同过滤推荐	U 对 I 的评价	U 对 I 的评价等级	识别 u 的邻居用户；根据其生成 i 的评价分
基于内容推荐	I 的特征属性	U 对 I 的评价等级	根据 u 的评价分生成项的分类器
基于人口统计信息推荐	U 的人口统计信息及对 I 的评价	关于 U 的人口统计信息	识别 u 的相似用户根据其生成 i 的评价分
基于效用推荐	I 的特征	描述 U 对 I 偏好的效用函数	把效用函数用于各项；生成各项的排序
基于知识推荐	I 的特征、I 如何满足 U 的知识	对 U 需要和兴趣的描述	计算各项 i 和用户 u 需要的匹配程度
基于关联规划推荐	U 对 I 的浏览或购买历史	浏览购买记录	生成关联规则；根据规则生成推荐

表 2-2　**各种推荐算法的优缺点对比**

推荐技术	优　点	缺　点
协同过滤推荐	新异兴趣发现、不需要领域知识；随着时间推移性能提高推荐个性化、自动化程度高；处理复杂的非结构化对象	“冷开始”问题、稀疏问题；新用户问题；质量取决历史数据集；系统开始时推荐质量差
基于内容推荐	推荐结果直观，容易解释；不需要领域知识稀疏问题；	稀疏问题；新用户问题；复杂属性不好处理；要有足够数据构造分类器
基于人口统计信息推荐	新异兴趣发现；没有新用户问题；不要领域知识	用户的人口信息统计资料难得到
基于效用推荐	无“冷开始”和稀疏问题；对用户偏好变化敏感；TM 考虑非产品特性	用户必须输入效用函数；推荐是静态的，灵活性差；属性重叠问题

续表

推荐技术	优　点	缺　点
基于知识推荐	把用户需求映射到产品上；考虑非产品属性	知识难获得；推荐是静态的
基于关联规划推荐	发现新兴趣点；不要领域知识	关联规则抽取难、耗时；产品名同义性问题；个性化程度低

①基于人口统计的推荐(Demographic-based Recommendation)。

基于人口统计的推荐是根据个人特征对用户分类，并基于人口统计信息作出推荐。早期的Grundy是通过交互式的对话来收集个人信息，用户的反应与一个人工创建的模式库相匹配[23]。另外，还有一些系统是采用机器学习来得到一个基于人口统计信息的分类器。基于人口统计的信息推荐系统与协同过滤推荐表明上相似，但实际所使用的数据则完全不同，其优点在于不需要用户评价历史数据，但用户对私人信息的敏感性是获取人口统计信息的障碍。

②基于效用的推荐(Utility-based Recommendation)。

基于效用的推荐算法在对用户需求和候选资源集之间匹配的评估基础上，通过计算候选资源对用户的效用来作出推荐。该算法首先为用户设计使用项目的效用函数，并考虑非产品特征，如提供商的可靠性和产品的可用性等；在此基础上，该算法通过计算项目对用户所产生的效用值来产生推荐结果，因此算法实现的核心问题是为相应的目标用户创建合适的效用函数。但是，系统通过交互方式让用户指定效用评估属性及其权重值对大部分用户来说是比较繁琐的事情，因而限制了该算法的应用。

③基于知识的推荐(Knowledge-based Recommendation)。

基于知识的推荐算法在某种程度上可以看作一种推理(Inference)技术，各种方法因所用的知识不同而有明显的区别。这种推荐技术建立了目标项目满足目标用户所需要的某类知识，并能通过指定的规则来进行推理。其中用户需求的描述方法可以引入案例(Case)，形成基于规则和案例推理技术(Case-based Reasoning)的信息推荐系统。知识的获取和表达是基于知识的推荐系统所面临的重点和难点，该方法的优点则是不存在协同过滤推荐技术中的冷启动问题。

为了使各种推荐技术能够取长补短，一些推荐系统采用了混合推荐

(Hybrid Recommendation)方式，将传统的协同过滤技术与其他推荐技术整合起来，以获得较好的推荐效果。最常使用的是基于内容的推荐和协同过滤推荐的组合，混合式推荐算法可以分别使用两种推荐技术产生各自的推荐结果，然后选择一种组合的思路为用户生成最后的推荐列表。选用混合式推荐的一个重要原则是通过组合各种推荐算法能够避免各自单一推荐技术的弱点，互补长短。例如系统建立的初期，可以将协同过滤技术与基于知识或效用的推荐技术相结合，能有效解决系统的冷启动问题，提高推荐系统的性能。

2.2　基于深度学习的推荐系统

2.2.1　问题的提出

近年来，互联网各种应用产生了大数据，其蕴含着丰富的价值和巨大的潜力，将给社会生产和生活带来深刻的变化，但同时出现了严重的信息过载问题。因此，如何使用推荐系统从大数据中快速、准确地获取有价值的信息资源并合理地利用，成为了当前大数据环境下信息服务发展的关键。传统的推荐算法过于依赖人工设计的特征，无法学习输入数据中潜在的特征表示。同时，用户对项目的评分反馈数据较少，输入数据存在稀疏和冷启动的问题，这些都限制了推荐系统的性能。

深度学习技术是机器学习领域一个新的研究方向，它通过一种端到端的学习过程，从大规模的数据资源中自主地学习目标群体的深层隐表示，成功地解决了传统机器学习中依赖人工设计特征的问题。随着信息科学特别是人工智能技术的发展，深度学习技术在许多数字化研究领域上都获得了前所未有的成就。例如，在图像识别领域，深度学习技术在 MNIST[24] 数据集上识别的准确率高达 99%。在语音识别领域，2018 年百度公司推出了“小度”人工智能助手，它通过与用户沟通对话的方式，实现衣、食、住、行等功能的操作。在医疗领域中，PET/CT 图像在没有医生人工标注的情况下，深度学习实现了机器阅片，为患者提供疾病诊断，不仅大大地缩短了医疗工作者的阅片时间，而且为医生提供了高效的医疗辅助诊断。深度学习凭借其表征能力强、无需特征工程和善于处理非线性数据的特点，也为推荐系统提供了新的研究思路。

基于深度学习的推荐系统捕捉了多源异构数据中的潜在复杂关系，并将隐层数据表示进行编码融合，在一定程度上克服了单一数据量少且多源数据融合难的问题，极大地提升了推荐系统的性能。近几年，基于深度学习的推荐系统研究引起了各行各业广泛的关注。基于深度学习的推荐系统研究的相关学术成果层出不穷，在ICML、SIGIR、ECML等国际会议上都有关于深度学习技术和推荐系统结合的相关主题研究。2019年哥本哈根举行的推荐系统大会(RecSys 2019)再次强调了将深度学习技术应用在推荐系统中的重要性。在工业上，许多公司都采用了深度学习技术提升推荐质量，如淘宝、京东和拼多多等购物平台，根据用户的浏览网页记录，购物的历史记录和用户的个人信息向用户在线推荐个性化的商品列表。网易公司旗下的网易云音乐结合用户的听歌记录、搜歌记录、收藏歌曲的记录以及用户个人信息为用户推荐感兴趣的音乐列表。由此可以看出，深度学习技术在个性化推荐系统中起着至关重要的作用。

2.2.2 深度学习技术

深度学习是机器学习的一个崭新的研究方向，它通过多层网络堆叠形成深度学习模型，经过数次迭代训练和优化损失函数来调节模型的参数，直至获得最优模型。深度学习整合了海量多源异构数据，提取目标数据中的深层隐表示，提高整个系统的分类、识别或预测的精确性。和手动提取特征的学习方法相比，深度学习强调了网络模型的层次深度、特征学习以及特征变换的重要性。在没有人工干预的条件下，深度学习技术自动地提取数据中多种潜在语义特征，获得数据的非线性表示，节省了人力和物力成本。深度学习模型的种类繁多，常用的有自编码器、受限玻尔兹曼机、深度信念网络、卷积神经网络和循环神经网络。

(1)自编码器

1986年，Rumelhart等人提出了一种人工神经网络，称为自编码器[25]。一个基础的自编码器如图2-4所示，包括一个编码过程和一个解码过程，输入向量通过隐藏层进行编码获得中间向量，然后再通过解码过程将中间向量重构输出。

自编码器使用均方误差和交叉熵两种方式进行误差重构，设法使输入数据和输出数据尽可能接近。自编码器可以作为特征检测机(Feature Detectors)，也可以作为生成数据模型(Generative Model)。比如，自编码器

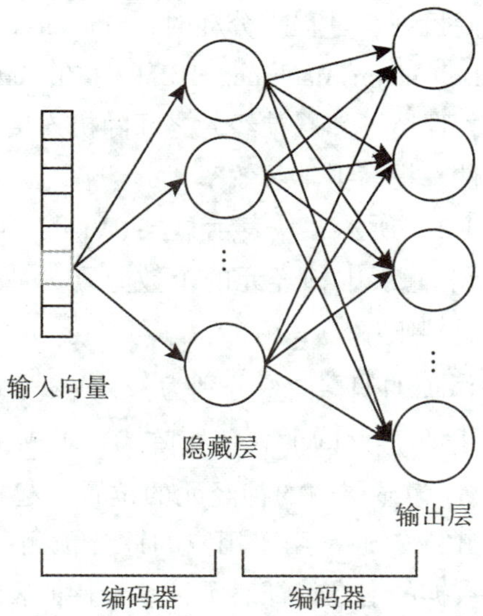

图 2-4　自编码器结构

用于人脸识别，训练生成新的图片。自编码器通过多种不同的方式对神经网络增加约束，增加训练数据任务的复杂性。具体的两种增加约束的方式如下：

①限制隐藏层中神经元的个数或增加训练数据中的噪声，实现对输入数据的降维；

②增加自编码器的限制条件学习得到一个恒等函数，获得数据的高效表示。

自编码器有多种变形形式，比较经典的自编码器有稀疏自编码器和降噪自编码器[26]。自编码器和推荐系统结合可以用于评分预测、文本推荐等场景中，学习用户和项目相关信息数据中的潜在隐向量，然后基于隐向量产生推荐列表。但是由于自编码器的结构简单，对于关系复杂的数据结构来说，无法充分挖掘到数据中的深层特征，所以还需要使用其他神经网络训练和学习数据。

(2) 受限玻尔兹曼机

1986 年，Hinton 等[27]提出了一种随机式生成神经网络的概念，称为玻尔兹曼机(Boltzmann Machine，BM)。BM 可以挖掘无标记数据的深层特征表示，但是由于玻尔兹曼机训练过程十分耗时，Smolensky 等[28]提出了受限玻尔兹曼机(Restricted Boltzmann Machine，RBM)，在 BM 的基础上去除了同层神经元之间的交互，保留了邻层神经元之间随机连接的特点，极大地减少了网络层之间的冗余性，提高了学习效率。

RBM 的结构如图 2-5 所示，V 表示显层(Visible Layer)，H 表示隐层(Hidden Layer)，显层和隐层中神经元的个数分别为：n_v，n_n；显层和隐层神经元特征向量表示分别为：$v=(v_1, v_2, \cdots, v_{n_v})^{\mathrm{T}}$ 和 $h=(h_1, h_2, \cdots, h_{n_h})^{\mathrm{T}}$；显层和隐层中添加的偏移向量分别为：$a=(a_1, a_2, \cdots, a_{n_v})^{\mathrm{T}}$ 和 $b=(b_1, b_2, \cdots, b_{n_h})^{\mathrm{T}}$；层与层之间的权值矩阵为：$W=(w_{i,j}) \in \Re^{n_h \times n_v}$，$i$ 为隐层中的神经元的位置，j 为显层中的神经元的位置。起初，与推荐系统结合的神经网络模型就是 RBM，通常用于用户的评分预测。具体地，使用 RBM 挖掘用户对项目评分数据的潜在特征表示，基于特征表示实现其他项目的评分预测。但是由于用户对项目的评分数据有限，RBM 无法学习到隐藏的用户偏好，达不到预期的推荐效果。

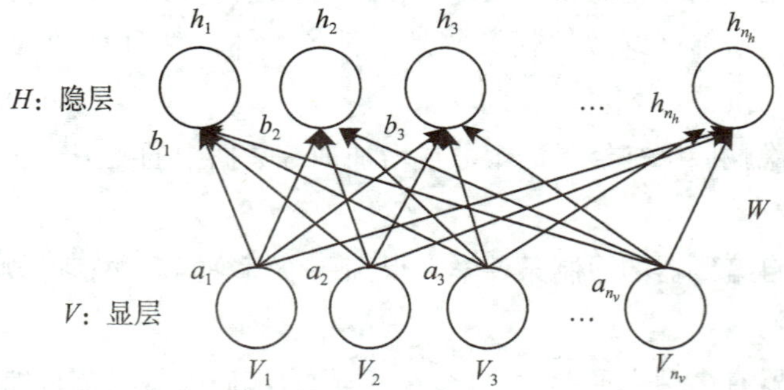

图 2-5　受限玻尔兹曼机(RBM)网络结构

(3)深度信念网络

2006 年，Geoffrey Hinton 提出了一种由多个 RBM 层层叠加的网络，称为深度信念网络(Deep Belief Network，DBN)[29]。DBN 的本质是通过对目标数据进行训练和学习，进而获得重构向量，根据重构向量的特征表示实现分类、识别或预测的任务。

DBN 结构如图 2-6 所示，RBM_1 的隐藏层的输出向量为 RBM_2 的隐藏层的输入向量，同样地，RBM_2 的隐藏层的输出向量为 RBM_3 的隐藏层的输入向量。整个网络对目标数据自底向上进行训练，并将每次的训练结果通过损失函数计算其与标准数据的距离，随后对整个网络进行参数调整。当网络参数达到最优时，网络训练完成。DBN 善于处理一维数据，所以仅用于音乐推荐。具体地，通过 DBN 学习一维音乐数据的深层特征表示并重构信息向量，然后基于重构信息为用户推荐感兴趣的音乐列表。

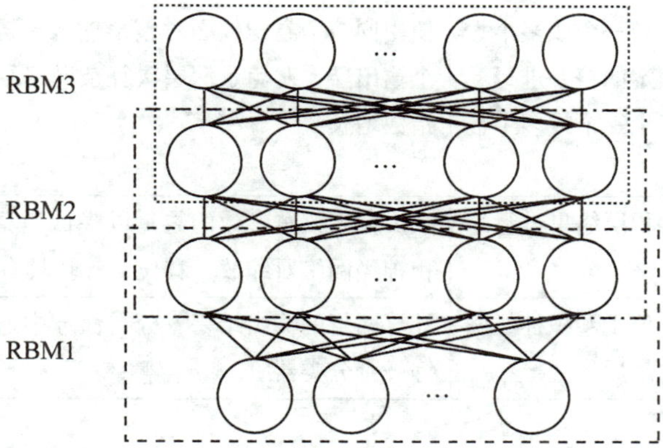

图 2-6　深度信念网络(DBN)结构

(4) 卷积神经网络

在 20 世纪 60 年代，一些科学家在一次偶然中发现了一种类似于细胞神经网络的网络结构用于提取目标数据中的特征，这种网络被称为卷积神经网络(Convolutional Neural Network，CNN)[30]。

时至今日，卷积神经网络和深度学习已经成为了越来越多的科研人员工作和研究的重点。CNN 由数量不等的卷积层、池化层和连接层组成。CNN 处理数据的过程如下：首先，卷积层通过一个或多个大小固定的卷积核对输入数据进行处理，重构向量表示。然后通过池化层改变输入数据中权重参数的数量以降低计算复杂度，当图像进行缩放、移位、旋转等操作时，使卷积神经网络更具有稳健性。

卷积神经网络是一种多层网络的结构，每一层执行的功能可以是卷积、池化或全连接，卷积神经网络详细功能情况如表 2-3 所示。卷积神经网络被广泛地应用于推荐系统中，尤其是图像推荐和文本推荐领域。卷积神经网络从文本信息和图像信息中提取局部和全局表示，学习和挖掘用户和项目相关内容数据中的潜在深层特征，然后结合辅助信息的隐层表示为用户提供准确性高的推荐列表。

表 2-3 **卷积神经网络详细功能介绍**

名称	定义	作　用
卷积层	前一层的一个或多个输出与一个或多个大小固定的核心进行卷积产生一个或多个输出	使用同一个卷积核心对整个输入层进行卷积得到 N 个输出层，避免了深层次复杂网络结构神经元个数指数增长
池化层	对卷积层结果进行采样	减少输入权重参数的数量以降低计算复杂度，使卷积神经网络对缩放、移位、旋转具有稳健性
全连接层	通常位于卷积神经网络的最后位置	计算网络的输出结果，分类任务中通常在这一层训练一个分类器

(5)循环神经网络

1990 年，Paul Werbos 提出了一种用于处理时序信息的重复链条式神经网络，称为循环神经网络(Recurrent Neural Networks，RNN)[31]。RNN 凭借其巧妙的循环链式结构高效地学习序列数据中的非线性特征，提高分类、预测或识别任务的精准性。

RNN 结构如图 2-7 所示，图中右侧为左侧的展开形式，每个神经元之间的箭头代表一次变换，箭头上附带着权值。右侧的展开图详细说明了隐层神经元之间如何连接和如何赋予的权值。图中神经元 o 表示了网络结构的输出向量，y 表示了验证数据给出的准确值，L 表示了网络中的损失函数，由图中可见，网络的“损失”是随着网络结构的推进而不断积累得到的。

公式(2-4)表示了在 t 时刻的损失函数为：

$$h^{(t)}=\emptyset(Ux^{(t)}+Wh^{(t+1)}+b) \tag{2-4}$$

其中，$\emptyset$ 为激活函数，b 为偏置。

公式(2-5)为模型的输出：

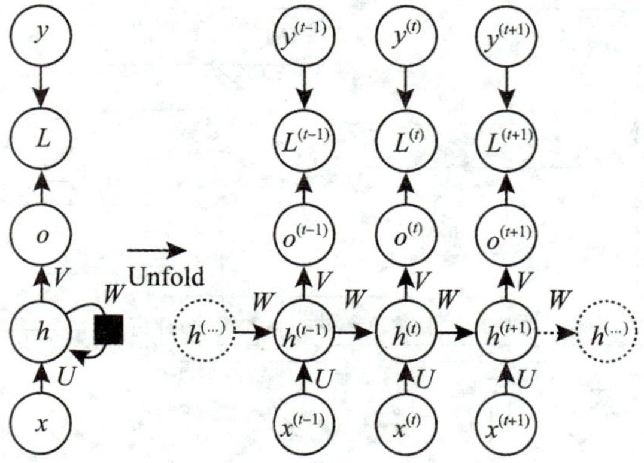

图 2-7　循环神经网络(RNN)结构

$$o^{(t)}=Vh^{(t)}+c \tag{2-5}$$

公式(2-6)表示了最终模型的预测输出为：

$$\hat{y}^{(t)}=\sigma(o^{(t)}) \tag{2-6}$$

其中，σ 为激活函数，通常使用 Softmax 函数。

RNN 和推荐系统结合常常用于评分系统的预测、图像的推荐、文本的推荐等，使用 RNN 学习和挖掘用户行为序列中的潜在隐层表示，或学习用户或项目相关文本信息序列的隐层表示，基于隐表示产生推荐列表。

(6)长短期记忆网络

1997 年，Hochreiter 和 Schmidhuber 提出了 RNN 的改进网络，长短期记忆网络(Long Short-term Memory，LSTM)[32]。LSTM 对网络生成内容具有长期记忆功能，可以有效地缓解梯度消失的问题。和 RNN 的结构相比，LSTM 同样拥有连续的细胞模块，但细胞模块的内部结构却有所不同。

此外，LSTM 结构中最巧妙的部分在于“门”的设计，“门”的结构具有筛选信息的功能。“门”中通过使用激活函数将神经网络层输出向量控制在 0 到 1 之间，不同的数值代表了每个部分通过结构中信息量的大小。0 代表“不许任何量通过”，1 代表“允许任意量通过”。图 2-8 为 LSTM 的结构示意图，上一个隐藏层的输出和当前状态的输入作为输入数据，当输入数据经过遗忘门时，输入数据与上一个节点的输出数据进行矩阵乘法操作，丢弃冗余数据内容，得到遗忘门生成数据；当输入数据经过选择门时，输入数据中的

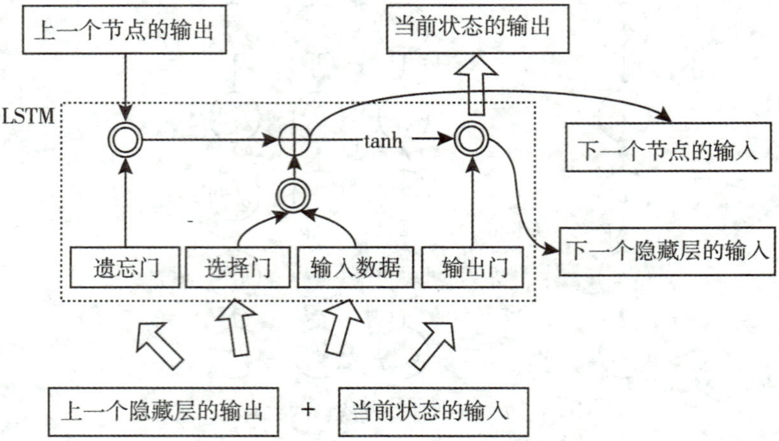

图 2-8　长短期记忆网络(LSTM)的结构示意图

部分内容被选择添加到网络结构中，得到选择门生成数据。将遗忘门生成数据和选择门生成数据通过矩阵加法操作，得到下一个节点的输入数据；当输入数据经过输出门时，得到当前状态的输出数据。下一个节点的输入数据通过 tanh 激活函数，再与输入数据进行矩阵乘法操作，获得下一个节点的输入数据。LSTM 通过三个上述的门结构来实现特征的筛选和保留，所以 LSTM 更擅长处理需要长期记忆的任务。

在推荐系统中，LSTM 常用于具有长序列信息的数据推荐任务中，例如：短视频软件就是使用 LSTM 从用户浏览过的视频信息、点赞过的视频信息或分享过的视频信息中挖掘视频潜在特征表示，剖析用户喜好推荐相关感兴趣的短视频。具体地，基于 LSTM 的推荐系统使用深度学习技术对内容信息的时间序列和文本顺序进行建模，学习输入数据内序列影响的隐层表示，基于隐层表示产生推荐列表。

2.2.3　基于深度学习的推荐模型和方法

基于深度学习的推荐系统由数据采集、数据存储、推荐引擎和个性化推荐四个部分组成，如图 2-9 所示。数据采集模块是通过智能人机接口获取用户信息和需求，收集各类用户和项目相关的数据。例如，用户对项目的评价和关注程度等反馈数据，用户的性别、年龄、喜好等个人信息数据，用户对网站的浏览、点击等行为数据，用户的社会化关系等社会网络数据，项目中存在的天气、地点等情境信息数据。数据存储模块负责对采集的用户情境数据、用户与项目之间的反馈数据、用户画像数据和社会化关系等各类数据资源进行存储，大数据环境下面对海量的数据资源，可以通过基于云计算的云存储方式将采集的数据资源存储在云端中，方便系统进行有效的存储和挖掘计算。推荐引擎模块是整个系统的核心，当分析用户偏好时，推荐系统可以高效快捷地从云端数据库中获取指定的数据资源，通过推荐引擎产生推荐结果，从而提升推荐系统的响应速度。从用户、项目、情境和社会关系中采集的数据，具有以下特点：数据量巨大、没有明确的组织结构、数据内容更新速度快和数据分析困难。针对上述数据特点，推荐引擎部分使用深度学习模型学习并挖掘用户和项目之间相关数据的潜在隐层表示，基于隐层表示丰富项目库和模型库，构建用户和资源之间的矩阵模型。在推荐引擎基础上，个性化推荐模块自动地向用户提供个性化的推荐服务，采用基于“信息推送”的信息服务模式，将推荐引擎生成的推荐资源以适当的显示模式和相应的数据格式主动推送给用户，并实现智慧化导航服务，为用户提供实时主动的“一站式”信息推荐服务。在增加用户与系统之间黏合度的同时，挖掘了用户潜在的需求，提升了推荐系统的新颖性和精准性。将深度学习技术与传统的推荐方法相结合，不仅更精准地挖掘用户的需求和偏好，而且提升了推荐系统的高效性。

(1)深度学习和基于内容过滤的推荐算法结合

对于基于内容过滤的推荐方法来说，提取有效的数据表示决定了最终的性能。深度学习最大的优势在于通过一种端到端的学习过程，不需要依赖特征工程，自动获得大量非线性数据的深层语义特征。因此，深度学习技术与基于内容过滤的推荐系统结合，首先将用户数据和项目数据进行归一化处理，分别得到用户特征向量和项目特征向量。然后将两种特征向量分别输入深度学习模型中，学习多种类型数据中的隐层表示，然后基于隐层表示计算用户和项目的匹配度，最后使用分类器为用户提供推荐列表。用户对推荐列表中的项目进行评价反馈，然后更新用户与项目之间的反馈数据，用于深度学习模型的训练，深度学习与基于内容过滤的推荐算法结合模型如图 2-10 所示。

①基于深度信念网络的内容过滤推荐算法。

使用基于内容过滤的推荐算法仅提取传统的音频内容特征限制了用户偏

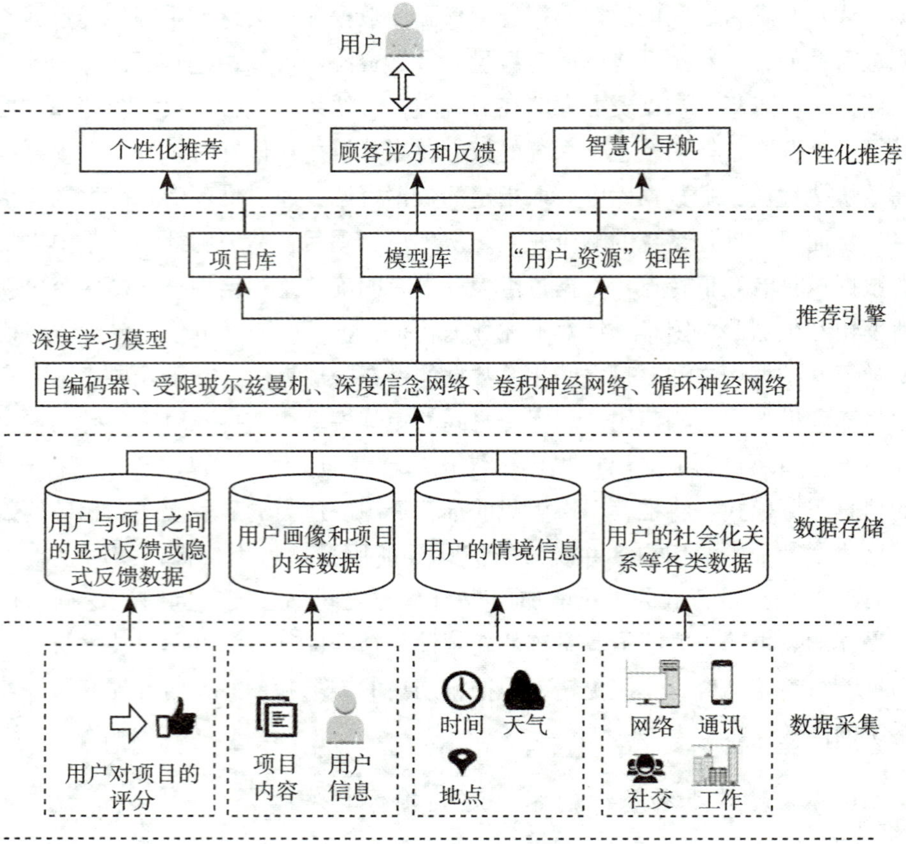

图 2-9　基于深度学习的推荐模型

好推荐功能的性能，Wang 等[33]将深度信念网络和概率图形模型相结合而构建了新的模型，在网络学习音频内容特征的同时提出个性化的建议。通过将深度信念网络自动学习得到的特征和基于内容过滤的推荐算法所获得的特征相结合，不仅提高了推荐系统的精确性，而且该模型方法优于传统的基于特征的混合推荐方法。为了在信息推荐过程中提取更多深层数据表示，王兆凯等[34]提出了一种深度信念推荐方法，首先使用聚类方法将用户评分数据和用户生成数据进行归一化处理，然后通过深度信念网络学习输入数据中的深层特征表示，再使用狄利克雷模型优化模型参数，最后为用户产生推荐列表。

②基于卷积神经网络的内容过滤推荐算法。

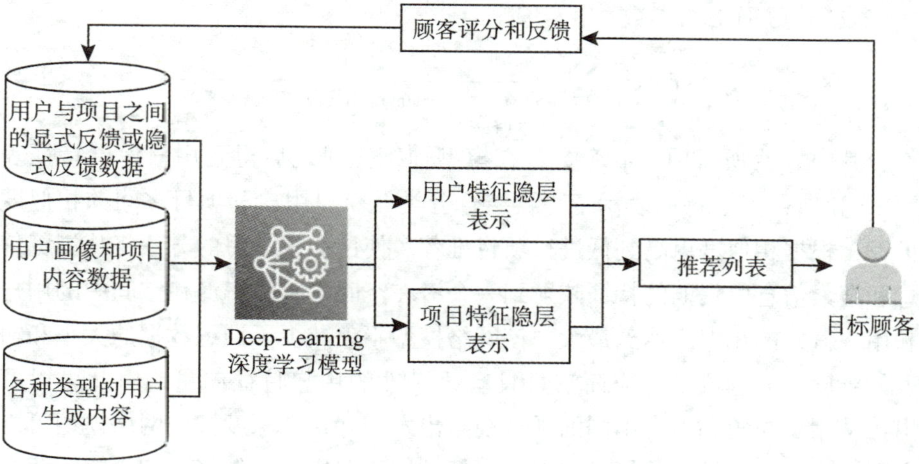

图 2-10 深度学习与基于内容过滤的推荐算法结合

王杰等[35]利用卷积神经网络(CNN)和隐含狄利克雷分布(Latent Dirichlet Allocation, LDA)两种深度学习模型学习并挖掘用户信息和APP信息中潜在的隐层表示，然后将用户的数值特征和用户文本内容的卷积特征以及主题特征相结合得到用户隐层表示，将APP的数值特征和APP文本内容的卷积特征和主题特征相结合得到APP隐层表示，再把用户隐层表示和APP隐层表示融合后用于输出结果预测，实现APP的个性化推荐。李浩君等[36]采用过滤式特征选择算法将学习资源特征和学习者特征进行关联和重构得到联合特征。然后使用深度神经网络模型学习和挖掘联合特征中的潜在特征表示，最后得到个性化的推荐列表。

③基于循环神经网络的内容过滤推荐方法。

为了提高复杂环境下事件识别的可靠性，Bengio等[37]提出了一种基于深度学习的快速检测城市轨道交通系统，增加了客票门事件的鲁棒方法。该方法既可以用来识别多个连续的事件，也可以将移动时间序列矩阵转化为一维向量作为特征描述符。Elkahky等[38]提出了一种基于循环神经网络的多角度深度神经网络模型(Multi-View Deep Neural Network, Multi-View DNN)，设用户的相关数据为x_u，通过深度学习模型学习用户的特征表示y_u；项目的相关内容数据为x_i，通过深度学习模型获得项目的隐层表示y_i。深度神经网络模型为$f_U(x_U, W_U)$，对于M个样本数据，$\{(x_{u,j},$

$x_{a,j})\}_{0\leq j\leq M}$，$(x_{u,j}, x_{a,j})$表示用户 u 和项目 a 之间的一次交互，并通过公式(2-7)学习网络的参数：

$$\arg\max_{W_U,W_1,\cdots,W_V}\sum_{j=1}^{M}\frac{e^{\cos[f_U(x_{U,j},W_U),f_a(x_{a,j},W_a)]}}{\sum_{1\leq a\leq N}e^{\cos[f_U(x_{U,j},W_U),f_a(x_{a,j},W_a)]}} \tag{2-7}$$

其中 N 为所有项目的个数，在模型训练完成之后得到用户深层特征表示 y_U 和项目深层特征表示 y_i，再结合分类器获得用户和项目之间的相似度推荐，根据相似度由高到低进行项目推荐。使用深度学习的方法将从浏览信息和搜索信息中提取的特征映射到一个潜在空间中，使得潜在空间中的用户和用户偏好的相似度达到最大。该网络模型不仅减少了训练数据的大小和输入的维度，而且可以生成简洁且具有语义性的用户特征向量。由此可以看出：从用户视角和多个不同的项目视角出发，并结合深度神经网络模型可以学到用户和用户偏好的最大相似度，精准地获取用户的偏好，和传统推荐方法相比可以更好地为用户提供个性化服务。

(2)深度学习和基于协同过滤的推荐算法结合

基于协同过滤的推荐算法通过学习用户和项目数据的浅层特征来实现推荐，通常会面临数据的稀疏和冷启动等问题。通过网络多次迭代并对数据进行训练的方式，深度学习和挖掘海量多源异构数据中的潜在特征表示，融合多种数据的隐层表示，极大程度地解决了单一数据量不足且多源数据融合困难等问题。基于深度学习的协同过滤方法，首先将用户数据和项目数据的两种线性数据表征通过矩阵因式分解，获得数据的低维向量表示。然后，将用户数据和项目数据量的两种非线性数据表征输入深度神经网络中，获得数据的高维向量表示。最后基于多种向量计算分析用户和项目的匹配度，为用户提供准确的推荐列表。用户对推荐列表中的项目进行评价和反馈，然后更新用户与项目之间的反馈数据，用于深度学习模型的训练，深度学习和基于协同过滤的推荐方法结合模型如图 2-11 所示。

①基于自编码器的协同过滤推荐算法。

Li 等[39]提出一种基于贝叶斯的协同过滤自编码器模型，该模型通过无监督方式，将自编码器和协同过滤相结合，学习和挖掘商品中的深层特征表示，并结合商品内容特征和评分信息特征产生商品推荐列表。针对传统协同过滤算法难以学习深层次用户和项目的隐层表示，以及不能充分提取文本信息的单词之间前后语义关系的问题，罗洋等[40]提出一种融合辅助信息与注

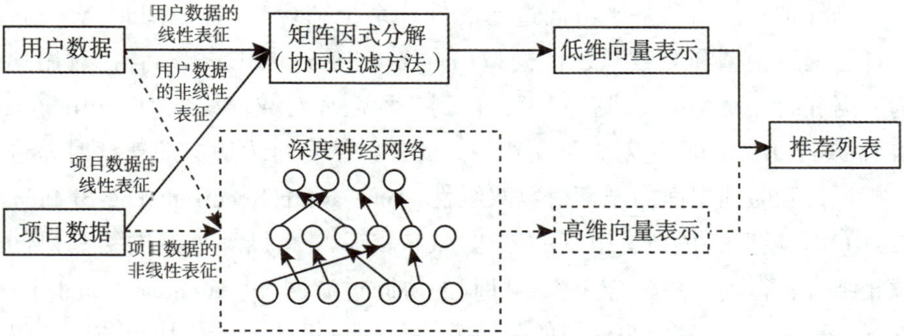

图 2-11　深度学习和基于协同过滤的推荐方法结合

意力长短期记忆网络的协同过滤推荐模型。具体步骤如下：

首先，使用堆叠降噪自编码器对评分信息和用户辅助信息提取用户潜在向量；

其次，基于注意力长短期记忆网络对项目辅助信息提取项目的潜在向量；

最后，用户特征隐向量和项目特征隐向量使用概率矩阵分解重构向量，最终产生推荐列表。

通过堆叠降噪自编码器和长短期记忆网络两种不用的深度神经网络模型，分别提取了用户数据和项目数据中的深层特征向量，并将两种潜在向量通过概率矩阵分解的方式获得最终的推荐，和传统的协同过滤相比，能够更精确地分析顾客的偏好。

②基于受限玻尔兹曼机的协同过滤推荐算法。

Salakhutdinov 等[41]将受限波尔兹曼机(RBM)和协同过滤推荐算法相结合，把输入向量输入网络的显层，获得用户与未知电影之间关系的预测结果。Georgiev 等[42]将受限波尔兹曼机(RBM)和协同过滤推荐算法相结合，网络模型对项目评级之间的相关性、用户—用户和项目—项目相关性进行建模，并且以自举的方式对原始训练数据与基于 RBM 模型生成的数据相结合，然后通过深度学习模型学习和挖掘数据中的潜在隐层表示。为了解决用户评价数据存在严重的数据稀疏性的问题，何洁月等[43]提出了一种实值条件受限玻尔兹曼机(R_CRBM)模型。在 R_CRBM 模型中，评级数据与辅助信息共同训练网络模型，提升了推荐系统的准确性和高效性。

③基于循环神经网络的协同过滤推荐方法。

循环神经网络和基于协同过滤的推荐系统结合应用，如 Liu 等[44]将循环神经网络模型和对数双线性模型(Log-bi Linear，LBL)相结合，对用户行为数据和时序情境数据进行建模，得到一种循环对数双线性(Recurrent Log-Bi Linear，RLBL)模型对上下文建模。此外，结合行为历史的连续时差进一步扩展得到时间层面的循环对数双线性(Time-aware Recurrent Log-Bi Linear，TA-RLBL)模型，得到了很好的效果。Chen 等[45]将循环神经网络和协同过滤相结合，得到一种融合注意力机制的协同过滤网络(Attentive Collaborative Filtering，ACF)，其由组件级的关注模块和项目级的关注模块组成，不仅可以选择组件中的多媒体项目，而且可以预测项目的评分。和传统的协同过滤方法相比，循环神经网络将序列信息的深层特征添加到推荐系统中，更加贴合用户的偏好为用户进行推荐。

(3)深度学习和基于混合推荐系统相结合

传统的协同过滤方法由于仅使用用户对项目的反馈数据学习特征表示，往往会面临单一数据量少且多源数据难融合等问题。因此，在输入数据中添加用户画像、项目内容数据、社会评论等辅助数据可以缓解数据稀疏的问题，我们将这种增加辅助信息的推荐方法称为混合推荐的方法，可以将内容过滤的推荐方法与协同过滤推荐方法相组合。但是，基于混合推荐的方法如何挖掘并融合辅助信息中的深层特征表示成为了新的挑战。

深度学习和基于混合推荐系统结合，将用户对项目的反馈数据、项目内容相关数据以及用户的生成数据共同作为推荐系统的输入数据，然后采用深度学习模型学习输入数据中的潜在隐层表示，最后基于隐层表示产生推荐列表。

①基于自编码器的混合推荐方法。

将不同的项目内容信息结合起来的方法称为协同主题回归(Collaborative Topic Regression，CTR)。然而，当辅助信息非常稀疏时，CTR 学习的潜在表示可能不是很有效了。在标签推荐问题上，Wang 等[46]提出了一种基于堆叠去噪自编码器(SDAE)的关系栈式降噪自编码器模型(Relational Stacked Denoising Autoencoder，RSDAE)，有原则地将深度学习和关系学习相结合，学习更有效的数据表示。对于传统协同过滤方法学习数据类型单一的问题，杨帅等[47]提出了一种基于自编码器的混合推荐算法，该算法除了学习用户对项目的评分信息之外，还通过堆栈降噪自编码器学习用户评论和标签信息中的深层特征表示，再使用矩阵分解方法构建用户—项目偏好矩阵，最后为用户提供推荐列表。

②基于卷积神经网络的混合推荐方法。

为解决数据稀疏和冷启动的问题，Kim 等[48]将卷积神经网络（CNN）和概率矩阵分解（PMF）相结合，提出一种基于上下文感知的混合推荐模型，通过卷积神经网络（CNN）挖掘上下文内容中的潜在隐层表示，然后使用概率矩阵分解（PMF）将上下文隐层表示和额外加入的文本信息整合，最后产生推荐列表。卷积神经网络挖掘了数据的深层语义特征，为推荐系统提供了有效的输入数据表示。李思琴等[49]基于卷积神经网络（CNN）提取广告信息、用户信息和用户点击记录等数据中的深层特征，并挖掘特征之间关系的潜在隐层表示，通过对隐层表示的分析和计算，提升了广告点击率的预测质量。

③基于循环神经网络的混合推荐方法。

Bansal 等[50]将循环神经网络（RNN）模型用于推荐系统中，该模型的输入数据除了用户评分数据以外，还添加了项目内容数据和类别标签数据作为辅助信息，使用循环神经网络学习文本序列中潜在隐层表示，最后为用户提供更精准的推荐。为了将用户和项目的描述信息充分地运用到推荐系统中，胡思才等[51]提出了一种基于深度神经网络和概率矩阵分解（PMF）的混合推荐算法，使用深度学习模型学习用户评分信息、用户个人信息和项目内容信息中的深层特征表示，然后使用 PMF 对网络的参数进行调整直到最优状态，再根据特征表示为用户提供个性化的推荐列表。实验表明，该方法在均方误差和平均绝对误差上均优于传统推荐方法。

(4)深度学习和基于社会网络的推荐方法结合

随着“互联网+”时代的到来，互联网和各个行业领域进行了深度的融合。例如，工作中可以使用视频软件进行远程会议，生活中使用交友软件进行社交活动等。但是社会网络产生的数据呈指数型增长，从而导致了信息量严重过载等问题。深度学习和基于社会网络的推荐系统结合是通过深度学习模型学习并发掘用户对项目的反馈数据以及用户的社会化关系等各类数据的潜在隐层表示。其中，用户的社会化关系数据来自用户的网络社交、手机通讯、工作关系、社交群体等各个方面。然后对用户所处的社会关系进行建模，最后更高效地为用户产生推荐列表。

深度学习和基于社会化关系的推荐结合模型如图 2-12 所示，将用户对项目的反馈数据和社会网络产生的数据共同作为网络模型的输入数据，再利用深度学习模型学习和挖掘用户特征潜在隐层表示、项目特征潜在隐层表示和社会关系特征潜在隐层表示，然后基于隐层表示计算用户和项目的匹配度，最后通过分类器为用户提供推荐列表。用户对推荐列表中的项目进行评价，更新用户与项目之间的反馈数据。

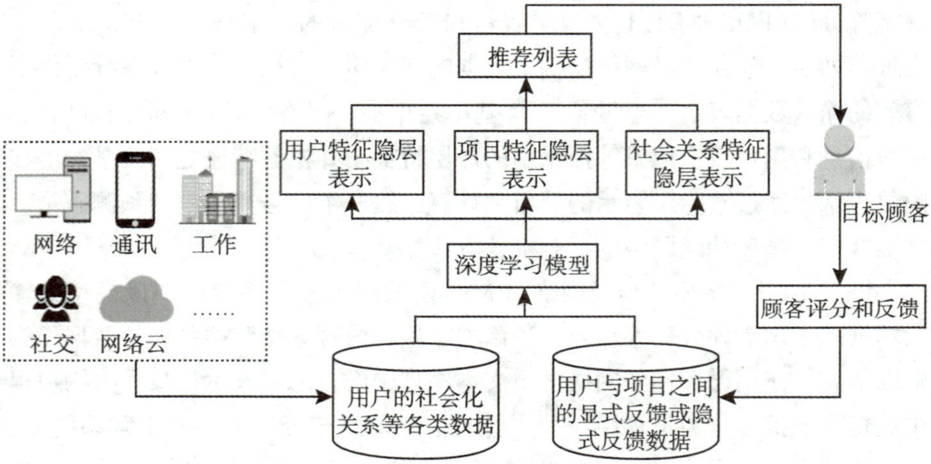

图 2-12　深度学习和基于社会化关系的推荐方法结合

①基于自编码器的社会网络推荐方法。

为解决用户评分数据存在严重稀疏性的问题，Pan 等[52]分别以评分者、信任者和受信者的角色，联合三个独立的自编码器学习用户数据的深层潜在特征，同一用户单元的公共信息之间可以共享参数，最后将该方法在 *Top-N* 推荐任务中应用。洪军建[53]使用堆叠降噪自编码器学习非线性文本数据中的深层特征表示，其中非线性文本数据包括：词的语义信息、词性和相邻词之间的位置信息等。然后基于特征表示对用户感兴趣的人物关系进行建模，最后实现基于文本信息自动生成人物关系的推荐。

②基于受限玻尔兹曼机的社会网络推荐方法。

Nguyen 等[54]将受限玻尔兹曼机(RBM)用于推荐系统方法中，使用受限玻尔兹曼机(RBM)学习社交网络关系数据的潜在隐向量，并对用户之间的社交网络进行建模，将模型中相关用户之间的隐藏单元共享，通过深度学习模型来学习用户行为数据中的潜在表示，最后基于潜在表示预测用户的社交偏好。为了挖掘隐藏的社会影响等数据信息，任春霞等[55]对受限玻尔兹曼机进行了改进，该方法从用户个人信息、用户的行为数据和社会环境数据中学习并融合了用户特征、社会影响特征和隐藏的社会关系特征，基于融合特征为用户推荐了适合自身的运动行为。

③基于卷积神经网络的社会网络推荐方法。

Wang 等[56]提出了一种视觉内容增强 POI 推荐方法(Visual Content Enhanced POI Recommendation，VPOI)，基于 CNN 和概率矩阵因子分解方法学习图像数据中的深层隐向量和用户与项目之间相关内容的潜在表示。实验表明，VPOI 可以提升推荐系统的准确性。为了减少用户到项目评分数据的稀疏性，刘建成等[57]提出了一种深层混合推荐算法(ConvMF with Segmeng-Max Pooling，ConvMF-S)，将 ConvMF 算法模型中的 CNN 和 Segmeng-Max Pooling 相结合，通过改进的模型挖掘文档中的上下文信息，并学习其中的深层隐向量。

④基于循环神经网络的社会网络推荐方法。

Yang 等[58]提出了一个模拟社会网络和移动轨迹的神经网络模型。首先，采用网络嵌入的方式构建网络模型。然后，该模型使用循环神经网络和门控循环单元(Gated Recurrent Unit，GRU)模型来捕获移动轨迹在短期或长期水平上的序列相关性，包括：用户访问偏好、朋友的影响、短期顺序上下文和长期顺序上下文。最后，通过将用户网络共享产生推荐列表。实验结果证明该模型的有效性，尤其当网络结构或轨迹数据稀疏时，对基线的改进更为显著。Zhao 等[59]针对跨站点冷启动产品推荐问题，通过将电子商务和社交网站的用户连接起来的方式，将用户的特征映射到另一个特征表示上。首先，通过深度神经网络模型挖掘用户浏览记录和购买记录的隐层表示，然后通过改进的梯度 Boost 树方法学习社会关系网络信息的隐层表示，最后，利用矩阵分解融合学到的两种隐层表示进行训练和预测，从而有效地解决跨平台冷启动问题。Nguyen 等[60]基于 RBM 的模型架构提出了两种潜在的架构：一种是将用户间的社交网络建模用于额外的观察，另一种是将社交网络合并到相关用户间的隐藏单元中。

将深度学习模型用于社会化关系的推荐系统中，社会网络关系的相关数据作为辅助信息融入用户和项目之间更深层的数据表示中，提升推荐系统的高效性，为用户提供准确的推荐列表。但是深度学习与基于社会化关系的推荐系统结合的应用较少，对于如何进行社会化关系影响建模和基于位置社交网络序列模式进行建模可以作为未来研究的重点。

(5)深度学习和基于情境感知的推荐结合方法

基于情境感知的推荐系统是将用户的情境信息添加到推荐系统中，为输入数据增加了额外的辅助信息，有助于提升推荐系统的准确性。深度学习和基于情境感知的推荐系统结合，将时间、天气和地点等某个场景下的情境信息作为系统的辅助信息输入推荐系统中，使用深度学习模型学习和挖掘输入数据的潜在隐层表示，并基于隐层表示进行情境建模，最后为用户提供推荐列表。

深度学习和基于情境感知的推荐结合模型如图 2-13 所示，将用户的显式反馈数据或隐式反馈数据以及用户的情境信息数据共同作为网络模型的输入数据，再利用深度学习模型学习和挖掘用户特征潜在表示、项目特征潜在表示和情境信息特征隐层表示，然后基于隐层表示为用户提供准确的推荐列表。

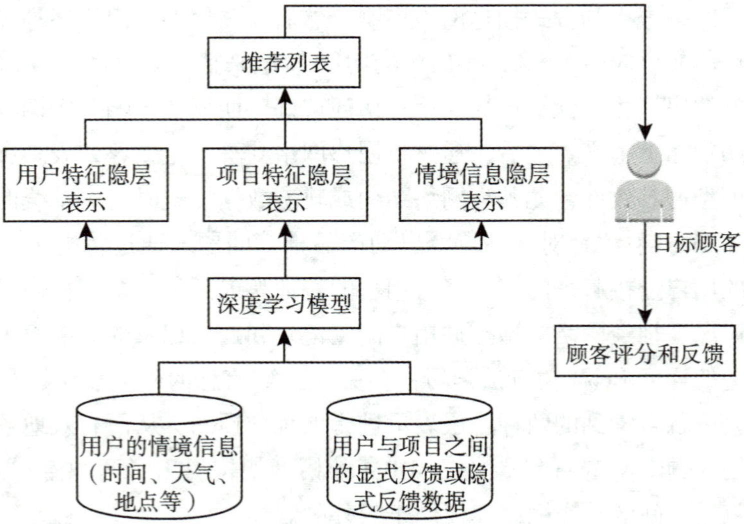

图 2-13　深度学习和基于情境感知的推荐方法结合

①基于自编码器的情境感知推荐方法。

上下文感知进行引文推荐成功地解决了推荐相关的引用或相关的工作的

问题，但是对看不见的文件使用词袋算法会导致价值损失，Fang 等[61]提出了一个灵活自编码器架构称为神经引文网络(Neural Citation Network，NCN)来解决情境感知的引用推荐问题。编码器是通过卷积神经网络学习情境数据的隐层表示，解码器循环神经网络生成引用的文章标题，定性证据突出了端到端神经网络的有效性，为引文推荐提供了一个有前途的研究方向。

②基于深度信念网络的情境感知推荐方法。

Huang 等[62]提出了一种新的神经概率模型，通过训练一个多层神经网络来计算给定引用上下文的论文被引用的概率，并联合学到的文本内容和被引文献的语义表示。实验研究表明，该模型在召回率、平均准确率(Mean Average Precision，MAP)、平均倒数排名(Mean Reciprocal Rank，MRR)和归一化折损累计增益(Normalized Discounted Cumulative Gain，NDCG)方面明显优于其他先进的模型。刘海鸥等[63]将深度学习用于移动图书馆用户画像的推荐中，使用深度信念网络和深度因子分解自动挖掘用户行为特征的深层表示，实现用户情景化建模的同时根据用户的偏好实时向用户推荐。

③基于循环神经网络的情境感知推荐方法。

Liu 等[64]提出了一种时空递归神经网络方法(Spatial Temporal Recurrent Neural Network，ST-RNN)，利用不同时间转换矩阵和位置距离对网络每一层时空环境进行建模，并将连续的时间和空间情境信息相结合，极大地提升了整体效率。为解决系统中因添加用户情境信息后出现的数据稀疏问题，Unger 等[65]提出了一种新的方法，将环境特征表示为低维无监督的潜在上下文信息，即被建模为数字向量的隐藏上下文模式，再利用无监督深度学习技术和主成分分析从用户手机中收集的数据，让每个用户自动学习潜在上下文。实验表明，推荐系统中添加情境辅助信息显著地提高了推荐系统的预测准确性。

基于深度学习的情境感知推荐系统，不仅将天气、地点和时间等环境信息高效地融入复杂的推荐系统中，而且通过网络的训练，学习和挖掘到各类情境信息中的潜在隐层表示，在一定程度上缓解了数据稀疏和冷启动的问题。但如何获取推荐场景中隐藏的情境信息是未来研究的重点和难点。

本章小结

本章首先介绍了信息推荐的基本技术，包括信息检索、信息过滤、数据挖掘和信息推荐的基本算法，这些技术是信息推荐的核心，为信息推荐系统的服务质量和实时性提供了保障。在此基础上，本章探索了基于深度学习的信息推荐系统，即将深度学习技术融入推荐系统中，首先使用深度学习模型从海量的用户和项目之间的相关数据中学习并挖掘输入数据中潜在的隐层表示；接着利用损失函数优化参数设置，使得网络模型获得最优的参数，构建推荐模型；进而基于特征表示计算用户和推荐项目之间的贴合度；最后挖掘用户的需求和偏好，提供符合用户兴趣的个性化推荐列表。

和传统的推荐算法相比，基于深度学习的推荐系统可以获得多源异构数据的深层特征，在此基础上解决了数据稀疏和冷启动的问题，高效准确地完成了用户的偏好推荐。尽管深度学习技术和推荐系统结合取得了显著的成功，但是在深度学习模型中，如何获得网络层之间的隐藏权重以及如何激活神经元目前还缺乏相应的解释。未来研究可以向推荐系统的深度学习模型中添加更多的注意力机制，以增强网络模型的可解释性。另外，在互联网信息时代中，用户更加追求多样化的服务或产品，跨领域的信息推荐将成为未来推荐系统发展的必然趋势。跨领域的信息推荐研究中最常用的手段就是迁移学习，它通过使用深度学习模型，用从其他领域学到的知识训练某个领域的学习任务，消除不同领域的差异，挖掘更高层次信息特征，节省训练数据的时间，提升推荐项目的多元化。

参考文献

[1] Shoshana Loeb. Architecting personalized delivery of multimedia information [J]. Communications of the ACM, 1992, 135(12): 39-47.

[2] Singhal A. Modern information retrieval: A brief overview[J]. IEEE Data Engineering Bulletin, 2001, 24(4): 35-43.

[3] Manning C D, Raghavan P, Schutze H. Introduction to information retrieval [M]. UK: Cambridge University Press, 2008.

[4] Beklin N, Croft BW. Information filtering and information retrieval: Two sides of the same coin? [J]. Communications of the ACM, 1992, 35(12): 29-38.

[5] 范明，孟小峰．数据挖掘概念与技术[M]. 北京：机械工业出版社，2007.

[6] Tan P N, Steinbach M, Kumar V. Introduction to data mining[M]. MA: Addison-Wesley, 2005.

[7] Herlocker J. Understanding and improving automated collaborative filtering systems[D]. Computer Science Dept, University of Minnesota, 2000.

[8] Park J S, Chen M S, Yu P S. An effective hash-based algorithm for ming association rules[C]. ACM SIGMOD International conference on Management of Data, 1995.

[9] Schafer J B, Konstan J A, Riedl J. E-commerce recommendation applications [J]. Data Mining and Knowledge Discovery, 2001, 5(1-2): 115-153.

[10] Sarwar B, Karypis G, et al. Analysis of recommendation algorithms for E-commerce[C]. //The Second ACM Conferecne on Electronic Commerece, New York: ACM Press, 2000: 158-167.

[11] Schardanand U, Maes P. Social Information filtering: Algorithms for automating"word of mouth"[C]. ACM CHT'95 Conference on Human Factors in Computing Systems, New York: ACM Precss, 1995: 210-217.

[12] Goldberg D, Nichols D, et al. Using collaborative filtering to weave an information tapestry[J]. Communications of the ACM, 1992, 35(12): 61-70.

[13] Huang Z, Zeng D, Chen H C. A comparison of collaborative-filtering recommendation algorithms for e-commerce[J]. IEEE Intelligent Systems, 2007, 22(5): 68-78.

[14] Chen Z M, Jiang Y, and Zhao Y. A collaborative filtering recommendation algorithm based on user interest change and trust evaluation [J]. International Journal of Digital Content Technology and its Applications, 2010, 4(4): 106-113.

[15] Huang Z, Zeng D, Chen H C. A comparison of collaborative-filtering recommendation algorithms for e-commerce[J]. IEEE Intelligent Systems, 2007, 22(5): 68-78.

[16] 张磊. 个性化推荐和搜索中若干关键问题的研究[D]. 北京邮电大学博士学位论文, 2009.

[17] Goldberg K, Roeder T, Gupta D, et al. Eigentaste: A constant time collaborative filtering algorithm[J]. Information Retrieval, 2001, 4(2):

133-151.

[18] 孟宪福，陈莉．基于贝叶斯理论的协同过滤推荐算法[J]．计算机应用，2009，29(10)：2733-2735.

[19] Breese J S, Heckerman D, Kadie C. Empirical analysis of predictive algotithms for collaborative filtering [C]//The 14th Conference on Uncertainty in Artificial Intelligence, 1998.

[20] Ju S, Lee S, Hwang K B. Applying machine learning techniques to tag recommendation in social bookmarking systems [J]. Information-An International Interdisciplinary Journal, 2010, 13(5): 1613-1624.

[21] Adomavicius G, Tuzhilin A. Toward the next generation of recommender systems: A survey of the state-of-the-art and possible extensions[J]. IEEE Transactions on Knowledge and Data Engineering, 2005, 17(3): 734-749.

[22] Burke R. Hybrid recommender systems: survey and experiments[J]. User Modeling and User-Adatped Interaction, 2002, 12(4): 331-370.

[23] 刘平峰，聂规划，陈冬林．电子商务推荐系统研究综述[J]．情报杂志，2007，26(9)：46-50.

[24] Deng L. The MNIST database of handwritten digit images for machine learning research[J]. IEEE Signal Processing Magazine, 29(6): 141-142.

[25] Williams D, Hinton G. Learning representations by back-propagating errors [J]. Nature, 1986, 323(6088): 533-536.

[26] Bengio Y, Lamblin P, Popovici D, et al. Greedy layer-wise training of deep network [J]. Advances in neural information processing systems, 2007 (19): 153.

[27] Hinton G E, Sejnowski T E. Learning and relearning in Boltzmann machines[M]. In: Parallel Distributed Processing: Explorations in the Microstructure of Cognition, MIT Press, Cambridge, 1986(1): 282-317.

[28] Smolensky P. Information processing in dynamical systems: Foundations of harmony theory[R]. Colorado University at Boulder Department of Computer science, 1986: 194-281.

[29] Hinton G E, Osindero S, Teh Y W. A fast learning algorithm for deep belief nets[J]. Neural computation, 2006, 18(7): 1527-1554.

[30] Gu J X, Wang Z H, Kuen J, et al. Recent advances in convolutional neural

networks[J]. Pattern Recognition, 2018, 77(5): 354-377.

[31] Lev G, Sadeh G, Klein B, et al. RNN fisher vectors for action recognition and image annotation[J]. Lecture Notes in Computer Science, 2016: 833-850.

[32] Greff K, Srivastava R K, Koutník Jan, et al. LSTM: A search space odyssey[J]. IEEE Transactions on Neural Networks & Learning Systems, 2015, 28(10): 2222-2232.

[33] Wang X, Wang Y. Improving content-based and hybrid music recommendation using deep learning[C]. The 22nd ACM international conference on Multimedia. ACM, 2014: 627-636.

[34] 王兆凯, 李亚星, 冯旭鹏等. 基于深度信念网络的个性化信息推荐[J]. 计算机工程, 2016(10): 201-206.

[35] 王杰, 唐菁荟, 王昊等. 融合主题模型和卷积神经网络的 APP 推荐研究[J]. 情报理论与实践, 2019, 42(4): 162-169.

[36] 李浩君, 张征, 郭海东等. 深度学习视角下的个性化学习资源推荐方法[J]. 现代远程教育研究, 2019(4): 94-103.

[37] Bengio Y. Learning deep architectures for AI. Foundations& Trends in machine learning, 2009, 2(1): 1-127.

[38] Elkahky A M, Song Y, He X. A multi-view deep learning approach for cross domain user modeling in recommendation systems[C]//The 24th International Conference on World Wide Web. ACM, 2015: 278-288.

[39] Li X, She J. Collaborative variational autoencoder for recommender systems [C]//The 23rd ACM SIGKDD International Conference on Knowledge Discovery and Data Mining. ACM, 2017: 305-314.

[40] 罗洋, 夏鸿斌, 刘渊. 融合注意力 LSTM 的协同过滤推荐算法[J]. 中文信息学报, 2019(12): 110-118.

[41] Salakhutdinov R, Mnih A, Hinton G. Restricted Boltzmann machines for collaborative filtering[C]//The 24th international conference on Machine learning. ACM, 2007: 791-798.

[42] Georgiev K, Nakov P. A non-IID Framework for collaborative filtering with restricted Boltzmann Machines[C]// The 30th International Conference on International Conference on Machine Learning, 2013, 1148-1156.

[43] 何洁月，马贝．利用社交关系的实值条件受限玻尔兹曼机协同过滤推荐算法[J]. 计算机学报，2016，39(1)：185-197.
[44] Liu Q，Wu S，Wang L. Multi-behavioral sequential prediction with recurrent log-bilinear model[J]. IEEE Transactions on Knowledge and Data Engineering，2017，29(6)：1254-1267.
[45] Chen J，Zhang H，He X，et al. Attentive collaborative filtering：Multimedia recommendation with item-and component-level attention[C]//The 40th International ACM SIGIR conference on Research and Development in Information Retrieval. 2017：335-344.
[46] Wang H，Wang N，Yeung D Y. Collaborative deep learning for recommender systems [C]//The 21th ACM SIGKDD International Conference on Knowledge Discovery and Data Mining. ACM，2015：1235-1244.
[47] 杨帅，王鹃．基于堆栈降噪自编码器改进的混合推荐算法[J]. 计算机应用，2018(7)：1866-1871.
[48] Kim D，Park C，Oh J，et al. Convolutional matrix factorization for document context-aware recommendation[C]// The 10th ACM Conference on Recommender Systems. ACM，2016：233-240.
[49] 李思琴，林磊，孙承杰．基于卷积神经网络的搜索广告点击率预测[J]. 智能计算机与应用，2015(5)：22-25，28.
[50] Bansal T，Belanger D，Mccallum A. Ask the GRU：Multi-task learning for deep text recommendations [C]//The 10th ACM Conference on Recommender Systems(RecSys 16)，2016：107-114.
[51] 胡思才，孙界平，琚生根等．基于深度神经网络和概率矩阵分解的混合推荐算法[J]. 四川大学学报：自然科学版，2019(6)：1033-1041.
[52] Pan Y，He F，Yu H. Trust-aware collaborative denoising Auto-Encoder for Top-N recommendation[J]. Information Retrieval，2017：153-162.
[53] 洪军建．面向社会网络应用的人物关系抽取方法研究[D]. 西藏大学硕士学位论文，2016.
[54] Nguyen T T，Lauw H W. Representation learning for homophilic preferences [C]//The 10th ACM Conference on Recommender Systems. ACM，2016：317-324.

[55] 任春霞，李金宝．基于受限玻尔兹曼机的个体行为预测模型的研究[J]．黑龙江大学自然科学学报，2018，35(6)：117-123，141.

[56] Wang S, Wang Y, Tang J, et al. What your images reveal: Exploiting visual contents for point-of-interest recommendation [C]//The 26th International Conference on World Wide Web, 2017: 391-400.

[57] 刘建成．基于上下文的深度混合推荐系统的研究[D]．燕山大学硕士学位论文，2018.

[58] Yang C, Sun M, Zhao W X, et al. A neural network approach to joint modeling social networks and mobile trajectories[J]. ACM Transactions on Information Systems, 2017, 35(4): 1-28.

[59] Zhao W X, Li S, He Y, et al. Connecting social media to e-commerce: Cold-start product recommendation using microblogging information [J]. IEEE Transactions on Knowledge and Data Engineering, 2016, 28(5): 1147-1159.

[60] Zhou N, Zhao W X, Zhang X, et al. A general multi-context embedding model for mining human trajectory data[J]. IEEE transactions on knowledge and data engineering, 2016, 28(8): 1945-1958.

[61] Fang Y, Fang Y. Neural Citation network for context-aware citation recommendation[C]. International ACM SIGIR Conference on Research and Development in Information Retrieval. ACM, 2017: 1093-1096.

[62] Huang W, Wu Z, Chen L, et al. A Neural probabilistic model for context based citation recommendation [C]//The 29th Association-for-the-Advancement-of-Artificial-Intelligence (AAAI) Conference on Artificial Intelligence, 2015: 2404-2410.

[63] 刘海鸥，黄文娜，姚苏梅等．基于深度学习的移动图书馆用户画像情境化推荐[J]．图书馆学研究，2019(21)：87-92.

[64] Liu Q, Wu S, Wang L, et al. Predicting the next location: A recurrent model with spatial and temporal contexts[C]//the 30th Association-for-the-Advancement-of-Artificial-Intelligence (AAAI) Conference on Artificial Intelligence , 2016: 194-200.

[65] Unger M, Bar A, Shapira B, et al. Towards latent context-aware recommendation systems[J]. Knowledge-Based Systems, 2016: 104, 165-178.

第3章 信息内容过滤推荐系统

信息内容过滤推荐是信息检索与信息过滤技术在个性化信息服务领域的延续与发展，该方法侧重于信息资源(项目)的内容分析及其用户兴趣模型的构建，通过计算资源与用户兴趣的相似度来进行匹配，为用户推荐与其兴趣偏好相似的信息资源。本章介绍信息内容过滤推荐的模型和方法，包括内容过滤推荐的相关技术、内容过滤推荐的系统模型和相关算法、内容过滤推荐的用户兴趣建模等。

3.1 引言

基于内容过滤的信息推荐系统(Context-based Recommendation System)是根据用户的兴趣模型(User Interest)和资源项目(Item)的描述为用户推荐与其兴趣相似的信息资源。该类推荐系统的思想根源可以追溯到早期的信息过滤系统和信息检索系统[1]。基于内容过滤的信息推荐基本思想是：通过分析系统用户已经评价过的资源项目的特征来获取对用户兴趣的描述，并通过比较用户与资源项目之间的相似性来实现推荐的功能。它不是根据用户对资源项目的评分信息，而是根据用户已经选择了的项目的内容信息来进行相应的推荐[2]。

基于内容的信息推荐系统首先为用户和资源项目分别建立一个描述文件，然后根据用户已选择的资源项目的描述文件，来更新用户的描述文件。用户的描述文件通常记录了用户的兴趣偏好等个性化的信息，这些信息可通过系统显式或隐式地跟踪用户行为来获取。在定制了用户描述文件后，系统比较用户与资源项目的描述文件的相似性，然后选择相似性程度较高的资源项目推荐给用户。例如，在基于内容的电影推荐系统中，系统首先分析和提取用户已经评分过且评分值较高电影的共性(如电影类型、导演、主演和产地等)，然后将这些共性与其他电影的特征进行比较，最后将相似度较高的电影推荐给该用户。因此，基于内容的信息推荐是根据项目(Item)之间的相似性来进行推荐的，先用机器学习等技术分析用户已经评过分项目的内容，建立用户兴趣模型，然后从候选项目中选择与用户兴趣模型相似的项目，并从中根据评分值高低筛选出一定的项目推荐给用户，最后根据用户反馈的信息修正和完善用户兴趣模型。基于内容的推荐模型如图 3-1 所示。

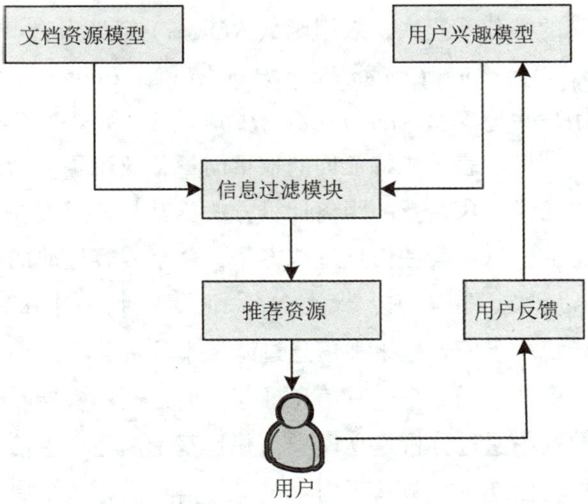

图 3-1　基于内容过滤的信息推荐模型

在图 3-1 中，基于内容的信息推荐的基本思路是：将获取的每个资源项目的内容进行特征抽取(Feature Extraction)，形成特征向量(Feature Vector)，建立资源项目 i 的描述文件 *Content*(i)。一般来说，基于内容的信息推荐系统用于文档资源的推荐，文档资源的内容通常表示为一组特征词(Term)。对于文档来说，特征词抽取是构建文档资源模型的关键，特征词抽取要达到两个目标：一是选取最好的特征词，二是选取的词应最少。对于中文文档，首先需要对文档进行文本分词技术，并运用 Zipf 法则去除文档集中出现次数过多和过少的词。经过这些处理后，可以应用特征选择技术，以降低特征的维数。特征选择的方法很多，包括文档频率(Document Frequency)信息增益(Information Gain)、互信息(Mutual Information)方法等。当完成文档特征词选取后，还须计算每个特征词的权重，目前使用最广泛的是 *TF-IDF*(Term Frequency/Inverse Document Frequency)方法，最终每个文档资源的内容可表示为：$Content(i)=\{w_{i1}, w_{i2}, \cdots, w_{ik}\}$，其中 w_{ik} 表示特征词 t_i 对文档的重要性。另一方面，用户的兴趣模型是通过分析用户的浏览记录和行为偏好进行创建，可表示为 *ContentBasedProfile*(*u*)。用户兴趣模型同样可基于文档特征词的分析技术，抽取特征词的权重值来进行定义，即 $ContentBasedProfile(u)=\{w_{u1}, w_{u2}, \cdots, w_{uk}\}$。其中，$w_{ui}$ 表示特征词 t_i 对用户 u 的重要程度。

在基于内容的推荐系统中，效用函数 $R(u, i)$ 定义为：

$$R(u, i)=score[ContentBasedProfile(u), Content(i)] \tag{3-1}$$

由上述，用户兴趣模型 *ContentBasedProfile*(*u*) 和文档资源的内容描述模型 *Content*(*i*) 都可以表示成特征词的权重向量，效用函数的计算通常使用信息检索领域中向量夹角余弦的距离计算方法，其具体过程在 3.3 节中进行介绍。除了传统的信息检索和信息过滤方法，基于内容过滤的信息推荐系统还采用了 Bayes 分类、决策树、聚类分析和人工神经网络等机器学习方法[3][4][5]。与传统基于信息检索和信息过滤技术的推荐方法不同，这类信息推荐并非基于一个效用函数来进行信息推荐，而是利用机器学习和统计学习技术从已有的数据中通过分析建立模型，并且基于模型产生信息推荐。

目前，国外已出现了一些基于内容过滤的信息推荐系统原型，可以用于推荐包含文本信息的资源，如文档、网页和在线新闻等。Fab 系统[6]中有一个基于内容过滤的组件负责向用户推荐网页，其中网页内容用其中 100 个最重要的词语进行描述。类似地，Syskill 和 Webert 系统[7]使用网页中 128 个信息含量最高的词语来表示文档，词语在文档中的重要程度则根据信息检索中经典的 TF-IDF 方法来衡量。SiteHelp[8]系统通过对每个用户所访问的页面内容进行学习形成关键词表，其中每个关键词具有一个用户访问的总时间权重，根据这个权重表就可以推荐其他页面。Lang 设计了一个网页新闻推荐系统 NewsWeeder[9]，该系统让用户对浏览过的新闻进行评比，再根据评比反馈信息整理分析出用户的兴趣偏好，构建用户兴趣模型，从而产生相关的推荐。

3.2　内容过滤推荐系统的相关技术

3.2.1　信息检索模型

基于内容过滤的信息推荐系统是信息检索系统的延续和发展。因此，信息检索为基于内容过滤的信息推荐提供了必要的技术基础，出现了许多基于文档(Document)的文本资源计算模型，其中具有代表性的有布尔模型(Boolean Model)、向量空间模型(Vector Space Model，VSM)、概率模型(Probabilistic Model)等。这些模型从不同的角度出发，使用不同的方法处理特征加权、类别学习和相似计算等问题。经典的信息检索模型使用一组具有代表性的特征词来描述文档资源数据库中的每一篇文档。在一组特征词中，并不是所有的特征词都能用来描述文档的内容。因此，根据特征词对文档的重要程度来摘要出文档内容是一种可行的方法。如果一个词出现在每一篇文档中，显然这个词作为特征词是无意义的。因此，用来描述文档内容的特征词必须是适当的。我们可以通过为每一篇文档中的各个特征词分配相应的权重来解决这个问题。常见的信息检索模型包括以下几种。

(1)布尔模型

布尔模型是最简单的信息检索模型，它是基于集合论和布尔代数的一种简单的检索模型[10]。布尔模型过滤就是把从文档中抽出来的向量表示成一系列具有二值逻辑的特征向量以描述文档的特征。如果查询的关键词用“AND”来表示，则表示这两个关键词必须同时包含在过滤文档中；用“OR”连接时，则表示两个关键词只有一个包含在过滤文档中即可。布尔模型的优点是简单、容易实现。但是，它的缺点在于，由于其具有准确的语义，因而难以将一般的信息需求转换成布尔表达式；同时，由于它是基于二值标准的，没有考虑近似概念，所以很难获得好的性能；布尔模型的精确匹配会导致检索的数据太少或者存在冗余。

(2)向量空间模型

向量空间模型(Vector Space Mode，VSM)是 Salton[11] 在 1975 年提出的，考虑到布尔模型中二元权重的局限性，他提出了一个适合部分匹配的检索理论框架：用向量空间模型进行特征词表达，用 TF-IDF（Term-Frequency/Inverse Document Frequency）进行特征词赋权，用倒排文件进行索引，用余弦夹角进行距离度量，并用查全率和查准率评价检索系统性能。这些成果被成功地应用到基于关键词的中、英文信息检索中。

向量空间模型的最大优点在于它在知识表示方法上具有巨大的优势[12]。在向量空间模型中，通过在文档资源中提取其特征词，并以某种方式为特征词赋权，将文档资源转化成一组特征向量。例如，给定一个文档资源 $D=D(t_1, W_1; t_2, W_2; \cdots; t_N, W_N)$，其中，$t_i$ 为文档资源 D 的特征词，W_i 为 t_i 对应的权值，表达 t_i 对该文档的重要性。在暂不考虑特征词在文档资源中的先后顺序，并要求特征词互异（即没有重复）时，可以把 t_1，t_2，…，t_N 看成一个 N 维空间的一个向量。因此在向量空间模型中，用特征词构成的向量来表示文档资源，每个文档 D 被看作向量空间中的一点，表示为向量空间中的一个向量；而整个文档资源集可以表示成一个矩阵，也就是所以这些文档向量的集合。与文档资源的表示方法类似，我们也可以用向量空间模型来表示用户兴趣模型（User Profiles），即基于相同的特征词将用户兴趣模型表示成 N 维空间的一个向量，向量中的每一维元素由相应的特征词及其权重组成，权重值表达了用户对该特征词的兴趣程度。

向量空间模型中的另一个概念是相似度（Similarity），用于度量用户兴趣模型和文档资源内容之间的相关程度。当文档资源和用户兴趣模型均被表示为向量，就可以利用向量之间的距离计算公式来计算用户兴趣偏好和文档资源的匹配程度，并将检索出的文档按相似度降序排列。

（3）概率模型

概率模型（Probabilistic Models）主要是基于概率排序原则[13]，即文档资源按照与查询的概率相关性的大小排序，排在最前面的是最有可能被获取的文档资源。概率模型主要针对信息检索中相关性判断的不确定性以及查询信息表示的模糊性。在概率模型中，可以通过概率计算特征词之间以及特征词和文档资源之间的依赖关系，来预测文档与用户查询的相关概率，并可以对获取的结果按照相关度概率的大小进行排序。

在概率模型中，给定用户查询条件 q，假设 R 为已知的相关文档集合，$\overline{R}$ 为 R 的补集（即不相关文档集合）。$P(R \mid d_j)$ 表示文档 d_j 与查询 q 相关的概

率。$P(\bar{R}|d_j)$ 表示文档 d_j 与查询 q 不相关的概率。则文档 d_j 与查询 q 的相关性定义为：

$$\mathrm{sim}(d_j, q) = \frac{P(R|d_j)}{P(\bar{R}|d_j)} \tag{3-2}$$

由概率模型的相关性公式可知，文档相关性计算的关键在于相关和非相关文档集合的确定，但是在检索的初始阶段并不能确定一个查询的相关和非相关文档集合的内容，这就需要在初始阶段估计词语对于相关和非相关文档集合的分布概率，这种初始阶段的估计允许我们对首次检索的文档集合返回理想的结果集，并产生一个初步的概率描述。为了提高理想结果集的描述概率，系统需要与用户进行交互式的反馈操作，具体处理过程如下：用户大致浏览一下结果文档，决定哪些是相关的，哪些是不相关的；然后系统利用该信息重新定义理想结果集的概率描述；重复以上操作，就会越来越接近真正的结果文档集，直至查询结果中前 n 个文档不再变化为止。

3.2.2　文本特征抽取

文档资源中所有词汇对标识文档的作用是不同的，一个文档中对标识文档有用的词汇只占一小部分，而大部分词汇与要判别的文档类别无关。原始文档资源所包含的词汇量是相当大的，一份普通的文档资源在经过文本表示后，如果选择所有词汇为特征词，该文档的向量空间维数将达到几千，甚至几万。因此，在基于内容过滤的信息推荐中，必须将原始的高维文档空间进行降维，这就需要应用到文本特征抽取技术。文本特征抽取就是从原始文档中抽取出表示文档本质的特征词汇，即在不影响文档识别精度的情况下将原始文档特征空间进行变换，重新生成一个维数更小、各维之间更加独立的特征空间。目前，文本特征抽取已广泛应用于文本信息检索和分类等领域。基于内容过滤的信息推荐系统可以引入文本特征抽取，将原始文档资源集转换为以特征词为基础的文档向量空间模型，在此基础上产生信息资源的推荐。因此，文本特征抽取是实现信息内容过滤推荐系统的重要技术基础。

文本特征抽取过程分为三个步骤[14]：文档预处理(Preprocessing)、文本索引(Indexing)以及降维(Dimensionality Reduction)。

①文档预处理。

文本预处理是将文档中某些无用的字符直接去掉(如文本格式标记、停用词等)，并对文档进行文本分词处理。文本分词是将连续的文字切分成符合语义的词的序列。英文中，单词之间以空格作为自然分界符，因此英文文本不需要进行分词处理。而中文文本中字与字之间、词与词之间并没有明显的切分标记，因此需要中文分词技术，让计算机自动地把中文中的词与词之间的分界线找出来。因此，中文分词技术是中文信息处理的基础。常见的分词方法可分为三大类：基于字符串匹配的分词方法、基于理解的分词方法和基于统计的分词方法。

②文本索引。

在文本经过预处理后，还需要进行文本索引处理。文本索引也称为文本表示，这个过程非常重要，常用的方法是向量空间模型，其目标就是将文本表示成为带权重的向量。在文本索引中，我们可以使用“词—文档”(Word-by-Document)矩阵来表示一系列文档资源，也可以叫做索引矩阵，矩阵中每个元素表示某一个词在某一篇文档中的权重。

③降维。

由于单词在文档中的数量是巨大的，这造成了索引矩阵的维数非常大。针对这样高维的文档索引矩阵，必须进行文本特征选择，从文档资源中挑选出最能标识文档的特征词，以此来构建文本特征矩阵，从而降低文本索引矩阵的维数。主要的方法有：文档频率、信息增益、互信息方法、期望交叉熵方法等[15]。

①文档频率(*Document Frequency*，*DF*)。

文档频率就是文档集合中出现某个特征项的文档数目。在特征选取中，计算每个特征项在训练集合中出现的频率，根据预先设定的阈值去除那些文档频率特别低和特别高的特征项。文档频率的基本假设是：很少出现的特征对分类价值极小，对整个分类系统的效果影响也很小，因此，将这些特征去掉有助于降低特征空间维数，并且当这些不常出现的特征为噪音时，还会有助于提高分类正确率。文档频率的计算复杂度较低，随训练集的增加而线性增加，能够适用于大规模语料。文档频率是最简单的评估函数，但在实际运用中它的效果却出奇的好。但文档频率也有缺点，因为低频词可能包含着重要的判断信息，不宜用 *DF* 大幅度地删除词。所以在实际运用中一般并不直接使用 *DF*，而常把它作为评判其他评估函数的标准。

②信息增益(*Information Gain*，*IG*)。

信息增益指一个词汇为整个分类所能提供的信息量，该方法通过统计词汇在一篇文本中出现或不出现的概率来决定是否将其选取为特征向量。

词汇 t 的 IG 评价函数为：

$$IG(t) = -\sum_{j=1}^{k} P(c_j)\log P(c_j) + P(t)\sum_{j=1}^{k} P(c_j/t)\log P(c_j/t) + P(\bar{t})\sum_{j=1}^{k} P(c_j/\bar{t})\log P(c_j/\bar{t}) \tag{3-3}$$

词汇的信息增益值越大，在某个类别上分布越集中，被选取的可能性也越大。

③互信息方法(*Mutual Information*，*MI*)。

互信息方法根据某个词汇 t 和类别 C_j 之间的共现程度来衡量词汇和类别之间的相关性。词汇 t 的 MI 评价函数为：

$$MI(t,\ C_j) = \log\left[\frac{P(t/C_j)}{P(t)}\right] \tag{3-4}$$

词汇 t 和类别 C_j 相互独立时，两者的互信息为 0。MI 值越大，词汇和类别之间的相关程度越高，词汇被选取的可能性也越大。用互信息方法提取特征词的时间复杂度为 $O(Mk)$（k 为类别数，M 为特征词的总数），这与信息增益方法相同。

④期望交叉熵方法(*Expected Cross Entropy*，*CE*)。

期望交叉熵方法中词汇 t 的 CE 评价函数为：

$$CE(t) = P(t)\sum_{i=1}^{k} P(C_j \mid t)\log\frac{P(C_j \mid t)}{P(C_j)} \tag{3-5}$$

期望交叉熵方法方法的原理与信息增益方法相同，唯一的不同之处在于：信息增益方法考虑了词汇在文本中出现和不出现的两种情况，而期望交叉熵方法只考虑词汇在文本中出现这一种情况。这些不出现的词汇一般是噪声的来源，因此期望交叉熵比信息增益要优越一些。

3.3　内容过滤推荐系统的模型和算法

基于内容过滤的信息推荐系统的技术思路是：首先分析目标用户以前评价过的文档资源，通过抽取这些资源项目的特征来构建用户的兴趣模型，用户兴趣模型是对用户兴趣偏好的一种结构化表示方法。类似地，所有候选文档资源也进行特征抽取，构建成一组文档资源空间模型。在此基础上，推荐过程计算每个候选资源与用户兴趣的相似度，该相似度显示用户对该资源的兴趣偏好程度。最后，推荐系统将排名 *Top-N* 的信息资源推荐给目标用户，从而为用户推荐其潜在感兴趣的信息资源。本节详细地描述了基于内容过滤的信息推荐的系统模型，在基础上介绍两种典型的内容过滤推荐算法。

3.3.1 内容过滤推荐系统的模型

基于内容过滤的信息推荐系统需要适当的技术对资源项目和用户兴趣模型进行描述和构建，同时应运行相应的策略对资源项目和用户兴趣进行相关性匹配，从而使得推荐的资源项目最大程度上符合用户的当前兴趣和偏好。基于此，本节对基于内容过滤的信息推荐模型进行了总体结构设计[16]，如图 3-2 所示。从图中可以看出，信息推荐执行过程分为三个步骤：资源项目内容分析、用户兴趣学习以及信息资源过滤。

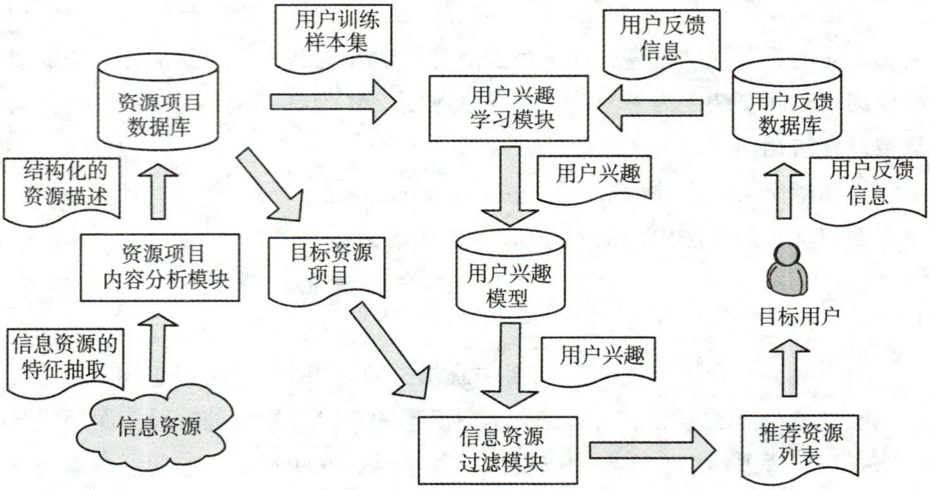

图 3-2　基于内容过滤信息推荐的系统模型

(1)资源项目分析模块

随着 Internet 的发展，Internet 已成为巨大的“信息资源数据库”。但是，Internet 上文本资源多是非结构化的，无法直接有效地存储和利用。因此，资源项目分析模块利用文本特征抽取技术，将这些文本资源(例如 Web 网页、新闻、商品信息等)进行特征抽取，转换成结构化的资源格式。例如，可以将 Web 网页进行特征抽取，将其表示基于特征词的文档向量。通过特征抽取和结构化的数据描述，系统将采集的文本资源存储在数据库中，并作为用户模型学习和资源过滤模块输入。

(2) 用户兴趣学习模块

用户兴趣学习模块首先采集用户对资源的评价和反馈信息，从中获取和分析用户兴趣偏好，并对其进行归纳，在此基础上构建用户兴趣模型。通常，用户兴趣偏好的归纳可以通过机器学习方法实现，即通过用户过去对推荐资源的评分或反馈结果(如喜欢该资源或不喜欢)推导出用户的兴趣模型。例如，在 Web 网页推荐领域，用户兴趣学习模块利用相应的机器学习算法，将训练集中的正反馈文档和负反馈文档同时输入到表示用户模型的向量空间中，构建出用户的初始模型，并能实现相关反馈机制，定期地对用户兴趣模型进行更新。其中，训练集的样本文档由用户提供，即通过用户对这些 Web 页面的正面评价(如喜欢该网页)或负面评价(如不喜欢该网页)来提供正反馈文档和负反馈文档。

(3) 资源过滤模块

资源过滤模块基于用户兴趣模型，对目标资源与用户兴趣偏好进行相似度匹配，将相似度排名 *Top-N* 或大于阈值的信息资源推荐给用户。通过资源项目分析和用户模型构建，可以将资源项目和目标用户分别表示为资源文档向量和用户兴趣向量，通过余弦向量度量法计算两者的匹配程度，从而实现资源过滤功能。

基于内容过滤的信息推荐系统模型有几点应注意：

①资源项目的内容分析是整个信息推荐过程的第一步，其所采用的技术来自于信息检索领域的文本特征抽取技术。通过对资源进行预处理和特征词抽取，资源项目分析模块可以将采集的非结构化文档资源转换为结构化的文档资源，并将其保存在资源项目数据库中。

②系统将用户兴趣表示成 n 维空间中的一个向量，向量中的每一维元素由一个特征词及其权重组成，权重值表示用户对该特征词的感兴趣程度。在构建用户兴趣模型的初始阶段，系统通过用户训练样本数据集，可以计算出用户兴趣的初始向量，作为初始的用户兴趣模型。

③同时，用户的信息需求是一个长期的过程，其兴趣随着时间的推移而不断发生变化。用户兴趣模型能够根据目标用户对推荐资源所出的反馈信息

及时地调整用户兴趣，从而使得系统对用户兴趣具有自适应地动态跟踪能力。一般来说，用户反馈信息分为两类：正反馈信息(即推荐的文档资源与用户兴趣相关)和负反馈信息(即推荐的文档资源与用户兴趣无关)。用户反馈信息有两种获取方式：显式反馈(Explicit Feedback)和隐式反馈(Implict Feedback)。显式反馈是通过目标用户对推荐资源作出相应的评价来获取反馈信息。显式反馈通过用户给推荐资源给出评分或反馈意见获得，其优点是易与实施，用户表达对资源的兴趣和偏好非常明确。但是，显式反馈也存在很大的弊端，即用户必须主动参与资源评分，给其带来不便，用户很少耐心地浏览所有的推荐结果，并且对浏览的资源项目也不一定给出相关评分。因此，系统可以采取隐式反馈方法，通过分析目标用户的行为(如点击资源次数、浏览时间等)，隐式地获取用户反馈信息来弥补显式反馈信息的不足。系统通过用户反馈信息，动态地调整用户兴趣向量，即对目标用户的兴趣模型进行更新，以此来学习和适应用户兴趣的变化。

3.3.2 基于向量空间模型匹配的信息推荐算法

目前，大多数基于内容过滤的信息推荐算法使用信息检索中常用的向量空间模型。在向量空间模型(Vector Space Mode，VSM)中，文档资源内容被形式化为多维空间中的一个点，通过向量的形式给出，把对文档内容的处理简化为向量空间中向量的运算，使得问题的复杂性大为降低。

一般来说，可以通过一组特征词来表示资源项目的特征，这样任何一个资源项目都可以表示成一个由特征词权重组成的向量，其中每个权重表示相应的特征词在该资源项目中的重要性。在 VSM 中，文档资源集或语料库可以表示为资源向量空间 $D = \{d_1, d_2, \cdots, d_N\}$，其中 N 为文档资源的数量；一组特征词可以表示为特征词向量 $T = \{t_1, t_2, \cdots, t_n\}$，特征词可以运用 3.2 中所述的文本特征词抽取技术，通过文档预处理、文档索引和降维等步骤从文档资源中获取。因此，对于文档资源集中任一资源项目 $d_j(1 \leq j \leq N)$，可以表示为一个 n 维向量 $d_j = \{w_{j,1}, w_{j,2}, \cdots, w_{j,n}\}$，其中 $w_{j,k}(1 \leq k \leq n)$ 表示向量中第 k 个特征词的权重，即其对资源项目 d_j 的重要程度。

在向量空间模型中，特征词对标识文档资源所起到的作用并不相同。因此，必须针对它们对资源项目所起到的不同作用赋予不同的权重。赋权方式有布尔权重、*TF-IDF* 权重以及基于熵概念的权重。其中，应用最广泛的是

TF-IDF 权重，它由 Salton 在 1988 年提出，将 *TF* 和 *IDF* 参数用于特征词权重的计算，用它们来刻画特征词表达资源内容属性的能力[17]。

TF(*Term Frequency*)是词频，或称为特征词频率。不同的文档资源，特征词的出现频率有较大差异，因此特征词频率是标识文档资源内容的重要参数。一般来说，*TF* 较大的特征词在该文档资源中具有较高的权重，也就是说如果某个特征词在文档资源中经常出现，那么表明这个特征词对该文档具有代表性。*TF* 越大，表示这个特征词对文档资源越重要。在最初的文本自动分类中，文档向量就是用 *TF* 来构造的。但是，只有 *TF* 不足以表明一个特征词对文档资源的重要程度，文档资源中大量出现的停用词(Stop Words)会干扰特征词权重的计算，比如文档资源中出现的代词、介词、连词等高频词，它们在所有文档资源中出现的频率都比较高，但对标识文档资源的贡献度却很小。为了处理停用词，有的系统采用了停用词过滤办法。这样做需要依赖于一个专家构造的停用词词典。不过停用词的界定本身就是一个主观性很强的判断，而且词典在扩充和修改上都需要一定程度的人为干预，因此为了削减几乎存在于所有文档中的高频词的影响，比较合理的办法就是使用反文档频率(*Inverse Document Frequency*，*IDF*)。

DF 是文档频率(*Documem Frequency*)，就是文档资源集中出现某个特征词的文档数量；*IDF* 越大，此特征词在文档资源集中的分布越集中，说明特征词在区分该文档内容属性方面的能力越强。因此，*IDF*(*Inverse Docment Frequency*)是特征词在文档资源集分布情况的量化。*IDF* 应用时经常采用对数形式，其计算方法为：

$$IDF(t_k) = \log\left(\frac{N}{n_k}\right) \tag{3-6}$$

其中，N 为文档资源中的总文档数，n_k 则为出现特征词 t_k 的文档资源数量。

IDF 算法的核心思想是，在大多数文档资源中出现的特征词不如只在小部分文档资源中出现的特征词重要。也就是说，如果一个特征词虽然在某个文档资源中出现，但同时它也出现在很多文档资源中，则降低了这个特征词在该文档资源中的重要性。因此，*IDF* 算法能够弱化一些在大多数文档资源中都出现的高频特征词的重要度，同时增强一些在小部分文档资源中出现的低频特征词的重要度。

从以上分析可以看出，特征词权重计算唯一的准则就是要最大限度地区分不同文档资源。因此特征词频率 *TF* 与反文档频率 *IDF* 通常是联合使用的，也就是 *TF-IDF* 权重。*TF-IDF* 的计算公式如(3-8)所示：

$$W(t_k, d_j) = TF(t_k, d_j) \times \log\left(\frac{N}{n_k}\right) \tag{3-7}$$

其中，$W(t_k, d_j)$ 为特征词 t_k 在文档资源 d_j 中的权重，而 $\mathrm{TF}(t_k, d_j)$ 为特征词 t_k 在文档资源 $TF(t_k, d_j)$ 中的词频；N 为文档资源中的总文档数，n_k 则为出现特征词 t_k 的文档资源数量。另外，$TF(t_k, d_j)$ 可用公式(3-8)进行计算，$freq_{k,j}$ 表示特征词 t_k 在文档资源 d_j 中出现的频率次数，$\max_k freq_{k,j}$ 则为 d_j 中出现频率最高的特征词的频率。

$$TF(t_k, d_j) = \frac{freq_{k,j}}{\max_k freq_{k,j}} \tag{3-8}$$

考虑到文档资源长度的不同对权重值的影响，还应对特征词权重公式做归一化处理(Normalization)，即将各特征词权重规范到闭区间［0，1］之内[18]。因此，可以对公式(3-7)进行归一化处理，如公式(3-9)所示，其中 $|T|$ 为特征词的数量。

$$W(t_k, d_j) = \frac{TF(t_k, d_j) \times \log\left(\frac{N}{n_k}\right)}{\sqrt{\sum_{s=1}^{|T|}\left[TF(t_s, d_j) \times \log\left(\frac{N}{n_k}\right)\right]^2}} \tag{3-9}$$

如前所述，系统将用户兴趣偏好表示基于特征词的用户兴趣向量，向量中的每一维元素由一个对应特征词的权重组成，权重值表示用户对该特征词的感兴趣程度。因此，目标用户 U_i 的兴趣可以表示为：$U_i = \{w_{1,i}, w_{2,i}, \cdots, w_{k,i}, \cdots, w_{/T/,i}\}$。

当文档资源项目和目标用户分别表示为资源文档向量和用户兴趣向量后，通过余弦向量度量法可以计算两者的匹配程度，如公式(3-10)所述。

$$\mathrm{sim}(U_i, d_j) = \frac{\sum_k w_{k,i} \cdot w_{k,j}}{\sqrt{\sum_k w_{k,i}^2} \cdot \sqrt{\sum_k w_{k,j}^2}} \tag{3-10}$$

因此，基于向量空间模型匹配的信息推荐算法是将用户兴趣和文档资源分别表示为带权重的特征词向量，并通过计算两个向量的余弦相似来预测目标用户对目标资源项目的兴趣程度，从而进行信息推荐，即将相似度排名 *Top-N* 或大于设定阈值的信息资源推荐给目标用户。

3.3.3 基于朴素贝叶斯分类的信息推荐算法

朴素贝叶斯分类(Naive Bayesian Classifier)基于贝叶斯定理，它是一种统计分类方法，被用来预测类成员关系的可能性[19]。它假定一个属性值对给定类的影响独立于其他属性值，这一假定被称为类条件独立性，在该假定下计算可以得到简化，这也正是"朴素"的含义。通过分析每个"独立的"属性所起的作用，可以确定一个条件概率。将不同的属性对预测所起的作用组合起来就可以用于分类。虽然概率是描述型的，但要应用概率去预测一个目标元组的类别归属，因此朴素贝叶斯既可被视为描述型算法又可以被视为预测型算法。本节提出一种基于朴素贝叶斯分类的信息推荐算法，即将朴素贝叶斯分类方法应用于文档资源的推荐，将基于内容的推荐看成是文档资源的分类问题。

朴素贝叶斯分类的信息推荐算法将文档资源看成是取自同一个特征词表(Term Vocabulary)的有序的特征词事件序列，并假定每一个特征词事件的概率均依赖于文档资源的类型，而与特征词在文档资源中出现的位置和上下文环境无关[20]。其算法基本思路是：首先定义一组训练文档资源，并先让用户对这组文档资源进行分类和评分，在分类和评分的基础上，算法计算每个特征词属于某个类别的条件概率，从而得出用户的特征描述。然后根据这个特征描述计算推荐资源候选集中的各个文档资源属于某个类别的后验概率。最后，算法将这个后验概率作为文档资源的推荐预测评分并将具有最高评分的推荐资源提交给用户。

朴素贝叶斯分类基于以前的训练文档资源集，预测出目标资源 $D_j(1 \leqslant j \leqslant N)$ 属于资源类别 $C_i(1 \leqslant i \leqslant M)$ 的概率。即对于给定的目标资源 D_j，它属于资源类别 C_i 的后验概率，可以通过如下的贝叶斯规则进行计算：

$$P(C_i \mid D_j) = \frac{P(C_i)P(D_j \mid C_i)}{P(D_j)} \tag{3-11}$$

因为 $P(D_j)$ 对于任一类别 C_i 来说都是同一常量，故它对于预测目标资源所属类别无实际作用，在计算中应忽略。$P(D_j \mid C_i)$ 是先验条件概率，其值可通过训练文档资源集进行计算。但是，同一资源 D_j 被多次推荐给用户的可能性并不大，因此训练数据存在"数据稀疏"问题，这将导致已有的训练数据不足以准确计算条件概率 $P(D_j \mid C_i)$。在实际计算过程中，信息推荐算法根据朴素贝叶斯分类的"类条件独立性"原理，认为标识文档资源内容的一组特征词之间是互相独立的，它们对文档资源标识和分类起着各自独立的作用。因此，信息推荐算法通过分析每个独立的“特征词”属性所起的作用，就可以确定一个条件概率，将一组的“特征词”对预测所起到的作用组合起来就可以用于分类。基于以上的分析，条件概率 $P(D_j \mid C_i)$ 可以计算如下：

$$P(D_j \mid C_i) = \prod_{k=1}^{|T|} P(t_k \mid C_i) W(t_k, D_j) \tag{3-12}$$

在公式(3-12)中，$|T|$ 为标识文档资源的一组特征词的数量，$W(t_k, D_j)$ 为特征词 $t_k(1 \leqslant k \leqslant |T|)$ 在文档资源 D_j 中的权重，$P(t_k \mid C_i)$ 表示为在给定资源类别 $C_i(1 \leqslant i \leqslant M)$ 的条件下，特征词 t_k 在该类别文档资源中所出现的词频概率。$P(t_k \mid C_i)$ 的计算方法如公式(3-13)所示，其中，$|t_k, C_i|$ 表示某个特征词 $t_k(1 \leqslant k \leqslant |T|)$ 在所有属于类别 C_i 的文档资源中所出现的词频次数；而 $\sum_{k=1}^{|T|} |t_k, C_i|$ 则表示所有属于类别 C_i 的文档资源中的不同特征词一共出现的词频总次数。

$$P(t_k \mid C_i) = \frac{|t_k, C_i|}{\sum_{k=1}^{|T|} |t_k, C_i|} \tag{3-13}$$

在分类完成之后，信息推荐算法就可以对文档资源进行推荐。在实际应用中，可以对每个不同的文档类别指定一个评分值，即对应于 M 个资源类别，可以指定 M 个评分等级。例如，资源类别 $C_i(1 \leqslant i \leqslant M)$ 中的所有文档资源，可以指定其评分均为 i。因此，信息推荐算法通过朴素贝叶斯分类算法将某个资源文档进行分类，将其划分到某个资源类别中，再将其映射成对应资源类别的评分，从而产生信息资源的推荐评分。同时，考虑到后验概率值的离散性问题，在计算推荐评分时应考虑到每个类目的推荐评分。例如，当资源类别数量为 10(即 $M=10$)时，用户评分 1 ~ 10 对应于 10 个类别。但是，当有多个资源类别的后验概率非常接近时，如资源类别 C_5、C_6、C_8（对应的评分为 5、6、8）的后验概率为 0.231、0.228、0.225，单纯由概率最大值 0.231 来决定目标资源 D_j 属于类别 C_4 或者 D_j 的推荐评分为 5，显然都是不准确的。因此，在设计信息推荐算法时，算法所产生的目标资源推荐评分应考虑到所有的资源类别，即所有资源类别推荐评分的数学期望值的总和[20]，如公式(3-14)所示。其中，$RecomScore(D_j)$ 表示目标资源 $D_j(1 \leqslant j \leqslant N)$ 的推荐评分，M 为文档资源类别数量。从公式(3-14)也可以看出，

$P(D_j)$ 在预测目标资源的推荐评分时无实际作用。

$$RecomScore(D_j) = P(D_j) \times \sum_{i=1}^{M}\left[\frac{P(C_i)P(D_j \mid C_i)}{P(D_j)} \times i\right]$$
$$= \sum_{i=1}^{M}[P(C_i)P(D_j \mid C_i) \times i] \tag{3-14}$$

根据该公式，基于朴素贝叶斯分类的信息推荐算法将推荐评分排名 *Top-N* 的信息资源推荐给目标用户，从而完成基于内容过滤的信息推荐过程。

除了以上两种经典的信息过滤推荐算法之外，我们还可以根据用户的反馈信息对用户兴趣模型进行更新，使之越来越接近用户的实际兴趣和偏好，从而产生更加精准、个性化的信息推荐。

3.4　内容过滤推荐的用户兴趣建模

针对不同主题下资源数量的差异对用户兴趣建模存在影响的问题，一种基于主题热度调权的兴趣建模方法由此产生，以提升模型的预测能力与推荐系统的推荐效果。该方法以主题下不同资源的数量代表该主题的热度，以此对用户兴趣特征进行调权处理，并在此基础上利用向量空间模型进行兴趣表示，并以豆瓣电影数据进行了相应的验证。

3.4.1　问题的提出

基于内容过滤的信息推荐技术思路是：构建用户偏好模型和信息资源模型，并实现两者之间的精准匹配。其中，用户兴趣建模作为基于内容过滤信息推荐的基础，其建模效果直接影响推荐结果的准确性。用户兴趣建模核心工作包括三个部分，用户兴趣数据的获取、兴趣表示方法的选择、兴趣特征的选择及其权重计算。目前来看，优化用户兴趣模型通常从第三个部分切入，即通过选择合适的兴趣特征并提出合理的权值计算方法，准确描述用户兴趣，提升用户兴趣模型的预测能力，从而提高推荐系统的推荐效果。

用户对某一主题下的资源的选择通常可以反映该用户的兴趣，因此，资源的主题通常被视为用户关注或使用资源的主要原因[21]，一些研究者以主题作为用户兴趣的表示特征，并以用户对某一主题的资源访问频率作为用户对资源兴趣强弱的依据。Wang 等[22]以对某类主题资源的访问时间和访问密度为依据，判断用户对该类资源感兴趣，Michelson 等[23]先对主题进行分类，然后分析哪些主题频繁出现，并以其表征用户兴趣。这些研究一定程度上推动了兴趣建模研究的进展，但这些做法也存在不足，即忽视了资源库中不同主题资源数量的不同对用户带来的影响，用户的频繁选择可能是由于资源量的差异所导致的展示机会不同，进而表现在用户选择数量上存在差异；而根据用户资源记录集中于热门主题这一现象开展的模型构建工作，很可能已经造成兴趣表示的偏差，影响了用户兴趣建模质量。

针对这一问题，需要将频繁展示的主题权重降低，对少有展示的资源提高权重，校正主题热度带来的偏差，本节提出一种基于主题热度差异进行调权的用户兴趣建模方法，通过统计资源库中各类主题下资源的数量，对用户兴趣特征权值进行调整，从不同主题下资源数量的角度设计用户兴趣建模方案，最后以向量空间模型对用户兴趣进行表示，进行资源推荐实验以验证本节策略的效果。

3.4.2 理论基础

用户兴趣模型有多种表示方法，常用的方法包括评分矩阵、兴趣粒度、神经网络、关键词列表、向量空间模型、本体论等方法，其中向量空间模型(Vector Space Model)是目前使用较为广泛，效果较好的兴趣建模方法[24][25]。

向量空间模型将兴趣模型用 n 维特征向量 $\{(t_1, w_1), (t_2, w_2), \cdots, (t_n, w_n)\}$ 来表达，t_i表示表示用户喜爱的各个项目，w_i表示用户的特征项 t_i 对项目的喜爱程度，w_i的取值通常可以用介于 0 到 1 之间的数值进行标示，1 代表完全感兴趣，0 代表完全不感兴趣。可以看出，向量空间模型的主要工作涉及两个方面，首先，确定用户主要喜爱不同项目，将用户兴趣表示成多个维度；其次，确定不同项目的权重，综合表示用户兴趣。第一个方面的工作即特征降维，主要方法包括特征选择和特征抽取，特征选择方面常用的方法如文档频率、互信息、信息增益、卡方统计量、期望交叉熵、优势率等[26]，而特征抽取工作中，潜在语义分析（LSA）、主成分分析(PCA)、潜在狄氏配置(LDA)则是近几年来的重要抽取方法和研究对象[27]。第二个方面的工作内容为特征加权，通常的做法是直接使用 TF-IDF 算法计算特征权重，同时也有相关研究对 TF-IDF 赋权法进行改进[28]。

本节对用户兴趣进行建模，同样遵循向量空间模型的两个步骤。首先在特征选择方面，将资源的主题作为用户的兴趣，将用户兴趣表示为一系列主题；其次，在特征加权方面，依据不同主题资源的热度设计赋权策略，得到用户兴趣模型，并设置对照组进行比较。

3.4.3　研究设计

本节研究设计包括两个部分，研究方法的提出和评价指标的确定。研究方法的基本思路是以用户选择的资源的主题为兴趣特征，并利用推荐系统资源库中各主题下资源的数量进行对用户兴趣向量中的特征值进行调权；评价指标的确定则是选择合适的指标，对研究方法取得的效果进行评价，验证策略效果。

(1)研究方法

本节假定不同主题的资源获得的展示机会不同，导致用户更多地选取频繁出现的资源，进而造成后续兴趣建模偏差。为消除这种资源数量带来的偏差，要对进行用户选择的主题的特征表示进行调权处理。本节实验方法采用日志分析法，遵循获取数据、分析数据、差异对比的流程进行操作。整个研究的模型图如图 3-3 所示。

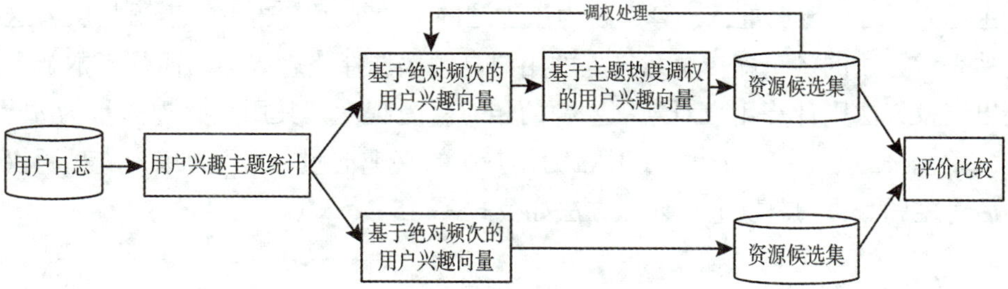

图 3-3　用户兴趣模型研究流程图

①用户日志获取与处理。

用户兴趣数据获取一般分为显示方法和隐式方法，其中隐式方法已经成为兴趣获取方法的主流，即获取用户在网络上的操作行为数据和资源浏览记录等反应用户真实选择的数据。本节研究使用该方法，获取用户日志数据，其中应当包括用户对资源长期以来的选择结果。在此基础上，划分训练集与测试集。其中训练集包含用户早期的资源选择记录，用于提取用户兴趣数据，构建用户兴趣向量；测试集来自用户较近一段时间内选取的资源，用于验证不同兴趣建模策略的效果。这样划分的根据是用户的兴趣在一段时间内的是稳定的，即以过去的兴趣预测未来的兴趣做法是可靠的，同时兴趣建模的工作重点是基于历史数据对未来兴趣做出预测以提高推荐的准确率，因此本节在划分训练集与测试集时以用户选择资源的时间点进行划分，而不是随机进行选取。

②资源主题热度表示。

考察资源库中资源的主题特征，制定基本的主题描述框架，将资源库中的所有资源划分到不同主题中，以此计算主题在系统中的热度。主题的划分有两种方法，选择与抽取。若系统中已提供关于资源主题的元数据，则以此为特征选择的依据；若系统中未给出明确的主题元数据，则利用标签、评论等用户生成数据进行抽取。同时，由于资源的主题可能并不唯一，同一个资源可能会表达多个主题，因此资源将可以分在多个主题中。以此为基础统计资源库中各个主题下的资源数量，该数值代表该主题的在资源库中的热门程度，即该主题的热度，并最终作为用户兴趣调权的基础。

③基于主题热度的用户兴趣模型构建。

使用向量空间模型表示用户兴趣，基于绝对频次的用户兴趣向量表示为 $u_i=(wu_{1,i},\ wu_{2,i},\ \cdots,\ wu_{t,i})$。其中 u_i 为用户 i 的兴趣向量，$wu_{t,i}$ 为用户 i 在主题 t 上的兴趣权重，计算方法为该主题的资源被用户选择的累积频次，这种表示方法的逻辑即传统意义上的用户高频次选择代表兴趣。而基于本节提出调权方法则计算用户对某一主题的相对喜爱程度，其用户兴趣向量为 $u_i'=(wu_{1,i}',\ wu_{2,i}',\ \cdots,\ wu_{t,i}')$，其中 u_i' 为用户 i 的兴趣向量，$wu_{t,i}'$ 为用户 i 对调权后对主题 t 的兴趣权重，计算方法如公式(3-15)：

$$wu_{t,i}'=\frac{wu_{t,i}}{\sum t} \tag{3-15}$$

其中 $\sum t$ 为主题 t 下所有资源的数量总和，即一个主题在资源库中的绝对频次，该数据的统计方法在实验设计的第二步中已给出。由于资源数量带来兴趣失真即被 $\sum t$ 进行调整，调权后的用户对于主题 t 的兴趣权重即为 $wu_{t,i}'$。

④研究效果对比验证。

分别用基于绝对频次的兴趣向量和基于主题热度调权的兴趣向量在资源库中进行相似度计算，将与用户兴趣相似度高的资源作为推荐结果推荐给用户，在测试集中进行准确率比较。首先，将资源根据主题进行向量表示，$r_j=(wr_{1,j}, wr_{2,j}, \cdots, wr_{t,j})$。$r_j$为资源 j 的特征向量，$wr_{t,j}$为资源 j 在主题 t 上的权重。将第三步中的 u_i和 u_i'分别和 r_j选择合适的方法进行相似度计算，由于兴趣表示使用了向量空间模型，相似度计算选择常用的余弦相似度计算方法，计算方法为公式(3-16)：

$$\cos(u, v)=\frac{(u \cdot v)}{(|u| \cdot |v|)} \tag{3-16}$$

其中 u 为用户 u 的兴趣向量，v 为资源的特征向量，对比 $\cos(u_{t,i}, r_j)$ 的值与 $\cos(u'_{t,i}, r_j)$ 的值，将各自匹配出的相似度高的结果分别推荐给用户，若相似度相同则以该资源在所有用户中被选择的次数为标准进行二次排序，将前 n 项结果推荐给用户 i，为验证效果不同列表长度上本节策略的效果，n 可以取多个值分别进行比较。

(2)评价指标

用户兴趣建模的目的是给用户推荐符合其兴趣的资源，预测用户兴趣并最终改善推荐的效果，由于信息过载提升了用户的认知压力与时间成本，推荐系统中用户更关注准确率[29]，即推荐列表中有多少是用户感兴趣的，而不是苛求一个大而全的推荐集合。因此兴趣建模的效果评价应当重点关注所推荐资源中，用户感兴趣的资源的占比，即考察推荐列表中靠前的项目是否准确，利用准确率 $P@N$ 指标[30]进行用户兴趣建模的效果评价，$P@N$ 的计算方法如公式(3-17)所示：

$$P@N_{item}=\frac{n}{N} \tag{3-17}$$

公式中 $P@N_{item}$为前 N 项推荐结果中用户喜欢的比例，n 为用户喜欢的结果数量，N 为推荐列表的长度。

3.4.4 数据采集与处理

电影数据是用户兴趣建模研究常用的数据对象，电影数据资源量丰富，主题众多，受众较广，这些特征利用电影数据作为实验对象保证了结果具有一定的代表性，基于这个考虑，本节使用电影数据进行实验。本节数据部分包括两步，数据采集和数据处理。数据采集环节中，挑选合适的数据源，构建基本的资源库，统计资源的基础信息，抽取样本用户；数据处理环节中，将资源进行按照主题进行向量表示，将样本用户的数据划分为测试集与训练集，并对用户兴趣分别使用基于绝对频次和主题热度调权的方法进行表示。

(1)数据采集

豆瓣电影作为国内最大的社会化电影标注网站，沉淀了大量的用户日志数据，本节即以此作为数据来源进行数据采集。本节研究共采集了675351位豆瓣电影用户的全部观影记录，包括电影、电视剧、动画、短片等各类影视作品101486部[31]，获取每一部影片的URL。由于本节仅以电影为研究对象，因此剔除所有非电影资源，如真人秀、颁奖礼、短片、电视剧等资源的数据。根据网页提供的资源描述元数据为标准进行筛选，最终得到75694部电影构建实验的原始数据集，并获取每一部电影的观影人数。用户数据方面，随机抽取200用户，由于需要以历史记录预测未来兴趣，过少的观影记录无法说明问题，因此剔除观影量小于10部影片的用户，以剩余170名用户作为样本用户进行实验。在进行最终的推荐实验时，为保证一定的推荐准确率，将无主题的电影和观看人次小于10次的影片进行剔除，形成最终的推荐候选集，共包括30049部影片。

(2)数据处理

数据处理包括三个方面的工作：统计不同主题下资源数量，基于向量空间模型进行资源特征表示，基于向量空间模型进行用户兴趣表示。

首先，统计各个主题上的数量。电影资源的主题可以从网页元数据中获取，即电影的“类型”。根据互联网电影资料库(IMDB)的划分[32]，电影的类型可分为剧情、喜剧、爱情、动作、惊悚、动画、犯罪、恐怖、音乐、冒险、悬疑、家庭、奇幻、科幻、战争、历史、传记、运动、西部、黑色20种，这种类型实际上可以认为是电影所要表达的重要主题。每部电影可能有一个或多个主题，统计每个主题下资源的数量，统计结果如表3-1所示。

表3-1　各主题下资源数量统计

电影主题	资源数量	电影主题	资源数量
剧情	32411	悬疑	3875
喜剧	16459	家庭	3624

续表

电影主题	资源数量	电影主题	资源数量
爱情	10762	奇幻	3529
动作	8108	科幻	3215
惊悚	7778	战争	2416
动画	7322	历史	1956
犯罪	5785	传记	1915
恐怖	5396	运动	936
音乐	4118	西部	719
冒险	3962	黑色	349

3.4.5　实验

(1)实验过程

基于向量空间模型进行资源特征表示。统计每一部电影的主题分布，如果电影是某一主题，则该电影在该主题下的值为 1，如果不是，则该值为 0，电影和主题的对应关系在豆瓣电影页面的元数据中获取，这种主题分布的结果，实际上即可以认为是该资源的 20 维特征向量，特征为其主题。统计结果如表 3-2 所示。

表 3-2　**电影特征向量**

电影 ID	观影人数	犯罪	动作	悬疑	喜剧	恐怖	科幻	惊悚	家庭	爱情	…	战争	运动
1291824	12976	0	0	1	0	0	0	0	1	1	…	0	0
6861573	1633	0	1	0	1	1	0	0	0	0	…	0	0
2132477	1584	0	0	0	0	1	1	1	0	0	…	0	0
1303066	1214	1	0	0	0	0	1	0	0	0	…	1	0
…	…	…	…	…	…	…	…	…	…	…	…	…	…
1306524	952	0	1	0	0	0	1	0	0	0	…	0	0
2303817	653	0	0	0	0	0	1	0	1	0	…	0	0

续表

电影 ID	观影人数	犯罪	动作	悬疑	喜剧	恐怖	科幻	惊悚	家庭	爱情	…	战争	运动
1307597	498	0	0	0	0	1	1	0	0	0	…	1	0
1304905	371	0	0	0	1	1	1	0	0	0	…	0	0
25942186	241	0	0	1	0	0	0	0	0	0	…	0	0
3074506	50	0	0	0	0	0	1	0	0	1	…	0	1

基于向量空间模型进行用户兴趣表示。首先对选取的 170 名样本用户的观影记录按时间先后进行划分训练集和测试集，较早的前 70% 观影记录作为训练集，用于兴趣建模；较晚的 30% 观影记录作为该用户的测试集，用于效果验证，比对试验效果。利用训练集中的影片主题分布对每个用户进行兴趣建模，对每一个用户累加其在各个主题下的观影数量，以累加之和代表用户对这一主题的感兴趣程度，形成基于绝对频次的用户兴趣向量。用户兴趣向量表示如表 3-3 所示。

表 3-3　**基于绝对频次的用户兴趣向量**

用户 ID	犯罪	动作	悬疑	喜剧	恐怖	惊悚	家庭	爱情	…	战争	运动
user0	17	4	11	3	2	0	1	1	…	15	2
user1	76	18	29	21	21	2	6	1	…	88	10
user4	94	16	33	15	13	2	1	2	…	75	7
user5	18	2	8	3	7	0	2	1	…	17	2
user6	9	0	2	0	1	0	0	0	…	7	2
user7	95	19	88	23	44	16	16	13	…	94	10
user8	60	4	59	17	24	5	11	10	…	61	7
user10	12	3	4	0	1	1	1	1	…	23	0
user11	35	5	9	7	7	0	2	3	…	38	5
…	…	…	…	…	…	…	…	…	…	…	…
user199	14	8	7	12	10	0	3	3	…	24	5

在基于绝对频次的用户兴趣向量的基础上，利用资源库中各主题下的资

源量进行调权处理，计算方法如公式(3-15)。得到调权后的用户兴趣向量，为方便表示，对每个用户兴趣向量中的权值进行归一化处理，其数据如表 3-4 所示。

表 3-4　　基于主题热度调权的用户兴趣向量

用户 ID	犯罪	动作	悬疑	喜剧	恐怖	惊悚	家庭	爱情	…	战争	运动
user0	0. 0947	0. 0159	0. 0915	0. 0059	0. 0120	0. 0000	0. 0089	0. 0030	…	0. 2002	0. 0689
user1	0. 0962	0. 0163	0. 0548	0. 0093	0. 0285	0. 0019	0. 0121	0. 0007	…	0. 2667	0. 0782
user4	0. 1187	0. 0144	0. 0622	0. 0067	0. 0176	0. 0019	0. 0020	0. 0014	…	0. 2268	0. 0546
user5	0. 0869	0. 0069	0. 0577	0. 0051	0. 0362	0. 0000	0. 0154	0. 0026	…	0. 1966	0. 0597
user6	0. 1166	0. 0000	0. 0387	0. 0000	0. 0139	0. 0000	0. 0000	0. 0000	…	0. 2171	0. 1601
user7	0. 0766	0. 0109	0. 1059	0. 0065	0. 0380	0. 0096	0. 0206	0. 0056	…	0. 1814	0. 0498
user8	0. 0776	0. 0037	0. 1139	0. 0077	0. 0333	0. 0048	0. 0227	0. 0069	…	0. 1888	0. 0559
user10	0. 0869	0. 0155	0. 0433	0. 0000	0. 0078	0. 0054	0. 0116	0. 0039	…	0. 3989	0. 0000
user11	0. 0992	0. 0101	0. 0381	0. 0070	0. 0213	0. 0000	0. 0090	0. 0046	…	0. 2579	0. 0876
…	…	…	…	…	…	…	…	…	…	…	…
user199	0. 0508	0. 0207	0. 0379	0. 0153	0. 0389	0. 0000	0. 0174	0. 0058	…	0. 2084	0. 1121

（2）实验结果

分别将基于绝对频次的用户兴趣向量和基于主题热度调权的用户兴趣向量在资源候选集中进行相似度匹配，相似度计算方法使用余弦相似度。若多个资源和用户兴趣相似度相同，则取热度较高的推荐。为检测不同推荐列表长度下二者的准确率差异，本节以 10 为步长，分别计算 *P*@ 10、*P*@ 20 至 *P*@ 100。实验结果对比如图 3-4 所示。

利用基于主题热度调权的用户兴趣建模策略取得的推荐准确率，在 *N* 等于 10 至 100 不同的列表长度上取得的效果均远大于利用基于绝对频次的用户兴趣建模进行推荐获得的准确率。其中基于主题热度调权的推荐下的 *P*@ 10为 4. 24%，基于绝对频次的 *P*@ 10 则为 2. 71%，在此一项上前者高于后者 1. 53%，达到最大差异。而随着推荐列表的不断增长，误召回的结果大幅增加，两个策略的准确率都开始下降，基于主题热度调权的建模策略下，推荐列表长度为 50 时准确率开始低于 2%，而基于绝对频次的建模策略

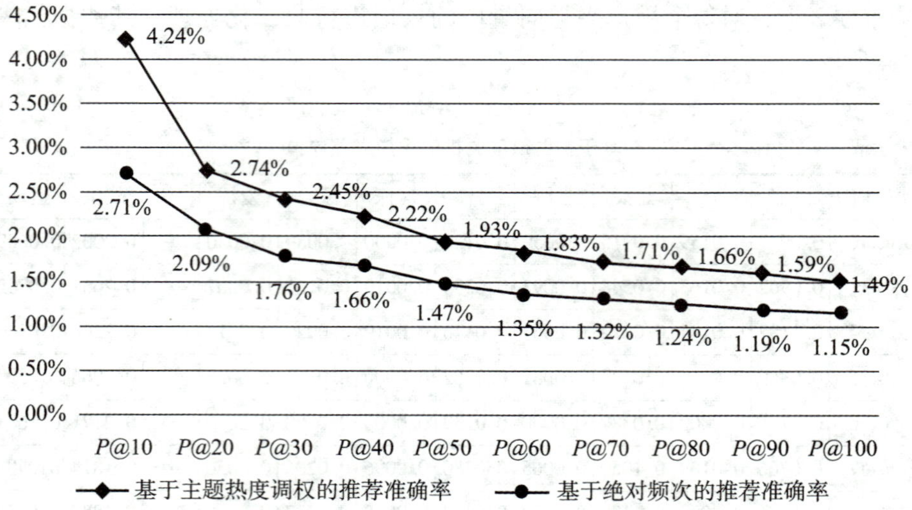

图 3-4　实验结果对比图

下，推荐列表长度为 30 时推荐的准确率即已低于 2%。本节策略的效果比基于绝对频次的推荐效果平均高 0. 59%，全程保持在两倍列表长度时推荐准确率大于或等于后者。

(3) 结果分析

通过推荐准确率的对比可以看出，基于主题热度调权的兴趣建模效果要好于基于绝对频次的兴趣建模，即基于不同主题下资源数量的兴趣特征调权做法可以更好地反映用户兴趣偏好，达到优化兴趣建模的作用。可以看出，当某一主题的资源获得较多的展示机会时，用户选择该主题资源的可能性较大，并不能直接说明用户对这一主题十分感兴趣；相反如果用户对相对冷门的主题资源上选择较多时，则说明用户对这类资源可能兴趣强烈。可以认为不同主题展示频率对用户选择影响较大，由资源数量造成的兴趣偏差在文本策略中利用主题热度调权的做法进行控制，并在随着用户数据变多推荐结果更加精准。

另外，推荐列表短的时候收到的效果最好。随着推荐列表长度的增加推荐准确率持续下滑，误召回增多的原因是，50. 58% 的用户测试集列表长度不超过 30，即测试集中用户观影数量不超过 30 部，所以当推荐列表超过 30

时，即便命中较多，也势必会有大量的误召回产生。由于用户的时间成本和认知精力有限，在较短的推荐列表中取得较高的准确率符合推荐系统的基本要求，因此结果具有一定的推广价值。

值得注意的是，即便比对照方法要好，本节策略的推荐准确率并不高。这是由于本节的重点在假设主题热度会对兴趣建模造成偏差，并提出一种可行的调权方法进行对比，验证上述假设与解决方法的效果，而不在于提出一种推荐算法。

本章小结

本章详细介绍了基于信息内容过滤推荐系统的模型和方法，该类推荐系统的基本思路是对资源项目进行内容分析，通过抽取资源项目的特征词来表征该资源项目，并从目标用户对资源项目的反馈信息中构建和更新用户的兴趣模型；然后，将新的候选资源项目与用户的当前兴趣偏好进行匹配，从而为用户产生新的推荐资源。基于内容过滤的信息推荐系统很好地继承了信息检索领域相关的理论和技术，包括特征词抽取、基于特征词的向量空间模型以及信息反馈技术等。基于内容过滤的信息推荐系统最大的优点在于：它不需要其他用户的资源项目评分信息，信息资源推荐的基础是目标用户自身对于资源项目的兴趣程度，而不需要参考其他用户的信息。所以，该类信息推荐系统可以较好地解决“冷启动”问题和“评分数据稀疏”问题。另外，通过列出推荐资源的内容特征，系统可以较好地解释推荐该资源的理由，给用户带来较好的信息服务体验。

同时，用户兴趣建模是基于内容过滤信息推荐工作的基础。对用户兴趣建模的改进工作可以提升模型的预测能力，达到更好的推荐效果，对提升推荐系统的用户体验有重要意义。针对不同主题下资源数量带来兴趣表示偏差这一问题，本章研究工作提出一种基于主题热度调权的用户兴趣表示方法，并以豆瓣电影数据进行了对比验证。实验结果显示，在不同的推荐列表长度上，基于主题热度调权的兴趣建模方法得到的推荐准确率上均高于基于绝对频次的兴趣建模的推荐。本章提出的方法可以在一定程度上消除不同主题数量带来的建模偏差，对相关的实践工作有一定的参考意义。但是，研究工作在推荐效果方面仍存在一定局限性，即直接利用本章用户兴趣建模的结果进行资源推荐得出的准确率不高，主要由以下一些方面导致：①当一个资源有多个主题时，其在各个主题上的隶属强度有所差异，而不是在每个主题上都是同权，这种同权的向量表示未能很好地区分资源特征；②用户在选择一个资源时可能是被资源的某一特定主题吸引，而非该资源的所有相关主题，导致一个资源的主题往往更容易被推荐，即存在负面信息未被识别与惩罚的问题。这些问题构成了今后研究工作的方向。

参考文献

[1] Belkin N, Croft B. Information filtering and information retrieval[J]. Communications of the ACM, 1992, 35(12): 29-37.

[2] Adomavicius G, Tuzhilin A. Toward the next generation of recommender systems: a survey of the state-of-the-art and possible extensions[J]. IEEE Transactions on Knowledge and Data Engineering, 2005, 17(6): 734-749.

[3] Pazzani M, Billsus D. Learing and revising user profiles: The identification of interesting web sites[J]. Machine Learning, 1997, 27: 313-331.

[4] Park H S, Yoo J O, Cho S B. A context-aware music recommendation system using fuzzy Bayesian networks with utility theory[C]//Fuzzy Systems and Knowledge Discovery, 2006: 970-979.

[5] Cho Y H, Kim J K, Kim S H. A personalized recommender system based on web usage mining and decision tree induction[J]. Expert Systems with Applications, 2002, 23(3): 329-342.

[6] Balabanovic M, Shoham Y. Fab: Content-based, collaborative recommendation[J]. Communications of the ACM, 1997, 40(3): 66-72.

[7] M Pazzani, D Billsus. Learning and revising user profiles: The identification of interesting web sites[J]. Machine Learning, 1997, 27(1): 313-331.

[8] D S W Ngu, X Wu. SiteHelper: A localized agent that helps incremental exploration of the World Wide Web[J]. Computer Networks, 1997, 28(8-13): 1249-1255.

[9] Lang K. NewsWeeder: Learning to filter netnews[C]//The 12th International Conference on Maching Learning, Tahoe City, CA, 1995: 331-339.

[10] William B, Ricardo B. Information retrieval: Data structures and algorithms

[M]. Upper Saddle Riuer, NJ: Prentice Hall, 1992.

[11] Salton G. Developments in automatic text retrieval[J]. Science, 1991, 253(8): 974-975.

[12] 杨小平，丁浩，黄都培．基于向量空间模型的中文信息检索技术研究[J]. 计算机工程与应用，2003，15：109-111.

[13] Maron, M E, Kuhns, J L. OnRelevance probabilistic indexing and information retrieval[J]. Jouurnal of the ACM, 1960, 7(3): 216-244.

[14] 周宁，张李义．信息资源可视化模型方法[M]. 北京：科学出版社，2008.

[15] 陈李孚，周宁，李丹．基于机器学习的自动文本分类模型研究[J]. 现代图书情报技术，2005，(10)：23-27.

[16] Francesco R, Lior R, et al. Recommender systems handbook[M]. New York: Springer, 2011.

[17] Salton G. Automatic text processing: The transformation, analysis, and retrieval of information by computer[M]. Boston: Addison Wesley, 1989.

[18] 苏力华．基于向量空间模型的文本分类技术研究[D]. 西安电子科技大学硕士学位论文，2006.

[19] 范明，孟小峰．数据挖掘概念与技术(第 2 版)[M]. 北京：机械工业出版社，2007.

[20] 芩咏华，甘利人，丁晟春．基于内容的 Web 个性化推荐技术研究[J]. 图书情报工作，2003(8)：30-34.

[21] 唐晓波，谢力．基于主题的用户兴趣模型的构建及动态更新[J]. 情报理论与实践，2016，39(2)：116-123.

[22] Wang S, She L, Liu Z, et al. Algorithm research on user interests extracting via Web Log Data[C]// International Conference on Web Information Systems and Mining. IEEE, 2009: 93-97.

[23] Michelson M, Macskassy S A. Discovering users' topics of interest on twitter: A first look[C]// The Workshop on Analytics for Noisy Unstructured Text Data, and 2010, Toronto, Ontario, Canada, October. DBLP, 2010: 73-80.

[24] 秦春秀，赵捧未，杨志墨．基于双层聚类方法的 P2P 文档共享系统的用户兴趣建模[J]. 情报科学，2016，V34(8)：138-142.

[25] 刘占兵，肖诗斌．基于用户兴趣模糊聚类的协同过滤算法[J]．现代图书情报技术，2015，31(11)：12-17.
[26] 代劲，何中市，胡峰．基于云模型的文本特征自动提取算法[J]．中南大学学报(自然科学版)，2011，42(3)：714-720.
[27] 翟羽佳．特定事件微博子话题特征提取研究[J]．情报科学，2016，36(3)：145-150.
[28] 周源，刘怀兰，杜朋朋等．基于改进 TF-IDF 特征提取的文本分类模型研究[J]．情报科学，2017(5)：111-118.
[29] 朱郁筱，吕琳媛．推荐系统评价指标综述[J]．电子科技大学学报，2012，41(2)：163-175.
[30] 毛进，易明，操玉杰等．一种基于用户标签网络的个性化推荐方法[J]．情报学报，2012，31(1)：24-30.
[31] 林鑫，石宇，周知．基于相对频次的标签相关性判断优化研究[J]．图书情报工作，2016，(17)：130-135.
[32] IMDB. Most Popular by Genre. [EB/OL]. [2019-12-3]. http://www.imdb.com/genre.

第 4 章 信息协同过滤推荐系统

信息协同过滤推荐技术是信息推荐系统中成功的技术之一，它于 20 世纪 90 年代开始被研究并促进了整个信息推荐系统研究的繁荣，目前已成为信息推荐和信息服务领域的研究热点。该方法思路是用户通过相互协同来选择信息，即通过用户之间对资源的评分来产生推荐，其类型主要包括基于用户的协同过滤推荐方法和基于资源(项目)的协同过滤推荐方法。基于用户的协同过滤根据目标用户的最近邻居(最相似用户)对某个资源的评分来预测目标用户对该资源的评分；而基于资源的协同过滤推荐则认为大部分用户对不同资源评分具有相似性，通过找到目标资源(待评分资源)的若干最近邻居(最相似资源)，根据用户对最近邻居的评分来预测目标资源的评分，从而产生最后的推荐结果。本章首先介绍这两种信息协同过滤推荐方法，在此基础上介绍基于模型的协同过滤推荐方法，最后针对目前互联网上博客的流行，重点介绍一种移动环境下基于隐式评分的博客信息推荐方法。

4.1 引言

协同过滤(Collaborative Filtering)也称社会过滤(Social Filtering)，由 Goldberg 等研究人员于 1992 年提出[1]，是目前采用最广泛的推荐技术。与基于内容的推荐方法不同，协同过滤的基本思想是计算用户间偏好的相似度，在用户群中寻找目标用户的相似用户，在相似用户的基础上自动地为目标用户进行信息资源的推荐和预测，即它基于这样的假设：如果用户对一些资源(项目)的评分比较相似，则他们对其他资源(项目)的评分也会比较相似。因此，协同过滤推荐方法针对某类信息资源，首先找出品位和偏好相似的用户，形成用户群；通过分析该群体用户的共同兴趣和对资源的评分，在此基础上对目标用户产生相关的推荐。协同过滤推荐方法的思想非常直观，并且从日常生活中可以找出它所蕴含的原理。例如，在商品选购中，人们通常会向品位和兴趣相似的朋友咨询意见，根据他们的推荐来为自己的商品购物提供决策支持。人们之所以在商品选购过程中，会参考和咨询朋友的意见，就是因为他们之间存在着一种信任，而这样的信任来源于相同或相似的兴趣和品位。“物以类聚，人以群分”体现的就是这个思想，协同过滤推荐系统就是将这一思想运用到了网络环境下信息推荐服务中，基于相似用户对某一资源的评分来向目标用户产生推荐。

目前，大部分协同过滤推荐系统使用用户对商品的评分数据作为推荐基础，用户的评分数据分为显式评分(Explicit Rating)和隐式评分(Implicit Rating)两类[2]。显式评分通过专门的人机接口直接请求用户显式输入对某些资源的数值评分，用户表示对该资源的偏好程度(一般分值越高代表用户越感兴趣)；隐式评分则不需要用户直接对资源的评分，而是根据用户浏览网页时的行为特征，并结合行为科学和心理学的研究成果来分析用户对该资源的偏好程度，从而预测用户对该资源的评分。显然，显式评分方式存在较大的缺陷，用户必须暂停当前的浏览或阅读行为，转而输入对资源的评分，从而导致用户评分数据的稀疏性。只有当每一种信息资源都有相当数量的评分数据时，推荐系统才能产生比较精准的推荐结果。隐式评分方式则通过用户购买或浏览等行为隐式获得用户对资源的评分，不需要用户主动输入体现自己偏好的信息，如填写一些调查表格等。目前，隐式评分方式成为用户偏好获取方式的主流，它可以通过分析用户使用信息资源的行为来获得。同时，隐式评分方式对推荐的资源对象没有特殊的要求，能够处理非结构化的复杂对象，如音乐、电影等多媒体信息资源。因此，基于隐式评分的协同过滤推荐需要研究用户之间的关系，以及用户对信息资源访问行为的历史数据，是协同过滤推荐研究的重点之一。协同过滤推荐技术与目前流行的社会化网络研究有交叉点，有丰富的研究基础和广阔的研究前景，是目前研究最多的个性化推荐技术，比较著名的有：文档推荐系统 Tapesrtry[2]、图书推荐系统 Amazon. com[3]、新闻推荐系统 PHAOKS[4]和电影推荐系统 MovieLens[5]等。

与信息内容过滤推荐相比，协同过滤技术具有如下显著的优点[6]：

①在协同过滤中，用户在信息流中决定对一个项目的兴趣或质量，因此可以过滤一些难以通过计算机技术进行内容分析(Content-based)的信息，像音乐、电影等资源。

②可以共享其他人的经验，避免了内容分析的不完全和不精确；同时，可以有效地使用其他相似用户的反馈信息，从而减少用户的信息反馈量，加快个性化学习的速度。

③具有推荐新信息的能力，可以为目标用户推荐潜在的感兴趣的信息资源。协同过滤推荐主要是根据用户的相似性来推荐资源，这与基于内容过滤的信息推荐有所不同，它比较的是用户描述文件，而不是资源与用户的描述文件。由于协同过滤推荐是根据相似用户进行推荐，所以可以为目标用户推荐出新的感兴趣的资源，从而拓宽了信息的推荐范围。

④在电子商务领域的应用。互联网上商品信息日益丰富，但对商品特征的描述、特征标记和信息检索等方面受到了目前自然语义理解发展的限制。与传统内容过滤推荐相比，协同过滤推荐突破了相关技术瓶颈，能更有效地对商品信息资源进行推荐，非常适合应用于电子商务领域。

传统的信息协同过滤推荐系统用 *User* 和 *Item* 来处理推荐事务。*User* 表示用户，*Item* 表示资源或项目。信息协同过滤推荐算法的目标是为当前目标用户推荐满足其偏好的新资源(项目)或预测用户对某一未评分资源的评分值。具体推荐过程从一个初始的评分矩阵 *User×Item* 开始，该评分矩阵记载了 *User* 对 *Item* 的主观评分。矩阵 *User×Item* 要么由用户显式确定，要么由系统隐式推断得出。一旦确定了评分矩阵，推荐系统就能够通过评分函数作出用户对其他资源的评分，如式(4-1)所示：

$$R: User \times Item \rightarrow Ratings \tag{4-1}$$

从概念上讲，函数 *R* 作用于整个评分矩阵 *User×Item*，推荐系统能够先根据用户的一个或多个最高评分，再从 *Items* 中推荐一个或多个 *items* 给用户，如式(4-2)所示：

$$\forall u \in Users,\ i'_u = \underset{i \in Items}{\arg} R(u, i) \tag{4-2}$$

实际上，如果评分矩阵很大，事先估计整个评分矩阵中未知评分的项将花费大量的计算资源，因此，人们做了大量的研究以更小的花费去寻求更有效的解决方案。一般地，信息协同过滤推荐模型可描述为：假设 U 是所有用户集合，$U=\{u_1, u_2, \cdots, u_m\}$，所有资源(项目)集合为 $I=\{i_1, i_2, \cdots, i_n\}$。每个用户 u_i，都存在一个对资源的评价向量 I_{ui}，用来记录该用户对所有资源的历史评分值。选取目标用户 $u_i \in U$，经典的协同过滤算法包括如下三个过程，如图 4-1 所示。

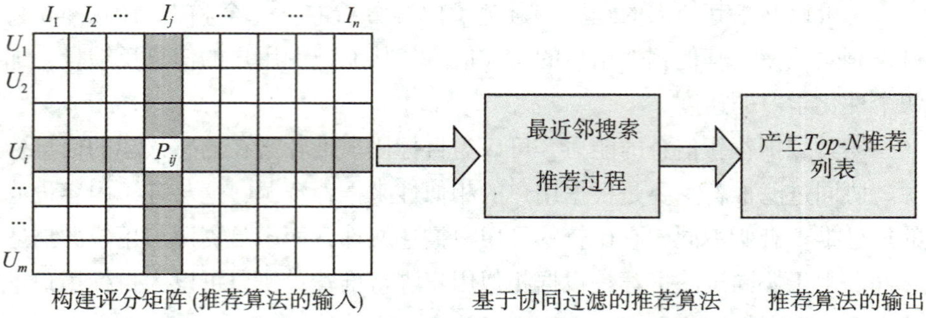

图 4-1　信息协同过滤推荐算法的流程

(1)构建"用户—资源"评分矩阵(User-Item Rating Matrix)

该过程是协同过滤推荐算法的输入过程，主要是收集用户对信息资源的评分、评价行为等，并进行数据清理、转换，最终形成用户 $U_i \in U$ 对各种资源(项目) $I_j(1 \leqslant j \leqslant n)$ 的评分 R_{ij}，形成用户对资源的评分矩阵。其中，R_{ij} 代表第 i 个用户 U_i 对资源 I_j 的评分，表示用户 U_i 对资源 I_j 的偏好程度(一般可用 1 ~ 5 的实数表示)。

(2)最近邻搜索

当用户输入对信息资源的评价并形成评分矩阵后，系统就需要利用推荐算法进行最近邻选择。最近邻可以是当前目标用户的最近邻，或者也可以是当前目标资源的最近邻。该过程计算目标用户(资源)与系统数据库中各个用户(资源)之间的相似度，将相似度最高的若干个用户(资源)作为最近邻居集。因此，最近邻搜索过程是协同过滤算法的核心。

(3)产生推荐列表

该过程是协同过滤推荐算法的输出过程。系统通过相关推荐算法，在最近邻居集的评价基础上产生推荐，即选择前 N 个目标用户最感兴趣的资源项目，将其主动推送给目标用户。

目前，已有的协同过滤推荐系统可以分为两类：基于内存的协同过滤推荐算法(Memory-based Collaborative Filtering)和基于模型的协同过滤推荐算法(Model-based Collaborative Filtering)[7]。其中，基于内存的协同过滤推荐算法属于传统的协同过滤推荐算法，它包括基于用户的协同过滤推荐和基于项目的协同过滤推荐两种类型。从这个意义上看，整个信息协同过滤方法又可以分为三类了。下面我们分别对这些不同的推荐方法进行介绍。

4.2　基于内存的信息协同过滤推荐

基于内存的信息协同过滤是传统的信息推荐算法，它包括两个基本的算法：基于用户的协同过滤和基于项目(资源)的协同过滤。在这两个算法中，前者是最早出现的协同过滤算法，也是目前使用最为广泛的协同过滤算法。该算法通过在数据库中的所有用户中搜索最近邻居，形成最近邻居集，通过最近邻居集内用户对某一项目(资源)的评价值，形成目标用户对该项目的评价，算法的核心是以“用户—项目”评分矩阵中的行(用户)为基础计算用户之间的相似性。后者则是以“用户—项目”评分矩阵中的列(项目)为基础计算项目之间的相似性。这两个算法的共同点在于，它们都是基于“用户—项目”评分矩阵来预测目标用户对项目的偏好，从而进行推荐信息服务。目前，信息协同过滤推荐系统在很多领域中都得到了广泛应用，如 GroupLens 就是应用协同过滤推荐算法，进行新闻、电影等信息资源的推荐。

4.2.1　基于用户的信息协同过滤

基于用户的信息协同过滤(User-based Collaborative Filtering)又称为最近邻(Nearest-Neighbor)协同过滤，在该推荐算法中，用户通过相互协同来选择信息，即通过用户之间对资源的评分来产生推荐。它基于这样一个假设：如果用户对一些项目(资源)的评分比较相似，则他们对其他项目的评分也会比较相似。基于用户的信息协同过滤的基本思想就是：根据目标用户的最近邻居(相似用户)对某个资源的评分来预测目标用户对该资源的评分。协同过滤推荐系统使用统计技术等搜索目标用户的 K 个最近邻居，然后根据这 K 个最近邻居对项目的评分预测目标用户对未评分项目的评分，并选择评分最高的前若干项作为推荐结果反馈给用户。预测评分即目标用户 u 对未评分项目 i 的评分 $R(u, i)$，它根据相似用户 u' 对项目 i 的评分 $R(u', i)$ 来估计的，实质上是利用 K 个最近邻居对该项目的评分来加权逼近的，最终找到 *Top-N* 个推荐对象。基于用户的信息协同过滤算法必须扫描整个用户评分空间，为用户搜索最近邻。

基于内存的信息协同过滤推荐技术是目前最成功的推荐技术，相比基于模型的协同过滤推荐，该技术具有较高的预测精度。Sarwar 等将基于用户的信息协同过滤算法分为三个阶段[7][8]：

(1)输入数据的表示

推荐系统对用户感兴趣的资源进行建模，建立 $m \times n$ 阶“用户—资源”评分矩阵 $User \times Item$。其中，$R_{u,j}$ 代表了系统中用户 u 对资源 i 的历史评分值；然后根据该矩阵计算用户之间的相似性，m 是用户总数，n 是资源总数。用户对资源的评分值可以采取二进制方式，例如 1 表示喜欢(或已访问该资源)，0 表示不喜欢(或未访问该资源)；但更多情况下，评分方式采用类似于酒店星级标准的评分制，例如 GroupLens 系统采用 5 分制[9]，Fab 系统采用 7 分制等[10]，评分从低到高代表用户对该资源从不喜欢到非常喜欢的不同偏好程度。

(2) K-最近邻搜索

为目标用户 u，在整个“用户—资源”评分矩阵上搜索与其兴趣偏好最相似的 K 个最近邻集合 $U' = \{u_1, u_2, \cdots, u_K\}$ ($u \notin U'$)，并将 u 与 U' 中用户 u_k ($1 \leqslant k \leqslant K$)之间的相似度 $sim(u, u_k)$ 由高到低进行排列。$sim(u, u_k)$ 的取值范围为 $[-1, 1]$，该值如果越接近 1，表示用户 u 与 u_k 之间的相似度越高；该值越接近 -1，表示用户 u 与 u_k 具有完全相反的兴趣偏好；该值为 0 则表示用户 u 与 u_k 不具有任何相似性。Sarwar 等人提出一种基于中心(Center-based)的最近邻确定方法，如图 4-2 所示[11][12]。通过计算目标用户(图 4-2 中的中心黑点)与其他用户之间的相似性，选择了以目标用户为中心的 $K = 5$ 个最近用户作为其最近邻集合。

在协同过滤推荐算法中，K-最近邻搜索是整个算法的核心，其查找效率和质量直接影响了推荐系统的有效性。所谓的“K-最近邻”(K-Nearest Neighbor，KNN)是指为目标用户 u 产生一个按相似度大小排列的用户集合，然后选取最近邻数量 K，用来参与预测目标用户的评分值。最近邻数量 K 对系统的推荐质量有重要影响，其确定方法一般有两种：第一种方法是可以

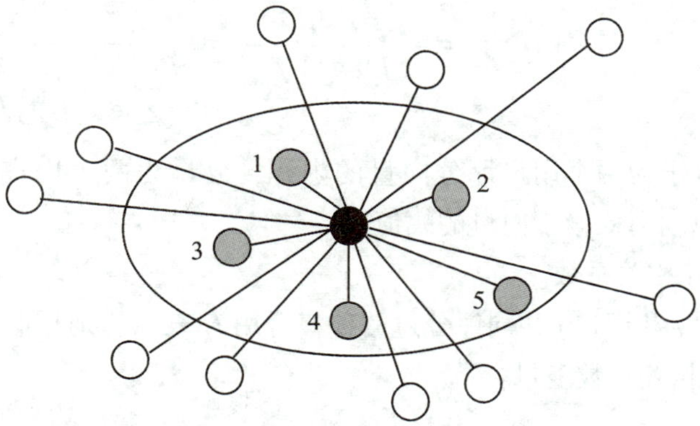

图 4-2　基于中心的最近邻集合的构建

预先设定一个相似度阈值，把那些与当前目标用户的相似度大于该阈值的用户作为最近邻。第二种方法是使用固定的 K 值，选取与目标用户相似度最大的前 K 个用户作为最近邻，并用这些相似用户的评分值进行加权预测。第一种方法由于随着候选项目(资源)的数量增加，相似度大于阈值的最近邻数量也会急剧增加，这将导致阈值的选取比较复杂，阈值的过小或过大都会影响推荐质量。因此，在实际应用中，可以结合这两种方法，可以先选取一个合适的阈值 t，当相似用户(即与目标用户的相似度大于 t 的用户)数量超过固定的 K 值之后，系统仅选取与目标用户相似度最大的前 K 个用户作为目标用户的最近邻。

如前所述，协同过滤推荐算法的关键是通过查找目标用户的最近邻来作为预测的依据，因此度量用户之间的相似度成为了非常重要的步骤，一般采用信息过滤领域中的基于向量空间模型的相似度计算方法或 Pearson 相关系数。下面介绍在协同过滤推荐算法中三种常用的用户相似性度量方法[6][13][14]。

①基于余弦相似性。

常用于信息检索领域，用来计算文档向量之间的夹角余弦。同样，在信息推荐系统领域中，每个用户对所有项目的评分可以看作一个 n 维向量，如果用户对项目没有进行评分，则将用户对该项目的评分设为 0，用户之间的相似性通过向量间的余弦夹角度量。如果用户 i 和用户 j 在 n 维项空间上的评分分别表示为向量 $\boldsymbol{i}$ 和 $\boldsymbol{j}$，则相似性 $\mathrm{sim}(i, j)$ 为：

$$\text{sim}(i,\ j)=\cos(\boldsymbol{i},\ \boldsymbol{j})=\frac{\boldsymbol{i}\cdot\boldsymbol{j}}{||\boldsymbol{i}||\cdot||\boldsymbol{j}||}=\frac{\sum_{c=1}^{n}R_{ic}R_{jc}}{\sqrt{\sum_{c=1}^{n}R_{ic}^{2}}\sqrt{\sum_{c=1}^{n}R_{jc}^{2}}} \tag{4-3}$$

其中，分子为两个用户评分向量的内积，分母为两个用户向量模的乘积。余弦相似度不依赖于向量的幅值。

②Pearson 相关系数。

如果用户 i 和用户 j 共同评分过的项集合用 I_{ij} 表示，则相似性 $\text{sim}(i,\ j)$ 通过 Pearson 相关系数度量：

$$\text{sim}(i,\ j)=\frac{\sum_{c\in I_{ij}}(R_{ic}-\overline{R_i})(R_{jc}-\overline{R_j})}{\sqrt{\sum_{c\in I_{ij}}(R_{ic}-\overline{R_i})^2\cdot\sum_{c\in I_{ij}}(R_{jc}-\overline{R_j})^2}} \tag{4-4}$$

公式(4-4)中，R_{ic} 表示用户 i 对项目 c 的评分，R_{jc} 表示用户 j 对项目 c 的评分，$\overline{R_i}$ 和 $\overline{R_j}$ 分别表示用户 i 和用户 j 在 I_{ij} 上的平均评分，即

$$\overline{R_i}=\frac{1}{|I_{ij}|}\sum_{c\in I_{ij}}R_{ic},\ \overline{R_j}=\frac{1}{|I_{ij}|}\sum_{c\in I_{ij}}R_{jc} \tag{4-5}$$

③修正的余弦相似性。

在余弦相似性计算中没有考虑不同用户的主观评价尺度问题，修正的余弦相似度公式通过减去用户对项目的平均评分来改善上述的缺陷。设用户 i 和用户 j 共同评分过的项目集合用 I_{ij} 表示，I_i 和 I_j 分别表示用户 i 和用户 j 评分过的项目的集合，则 $\text{sim}(i,\ j)$ 为：

$$\text{sim}(i,\ i)=\frac{\sum_{c\in I_{ij}}(R_{ic}-\overline{R_i})(R_{jc}-\overline{R_j})}{\sqrt{\sum_{c\in I_i}(R_{ic}-\overline{R_i})^2}\sqrt{\sum_{c\in I_J}(R_{jc}-\overline{R_j})^2}} \tag{4-6}$$

类似地，R_{ic} 表示用户 i 对项目 c 的评分，R_{jc} 表示用户 j 对项目 c 的评分，$\overline{R_i}$ 和 $\overline{R_j}$ 分别表示用户 i 和用户 j 在 I_{ij} 上的平均评分。因此，最近邻查询的目标就是对每一个目标用户 u，在整个用户空间中搜索用户集合 $U=\{u_1,\ u_2,\ \cdots,\ u_k\}$，满足 $u\notin U$，并且使得 u_1 与 u 的相似性 $\text{sim}(u,\ u_1)$ 最高，u_2 与 u 的相似性 $\text{sim}(u,\ u_2)$ 次之，以此类推。

(3)推荐产生

根据目标用户的 k 个最近邻居(相似用户)对候选项目的评分信息来预

测目标用户对候选项目的评分，并选择预测评分最高的前若干个项目作为推荐结果主动推送给目标用户，即产生 *Top-N* 信息资源推荐。目标用户 u 对未评分项 i 的预测评分 P_{ui} 可以通过目标用户 u 的最近邻居集合 U 对项目 i 的评分得到。其中，用于统计预测的公式可以采用下面比较典型的几个启发式函数：

$$P_{u,\,i}=\frac{1}{n}\sum_{u'\in U}R_{u',\,j} \tag{4-7}$$

$$P_{u,\,i}=\frac{\sum_{u'\in U}\mathrm{sim}(u,\ u')\times R_{u',\,i}}{\sum_{u'\in U}[\,|\,\mathrm{sim}(u,\ u')\,|\,]} \tag{4-8}$$

$$P_{u,\,i}=\overline{R_u}+\frac{\sum_{u'\in U}\mathrm{sim}(u,\ u')\times(R_{u',\,i}-\overline{R_{u'}})}{\sum_{u'\in U}[\,|\,\mathrm{sim}(u',\ u)\,|\,]} \tag{4-9}$$

其中，$\mathrm{sim}(u,\ u')$ 是目标用户 u 与邻居用户 u' 的相似度，可以根据情况选用余弦相似度、Pearson 相关系数和修正的余弦相似度来计算，U 是目标用户的最近邻集合，$R_{u',\,i}$ 表示邻居用户 u' 对候选项目 i 的评分。$\overline{R_u}$ 和 $\overline{R_{u'}}$ 分别表示目标用户 u 和邻居用户 u' 对项目的平均评分。公式(4-8)采用了相似度用户相似度加权方法，将所有邻居用户的加权评分值作为目标用户对项目的评分，但该公式没有考虑不同相似用户在评分时可能采用不同的尺度。因此，公式(4-9)做了相应的改进，在基于相似度加权评分的基础上，采用平均规范化的计算方法来消除不同评分尺度所带来的偏差。通过上述方法可以预测目标用户对所有候选项目的评分，然后选择预测评分最高的 *Top-N* 个项目作为推荐结果反馈给当前的目标用户。

在基于用户的协同推荐中，用户对项目的使用频率、兴趣偏好的变化以及用户知识层次等因素对算法的精准度的影响很大。因此，在实际设计中，可以充分考虑这些因素，对基于用户的协同过滤算法进行改进和优化，其改进思路主要包括以下两个方面：①用户的权威性。用户权威性可以体现为用户的身份背景以及其利用(评价)资源项目的频度。例如，在电子商务购物网站中，普通会员和贵宾会员同时购买了某件商品，并均对该商品进行了评价，一般情况下贵宾会员的评价应更具权威性；另外，一个会员在某个商品类型领域中购买了很多商品，显然该会员是购买这类商品的“行家”，他对这类商品的评价更具权威性。因此，在基于用户协同推荐算法设计中，我们可以研究用户权威性对推荐质量的影响，针对不同资源推荐领域，对不同类型的用户赋予相应的权重。② 用户偏好情境。用户的偏好是随着时间的变化而改变的，推荐算法应能及时捕捉用户的当前最新偏好。同时，用户偏好具有一定的时间连续性，其随时间 t 的推移而不断变化，应考虑其随时间推移不断累积的用户偏好情境。因此，通过对当前偏好情境和历史偏好情境更新合成，形成综合用户偏好情境，以便更精准地反映用户的行为偏好。在协同过滤推荐算法中，我们在资源评分预测方法中引入“指数平滑法”，以便能处理协同过滤中用户偏好情境的变化。

4.2.2　基于项目的信息协同过滤

随着系统规模的不断扩大，用户和项目数量的增多使传统算法的复杂性增大，特别是面向超高维、稀疏的用户评分矩阵，信息推荐系统的质量难以保证。另外，由于用户空间的扩大，使在线推荐的效率也明显下降。考虑到基于用户协同过滤算法的局限性，Sarwar 等在 2001 年提出了基于项目的协同过滤算法(Item-based CF)[15]，该方法首先计算项目之间的相似度，找到与目标项目最具相关性的若干最近邻项目，并通过加权各项目的评分值，得到未评分项目的预测值，通过对标准数据集的测试，证实基于项目的推荐算法比基于用户的推荐算法还要好，并能解决传统算法面临的稀疏性和可扩展问题。但是，Mild 教授从批判的角度指出基于项目的协同推荐并不一定好，该算法准确度与采用的实验数据的规模有关，大多数情况下还是基于用户的协同推荐好[16]。

基于项目的协同过滤推荐根据目标用户对相似项目的评分预测该用户对目标项目的评分，它基于这样一个假设：如果大部分用户对一些项目的评分比较相似，则目标用户对这些项目的评分也比较相似。基于项目的协同过滤推荐系统是使用统计技术等找到目标项目的 k 个最近邻居，由于目标用户对最近邻居的评分与对目标项目的评分比较类似，所以可以根据目标用户对最近邻居的评分预测目标用户对目标项目的评分，然后选择预测评分最高的前若干项目作为推荐结果反馈给用户。在系统设计中，由于项目之间的相似度比较稳定，因此相似度计算可以离线进行，并事先存储在系统中，缓解了协同过滤算法存在的实时性推荐问题，如图 4-3 所示。

基于离线处理方式的项目相似度计算类似于用户相似度计算，也是通过分析“用户—项目”评分矩阵，依然是采用余弦相似性、Pearson 相关系数和

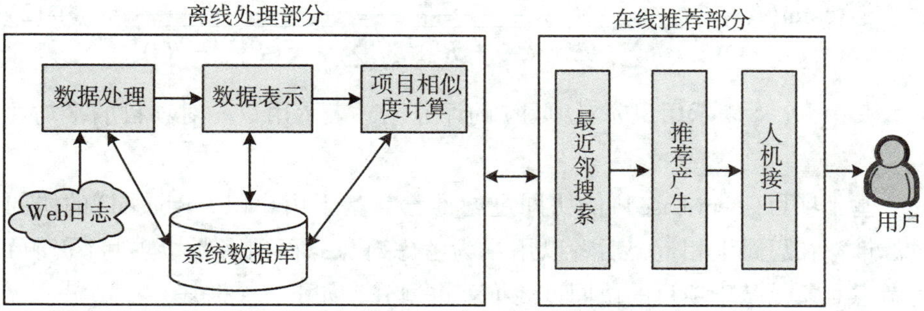

图 4-3　离线处理的项目相似度计算

修正的余弦相似性三种方法，只是度量的对象改变为项目，把不同用户对某一项目的评分当作计算的向量，计算对不同项目评分的相似性，搜索评分比较类似的项目集合，具体计算公式如下：

①余弦相似性：项目评分看作为 m 维用户空间上的向量，如果用户对项目没有进行评分，则将用户对该项目的评分设为 0，项目间的相似性通过向量间的余弦夹角来度量。设项目 i 和项目 j 在 m 维项目空间上的评分分别表示为向量 $\boldsymbol{i}$，$\boldsymbol{j}$，则项目 i 和项目 j 之间的相似性 $\text{sim}(i, j)$ 为：

$$\text{sim}(i, j) = \cos(\boldsymbol{i}, \boldsymbol{j}) = \frac{\boldsymbol{i} \cdot \boldsymbol{j}}{||\boldsymbol{i}|| \cdot ||\boldsymbol{j}||} \tag{4-10}$$

公式(4-10)中，分子为两个项目评分向量的内积，分母为两个项目向量模的乘积。

②Pearson 相关系数：如果对项 i 和项 j 共同评分过的用户的集合用 U_{ij} 表示，则相似性 $\text{sim}(i, j)$ 通过 Pearson 相关系数度：

$$\text{sim}(i, j) = \frac{\sum_{u \in U_{ij}} (R_{u,i} - \overline{R_i})(R_{u,j} - \overline{R_j})}{\sqrt{\sum_{u \in U_{ij}} (R_{u,i} - \overline{R_i})^2} \sqrt{\sum_{u \in U_{ij}} (R_{u,j} - \overline{R_j})^2}} \tag{4-11}$$

其中，$R_{u,i}$ 表示用户 u 对项目 i 的评分，$\overline{R_i}$ 和 $\overline{R_j}$ 分别表示对项目 i 和项目 j 的平均评分。

③修正的余弦相似性：在 Pearson 相关系数方法中没有考虑不同用户的评分尺度问题，修改的余弦相似性度量方法通过减去用户对项目的平均评分改善上述缺陷。设对项目 i 和项目 j 共同评分过的项目集合用 U_{ij} 表示，U_i 和 U_j 分别表示对项目 i 和项目 j 评分过的用户集合，则 $\text{sim}(i, j)$ 为：

$$\mathrm{sim}(i, j)=\frac{\sum_{u \in U_{ij}}(R_{u,i}-\overline{R_u})(R_{u,j}-\overline{R_u})}{\sqrt{\sum_{u \in U_i}(R_{u,i}-\overline{R_u})^2}\sqrt{\sum_{u \in U_j}(R_{u,j}-\overline{R_u})^2}} \tag{4-12}$$

其中，$R_{u,i}$ 表示用户 u 对项目 i 的评分，$\overline{R_u}$ 表示用户 u 对项目的平均评分。

基于项目(Item-based)的协同过滤推荐与基于用户(User-based)的协同过滤推荐在思路上相近，后者以用户为考虑对象，而前者是以项目(资源)为考虑对象。基于项目的协同过滤推荐也划分为如下三个阶段：

①数据表示：对用户已访问的资源或已购买的商品进行建模，建立“用户—项目”评分矩阵 $User \times Item$，从而可以根据该矩阵有效度量项目之间的相似性。

② k-最近邻搜索：搜索目标项目的 k 个最近邻居。目标就是对每一个项目 i，在整个评分矩阵空间 $User \times Item$ 中搜索出 k 个最近邻居集合 $I=\{i_1, i_2, \cdots i_k\}$，$i \notin I$，使得 $\mathrm{sim}(i, i_{1\cdots k})>\mathrm{sim}(i, i_{k+1\cdots m})$，$m$ 为项目总数。

③推荐产生：根据目标项目的 k 个最近邻居的评分值来预测当前目标用户对目标项目的评分，产生 $Top\text{-}N$ 资源推荐列表给用户。目标用户 u 对目标项目 i 的预测评分 $P_{u,i}$ 可以通过目标项目 i 的最近邻居集合 I 对 i 的评分得到，计算方法如下式：

$$P_{u,i}=\overline{R_i}+\frac{\sum_{j \in I}\mathrm{sim}(i, j)\times(R_{u,j}-\overline{R_j})}{\sum_{j \in I}[|\mathrm{sim}(i, j)|]} \tag{4-13}$$

其中，$\mathrm{sim}(i, j)$ 表示目标项目 i 与最近邻居 j 之间的相似度，$R_{u,j}$ 表示目标用户 u 对项目 j 的评分。$\overline{R_i}$ 和 $\overline{R_j}$ 分别表示项目 i 和项目 j 的平均评分。

总之，基于项目的协同过滤技术在一定程度上解决了基于用户的协同计算中的瓶颈问题，把对用户整体空间上的最近邻搜索问题转化为以项目为对象进行相似度计算的类似搜索，并得到了较好的预测效果。但是，基于项目的协同过滤技术由于大量依靠用户的历史评分记录，和基于用户的协同推荐算法相似，推荐系统的新项目(New Item)、新用户(New User)和数据稀疏性(Sparsity)等问题也逐渐暴露出来，这也是传统的信息协同推荐技术面临的主要挑战。

4.3 基于模型的信息协同过滤推荐

在大型的信息资源系统中，用户数据库非常庞大，在整个用户数据库产生推荐非常耗时，从而使得整个信息资源系统的实时性难以保证，这也是基于内存的推荐算法面临的主要挑战。在基于模型的推荐算法中，可以使用历史数据离线建立模型，该模型相对于原始数据集而言小得多，因此能有效缓解推荐算法的实时性等问题。基于模型的协同过滤(Model-based Collaborative Filtering)，广泛使用机器学习技术如神经网络等学习技术、潜在语义检索(Latent Semantic Indexing)和贝叶斯网络(Bayesian Networks)等，训练历史数据得到一个模型，然后根据该模型产生推荐。模型相对于原始用户数据而言具有滞后效应，为了保证模型的有效性，必须周期性的对模型进行更新。

4.3.1 基于降维技术的协同过滤推荐

虽然协同过滤技术在推荐系统中获得了成功，但是随着信息系统规模的扩大，用户数目和项目数目呈指数级增长，用户评分矩阵 $User \times Item$ 会出现三种情况：①极端稀疏，这将导致无法搜索到某些用户的最近邻居，将无法对这些用户产生有效推荐；②最近邻居的搜索将花费更多的计算机资源，更加难以保证实时性；③无法发现商品之间存在的隐含关联。

基于降维的协同过滤推荐算法将奇异值分解(SVD)应用到协同过滤推荐算法中，减少项目空间的维数，用奇异值分解算法分解后得到的低维正交矩阵的噪音要比原始矩阵低，同时使得用户在降维后的项空间上对每一个项均有评分，并且可以更有效地揭示用户和商品之间潜在的关联。

奇异值分解(Singular Value Decomposition，SVD)技术在信息检索领域得到了广泛应用。它是一种矩阵分解技术，它可将一个 $m \times n$ 阶矩阵 R 分解为3个矩阵 U、S 和 V，大小分别为 $m \times r$，$r \times r$，$r \times n$。即 $R = USV'$，$S = diag(\delta_1, \delta_2, \cdots, \delta_r)$，其中 $\delta_1 \geqslant \delta_2, \cdots, \geqslant \delta_r \geqslant 0$，$U$ 和 V 分别是 $m \times r$ 和 $n \times r$ 的正交矩阵($UU' = I$，$VV' = I$)，r 是矩阵 R 的秩[$r \leqslant \min(m, n)$]。S 是一个 $r \times r$ 对角矩阵，所有的 δ_r 均大于0并按照大小顺序排列，称为奇异值(Singular Value)。通常对于矩阵 $R = USV'$，U、S、V' 必须是满秩的，但奇异值分解有一个优点，它允许存在一个简化的近似矩阵，对于 S，保留 k 个最大的奇异值，其余的用0来替代。这样，就可以将 S 简化为仅仅有 k 个

奇异值的矩阵($k < r$)。删除 S 中值为 0 的行和列，得到一个新的对角矩阵 S_k，如果矩阵 U 和 V 也可以简化为 U_k 和 V_k，那么有重构矩阵 $R_k = U_k S_k V'_k$，$R_k \approx R$。奇异值分解能够生成初始矩阵 R 的所有秩等于 k 的矩阵中与 R 最相似的一个。

基于降维的协同过滤推荐算法将奇异值分解应用到协同过滤推荐算法中，它首先将用户评分数据矩阵 R 中评分值为 0 的稀疏项用相关列的平均值代替，即项目的平均评分值，然后将矩阵每行规范化为相同长度。进行规范化的目的是因为选择不同已评分项目数量的用户对相似度计算结果的影响不同，容易造成偏差，规范化为相同长度后，选择项目数较多的用户对相似度计算结果的影响降低了。经过这样的处理，可以得到输入矩阵 R'，在用奇异值分解技术得到输出矩阵 U_k 和 V_k，$U_k \times \sqrt{S_k}$ 是 $m \times k$ 的矩阵，它描述的是用户在 k 维空间中的关系，可以理解为用户矩阵。矩阵 $\sqrt{S_k} \times V'_k$ 大小为 $n \times k$，可以理解为相应的项矩阵，最后再用这两个简化矩阵来产生推荐结果。目标用户对项目 i 的预测评分计算方法为：

$$P_{u,\,i} = \overline{R_u} + U_k \sqrt{S_k}(u) \times \sqrt{S_k} V'_k(i) \tag{4-14}$$

其中，$\overline{R_u}$ 是目标用户 u 对所有候选项目的平均评分值，U、S 和 V 是奇异值分解方法对用户评分矩阵 R 的度量，U_k、S_k 和 V_k 是 U、S 和 V 在 k 维度上的奇异值分解近似值。图 4-4 描述了基于奇异值分解的信息协同过滤算法。

输入：用户评分矩阵 R

输出：预测评分矩阵 P

Begin

1 将用户评分矩阵 R 进行规范化，得到规范化矩阵 R'；

2 用奇异值分解的方法分解矩阵 R'，得到 U、S 和 V；

3 将 S 简化为仅仅有 k 个奇异值的矩阵，得到对角矩阵 S_k；

4 将矩阵 U 和 V 分别简化为 U_k 和 V_k；

5 计算 S_k 的平方根 $\sqrt{S_k}$，以及 $U_k\sqrt{S_k}$，$\sqrt{S_k}V'_k$；

6 基于公式(4-14)计算目标用户 u 在候选项目 i 上的预测评分 $P_{u,\,i}$；

End

图 4-4　基于奇异值分解的信息协同过滤算法

信息协同过滤推荐系统中奇异值分解方法的优势体现在：可以将文档资源在高维向量空间模型中的表示，投影到低维的潜在语义空间中，运算复杂度大大降低，系统的扩展性得到提升；用户间和项目间的潜在关系得到更好的发掘，有利于提高推荐的精度，另外通过实验结果也表明该方法可以有效解决同义词(Synonymy)问题，显著提高推荐系统的伸缩能力。但是，奇异值分解方法也存在着缺陷：降维方法会导致“用户—项目”矩阵中的信息损失；同时，基于降维的推荐效果与数据集密切相关，在项目空间维数很高的情况下，降维的效果难以保证，从而使得基于降维的推荐在实际应用中受到一定的限制。

4.3.2　基于聚类的协同过滤推荐

在一个用户和信息资源均数以万计的系统中，同时为数以万计的用户提供实时的推荐服务越来越困难。特别是随着电子商务的发展，商务信息资源呈几何指数增长的情况下，协同过滤推荐算法的实时性要求遇到了更大的挑战。据此，基于聚类(Custer-based)的协同过滤推荐被提出。将物理或抽象对象的集合分组成为由类似的对象组成的多个类的过程被称为聚类(Clustering)。由聚类所生成的簇是一组数据对象的集合，这些对象与同一个簇中的对象彼此相似，与其他簇中的对象相异。在许多应用中，可以将一个簇中的数据对象作为一个整体来对待。在商务信息领域，聚类能帮助市场分析人员从客户基本库中发现不同的客户群，并且用购买模式来刻画不同的客户群的特征。

基于聚类的协同过滤推荐算法可以分为如下三步：

①聚类：根据用户的购买习惯和评分特点将整个用户空间划分为若干个不同的聚类，从而使得聚类内部用户对项的评分尽可能相似，而不同聚类间用户对商品的评分尽可能不同。

②虚拟用户集生成：根据每个聚类中用户对商品的评分信息生成一个虚拟用户，虚拟用户代表了该聚类中用户对商品的典型评分，将所有虚拟用户对商品的评分作为新的搜索空间。相对于原始的用户空间而言，虚拟的用户空间要小得多，因此最近邻查询的效率也高得多，可以有效提高推荐算法的实时响应速度。

③推荐产生：在虚拟的用户集合上使用各种相似性度量方法搜索当前用户的若干最近邻居，然后根据这些最近邻居对商品的评分信息产生对应的推

荐结果。

目前的聚类方法有很多，这里我们采用 k-means 算法的思想对用户进行聚类。k-means 聚类算法，也称为 k-均值算法，是一种在信息系统领域广泛使用的算法。在信息协同推荐中，基于 k-means 聚类算法通过用户对资源项目评分的相似性来对用户进行聚类，并生成相应的聚类中心，然后计算目标用户与各聚类中心的相似度，选出与目标用户相似度最高的 k 个聚类中心对应的聚类，在这 k 个聚类中搜索目标用户的最近邻居，从而达到在尽量少的用户空间中找到目标用户的大部分最近邻居。图 4-5 描述了基于 k-means 聚类对用户进行聚类的算法[17]。

算法：基于 k-means 聚类的用户聚类算法

输入：用户聚类的数量 k 和用户对资源的评分表

输出：k 个聚类

Begin

1. 从用户对资源评分表中检索所有 m 个用户，记为 $U = \{u_1, u_2, \cdots, u_m\}$；

2. 从用户对资源评分表中检索所有 n 个资源，记为 $I = \{i_1, i_2, \cdots, i_n\}$；

3. 经过预处理产生 k 个初始聚类 $C = \{c_1, c_2, \cdots, c_k\}$，并在每个聚类 $c_i(1 \leqslant i \leqslant k)$ 中随机选取一个用户对象 u_i，将其对资源的平均评分 $w_i(1 \leqslant i \leqslant k)$ 作为初始的聚类中心，即 $w_i = \overline{R_{u_i}}$

4. Repeat

For $u = 1$ to m

{计算用户 u 与各聚类中心 $w_i(1 \leqslant i \leqslant k)$ 之间的相似度 $\mathrm{sim}_{u,1}$，$\mathrm{sim}_{u,2}$，$\cdots$，$\mathrm{sim}_{u,k}$；

if ($\max(\mathrm{sim}_{u,1}, \mathrm{sim}_{u,2}, \cdots, \mathrm{sim}_{u,k})$ > 相似性阈值 t)

将用户 u 分配到与之相似度最大的聚类 c_i 中

}

重新计算每个聚类 c_i 的聚类中心，将其更新为当前 c_i 中所有用户的平均评分，

即 $w'_i = \sum_{i \in I_{C_i}} \frac{R_{u,i}}{|c_i|}$；

计算误差函数：$E = \sum_{j=1}^{k} \sum_{i \in I_{c_j}} |w_i - w'_i|^2$

Until $E \leqslant \delta$，即聚类中心不再发生变化；

End

图 4-5 基于 k-means 聚类的用户聚类算法

该算法通过预处理产生 k 个用户聚类，具体过程是：在数据集中，计算所有用户两两之间的用户相似性，将相似性大于一定阈值的用户归于同一初始的聚类中。然后选取包含用户数量最多的前 k 个初始用户聚类作为初始聚类集 $C=\{c_1, c_2, \cdots, c_k\}$，并在每个聚类中随机选取一个用户对象 u_i，将其对资源项目的平均评分 $w_i(1 \leqslant i \leqslant k)$ 作为每个聚类的聚类中心。在初始聚类形成的基础上，计算每个用户与 k 个聚类中心的相似度，并将该用户分配到与其相似度值最大的聚类中 c_i；由于新用户加入该聚类，重新计算该聚类的聚类中心，直到所有的聚类中心不再发生变化或变化不显著为止。在图 4-5 中，$\overline{R_{u_i}}$ 表示用户 u_i 对资源项目的平均评分，I_{c_i} 表示用户聚类 $c_i(1 \leqslant i \leqslant k)$ 中所有用户共同评分过的资源项目集，$R_{u,i}$ 表示用户 u_i 对资源 i 的评分，$|c_i|$ 表示用户聚类 c_i 中用户的数量。通过用户聚类算法，使得聚类数目能够远远小于用户的数量，即 $k < m$，即将数据集中的不同用户根据对资源的偏好实现“人以群分”。同一聚类中的用户拥有最大相似程度的偏好，而不同聚类中的用户偏好尽量不同。

由于用户聚类算法中，用户之间的相似度计算所需计算量很大。如果将基于 k-means 的用户聚类算法放在实际推荐过程中进行，会严重影响实时推荐的效率，由此会延长人机交互时间，极大地降低信息推荐服务的质量。因此，为了减少实时推荐的计算量，我们可以将用户聚类过程放在离线阶段进行，通过对数据集中的测试用户进行聚类，将对资源具有相似偏好的用户归入同一聚类中，构建用户聚类模型。在线推荐阶段中，当目标用户达到时，首先计算目标用户与各个聚类中心的距离，判断他所归属的用户聚类，然后再在这个聚类中搜索目标用户的最近邻居，从而在尽量少的用户空间中执行基于用户的信息协同推荐算法。当产生目标用户 u 的最近邻居 NN_u 后，就可以将最近邻居对候选资源的评分作为目标用户对候选资源的预测评分，目标用户 u 对候选资源 c_j 的预测评分 $R_{u,j}$ 为：

$$R_{u,j} = \overline{R_u} + \frac{\sum_{a \in NN_u} \mathrm{sim}(u, a) \times (R_{a,j} - \overline{R_a})}{\sum_{a \in NN_u} [\,|\mathrm{sim}(u, a)|\,]} \tag{4-15}$$

其中，用户 a 是目标用户 u 在所属聚类中的最近邻，$\overline{R_u}$ 和 $\overline{R_a}$ 分别表示用户 u 和用户 a 对资源的平均评分。这里，基于用户聚类的协同推荐技术向用户推荐可能感兴趣的信息资源，该推荐系统的体系结构分为两个部分，如图 4-6 所示。第一部分是离线处理部分，主要完成测试数据集中的数据预处理，用户初始聚类以及聚类中心的更新等步骤；第二部分为实际的在线推荐部分，利用离线阶段构建的用户聚类模型，将目标用户归入某一用户聚类，在该聚类中产生相似用户，并根据前面基于用户的协同推荐算法生成 *Top-N* 个推荐资源，将其主动推送给目标用户查看。

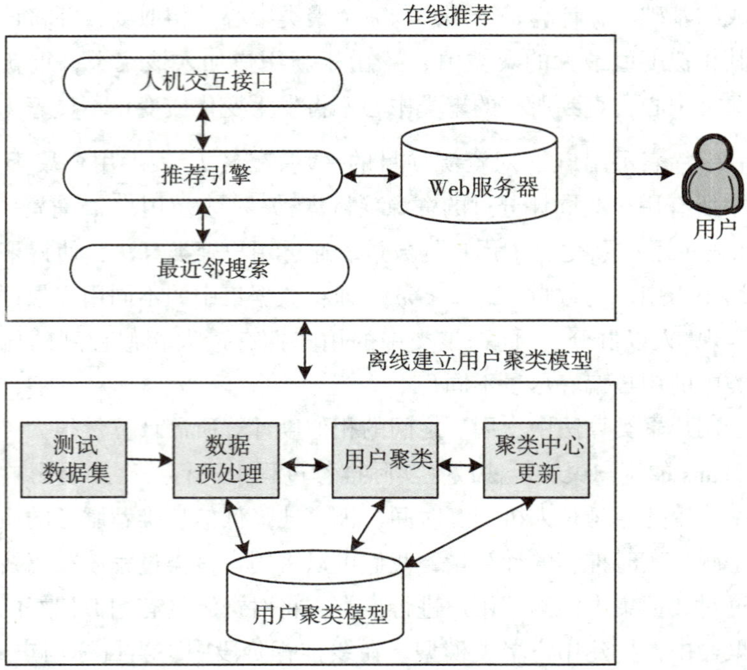

图 4-6　基于用户聚类的信息协同推荐系统体系结构

4.3.3　基于 Bayesian 的协同过滤推荐

Bayesian 网络是基于概率模型进行分类的机器学习方法，可以使用该方法预测一个实例属于某一类的概率，在得到某一用户所属的分类之后，可以利用此分类中其他用户的评分情况来预测该用户对项目的评分，从而可以填充“用户—资源项目”的评分矩阵，降低数据稀疏性。Breese 等人最早提出基于 Bayesian 网络模型的信息协同推荐算法[18]，该原理假设用户 u 对某一资源项目 j 的预测期望为：

$$E(u,\ j) = \sum_{i=1}^{m} P(R_{u,\ j} = i \mid A) \times i \tag{4-16}$$

其中，$P(R_{u,j}=i \mid A)$ 表示在给定的评价矩阵 A 的情况下，用户 u 对资源项目 j 的评价值为 i 的概率。由此可见，如何确定这一条件概率的值是算法的重点。通常的做法是在第一步的时候将用户群分成 C 类，然后由已知用户的评分数据估计出每类对资源项目 j 的评价分布 $P(R_{u,j}=i \mid C)$，再由目标用户的已知信息估计出该用户属于某一类的概率 $P(u \in C \mid R_{u,k} \in I_u)$，结合这两者最终得到目标用户对资源项目的评价[19]。由此可见，基于 Bayesian 网络的模型方法，是从概率的角度对协同过滤算法进行优化。在该模型中，Bayesian 网络中的节点表示某领域的信息资源或产品，节点的状态对应着每个信息资源或产品的评分值。网络的结构和条件概率可以从已有的数据中学习得到。但是，Bayesian 网络学习方法的缺陷就是每个用户只能属于一个类，而在一些信息推荐系统中，用户如果属于多个类或许会更好一些。

4.4　移动环境下基于隐式评分的博客推荐

在移动环境下让用户对博客进行直接评分有很多弊端。因此，如何获取用户对博客的评分信息已成为一个亟待解决的问题。本节基于隐式评分技术，通过分析用户阅读博客时的阅读速度和阅读文章的比例，计算出用户对博客的偏好信息，进而将传统的基于项目的协同过滤技术应用到博客推荐中，提出了移动环境下基于隐式评分的协同过滤博客推荐技术。最后，通过实验证明该技术可以在移动环境下有效地为用户推荐符合其兴趣的博客。

4.4.1　问题的提出

博客作为一种交流和传播最新信息的媒介得到越来越广泛的应用。博客使得用户可以通过网络记录来发表自己的思想、生活故事和当前热点事件。用户可以通过博客进行交流和非常方便地分享信息。博客正在以前所未有的速度迅速发展，互联网上博客的数量也在急速增加。在众多的博客中为用户推荐其感兴趣的博客信息显得尤为重要和困难。协同过滤推荐技术因为其重要的实用价值而被广泛采用。协同过滤推荐技术的数据基础是用户对项目的评分数据。现有的研究和应用中用户对项目的评分主要来源于用户的直接评分。用户根据预先定义好的量表对项目进行评分。

然而，在移动环境下，用来阅读博客的移动设备的固有限制，比如屏幕小、输入便捷度不高等，在用户对博客进行直接评分时给用户带来额外的负担，增加用户的阅读成本，打断用户的正常阅读流程，严重影响用户的阅读体验。更为严重的是，由于直接评分需要用户付出额外的时间和代价，因此，在实际的情况中，相对于整体的博客用户总数，对博客进行直接评分的用户只占很小部分，因此通过直接评分并不能获取足够多的评分数据，造成数据稀疏性问题，这将直接影响到博客推荐效果的精确度。本节基于隐式评分技术提出了一种移动环境下的博客推荐技术，可以有效地为用户推荐符合其兴趣的博客。

4.4.2 相关工作

(1)协同过滤推荐中的隐式评分

协同过滤技术根据和用户兴趣相似的用户的兴趣信息为用户推荐个性化的信息，是如今流行的推荐技术之一。协同过滤已被成功应用到广泛的领域。例如，亚马逊网站的书籍推荐系统、著名的电影网站 MovieLens 的电影推荐系统。根据用户和项目的关系，协同过滤推荐技术可以分为基于用户的协同过滤和基于项目的协同过滤。基于项目的协同过滤技术因为良好的推荐效果应用最为普遍。基于项目的协同过滤根据用户的评分数据计算项目之间的相似性，进一步根据项目之间的相似性预测用户对未评分项目的评分。传统的基于项目的协同过滤推荐中往往会存在评分数据的稀疏性问题。

协同过滤技术需要大量的用户对项目的评分数据以保证推荐效果的精确性。在移动环境下，直接评分并不能够为协同过滤推荐提供足够多的评分数据。解决这个问题的方法之一就是隐式评分：通过分析用户在移动终端上阅读博客的行为记录，来获取用户对所阅读博客的偏好信息，通过这些偏好信息计算出用户对所阅读博客的隐式评分。隐式评分技术主动记录用户和系统交互过程中的行为来推断用户的兴趣。鼠标的点击流、用户在阅读文档所用的时间、拉动滚动条都可能是隐式反馈的来源。这个过程对于用户是完全透明的。用户在阅读博客的过程中并不会感受到隐式评分的存在。并且，每个用户在阅读博客时都会留下自己的行为信息。通过对这些行为信息的分析可以得到每一个用户对其所阅读博客文章的隐式评分，这样就解决了传统协同推荐中评分数据的稀疏性问题。Nichols 提出了一系列可以作为用户隐式反馈的用户行为类型[20]。Diane 等人进一步将隐式反馈从用户行为和最小可能范围两个维度进行划分[21]。本章主要从用户阅读博客速度和阅读比例两个维度计算用户的隐式评分。

（2）博客推荐

关于博客推荐的研究主要集中在用户兴趣模型构建和个性化博客推荐上。以往的研究中提出了几种用户兴趣建模技术。Liu 等[22]将用户的兴趣分为长期兴趣和短期兴趣，并且基于用户的偏好分类和文本分类方法提出了一种新的用户兴趣建模方法。Li 等[23]将信任模型、社会网络分析和语义分析结合，提出了一种个性化博客推荐机制。Chiu 等[24]依据不同的主题和关键字将博客分类，提出了将博客自动推荐系统和人工方式相结合的方法从而达到更精准的推荐效果。

4.4.3　隐式评分的计算方法

用户阅读不同博客文章所花费的时间是不同的。用户阅读博客文章所花费的时间从一定程度上反映了用户对这篇博客文章的兴趣度。另一方面，用户对博客文章的阅读完成情况也反映了用户对博客文章的兴趣度。在移动环境下，用户阅读博客时的阅读速度和阅读博客的比例是两个最主要的反映用户兴趣度的指标。以下就是从用户的阅读速度偏好得分和阅读比例偏好得分这两个维度，计算用户对相应博客文章的隐式评分。

（1）阅读速度偏好得分

①Duen-ren Liu 等提出以用户阅读博客 d_i 所用时间除以博客 d_i 包含的全部文字个数得到用户的阅读速度，由于用户不一定将整篇博客全部阅读完，因此我们将此方法加以改进，记录用户 u 阅读博客 d_i 所用的时间，和用户 u 实际阅读的博客 d_i 的部分所包含的文字个数，从而，用户 u 阅读博客 d_i 的平均每字所用时间（Per Word Time）$PWTime_u(d_i)$ 的计算公式如下：

$$PWTime_u(d_i)=\frac{Time_u(d_i)}{ReadSize_u(d_i)} \tag{4-17}$$

其中，$Time_u(d_i)$ 表示用户 u 阅读博客 d_i 所用时间。$ReadSize_u(d_i)$ 表示博客 d_i 中用户实际阅读的部分所包含的文字个数，而不是整个博客 d_i 所包含的全部文字个数。同时，可以根据如下公式计算用户的历史平均阅读每字所用时间（Average Per Word Time）$APWTime_u$：

$$APWTime_u = \frac{1}{|D_u|} \times \sum d_i \in D_u \frac{Time_u(d_i)}{ReadSize_u(d_i)} \tag{4-18}$$

其中，$APWTime_u$ 表示用户的历史平均阅读每字所用时间，D_u 表示用户 u 阅读过得所有博客文档的集合，$|D_u|$ 表示文档集合中包括的文档的个数。

②用户 u 阅读不同博客的速度是不同的，如果用户 u 阅读博客 d_i 的速度比历史平均阅读速度快，也就是用户 u 阅读博客 d_i 的平均每字所用时间 $PWTime_u(d_i)$ 比用户 u 的历史平均阅读每字所用时间 $APWTime_u$ 短，表明用户 u 对博客 d_i 的兴趣度处于一般兴趣程度或者不感兴趣，相反，如果用户 u 阅读博客 d_i 的速度比历史平均阅读速度慢，也就是用户 u 阅读博客 d_i 的平均每字所用时间 $PWTime_u(d_i)$ 比用户 u 的历史平均阅读每字所用时间 $APWTime_u$ 长，表明用户 u 对博客 d_i 的兴趣度较高。基于以上理论，我们提出阅读速度偏好得分(Reading Speed Preference Score)的概念，用户 u 对博客文章 d_i 的阅读速度偏好得分 $RSPScore_u(d_i)$ 的计算公式如下：

$$RSPScore_u(d_i) = \frac{PWTime_u(d_i) - APWTime_u}{Max_{d_j \in D_u}\{PWTime_u(d_j) - APWTime_u\}} \tag{4-19}$$

其中 D_u 表示用户 u 阅读过得所有博客文档的集合，当 $PWTime_u(d_i)$ 小于 $APWTime_u$ 时，表明用户 u 对博客 d_i 的兴趣度处于一般兴趣程度或者不感兴趣，由于移动终端的显示区域有限，系统仅推荐那些用户最感兴趣的博客，这种情况下博客 d_i 不可能出现在博客推荐列表中，记 $RSPScore_u(d_i)=0$。当 $PWTime_u(d_i)$ 大于 $APWTime_u$ 时，用户阅读速度偏好得分 $RSPScore_u(d_i)$ 的取值范围是[0，1]，得分越高表示用户对文档 d_i 的兴趣越高。

(2)阅读比例偏好得分

用户阅读博客时，并不会阅读每一篇博客文章，也不会阅读每篇博客文章的所有部分。如果用户 u 将博客 d_i 从头到尾看了一遍，表明用户对博客 d_i 很感兴趣；如果用户 u 只阅读了博客文章 d_i 的一部分发现没有继续阅读下去的兴趣，停止阅读这篇博客，转而阅读其他博客文章，表明用户对博客 d_i 不感兴趣，博客 d_i 不符合用户的偏好。在移动环境下，用来阅读博客的移动设备的屏幕显示区域有限，而博客文章通常都会有一定的长度，因此，用户需要拉动滚动条或者翻页才能看完博客的全部内容。可以通过记录用户拉动滚动条的位置和翻页情况计算出用户实际阅读的博客的部分占相应博客全部部分的比例。基于以上理论，我们提出阅读比例偏好得分(Read Percent Preference Score)的概念，计算用户 u 对博客文章 d_i 的阅读比例偏好得分 $RPPScore_u(d_i)$的公式如下所示：

$$RPPScore_u(d_i)=\frac{ReadSize_u(d_i)}{WholeSize(d_i)} \tag{4-20}$$

其中，$ReadSize_u(d_i)$表示用户实际阅读博客文章 d_i 的部分所包含文字的个数，$WholeSize_u(d_i)$表示博客 d_i 所包含的全部文字的个数。用户 u 阅读博客 d_i 的比例越高，那么用户 u 对于博客 d_i 的阅读比例偏好得分$RPPScore_u(d_i)$就越高，表示用户 u 对于博客 d_i 的兴趣度就越高。$RPPScore_u(d_i)$的取值范围是[0，1]。

(3)隐式评分的计算

通过以上对用户阅读速度和阅读比例行为的分析，可以综合用户 u 对博客文章 d_i 的阅读速度偏好得分和阅读比例偏好得分，计算出用户 u 对博客文章 d_i 的隐式评分(Implicit Rating)$IR_u(d_i)$：

$$IR_u(d_i)=\alpha RSPScore_u(d_i)+(1-\alpha)RPPScore_u(d_i) \tag{4-21}$$

其中，α 为权重因子，用来决定阅读速度偏好得分和阅读比例偏好得分哪一个权重更大。$IR_u(d_i)$的取值范围是[0，1]，隐式评分值越高表示用户 u 对于博客 d_i 的兴趣越高。

4.4.4　基于隐式评分的协同过滤推荐算法

经过上面的论述，得到用户 u 对博客文章 d_i 的隐式评分 $IR_u(d_i)$，这样就可以基于这些隐式评分将基于项目的协同过滤推荐技术应用到博客推荐中，从而为用户推荐其感兴趣的博客文章。基于隐式评分的协同过滤博客推荐技术主要包括两个关键步骤：选取最近邻居和产生推荐。

(1)选取最近邻居

为了获取目标博客 d_i 的最近邻居，需要首先计算博客文章之间的相似度。项目相似度计算的主要的方法有三种：余弦相似性方法、皮尔逊相关系数方法和修正的余弦相似性方法。这里，系统采用修正的余弦相似性方法，公式如下：

$$\text{AdjSim}(i, j) = \frac{\sum_{u \in U} [IR_u(d_i) - \overline{IR_u}][IR_u(d_j) - \overline{IR_u}]}{\sqrt{\sum_{u \in U} [IR_u(d_i) - \overline{IR_u}]^2} \sqrt{\sum_{u \in U} [IR_u(d_j) - \overline{IR_u}]^2}} \tag{4-22}$$

其中，$IR_u(d_i)$表示目标用户 u 对博客 d_i 的隐式评分，$\overline{IR_u}$表示用户 u 对博客的隐式评分之和的平均数。根据所求得的相似度的大小进行排序，选取相似度最大的前 K 项，组成博客 d_i 的最近邻居集合 Nearest Neighbor Collection，记为 $KNNC_i$。

(2)产生推荐

产生推荐即求得目标用户 u 对其未阅读过的博客 d_i 的预测评分值，可以利用基于项目均值的加权平均值方法来计算。公式如下：

$$P_{u,i} = \overline{IR_i} + \frac{\sum_{j \in KNNC_i} \text{sim}(i, j)(IR_{u,j} - \overline{IR_j})}{\sum_{j \in KNNC_i} | \text{sim}(i, j) |} \tag{4-23}$$

其中，$P_{u,i}$表示用户 u 对未阅读过的博客文章 d_i 的预测评分值。这样就可以计算出用户对未阅读过的博客的预测评分值，然后按照预测评分值由大到小排序，选择预测评分值最高的 *Top-N* 个博客推荐给用户。

(3)算法描述

下面给出基于隐式评分的博客推荐技术的算法，算法的最终输出结果是用户 u 的预测评分值最高的前 N 项博客文档，算法描述如图 4-7 所示。

4.4.5 实验及结果分析

(1)实验数据集

本实验所采用的数据集是利用 RSS 技术从著名的新浪博客网站抓取的2000篇博客文章。并使用包装器从抓取到的博客页面中抽取博客属性信息。然后实验系统将抓取到的博客推送到 100 名实验用户的手机中，记录用户阅读博客的行为，并以此作为实验的数据基础。

本实验采用的预测结果度量标准是 *MAE*，即平均绝对误差，该度量通过计算预测用户评分与实际用户评分之间的偏差平均值来度量预测的准确性，*MAE* 的值越小，证明预测的结果越精确。*MAE* 的定义如下：

$$MAE = \frac{\sum_{i=1}^{N} |p_i - q_i|}{N} \tag{4-24}$$

其中，p_i 表示预测的评分值，而 q_i 表示实际的评分值，N 表示数据集的数据个数。

```
算法：OutputTop_N()
输入：博客文档库、用户行为日志、相关参数的值
输出：排名 Top-N 的博客文档
Init(U)；Load(U)；//初始化用户信息，加载用户行为日志
Begin
GetAPWTime(u)；//根据公式(4-18)计算用户 u 的历史平均阅读每字所用时间
for each d_i do
if handled(u, d_i)= false then //用户 u 对应的博客文档 d_i 未被处理
{
GetPWTime(u, d_i)；//根据公式(4-17)计算用户 u 阅读博客文档 d_i 的平均每字所用时间
if(GetPWTime(u, d_i)<GetAPWTime(u)) //用户 u 阅读博客文档 d_i 的平均每字所用时间小于用户 u 的历史平均阅读每字所用时间
RSPScore(u, d_i)= 0; //阅读速度偏好得分为 0
else
GetRSPScore(u, d_i)；//根据公式(4-19)计算用户 u 对博客文章 d_i 的阅读速度偏好得分
GetRPPScore(u, d_i)；//根据公式(4-20)计算用户 u 对博客文章 d_i 的阅读比例偏好得分
GetImplicitRating(u, d_i)；//根据公式(4-21)计算用户 u 对博客文章 d_i 的隐式评分
}
for each d_j do
if read(u, d_j)= false then // 用户 u 尚未阅读过博客 d_j
{
GetPridictRating(u, d_j)；//根据公式(4-23)计算用户 u 对文档 d_j 的预测评分值
InsertIntoList(u, d_j)；//按照预测评分值的大小降序插入推荐列表中
}
GetTop_N(u, N)；//输出推荐列表中排名前 N 项博客文档，展示给用户 u
End
```

图 4-7　基于隐式评分的博客推荐技术的算法

为了确定公式(4-24)中参数 α 的值，在初步分析实验结果后，得到参数 α 和平均绝对误差 *MAE* 的关系如图 4-8 所示，可以看出当 $\alpha = 0.4$ 时，*MAE* 的值最小，此时系统的推荐精确度最佳。

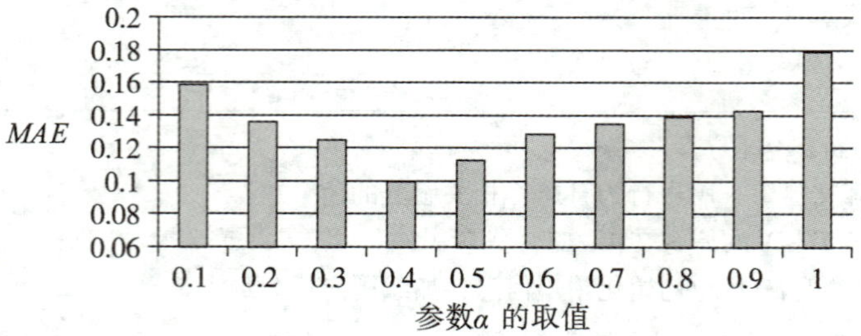

图 4-8　两种博客推荐技术实验结果对比

(2) 实验结果及分析

在实验中通过改变最近邻的个数，观察在不同最近邻数量情况下传统的基于项目的博客推荐技术和基于隐式评分的博客推荐技术的 *MAE* 值变化情况。我们采取渐进的方法选取最近邻的个数，以相同区间依次增加最近邻的个数。最近邻的个数分别为 20、30、40、50、60、70、80、90、100。依次计算在这些数量最近邻的情况下传统的基于项目的协同过滤博客推荐技术和我们提出的基于隐式评分的博客推荐技术的 *MAE* 值，然后比较 *MAE* 值的大小。其具体计算结果如图 4-9 所示。

由图 4-9 的实验结果分析图表可以看出，基于隐式评分的协同过滤博客推荐技术比传统的基于项目的协同过滤博客推荐技术在预测评分值上更接近于实际值。随着最近邻个数的不断增加，基于隐式评分的协同过滤博客推荐技术的 *MAE* 值不断减小，且 *MAE* 值减小的幅度越来越大，说明推荐的精准度也在不断提高。同时，两种博客推荐技术的 *MAE* 值的差距越来越明显。该实验的结果证明我们所提出的基于隐式评分的协同过滤博客推荐技术比传统的基于项目的协同过滤博客推荐技术更有效、更精确。

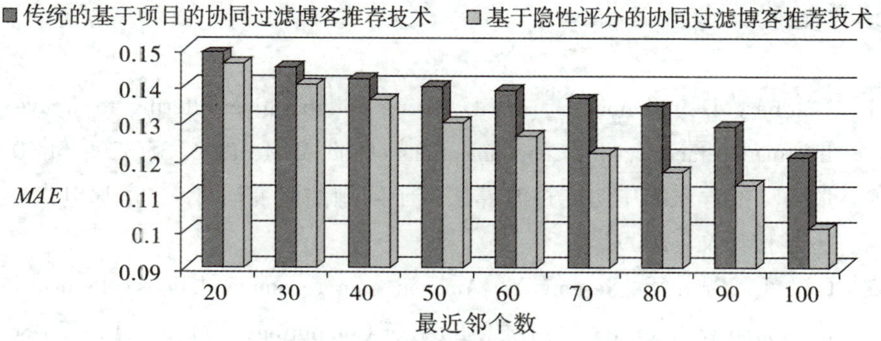

图 4-9　两种博客推荐技术实验结果对比

本章小结

信息协同过滤推荐系统是当前最成功同时也是研究最深入的推荐系统。本章首先介绍了基于内存的协同过滤推荐方法，包括基于用户的协同过滤推荐和基于项目的协同过滤推荐，这两种协同过滤推荐方法是整个信息协同过滤推荐的基础。但是，随着协同过滤推荐系统规模的增大，传统基于内存的协同过滤推荐存在数据稀疏性、实时性和可扩展等问题。针对这些问题，本章提出基于模型的协同过滤推荐方法，在一定程度上能够解决这些问题。例如，通过降维技术能较好地解决数据稀疏性问题，同时计算开销也有相应的降低，这有利于提高推荐算法的可扩展性；提出基于用户聚类的协同推荐，通过用户聚类有效地缩小“最近邻”搜索范围，同时将用户聚类过程放在离线阶段进行，因此能快速地处理高维的“用户—资源”评分矩阵，从而显著地提高推荐系统的在线响应速度。最后，本章介绍了信息协同过滤推荐技术应用的一个实例——移动环境下的博客推荐。通过分析用户在移动终端上阅读博客的行为记录，来获取用户对于所阅读博客的偏好信息，从而计算出用户对所阅读的博客文章的隐式评分。在隐式评分的基础上，我们将基于项目的协同过滤推荐技术应用到博客推荐中，提出了基于隐式评分的协同过滤博客推荐技术。实验证明所提出的博客推荐方法比传统的协同过滤博客推荐方法更加有效，能够在移动环境下更精确地为用户推荐其感兴趣的博客文章。

参考文献

[1] Goldberg D, Nichols D, et al. Using collaborative filtering to weave an information tapestry[J]. Communications of the ACM, 1992, 35(12): 61-70.

[2] 张亮. 推荐系统中协同过滤算法若干问题的研究[D]. 北京邮电大学博士学位论文, 2009.

[3] Greg L, Brent S, Jeremy Y. Amazon. com recommendations: Item-to-item collaborative filtering[J]. IEEE Internet Computing, 2003, 7(1): 76-80.

[4] L. Terveen, W. Hill, B. Amento, D. PHOAKS: A system for sharing recommendations[J]. Communications of the ACM, 1997, 40(3): 59-62.

[5] Miller BN, AlbertI, Lam SK, et al. MovieLens unplugged: Experiences with an occasionally connected recommender system [C]//The International Conference on Intelligent User Interfaces, New York, 2003: 263-266.

[6] Adomavicius G, Tuzhilin A. Toward the next generation of recommender systems: A survey of the state-of the-art and possible extensions[J]. IEEE Transactions on Knowledge and Data Engineering, 2005, 17(6): 734-749.

[7] Sarwar B. Scalability and distribution in recommender systems[D]. Ph. D dissertation, Univeristy of Minisota, 2001.

[8] Sarwar B, Karypis G, et al. Analysis of recommendation algorithms for e-commerce[C]//The 2nd ACM Conference on Electronic Commerce, New York, 2000: 158-167.

[9] Resnick P, Lacovou N, et al. Grouplens: An open architecture for collaborative filtering of netnews [C]//The 1994 ACM on Computer Supported Cooperative Work, New York, 1994: 175-186.

[10] Balabanovic M, Shoham Y. Fab: Content-based collaborative recommendation [J]. Communications of the ACM, 1997, 40(3): 66-72.

[11] 李聪. 电子商务推荐系统中协同过滤瓶颈问题研究[D]. 合肥工业大学博士学位论文, 2009.

[12] Sarwar B, Karypis G, et al. Application of dimensionality reduction in recommender system- a case study [C]//ACM Web KDD Workshop, Minnesota, 2000.

[13] 邓爱林．电子商务推荐系统关键技术研究[D]．复旦大学博士学位论文，2003.

[14] Ahn H J. A new similarity measure for collaborative filtering to alleviate the new user cold-starting problem[J]. Information Sciences, 2008, 178(1): 37-51.

[15] Sarwar B, et al. Item-based collaborative filtering recommendation algorithm [C]//The 10th International World Wide Web Conference, Hong Kong, 2001: 285-295.

[16] Yong Soo Kim, Bong-Jin. Development of a recommender system based on navigational and behavioral patterns of customers in e-commerce sites[J]. Expert Systems with Applications, 2005, 28(2): 381-393.

[17] 王辉，高李军，王听忠．个性化服务中基于用户聚类的协同过滤推荐[J]. 计算机应用，2007，27(5)：1225-1227.

[18] Breese J, et al. Empirical analysis of predictive algorithms for collaborative filtering[C]//The 14th Conference on Uncertainty in artificial intelligence, San Francisco, 1998: 43-52.

[19] 郭艳红．推荐系统的协同过滤算法与应用研究[D]．大连理工大学博士学位论文，2008.

[20] Nichols D M. Implicit rating and filtering[C]//The 15th DELOS Workshop on Filtering and Collaborative Filtering, 1997.

[21] Diane K, Jaime T. Implicit feedback for inferring user preference: A bibliography[J]. ACM SIGIR Forum , 2003, 37(2): 18-28.

[22] Liu K M, Chen W, Bu J J, et al. User modeling for recommendation in blogspace[C]//The 2007 IEEE/WIC/ACM International Conferences on Web Intelligence and Intelligent Agent Technology, IEEE Computer Society Washington, USA, 2007: 79-82.

[23] Li Y M, Chen C W. A synthetical approach for blog recommendation: Combining trust, social relation, and semantic analysis[J]. Expert Systems with Applications, 2009, 36(3): 6536-6547.

[24] Chiu P H, et al. Personalized blog content recommender system for mobile phone users[J]. International Journal of Human-Computer Studies, 2010, 68(8): 496-507.

第5章 基于Web挖掘的商品信息推荐系统

随着Internet和Web技术的发展，电子商务系统给商家和顾客带来了越来越多的信息，如何及时地在网上的海量商品信息中发现所需要的信息变得越来越困难。针对该问题，商品信息推荐系统应运而生，它可以动态捕获顾客的偏好，预测其商品购买偏好，并向其推荐可能感兴趣的商品，为顾客购物活动提供了有效的决策支持，从而达到商家和顾客的“双赢”。本章针对顾客经常购买的商品，提出了一种基于Web挖掘技术的商品信息推荐系统。系统综合利用基于点击流数据的顾客行为挖掘、商品关联规则挖掘等Web数据挖掘技术，能够实时跟踪顾客的购物行为，对其最近的购物偏好进行自适应地学习，从而为顾客产生相应的推荐商品。在此基础上，对系统的商品推荐质量进行了相关的实验及结果分析。目前，基于Web挖掘的商品信息推荐系统已成为信息推荐系统在电子商务领域中的一个研究热点。

5.1 问题的提出

近年来，Internet和Web技术的发展促进了电子商务的发展。通过Internet网络，电子商务系统建立了虚拟的网上商店和网上超市，越来越多的顾客选择在网上进行商品选择和购买。Forrester公司、国际数据公司(International Data Corp.)、Nielsen媒体研究机构和《中国互联网发展状况统计报告》统计结果均表明：在电子商务网站上进行购物、销售和执行电子交易的人数正在显著增长[1][2]。但是，随着电子商务规模的进一步扩大，顾客面对海量的商品信息要做到货比三家、择优购买，并不是一件轻松之事。

面对网上海量的商品信息，顾客无法在短时间内浏览所有商品，并且也缺乏现实商店和超市中导购人员的专业指导，从而使得顾客在网购过程中面临“商品超载”现象。商品超载是指电子商务网站为顾客提供的商品信息量过多，导致其难以迅速找到所需商品，并且在这之前难免会浏览大量与购物需求不相关的商品信息，这势必影响顾客网上购物的信心。

为了对顾客购物活动提供决策支持，解决以上问题的方法就是研究相应的商品信息推荐方法，提供个性化的商品推荐服务。商品信息推荐系统是解决 Internet 网上购物中商品过载的一种有效机制，在一个商务站点，顾客可以寻找感兴趣的商品，由推荐系统为其在网上进行自动搜索，顾客可以轻松地选择到合适的商品。因此，商品信息推荐的主要目标是帮助顾客在 Internet 海量信息环境下进行商品检索和比较。它的具体任务是帮助顾客搜索海量的商品信息，从中筛选出符合顾客购物需求的商品。具体来说，一个好的商品信息推荐系统的作用应该表现在如下几个方面[3][4]：

①将电子商务网站浏览者转变成购买者。

电子商务网站的访问者经常只是浏览一下商品页面，并没有购买商品的意愿。商品信息推荐系统应能帮助这些浏览顾客找到他们愿意购买的商品，从而将浏览者转变为购买者。

②满足购物需求的多样化，提高网站的交叉销售能力。

顾客的购物需求是多样和广泛的，在一个网上超市中，顾客可能既购买“啤酒”，同时也会购买“尿布”。那么，为了满足顾客多样化的购物需求，推荐列表需要覆盖顾客购物需求的不同商品类型，即推荐结果需要具有多样性。因此，好的推荐系统应满足顾客需求的多样性，提高网站的交叉销售能力，引导顾客发现和购买自己确定有潜在需求但在购买过程中未曾想到的商品。

③提高顾客对电子商务网站的忠诚度。

赢得顾客对电子商务网站的忠诚度是一项重要的商业策略。商品信息推荐系统通过建立网站与顾客之间的增值关系（Value-Added Relationship）来提高顾客的忠诚度。一方面，商品信息推荐系统通过了解和学习顾客的购物需求和偏好来推荐满足其需求的合适商品，这将提高顾客对网站的依赖程度；另一方面，顾客越来越多地使用商品信息推荐系统，系统就越能充分地学习其购物需求和偏好，从而给出的推荐结果质量将越高。这种良性循环一旦形成，将极大程度上增加顾客对商务网站的忠诚度，提高顾客和网站之间的

“黏性”，最终将实现商家和顾客的“双赢”。

目前，几乎所有大型电子商务网站，如亚马逊、易趣和当当网等，都在不同程度上使用了个性化的推荐技术，个性化商品信息推荐在理论和实践中都得到了迅速发展。协同过滤推荐算法是目前商品信息推荐系统中使用最广泛的推荐算法，它的思想是识别和目标顾客偏好相似的相似顾客(最近邻顾客)，并根据最近邻顾客对候选商品的评分数据向目标顾客产生商品推荐。尽管协同过滤推荐算法取得了一定的成功，但它在实际应用中也暴露了一些局限性，其中最主要的是评分数据的稀疏性和冷启动问题。究其原因，是因为推荐系统要求顾客对商品给出直接评分，但是在复杂、动态的电子商务环境下，直接评分并不能为协同过滤推荐提供足够多的评分数据。因此，解决该问题的一个有效方法就是基于顾客的网上购物行为，对顾客行为数据进行分析，从而获取顾客对商品的偏好信息，通过这些偏好计算出顾客对这些商品的隐式评分。同时，顾客的购物行为不是随机的，而是蕴含着很多购物模式[5]。例如，在电子商务网站中，顾客每次购物时网站都会生成一个购物车，里面包括顾客购买的所有商品。系统通过分析顾客的购物行为，发现诸如“购买 A 商品的顾客都购买 B 商品”这种顾客行为规律，满足购物需求的多样化。但是，商品信息推荐问题的关键和难点在于如何有效地获取、分析和利用顾客的行为数据，从而有效地为顾客购物提供有效地决策支持。

为了解决该问题，本章针对顾客网上经常购买的商品，提出利用点击流来获取和分析顾客的网上购物行为，在基于点击流分析的基础上，提出一种基于 Web 挖掘的商品信息推荐系统。系统使用相关 Web 挖掘技术对顾客购物偏好和商品关联规则进行数据挖掘，实时地跟踪顾客的购物行为，对其最近的购物偏好进行自适应地学习，从而为顾客产生相应的推荐商品。

5.2 点击流相关理论和技术

5.2.1 点击流概述

伴随着 Internet 网络和 Web 技术而出现的点击流(Clickstream)是近年来新兴的技术，在电子商务、网络营销、数据仓库和决策支持系统等信息系统领域中成为关注和研究的热点。在电子商务领域中，商家通过分析顾客的点击行为数据，改善网站结构和布局、商品交易流程和展现方式等，从而更好地吸引顾客，提高电子商务网站的盈利水平。所谓点击流数据就是顾客在网上购物活动的电子记录，它揭示了顾客在网上的冲浪行为[6]：访问者的每一个点击就像他的每一个脚步，揭示着他在网站内和网站间的选择。其中，网站内的选择包括顾客浏览网站中的哪一个商品网页，在该商品网页停留多长时间，是否发生购物行为等。顾客行为数据在电子商务网站上最简单的存在形式就是Web日志，网站在运行过程中都会产生大量原始日志(Raw Log)，并将其存储在文件系统中[5]。在电子商务网站中，可以将多种原始日志按照用户行为汇总成会话日志(Session Log)，其中每个会话表示一次顾客行为和对应的服务。例如，在商务信息搜索引擎中，服务会为每次查询生成一个展示日志(Impression Log)，其中记录了顾客的查询关键词和搜索结果。如果顾客点击其中某个结果，这个点击流信息会被服务器截获并存储在点击日志(Click Log)中。同时，顾客也可以通过特定的用户名和密码登录电子商务网站，从而获得更加个性化的信息服务。研究者能够将特定类型的顾客与相应的点击流数据联系起来，进行更加具体的分析，从而帮助改善网站设计和为顾客更好地提供决策支持。

在电子商务网站中，利用点击流数据来获取和分析顾客的网上购物行为，可以为顾客提供更好的个性化商品信息服务。与传统个性化服务方式相比，基于点击流技术的个性化信息服务具有如下两个方面的优点[7]：

①点击流技术能够根据顾客的最近访问记录，跟踪顾客的购物需求变化，分析顾客最新的购物需求信息，并根据分析结果主动向其推荐感兴趣的商品信息。

②根据顾客的访问行为记录分析出顾客的兴趣偏好，能够为其提供准确全面的商品信息。在商品信息个性化服务中，传统基于关键词需求的个性化服务模型不能全面、准确地反映出顾客的购物偏好，而基于点击流技术的个性化服务不需要顾客提供明确的需求，通过动态跟踪顾客的历史行为给顾客的购物偏好建模，因而更能准确地反映出顾客的实际需求。

因此，利用点击流数据来研究顾客的网上购物行为，已成为电子商务领域研究人员关注的重点。在电子商务网站中，点击流数据提供了非常丰富的信息，研究如何通过Web日志获取顾客的相关信息，特别是顾客的浏览网页行为如何转换成购买行为，成为研究人员关注的重点。Moe和Fader[8]基于网站点击流数据，提出了一种个体水平的访问和购买行为转换模型。该模型证实网站访问行为跨时间段的变异性，以及顾客通过访问网站获得购买经验并随时间所产生的相应变化——访问效应和购买阈限效应。其中，访问效应与顾客的购物动机相联系，而购买阈限效应说明了顾客对网上购物的心理抗拒，它会随着顾客在该购物网站通过购买过程获得更多的经验而增加或者减少。该模型根据这两个关键成分的复杂性不同而有一定的变化。根据对两个大型电子商务网站——Amazon 和 CDNOW 的 8 个月点击流数据的分析结果，顾客对一个 Web 零售网站访问得越频繁，其购买商品的倾向也越大。一般来说，顾客在购物过程中，必须执行一系列的行为，包括商品网页点击，在购物篮中添加商品，在线购买和支付以及购买后的商品评分或评论等。针对顾客这些购物行为，Sismeiro 等提出假设[6,9]：顾客执行这些行为就表明他们有购买某类型商品的意图，并构建一个多水平的二元选择模型来预测顾客对这些行为的执行情况，从而来预测顾客是否购买该类型的商品。这就是说，可以将整个商品购物过程分解成一系列有时间顺序的需要完成的任务。为了对该模型进行评估，Sismeiro 等人以一个汽车销售的电子商务网站为案例，通过获取和分析该网站的顾客点击流数据，结果证实了通过分析顾客的相关购物行为能够较精准地预测其购买倾向，同时网站提供的导购帮助系统对提高顾客的购买转换率并没有显著影响。从这里，我们可以看出：通过点击流数据来分析顾客在网上的购物行为，对提高电子商务网站个性化服务水平是非常有用的，它可以精准地获取顾客的购物偏好，因此能对顾客的购物活动提供有效的决策支持。目前，点击流可以应用在电子商务系统个性化服务领域中，通过点击流可以对顾客行为和偏好进行数据挖掘，为顾客主动推送个性化的商品信息，同时也能为电子商务企业设计个性化的商务网站提供指导。

5.2.1 基于点击流的商品信息个性化推荐服务

商品信息个性化推荐服务就是将顾客感兴趣的商品信息主动推送给顾客，在电子商务网站内部，系统获取顾客偏好有两种途径：主动获取和被动获取[9]。主动获取是指系统可以通过点击流对顾客购物过程中的系列行为进行记录和跟踪，采用 Web 数据挖掘的技术，分析和学习顾客在最近历史时期内的购物偏好，并对顾客偏好模型进行建模。被动获取是让顾客注册后填写一份偏好需求表，将其规格化后存储到顾客档案数据库中。因为不可能要求顾客每次购买都填写偏好需求表，也不能保证所填写的信息完整准确可信，因此偏好获取应以主动获取为主，被动获取为辅。当获取顾客的购物偏好之后，系统对顾客偏好进行建模，在此基础上进行商品信息的推荐，即系统根据顾客偏好模型向顾客主动推送个性化的商品信息。其中，主动获取顾客偏好是整个商品信息推荐服务的重点。一般来说，顾客偏好分析可以使用 Web 日志挖掘和 Web 内容挖掘等技术对包括顾客点击流数据在内的 Web 日志文件和商品网页内容进行挖掘，然后基于商品推荐引擎将符合顾客偏好的商品信息通过推荐页面主动推送给顾客。基于点击流的商品信息推荐服务模型如图 5-1 所示。

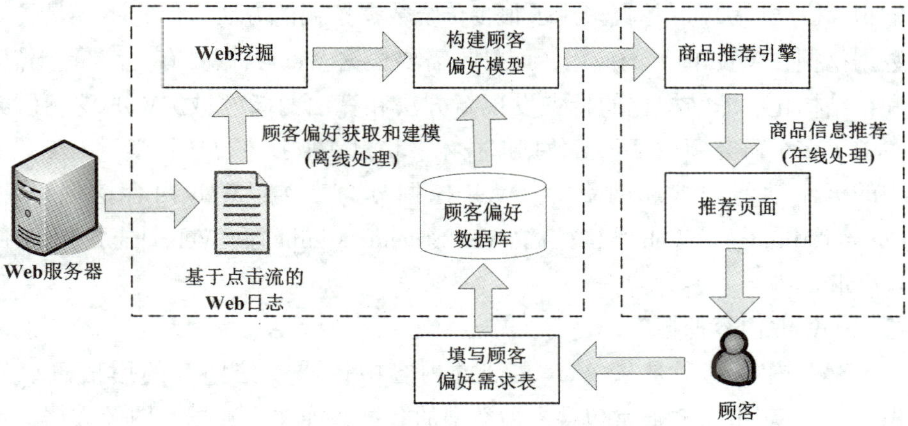

图 5-1　基于点击流的商品信息推荐服务模型

为了提高推荐算法的实时性，在推荐服务模型设计中，商品推荐可以分为离线和在线两个部分。离线部分为顾客偏好获取和建模，这部分计算量较大，可以放在平时进行，从而降低在线推荐部分的时间复杂度；在线部分为商品信息推荐，利用离线阶段构建的顾客偏好模型，将符合顾客偏好的商品信息通过推荐页面推送给顾客查看。由于顾客偏好模型已在离线阶段进行，从而服务推荐能够有效地降低人机交互时间。

5.3　Web 挖掘技术

5.3.1　Web 挖掘概述

随着以数据库、数据仓库等数据仓储技术为基础的信息系统在各行各业的应用，海量数据不断产生和发展。随之而来的问题是如此多的数据让人难以消化，无法从表面上看出他们所蕴含的有用信息，更不用说有效地指导接下来的工作。如何从大量的数据中找到真正有用的信息成为人们关注的焦点，数据挖掘技术也正是伴随着这种需求从研究走向应用。近年来，随着Web信息技术的迅猛发展和电子商务的普及和流行，使各种商务信息能够以非常低的成本在网络上获得，如何在Web网络中发现有价值的商务信息无疑将成为数据挖掘研究的热点，因而出现了Web挖掘技术。Web挖掘就是从Web的超链接结构、Web内容和Web使用数据中发现有用的信息或者知识[10]。虽然Web挖掘采用了很多传统数据挖掘的方法，但它不仅是传统数据挖掘在Web网上的应用，而且是需要根据Web数据具有的海量、异构和半结构化、非结构化的特点发现新方法和算法的新领域。Web挖掘研究覆盖了多个研究领域，包括数据库技术、信息获取技术、统计学、人工智能中的机器学习和神经网络等。Web挖掘分为三类：Web内容挖掘(Web Content Mining)、Web结构挖掘(Web Structur Mining)和Web日志挖掘(Web Log Mining)。

①Web内容挖掘。

Web内容挖掘是从Web文档的内容中提取或挖掘有的用信息或知识[10][11]。Web文档通常包含多种类型的数据，如文本数据、图像数据、音频数据、视频数据等。从内容方面，Web内容挖掘可分为Web文本挖掘和Web多媒体挖掘，它们的不同在于提取的特征不同。在Web文档数据中最多的是非结构化的文本数据，因此Web内容挖掘在一定程度上可以看成是一个文本挖掘问题，如对Web内容挖掘的主题进行分类、聚类等。Web文本挖掘包括分词技术、文本的特征表示和提取、文本摘要、文本分类和聚类等内容。分词技术是在提取特征前对Web文本信息进行的预处理，主要有基于词库的分词算法和基于无词典的分词技术两种。文本特征表示和提取就是用一组特征词来代表文档信息，然后构造一个评价函数，对Web文档的每个特征词进行评估，并将特征词按评分值高低排序，以事先预定的个数从中选取评分值最高的特征词。文本摘要是指从Web文档中抽取关键信息，用简洁的形式对文档内容进行解释和概括。文本分类是将待分类的Web文本分配到已经存在的某些类别中，属于监督的机器学习问题。文本聚类是对Web文本进行无监督的机器学习，聚类没有预先定义好的主题类别，其目标是将文档集合分成若干个簇，要求同一簇内文档内容的相似度尽可能扩大，而不同簇间的相似度尽可能缩小。目前，已有的Web内容挖掘主要是对Web上大量文档的集合进行总结、分类、聚类、关联分析、趋势预测和科学文献资料浏览导航等[10]。

② Web结构挖掘。

基于Web结构的数据挖掘是对Web页面超链关系、文档内部结构、文档URL中的目录路径结构等的挖掘。对于基于Web结构的数据挖掘而言，一个重要的问题是获得有关不同网页间相似度及关联度的信息有助于用户找到相关主题的权威站点。在Web中有两种特殊且相互关联的网页：权威网页和引导网页。权威网页往往对于某一主题包含比较多的用户所需要的信息，常常有许多指向它的链接。引导网页虽然不一定包含很多某个特定主题的内容，但是它包含许多指向这个主题的网页的链接。HITS(Hyperlink Induced Topic Search)算法就是这样一个通过分析权威页面和引导页面进行Web结构挖掘的算法[12]。使用HITS算法对一组Web页面进行分析，可以得到这组页面中的权威页面和引导页面。一般来说，好的引导页面指向许多好的权威页面，而好的权威页面是有许多好的引导页面所指向的Web网页。引导页面与权威页面之间的相互加强关系，可用于自动发现权威页面、Web结构和信息资源。

③Web日志挖掘。

Web日志挖掘是将数据挖掘技术应用于Web服务器的日志，通过分析日志文件发现用户访问行为、频度、内容、兴趣等信息。Web服务器的访问日志通常包含IP地址、请求时间、访问方法、被请求文件的URL等。通过分析Web日志记录，可以发现用户访问Web站点的规律，识别电子商务中的潜在客户，提升对目标客户的服务质量，并以此为目的改进Web服务器系统的性能和结构，进而实现为客户提供个性化的服务。在电子商务的发展中，Web日志挖掘的重要性越来越大，从提高网站的设计到改善客户关系的管理方面都得到了广泛的应用。一般来说，Web日志挖掘整个过程被划分为两种主要任务，即数据收集和模式发现。数据收集任务建立一个服务器会话文件，其中每个会话文件代表单个顾客访问某个网站的一系列不同类型的请求。Cooley等针对挖掘Web浏览模式提出了一种数据收集方法的详细描述[13]。模式发现任务包括关联规则发现、序列模式发现、使用聚类分析、顾客分类方法以及其他模式发现方法。从Web日志数据中提取的使用模式可以得到广泛的应用，例如Web个性化、系统性能优化、网站更新、商业智能发现等。

目前已有几种面向电子商务的顾客行为模型，分别用于不同的分析目的。其中最典型的是 Lee 等[14]提出的关于在线零售商店的点击流分析。点击流是用于 Web 挖掘的有效低级数据，它对理解顾客购物行为模式提供了必要的信息，例如顾客浏览了哪些商品，将哪些商品放到了购物车上，以及实际购买了哪些商品。通过 Web 使用挖掘方法对这些点击流数据进行分析，和单纯地分析顾客购买记录相比，能够更精确地分析顾客的偏好。

Web 挖掘相关技术有很多，现介绍常用的三种 Web 挖掘技术。

①关联规则挖掘。

关联规则挖掘技术可以发现不同商品在顾客购买过程中的相关性。设所有项目集合为 $I=\{i_1, i_2, \cdots, i_m\}$，给定一组事务集合 D，其中每个事务 T 是一个项目子集（$T \subseteq I$），每一个事务具有唯一的事务标识 Tid。设 A 是一个由项目构成的集合，称为项集。事务 T 包含项集 A，当且仅当 $A \subseteq T$。如果项集 A 中包含 k 个项目，则称其为 k 项集。项集 A 在事务数据库 D 中出现的次数占 D 中总事务的百分比叫做项集的支持度。如果项集的支持度超过用户给定的最小支持度阈值，就称该项集是频繁项集。

一个关联规则是形如 $X \Rightarrow Y$ 的蕴含式，X 和 Y 表示项目集，且 $X \cap Y = \Phi$，X 和 Y 分别称为关联规则 $X \Rightarrow Y$ 的前提和结论。规则 $X \Rightarrow Y$ 的支持度（Support）是事务集中包含 X 和 Y 的事务数与所有事务数之比，记为 support($X \Rightarrow Y$)，它的值为项集 $X \cup Y$ 的支持度，即 support($X \Rightarrow Y$) = support($X \cup Y$)。规则 $X \Rightarrow Y$ 的置信度（Confidence）是指包含 X 和 Y 的事务数与包含 X 的事务数之比，记为 confidence($X \Rightarrow Y$)，它的值等于 support($X \cup Y$)/support(X)，这是一个条件概率，表示项集 X 在事务中已出现的情况下，项集 Y 在该事务中出现的概率。支持度和置信度是描述关联规则的两个重要概念，支持度用于衡量所发现规则在整个数据集中的统计重要性，而置信度用于衡量关联规则的可信程度。一般来说，只有支持度和置信度均较高的关联规则才可能是顾客感兴趣的、有用的关联规则。

给定一个事务集 D，挖掘关联规则问题就是发现支持度和置信度分别高于顾客给定的最小支持度（Minsupp）和最小置信度（Minconf）的关联规则。针对关联规则挖掘，目前研究者提出了一系列挖掘算法，其中，Apriori 算法是最流行的关联规则算法。该算法是一个基于两阶段频集思想的方法，即可以把关联规则挖掘划分为两个子问题：第一，找到所有支持度大于最小支持度的项集，这些项集称为频集(Frequent Itemset)；第二，根据频集和最小置信度产生关联规则。其中，第一个问题通过迭代，迅速挖掘出事务数据库中所有频繁项目集，是该算法的中心问题。关联规则挖掘从传统的商业领域(例如商品分类设计、商品货架和目录设计等)到电子商务领域(例如网页更新、Web 个性化和网上顾客购买模式等)都得到了广泛的使用。

②序列模式挖掘技术。

序列模式数据挖掘技术就是要挖掘出交易集合之间有时间序列关系的模式。它与关联挖掘技术都是从用户访问下的日志中寻找用户普遍访问的规律，关联挖掘技术注重事务内的关系，而序列模式技术则注重事务之间的关系。发现序列模式，便于预测用户行为特征和访问模式。在商业领域，序列模式挖掘主要是根据在一个时间段内顾客的购买序列出现的频繁程度来判断其是否构成一个序列模式，它和传统的关联规则挖掘的不同之处在于：序列模式挖掘针对的目标数据都是带有时间属性的序列数据，通过对顾客的购买序列的分析挖掘可以预测顾客下一次可能会购买的商品，因而具有较高的商业价值。

③分类聚类技术。

分类在 Web 数据挖掘中是一项非常重要的任务，它的目的是通过分析输入数据，利用部分数据构造一个分类函数或分类模型(也常称为分类器)，利用该模型将数据库中其他数据项映射到某一个给定的类别中。分类技术包括统计方法、机器学习方法和神经网络、支持向量机等，利用分类技术可挖掘出某些共同的特性，而这一特性可对新添加到数据库中的数据项进行分类。在 Web 数据挖掘中，分类技术可根据访问用户而得到个人信息、共同的访问模式以及访问某一服务器文件的用户特征。聚类技术用于从数据集中找出相似的数据并组成不同的组，与分类模型不同，聚类没有明显的目标变量属性。因此在聚类中，预先不知道目标数据集存在多少组，需要以某种聚类度量为基础，将所有的数据对象进行聚类，使得同一组之间的距离尽可能小，而不同组之间的距离尽可能大，使得用户只需要考虑那些相关的组，从而大大缩小了所需浏览的结果数量。常用的聚类技术有 k-means 算法、分层凝聚法和基于密度的聚类方法等[15]。聚类技术的用途非常广泛，在商业领域中，聚类可以从 Web 访问信息数据库中聚集出具有相似特征的消费群体，以帮助市场分析人员总结出不同用户的行为模式，从而进行有针对性的市场营销。同时，在找出用户共同兴趣后，可以进行协同式信息推荐，聚集在相同的用户聚类中的成员可以互相推荐新的滚动信息；系统自动给一个特定的用户聚类发送销售邮件，为用户聚类动态地改变一个特殊的站点等。

5.3.2 Web 挖掘与商品信息推荐系统

基于 Web 挖掘的商品信息推荐系统是将 Web 挖掘技术应用到电子商务领域的范例。其系统工作流程如图 5-2 所示。

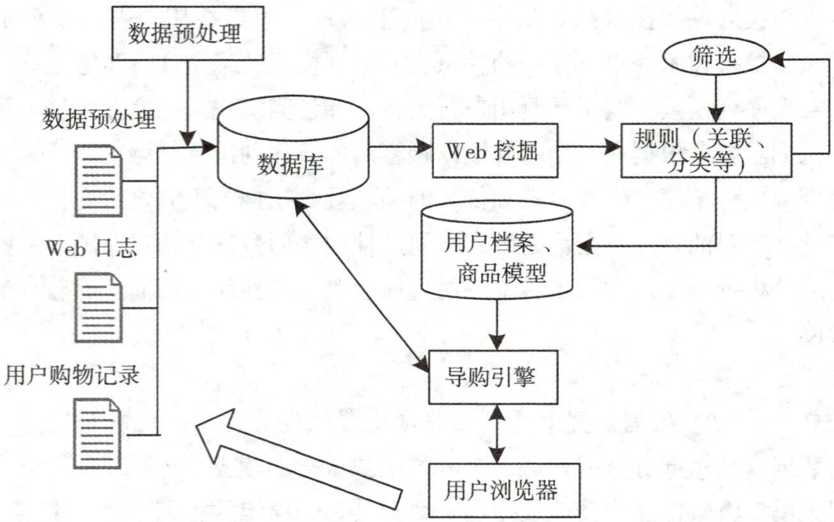

图 5-2　基于 Web 挖掘的商品推荐系统工作流程

随着电子商务的应用，数据库中可以收集到大量的用户数据，如用户交易数据、用户注册数据、用户评分数据、用户投票数据等；同时 Web 服务器中也保存着用户访问电子商务系统的日志数据、用户购物篮信息等，这些数据中蕴含着丰富的知识，基于 Web 挖掘的商品推荐系统通过 Web 挖掘技术对用户行为和用户属性进行学习，从中获取有价值的知识，根据得到的知识产生推荐。

基于 Web 挖掘的商品推荐系统根据 Web 挖掘技术建立用户档案。用户档案的建立可以基于对用户长期行为的分析，如用户的浏览记录、购买历史、性别、职业、收入、年龄等，也可以基于用户的当前行为，如用户当前的会话行为、当前购物篮信息、当前浏览商品等。

电子商务推荐系统中的 Web 挖掘主要包括关联规则挖掘和分类挖掘两

类。关联规则挖掘是 Web 挖掘中的一个重要研究内容。在电子商务领域，关联规则挖掘根据销售数据发现不同类型商品在销售过程中的相关性。关联规则的挖掘可以离线进行，基于关联规则的商品推荐根据生成的关联规则模型和用户的购买行为产生推荐结果。分类挖掘模型根据用户的输入信息将之划分为相应类别，基于分类挖掘的推荐系统根据用户输入信息和项的特征信息，预测是否向用户推荐该项。分类挖掘通过对训练集进行学习，训练出对应的分类器，然后利用该分类器对新用户进行分类。分类挖掘模型可以通过多种方法实现，例如 Bayesian 网络、聚类、神经网络等。

5.4 基于 Web 挖掘的商品信息推荐模型

5.4.1 商品信息推荐系统的体系结构

基于 Web 挖掘的商品信息推荐系统主要任务是：通过 Web 挖掘方法获取顾客最近的购物偏好，为其网上购物提供决策支持。图 5-3 给出了基于 Web 挖掘的商品信息推荐的系统结构。

如图 5-3 所示，商品信息推荐的内部模块结构可划分为 Web 日志分析模块、数据清理和转换模块、顾客偏好挖掘模块、商品关联分析模块、商品推荐引擎和人机交互接口等部分，这种划分模块的技术思路是从功能内聚和增加并行度的角度考虑的。系统各部分模块描述如下：① Web 日志分析模块通过定时收集所有顾客购物的点击流数据，建立和关联 Web 日志数据，并对其进行初步分析。② 数据清理和转换模块首先对数据源和 Web 日志数据进行清理，然后将清理后的数据进行格式转换，为相关 Web 挖掘进行数据预处理。③ 顾客偏好挖掘模块负责顾客偏好分析和挖掘，首先获取经过预处理的顾客点击流数据，然后通过顾客偏好分析方法建立顾客偏好模型。④ 商品关联分析模块分析不同类型商品之间的关联性，首先获取经过预处理的顾客点击流数据，通过相关数据挖掘算法执行相应的商品关联挖掘，并产生相应的商品关联规则，建立商品关联模型。⑤ 商品推荐引擎是整个商品信息推荐系统的核心，通过集成的商品关联模型和顾客偏好模型，可以基于相应的推荐算法为每个目标顾客产生相应的推荐商品。在系统结构的设计和实现中，可以将商品关联挖掘和顾客偏好挖掘放在离线阶段完成，而将推

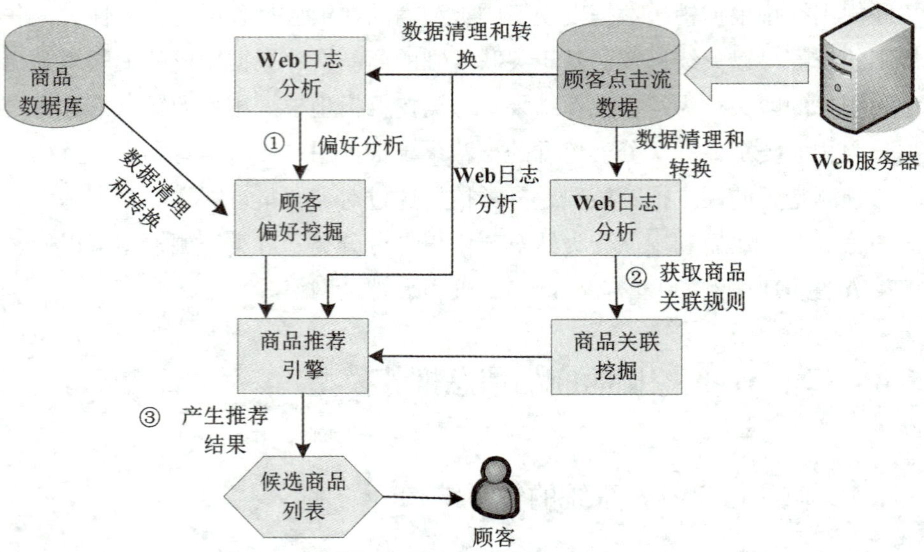

图 5-3　基于 Web 挖掘的商品信息推荐的系统结构

荐引擎模块放在在线阶段执行，以提高系统的实时推荐效率。⑥ 人机交互接口：提供目标顾客与商品推荐引擎的通信接口，当推荐结果产生以后，交互接口以规范化的格式将候选商品显示给目标顾客查看。

整个商品推荐过程分为 3 个阶段：阶段 1 记录和跟踪相应商务网站中顾客最近的购物行为，通过点击流对顾客购物过程中的系列行为进行分析，并采用 Web 数据挖掘技术，分析和学习顾客在最近历史时期内的购物偏好；阶段 2 利用数据挖掘算法进行商品之间关联规则的挖掘，从而发现商品之间的关联度；阶段 3 通过前面两个阶段，为当前顾客产生推荐商品。

5.4.2　商品分类树

在大多数基于 Internet 的网上购物商场中，有必要将商品进行分类。在现实生活中，许多商品概念之间存在着层次性，例如，夹克是上衣的一种，上衣又是服装的一种。把相关的概念组织起来形成一个概念层次，将底层概念映射成更一般的高层概念，这为不同层的商品信息关联规则挖掘提供了可行性。因此，商品分类模型从数据结构角度实际上可以表示为一棵树 $T = <I, E>$，其中：$I = \{i_1, i_2, \cdots, i_m\}$ 是 m 个商品项目的集合，E 是有向边的集合，每条边表示一个 *is-a* 关系，即低层中的商品可以归纳为更一般化的高层中的商品。“树”中的叶子节点代表具体商品实例，非叶子节点代表将低层的所有节点合并到高层节点所取得的商品类型。另外，根节点表示所有最一般化的商品类型，它将各类商品汇总到一起，根节点不包括在项目集合 *I* 中。本章以母婴用品网上超市为例，针对母婴用品进行商品信息推荐，其简化的部分商品分类树如图 5-4 所示。

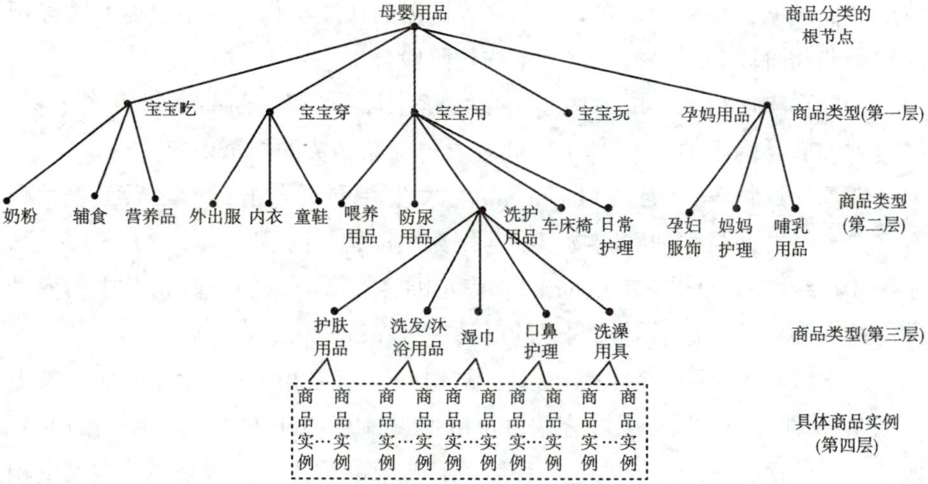

图 5-4　商品分类树

图 5-4 中，我们对母婴用品分类，构建成一棵商品分类树。在该商品分类树中，每个节点对应于相应的层中。根节点的层数为 0，其他节点的层数为父节点的层数加 1。注意，处于越高层的商品类型，其层数越小。图 5-4 中的商品分类有四层，其根节点为第 0 层，代表最一般的商品类型；而叶子节点为第四层，表示具体的商品实例。商品分类树在商品关联规则挖掘过程中起着重要的作用，因为它表示在基于 Web 环境下不同商品的关联知识，能够影响顾客网上购物的结果。在许多实际应用中，强关联规则更容易出现在商品分类树的高层中，但可能会出现公共知识的重复。另一方面，低层的关联规则可能更令人感兴趣，但是发现的难度更大。例如，低层(第二层)的关联规则“35% 的顾客如果购买奶粉，也同时会购买喂养用品”本身令人感兴趣，但可能会和其他许多不感兴趣的规则相混合，因此挖掘难度比高层

(第一层)的关联规则更大。因此，在商品分类树中选择适当的层次对于关联规则的挖掘是非常重要的。为了更精准地提供商品信息推荐服务，我们选择商品分类树的第三层进行商品之间的关联规则挖掘。

5.4.3 基于点击流的顾客偏好分析

顾客偏好分析是整个推荐过程中关键的一步，该方法分析和获取每个顾客的偏好，从而提供推荐服务。为了正确分析顾客偏好，这里提出一种顾客偏好分析模型，该模型是建立在 Lee 等提出的在线购物过程中顾客所需经历的三个购物阶段基础上的。这三个购物阶段分别为：

①网页点击(Click-through)：表示顾客对感兴趣的商品通过点击鼠标，链接到该商品网页的 URL 地址，并查看与商品相关的网页内容。

②添加购物车(Basket Placement)：发生在网页点击行为之后，表示顾客将选购好的商品添加到购物车中，作为候选购买商品。

③在线购买(Online Purchase)：表示顾客对所有添加在购物车中的商品进行选择和比较，最后对选购好的商品进行在线支付。

由于顾客每个购物阶段完成后，与访问该商品相关的 URL 地址将被记录在 Web 日志中。因此，顾客偏好可以通过计算 Web 日志相关商品的 URL 地址出现的次数来获得，这是一种简单且有效的方法。一般来说，在网上购买商品时，顾客都是严格依照这三个购物阶段的先后顺序来进行的。因此，可以将所有类型的商品分为四组：实际在线购买的商品，仅添加到购物车中的商品，仅点击查看的商品，未被顾客点击的商品。显然，可以将不同组的商品进行偏好排序，其偏好关系表示为：{未被顾客点击的商品} < {仅点击查看的商品} < {仅添加到购物车中的商品} < {实际在线购买的商品}。其中“ < ”表示“低于”或“不优于”的偏好关系。

设顾客 i 对商品类型为 j 的所有商品，点击相应网页的总次数记为 c_{ij}^{c}；同理，c_{ij}^{b} 表示顾客 i 在购物车放置阶段中，对商品类型为 j 的所有商品添加到购物车中的总次数；c_{ij}^{p} 表示顾客 i 在实际购买阶段中，对商品类型为 j 的所有商品进行电子付款的总次数。c_{ij}^{c}、c_{ij}^{b}、c_{ij}^{p} 可以认为是在最近某个时间段内对顾客原始点击流数据的统计，因此反映了每个顾客在相应的购物阶段中，对不同类型商品的偏好。

通过以上讨论，可以把顾客的偏好模型定义为矩阵形式，即定义偏好矩

阵 $C=(c_{ij})$ 为如下形式：

$$C=\begin{bmatrix} c_{11} & c_{12} & \cdots & c_{1n} \\ c_{21} & c_{22} & \cdots & c_{2n} \\ \cdots & \cdots & \cdots & \cdots \\ c_{m1} & c_{m2} & \cdots & c_{mn} \end{bmatrix}=(c_{ij})_{m\times n} \tag{5-1}$$

在公式(5-1)中，$i=1,\ \cdots,\ M$（顾客数量），$j=1,\ \cdots,\ N$（商品类型数量）。为了获取顾客 i 关于每种类型商品 j 的偏好，可以基于公式(5-1)来计算偏好值 c_{ij}。

$$c_{ij}=\alpha\times\frac{c_{ij}^{c}-\min\limits_{1\leqslant j\leqslant N}(c_{ij}^{c})}{\max\limits_{1\leqslant j\leqslant N}(c_{ij}^{c})-\min\limits_{1\leqslant j\leqslant N}(c_{ij}^{c})}+\beta\times\frac{c_{ij}^{b}-\min\limits_{1\leqslant j\leqslant N}(c_{ij}^{b})}{\max\limits_{1\leqslant j\leqslant N}(c_{ij}^{b})-\min\limits_{1\leqslant j\leqslant N}(c_{ij}^{b})}+\gamma\times\frac{c_{ij}^{p}-\min\limits_{1\leqslant j\leqslant N}(c_{ij}^{p})}{\max\limits_{1\leqslant j\leqslant N}(c_{ij}^{p})-\min\limits_{1\leqslant j\leqslant N}(c_{ij}^{p})} \tag{5-2}$$

在公式(5-2)中，α、β、γ 分别表示相应于三个购物阶段的偏好权重，显然三个购物阶段相应的权重不同，对实际已购买的商品所分配的权重应高于仅添加到购物车的商品。同理，对于仅添加到购物车的商品所分配的权重应高于仅被点击浏览的商品。在推荐模型设计中，设置 $\alpha=0.25$，$\beta=0.5$，$\gamma=1$。实际上，c_{ij} 反映了顾客关于不同类型商品的偏好，它是顾客在这三个购物阶段中对该类型商品的偏好总和。

5.4.4　基于点击流的商品关联规则挖掘

在本阶段，利用关联规则方法来找出商品事务集中不同类型商品之间的关联。由于消费者在线购物分为三个购物阶段，为了更精确地捕获消费者的购物倾向，将 Web 日志中保存的商品事务集合细分为三种事务子集：在线购买事务子集、购物车放置事务子集、网页点击事务子集。商品关联分析阶段分别从这三种不同事务子集中，利用相应的算法找出关联规则集合，算法描述如图 5-5 所述。注意，本章提出的商品推荐模型中，所有的商品关联规则仅限于两个商品类型之间的关联关系。因此，商品关联规则挖掘任务需要在三种事务子集中，采集那些包含的商品项集中有 2 项集的事务，在采集这些事务的基础上，在三种事务子集中分别挖掘出两种商品类型之间存在的关联规则。具体来说，关联规则算法在给定的时间区间内采集包含 2 项集的事务记录，并且基于商品分类树，将这些事务中的商品 ID 替换为商品分类树第三层中相应的商品类型 ID；然后设置最低支持度和最低置信度，对于三种事务子集，基于 Apriori 算法分别找出事务中的所有频繁 2 项集，最后生成所有的关联规则。

算法：Product_Association_Mining( )。

输入：Web 日志中获取的三种事务子集

输出：每个事务子集中的商品关联规则。

方法：

(1)为每个事务子集设置时间区间；

(2)在给定的时间区间采集所有的事务记录，并把记录转换为指定形式：<Customer ID，{a set of products}>

(3)Set minsup and minconf;；// 设置最小支持度和最低置信度

(4)在所有事务记录中，用商品类型 ID 代替具体商品 ID；

(5)for all transaction set do begin　//对应三种事务子集，使用 Apriori 算法找出所有关联规则

(6)　L_1 = {频繁 1 项集}；

(7)　C_2 = *apriori-gen*(L_1)；　//产生候选频繁 2 项集

(8)　for 所有事务 $t \in D$　do　begin

(9)　　C_t = subset(c_2， t)；　// t 中所包含的候选 2 项集

(10)　　　for 所有候选 $c \in C_t$ do

(11)　　　　c. count ++ ；

(12)　end

(13)　L_2 = {$c \in C_2$ | c. count ≥ minsup } // 从每个事务子集中获取所有频繁 2 项集

(14)　for all 频繁 2 项集 do begin　　// 从所有频繁 2 项集中生成满足要求的关联规则

(15)　　H_1 = {l_2 中规则的结论部分，结论中仅有一个项目}；

(16)　　for all$h_1 \in H_1$ do begin

(17)　　　conf= support(l_2)/support(l_2-h_1)；

(18)　　　if (conf ≥ minconf) then

(19)　　　　　输出规则 ($l_2 - h_1$) ⇒ h_1， 置信度= conf，支持度 = support(l_2)

(20)　　　else

(21)　　　　　从 H_1 中删除 h_1；

(22)　　　　end;

(23)　　　end;

(24)　end。

图 5-5　商品关联规则挖掘算法

当不同事务子集中所有关联规则被获取后，设 $X \stackrel{p}{\Rightarrow} Y$ 表示在线购买事务子集中的一条关联规则，其中 X 和 Y 分别表示某种商品类型。同理，$X \stackrel{b}{\Rightarrow} Y$、$X \stackrel{c}{\Rightarrow} Y$ 分别表示添加购物车事务子集和网页点击事务子集中的关联规则。

当所有不同类型商品之间的关联规则被挖掘以后，可以建立商品关联矩阵，对不同类型商品之间的关联度进行分析。商品关联矩阵 $P = (p_{ij})$ 可以定义为如下形式：

$$P = \begin{bmatrix} p_{11} & p_{12} & \cdots & p_{1n} \\ p_{21} & p_{22} & \cdots & p_{2n} \\ \cdots & \cdots & \cdots & \cdots \\ p_{m1} & p_{m2} & \cdots & p_{nn} \end{bmatrix} = (p_{ij})_{n \times n} \tag{5-3}$$

其中，$i = 1, \cdots, N$（商品类型数量），$j = 1, \cdots, N$（商品类型数量）。矩阵元素 p_{ij} 表示不同商品类型之间的关联度 p_{ij}，可以使用公式(5-4)进行计算。

$$p_{ij} = \begin{cases} 1 & if \quad i = j \\ 1 & if \quad i \stackrel{p}{\Rightarrow} j \\ 0.5 & if \quad i \stackrel{b}{\Rightarrow} j \\ 0.25 & if \quad i \stackrel{c}{\Rightarrow} j \\ 0 & \text{其他} \end{cases} \tag{5-4}$$

公式(5-4)中第一个等式表示同种商品类型中不同商品实例之间具有最大的关联度：即顾客购买了某种类型的商品之后，他极可能偏向于购买同种类型的其他商品。第二个等式表示在购买事务子集中，关联规则中的不同类型商品之间的关联度也为 1，因此我们有理由认为在线购买阶段相比添加购物车阶段，其商品之间的关联程度更能体现出顾客的实际购买倾向和偏好。同理，添加购物车事务子集与网页点击事务子集相比，在所获取的关联规则中，其不同类型商品之间的关联度也要高。

5.4.5　商品信息推荐算法

在前面两个推荐阶段中，我们已建立了顾客偏好模型和商品关联模型。顾客偏好模型反映了顾客最近对不同类型商品的偏好，而商品关联模型反映了在消费者购买某类商品的同时，其购买其他类型商品的可能性。因此，需要结合顾客最近的偏好，以及不同类型商品之间的关联度，来预测顾客当前的购物倾向和。这里，利用余弦相似性(Cosine)[16]来计算顾客偏好和商品关联之间的相似性，从而产生商品的评价分数。

设顾客 i 对商品类型 j 的推荐评价分数记为 σ_{mn}，则

$$\sigma_{mn} = \frac{C^{(m)} \cdot P^{(n)}}{|| C^{(m)} || \cdot || P^{(n)} ||} = \frac{\sum_{k=1}^{N} C_{mk} P_{kn}}{\sqrt{\sum_{k=1}^{N} C_{mk}^2} \cdot \sqrt{\sum_{k=1}^{N} P_{kn}^2}} \tag{5-5}$$

其中，$C^{(m)}$ 是 $M \times N$ 顾客偏好矩阵 C 的行向量，$P^{(n)}$ 是 $N \times N$ 商品关联矩阵 P 的列向量，M 表示顾客数量，N 表示所有商品类型的数量。显然，推荐评价分数 σ_{mn} 在 [0，1] 之间，其值越高，类型为 j 的商品被推荐给顾客的概率越大。

由于前面的推荐过程只是在商品类型层次上进行的，并没有针对商品个体进行。因此，同种类型的不同商品个体，其推荐评价分数相同。考虑到实际网上购物情况，商品推荐服务除了在商品类型的层次上产生推荐结果之外，还要采取相关策略来对具体单个商品提供推荐。这里，可以认为：对于同种类型的所有商品，如果某些商品是最近时间内所购买的，则可以认为这些商品是最流行的，同时也是最值得购买的商品。因此，利用 Web 日志就可以找出最近时间内购买的商品，并将它们推荐给目标顾客，为其购买提供决策支持，推荐过程在此结束。图 5-6 描述了商品信息推荐算法。

算法：ShoppingResult_generation()。

输入：顾客偏好矩阵、商品关联矩阵。

输出：推荐的商品。

方法：

(1)设置推荐的商品数量 n，推荐的商品类型数量 k，并满足条件：
　　$k < n$ 且 n/k 的值为整数；

(2)利用公式(5-5)产生推荐评价分数；

(3)对每个顾客，选择评分前 k 位的商品类型，作为推荐的商品类型；

(4)对每种推荐的商品类型，从 Web 日志中获取最近时间内所购买的商品，并选择购买时刻离当前时刻距离最近的前 n/k 位商品，作为推荐商品。

图 5-6　推荐结果产生算法

5.5　商品信息推荐的实验及结果分析

基于 Web 挖掘的商品信息推荐原型系统从预定义的母婴用品网站中收集顾客购物的点击流数据，并将获取的点击流数据存储到本地 Web 日志文件中。系统已有约 100 个会员顾客和 25 种类型(商品分类树中的第三层)的母婴用品。相关会员顾客的购物记录通过 Web 日志分析模块定时存储在 Web 日志文件中，系统随机抽取 2000 条会员顾客的商品销售数据作为实验数据。由于顾客偏好分析和商品关联规则挖掘计算量较大，因此可以将这两部分放在离线部分进行，而仅将产生推荐商品模块放在在线部分进行，以提高系统的人机交互能力。

商品推荐质量衡量一般采用信息检索领域评价系统的标准，即用查准率(*Precision*)和查全率(*Recall*)来衡量，其计算公式分别如下：

$$Precision = \frac{\sum\limits_{Accurate} Commodity}{\sum\limits_{Recommend} Commodity} \tag{5-6}$$

$$Recall = \frac{\sum\limits_{Accurute} Commodity}{\sum\limits_{CurrentAvailable} Commodity} \tag{5-7}$$

其中，$\sum\limits_{Recommend} Commodity$ 是推荐算法产生的全部商品数量；$\sum\limits_{Accurate} Commodity$ 是推荐的商品中所有符合顾客需求的商品数量，可根据公式(5-5)预先设置一个阈值(Threshold)进行计算，即满足不等式 $\sigma_{mn} \geqslant Threshold$ 的商品数量；$\sum\limits_{CurrentAvailable} Commodity$ 则是在线 *B2C* 商务网站中所有满足顾客需求的商品总数。

一种常见的方法是同时考虑查准率和查全率而全面地评价算法的优劣。查准率和查全率测试指标往往是负相关的而且依赖于推荐列表长度[17]。一般情况下，随着推荐列表长度的增大，查准率指标会减少而查全率会增大。所有当一个系统没有固定的推荐列表长度时，就需要一个包含查准率和查全率的二维向量来反映系统的性能。本系统采用综合评价指标 *F-measure*[18]，其计算公式为：

$$F\text{-}measure = \frac{2 \times Precision \times Recall}{Precision + Recall} \tag{5-8}$$

F-measure 综合考虑了顾客对系统商品推荐的准确性和全面性要求，其值越高，则表明推荐服务质量越高，越能满足电子商务环境下顾客网上选购商品信息的实际需求。在实验中，推荐的商品数量 *Top-N* 中的 N 值分别取 2 ~ 20 等不同值(推荐的商品类型数量设置为 $k = 2$)。根据前面提出的推荐算法，对于每种推荐的商品类型，系统可以向目标顾客推荐 $N/k = [1, 10]$ 个不同的商品实例。对顾客在线购物数据随机抽样 10 次并取平均值，所得的平均 *F-measure* 值如图 5-7 所示。

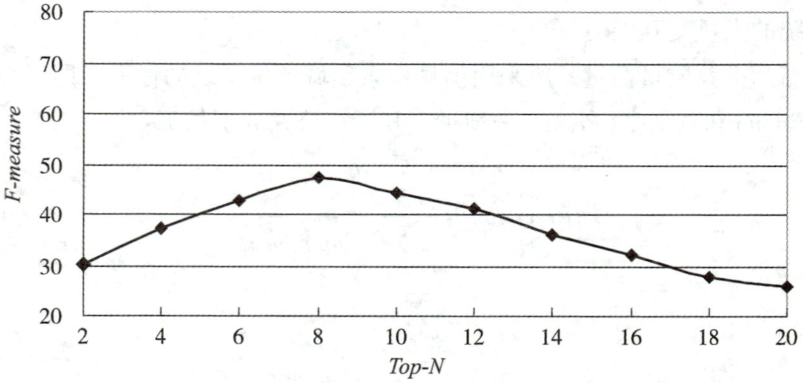

图 5-7　商品导购算法性能测试

从图 5-7 可以看出，在不同的推荐商品数量 N 值下，导购算法 *F-measure* 是不同的，当 $N = 8$ 时，*F-measure* 值最大，算法推荐性能最佳。随着 N 值的减小或增加，*F-measure* 值逐渐降低。这是因为 *F-measure* 综合考虑了查全率和查准率，当 N 值增加，虽然查全率会上升，但查准率会降低，*F-measure* 值因而会降低。同理，当 N 值减小，查准率会提高，但查全率降低会导致 *F-measure* 值的下降。因此，$N = 8$ 是商品推荐算法性能的相对最佳点，能够最大程度上提高算法的推荐质量。

评价本系统导购质量的另外一个重要方面就是推荐算法的可信度，即推荐评价分数更高的商品相比评价分数较低的商品，其被顾客接受和实际购买的偏好程度。在推荐算法测试的实验中，通过对比实际购买商品和所有的推荐商品评价分数(由公式 5-5 计算)的分布情况，来评价该算法的推荐服务质量，实验结果如图 5-8 所示。这里，实际购买商品的样本数据来自 50 张不同导购列表中约 120 个候选商品的评价分数。

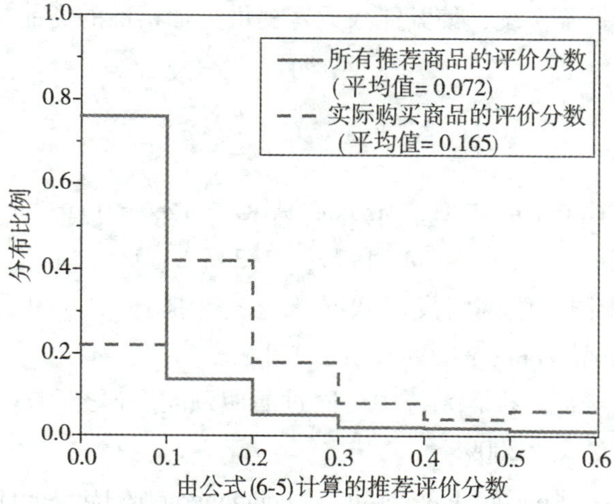

图 5-8　所有推荐商品和实际购买商品评价分数的分布比例

从图 5-8 可以看出，实际购买商品的推荐评价分数要比一般推荐商品的评价分数高。例如，所有推荐商品中 76%的商品的评价分数低于 0. 1，而在实际购买商品中仅 22%的商品评价分数在这个区间内。另外，所有推荐商品的评价分数均值为 0. 072，而实际购买商品评价分数均值为 0. 165，两者之间的均差为 0. 093。使用 T 检验统计学方法，计算该均差在置信区间[0. 089，0. 106]之内，其置信度为 0. 095。因此，基于公式(5-5)的商品推荐算法是可行的，可以为顾客产生符合其偏好的商品，提供个性化的商品推荐服务。

本章小结

本章针对顾客经过购买的商品，提出了一种个性化的商品信息推荐系统。首先，通过点击流数据，跟踪顾客的购物行为，对其偏好进行学习，并分别建立顾客偏好模型和商品关联分析模型；然后，利用余弦相似性来计算顾客偏好和商品关联之间的相似性，产生商品的评价分数，从而为顾客产生相应的推荐商品；最后，将实际购买商品和所有推荐商品的评价分数进行实验对比和分析，指出系统推荐质量的合理性。本章提出的推荐系统目前已用于母婴用品、图书和服装用品等领域的商品推荐，对原型系统做了一些开发工作，结果表明本方法具有一定的商业应用潜力。基于目前的研究工作，我们将继续完善推荐系统，使其能为顾客提供更加精准的商品推荐服务。

参考文献

[1] Maes P, Guttman R H, Moukas A G. Agents that buy and sell[J]. Communication of the ACM, 1999, 42(3): 81-92.

[2] 第30次中国互联网络发展状况调查统计报告[EB/OL]. [2012-8-10]. http://www.ccnic.net.cn/research/bgxz.

[3] 李聪. 电子商务推荐系统中协同过滤瓶颈问题研究[D]. 合肥工业大学博士学位论文, 2009.

[4] Schafer J B, Konstan J A, et al. E-commmerce recommendation applications [J]. Data Mining and Knowledge Discovery, 2001, 5(1-2): 115-153.

[5] 项亮. 推荐系统实践[M]. 北京: 人民邮电出版社, 2012.

[6] 李双双, 陈毅文. 点击流: 一种研究网上消费者的新范式[J]. 心理科学进展, 2007, 15(4): 715-720.

[7] 孙倩. 基于点击流分析的电子商务个性化服务研究[D]. 河北工业大学硕士学位论文, 2010.

[8] Moe W W, Fader P S. Dynamic conversion behavior at e-commerce sites[J]. Management Science, 2004, 50(3): 326-335.

[9] 闵君, 邓晓. 智能导购 Agent 系统的研究[J]. 控制与决策, 2003, 18(4): 497-499.

[10] 钟宁, 刘际明, 姚一豫. Web 智能进展[M]. 北京: 高等教育出版社, 2011.

[11] 王欣如. Web 挖掘技术综述[J]. 计算机科学, 2006, 33(12 增刊): 127-129.

[12] 陈学进. Web 结构挖掘研究[D]. 合肥工业大学博士学位论文, 2006.

[13] Mobasher B, Cooley R, Srivastava J. Automatic personalization based on web usage mining[J]. Communications of the ACM, 2000, 43(8): 142-151.

[14] Lee J, Podlaseck M, et al. Visualization and analysis of clickstream data of online stores for understanding webmerchandising[J]. Data Mining and Knowledge Discovery, 2001, 5(2): 59-84.
[15] 李雄飞等. 数据挖掘与知识发现(第 2 版)[M]. 北京: 高等教育出版社, 2010.
[16] Lawarence R D, Almasi G S, Kotlyar V, et al. Personalization of supermarket product recommendations[J]. Data Mining and Knowledge Discovery, 2001, 5(1-2): 1-32.
[17] 朱郁筱, 吕琳媛. 推荐系统评价指标综述[J]. 电子科技大学学报, 2012, 41(2): 163-175.
[18] 余力, 刘鲁. 电子商务个性化推荐研究[J]. 计算机集成制造系统, 2004, 10(10): 1306-1313.

第 6 章　社会化信息推荐系统

随着互联网社交媒体的广泛应用，用户复杂的社交行为催生出具有用户社会属性特征的社会化网络。推荐系统作为一种解决信息过载的有效技术，将社会化网络的理论和方法应用于其中，构建面向社交媒体的推荐系统——社会化信息推荐，正逐渐成为当前学术界和产业界共同关注的热点问题。社会化信息推荐是在传统信息推荐系统的基础上，把用户或者项目的社会化属性(如标签信息、朋友关系和信任关系等)作为重要的影响因素融合到推荐方法中，以提升信息推荐的精度和性能[1]。因此，分析和挖掘社会化网络中的用户社会关系，将用户社会属性作为一个维度引入信息推荐系统中将推动推荐技术的发展，属于社会计算的范畴。其中，社会网络分析(Social Network Analysis，SNA)是社会化网络理论中一个重要方法，可以精准地分析社交媒体中广泛存在的用户或者信息资源的社会化关系，基于社会化网络分析的社会化网络为实现个性化的信息推荐服务提供了高质量的数据来源，同时也启发了信息推荐新的解决思路，具有较好的研究和应用价值。

本章首先介绍社会化推荐系统的概念、研究现状和基本模型；在此基础上的研究内容包括：① 针对目前文献管理软件无法识别用户潜在研究兴趣从而进行个性化推荐的现状，提出一种基于主题的社会化推荐模型。该模型首先通过基于内容的个性化过滤方法识别用户的主题偏好，然后利用社会网络分析(SNA)方法识别学术网络中有影响力的文献，进而为目标用户产生精准的文献推荐服务。②提出一种面向知识网络社区的基于声誉的社会化信息推荐模型，该模型通过研究科学网中用户的行为，在标准协同过滤推荐的基础上探究声誉的发展机制，并模拟用户的打分过程，利用信任来改进用户评分；同时研究用户声誉在资源选择过程中的作用，与项目的声誉结合来解决同质资源泛滥的问题。实验结果显示本节提出的基于声誉的协同过滤推荐方法能更准确地反映用户偏好情况和资源的质量，从而提高推荐的准确率。

6.1　社会化信息推荐概述

6.1.1　社会化信息推荐的概念

传统信息推荐系统主要是分析“用户—项目”二元关系，通过基于用户的历史评分数据构建用户行为偏好模型，进而帮助用户从海量的信息资源中发现感兴趣的内容，并主动推荐给用户，从而实现个性化推荐服务的目的。但是这种推荐方法受地域、情感等多维因素的影响，推荐效果将受到明显制约[2]，同时也存在着数据稀疏性、冷启动和推荐结果的可解释性等问题。

社会化信息推荐为解决传统信息推荐系统存在的问题提供了新的解决思路。随着互联网社交媒体的广泛应用，用户复杂的社交行为催生出具有用户社会属性特征的社会化网络。在社会化网络中，用户之间的活动行为表现得越来越社区化和群组化，这些行为蕴含和记录着用户大量的社会属性信息。目前，学术界和产业界将社会化网络应用于推荐系统中，构建面向社交媒体的信息推荐系统——社会化信息推荐。因此，社会化信息推荐系统在传统推荐系统的基础上，基于社会化网络分析的理论和方法，将用户或者项目的社会化属性(如标签信息、朋友关系和信任关系等)融合到传统的“用户—项目”二维推荐系统中，在缓解传统推荐系统中数据稀疏性和冷启动问题的同时，提高信息推荐的精度和性能。随着社交媒体的发展，社会化信息推荐系统的推荐项目不局限于普通的信息资源(如数字文献、图像和电影等)，还包括社交媒体上广泛存在的群组、好友和社会化标签等。用户社会属性信息及其社会行为数据的收集更为便捷，既包括“用户—项目”的评分数据和用户之间的社会化关系信息，也包括用户的点击、收藏和评价行为等。其中，用户社会行为不仅仅是用户个人兴趣和爱好的体现，而且在一定程度上受到与其有社会关系的其他用户的影响[3]。我们认为：社交媒体中蕴含的大量用户社会属性信息能够作为链接“用户”和“资源”的桥梁，相比单纯的“用户—资源”评分而言，蕴含着更为丰富的信息内容，能够精准地分析用户对信息资源的偏好。因此，可以将用户社会属性信息作为一个新的维度引入信息推荐系统中，通过社会化网络结构、项目在社会群体中的流行度以及用户间信任关系等用户社会属性信息，不仅可以满足用户的个性化信息需求，而且使得信息推荐的资源种类呈现多样性，提高社交网络环境下相应社交媒体网站的用户体验能力。目前，社会化信息推荐已成为信息推荐系统领域一个较新的研究方向，具有较好的研究和应用价值。

6.1.2 社会化信息推荐的研究现状

美国 ACM 推荐系统年会(ACM Conference on Recommender Systems，简称 RecSys)自 2009 年开始涉及社会化推荐系统的专题研讨会[4]，并在 2011 年的专题研讨会上讨论了社会化信息推荐未来的几个重点研究方向，同时提出了社会化领域所面临的 10 个研究热点和难点[5]；在 2013 年的主题研讨会上，相关学者进一步提出了社会化推荐的 4 个研究方向[6]。

目前，相关学者和研究机构对社会化推荐系统的理论、技术方法及应用展开了深入研究。在理论研究方面，冯敏等[7]利用情报学中的社会网络视角，对信息推荐进行解读，并构建了社会化信息推荐模型。姚伟[8]针对隐性知识交流的社会化属性，引入社会化推荐来探讨其在隐性知识交流中的应用价值，通过分析社会化推荐在隐性知识交流中的工作机理，构建面向社会化推荐的隐性知识交流模型。胡昌平等[9]结合社会化网络平台的特征，在 TAM 技术接受模型的基础上，加入了感知交互性的维度，并从服务提供和用户关系两个角度对这一问题进行研究，得到社会化推荐服务中的用户体验模型，为社会化推荐服务的质量改善提供了理论依据。丁安等[10]分别从隐性知识获取、集成专业化、知识交流与共享和知识创新四个方面，提出利用社会化推荐服务来解决知识集成中的不足，从理论上构建了基于社会化推荐的知识集成模型。

在技术方法研究方面，社会化推荐技术主要包括基于网络图模型的推荐方法、矩阵分解方法、信任关系模型等。例如，Li 等[11]以“用户—项目”对建立网络互动二分图，定义了“用户—项目”之间的一种联合互动关系结构图结构，提出一种基于图核(Graph Kernel)的分类推荐方法。胡吉明等[12]根据物理动力学中物质扩散和热传导能量分配机理，并将词汇引入关联图中，探讨了基于“用户—资源—词汇”三部图的推荐实现机理，分别进行了“用户—资源”二部图和“资源—词汇”二部图中基于能量分配加权的推荐算法实现研究。Li 等[13]将整个 Twitter 社交网络模拟成有向加权图，每个节点的

Rank 值为其所有入度连接点的 Rank 值与出度数比值之和，采用带重启的随机漫步方法计算两个节点之间的连接度，从而实现对 Twitter 社交网络中的好友推荐。严素蓉等[14]提出一种基于矩阵分解的社会化推荐模型，用于缓解数据稀疏性和冷启动问题，在该模型中，关系网络的社交影响力被建模为矩阵分解模型的用户—物品(User-Item)评分倾向，而同质性则被建模为动态正则项，并设计了一个关系网络 Boosting-Shrinking 算法，以获得更好的预测精度和可扩展性。文俊浩等[15]提出一种融合矩阵分解与距离度量学习的社会化推荐算法，该算法同时对样本和距离度量进行训练，在满足距离约束的前提下更新距离度量和用户与项目的坐标，并将用户与项目嵌入统一的低维空间，利用用户与项目之间的距离生成推荐结果。王磊等[16]研究了从社交辅助信息中充分挖掘用户信任关系的方法，提出一种对增强关注矩阵和社交信任矩阵进行联合矩阵分解的社会化推荐算法。熊丽荣等[17]采用基于矩阵分解的因子分析方法，提出了一种符合移动社会化网络特点的信任度计算方法，该方法利用移动社会化网络结构信息构建信任矩阵，从而减少用户对信任关系的主动标识。潘一腾等[18]提出了一种新的基于信任关系隐含相似度的度量方法，并与协同推荐算法相结合，在考虑评分相似度的基础上，研究利用社交信息来估计信任强度，并提出了信任关系隐含相似度。郭磊等[19]提出了一种信任关系强度敏感的社会化推荐算法(StrengthMF)，该算法假设建立信任关系的两个用户之间并不一定存在着相似的兴趣爱好，通过共享的潜在用户特征空间来对信任关系强度和用户兴趣进行建模，通过进一步识别出那些与目标用户有着共同爱好的朋友来对求解的过程进行优化。李卫疆等[20]针对用户信任矩阵中的数据稀疏问题，设计用户信任关系的传播规则，根据该规则计算用户之间的信任度，并结合用户信任传播算法和奇异值分解模型，提出一种社会化推荐算法，提高推荐系统的预测准确率。

在应用领域方面，社会化信息推荐应用于社会化媒体、电子商务、教育等各个领域[21]。例如，以 Stack Overflow 问答社区为例，刘迎春等[22]提出基于数据挖掘的专业可信回答者个性化推荐，有效缓解问答社区的信息过载问题，有助于建设更高效的网络学习社区环境。陈晨等[23]提出基于多数据源混合标签的社会化问答社区问题推荐方法，以提高社会化问答社区的问题推荐质量。陈杰等[24]针对为微博用户推荐符合其兴趣取向的个性化微博信息的问题，结合 LDA 主题模型，提出了一种基于用户动态兴趣和社交网络(DISN)的微博推荐方法。马慧芳等[25]通过分析微博特点及现有微博推荐算法的缺陷，提出一种融合了标签间关联关系与用户间社交关系的微博推荐方法。琚春华等[26]通过构建社会网络关系强度、兴趣偏好强度和商品流行性与声望强度3个关键因子，设计了一个融入社会网络关系的电子商务推荐系统。蔡志文等[27]综合考虑交易评价得分、交易次数、交易金额、直接信任、推荐信任等影响社交电子商务用户信任关系的因素，设计了一种面向社交电子商务信任感知协同过滤推荐方法。徐旋旋等[28]提出一种基于社交网络的个性化景点推荐方法，该方法首先使用 k-means 和 DBSCAN 算法分别对用户和景点进行聚类；然后将聚类后的用户与景点进行融合，构建个性化旅游景点推荐模型。刘思宇等[29]从社交网络的角度，在分析餐厅群体就餐信息的基础上，构建了基于协同过滤算法的餐厅推荐模型，在此基础上提出了餐厅群体推荐系统设计方案。王扶东等[30]提出一种垂直学习社区基于学习兴趣与风格的社会化推荐算法，向用户推荐其感兴趣的学习资源。

6.1.3 社会化信息推荐的基本模型

结合已有社会化信息推荐技术的特点和系统流程，我们提出了社会化信息推荐的基本框架模型[1][3]，该模型主要包括以下3层，如图6-1所示。

①数据采集层：该层主要是通过网络爬虫等信息技术从社交媒体上获取社会化信息推荐所需的数据。这些数据包括三种类型：用户和项目的基本属性信息、用户和项目的关联信息以及社会化属性信息。其中，用户和项目的基本属性信息主要包括用户的年龄、性别、职业、爱好等以及项目的名称、类别等；用户和项目的关联信息主要是指用户对项目的评价、评分、点赞、收藏、下载等行为信息；社会化属性信息是实现社会化推荐的关键维度信息，它包括用户之间的好友关系、信任关系、关注关系等社交关系，同时也包括项目之间拥有相同的社会化标签和相同类别信息等。

②数据处理层：该层主要是对数据采集层收集到的数据进行数据预处理及数据清洗，将处理结果作为社会化信息推荐的结构化输入。该层主要包括：用户和项目的基本属性的过滤；利用用户和项目之间的关联信息构建“用户—项目”评分矩阵；对用户和项目的社会化关系属性进行计算，构建社会化网络关系模型。

③推荐产生层：该层是社会化信息推荐的引擎，不仅应考虑基于“用户—项目”评分矩阵的基本推荐技术的实现，还要重点考虑基于社会化网络关系的社会化推荐模型。实际推荐结果的产生应结合基本推荐模型和社会化

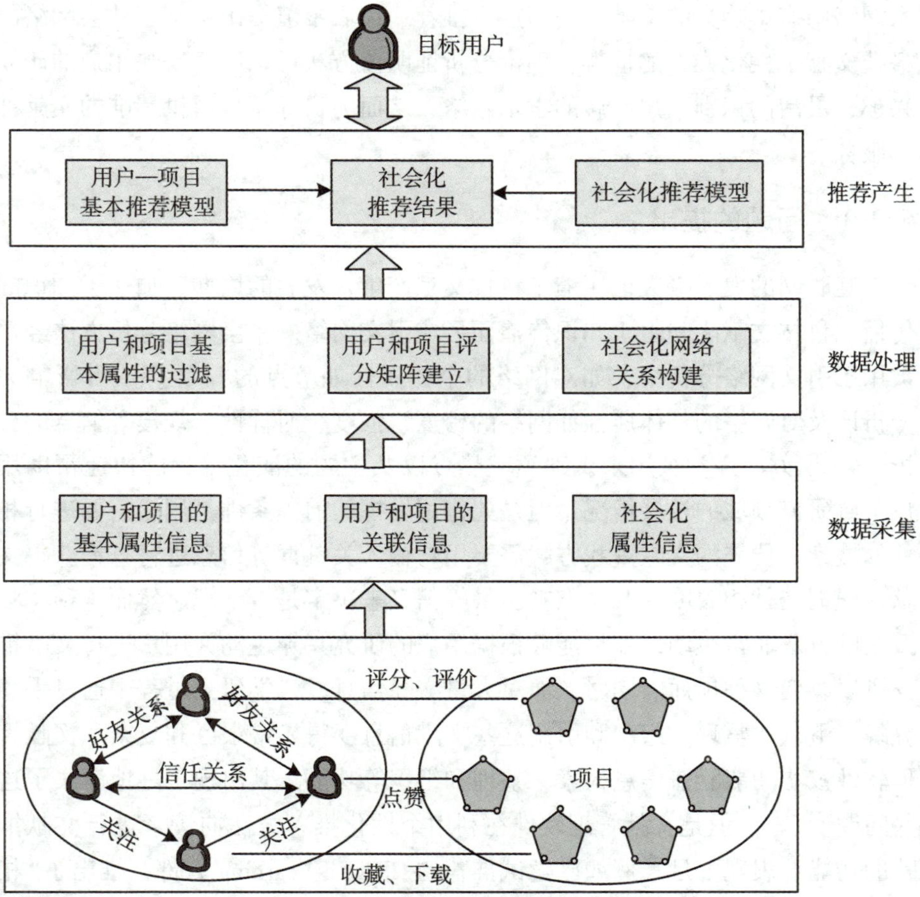

图 6-1　社会化信息推荐的基本模型

推荐模型，并将推荐结果呈现给目标用户，并根据用户反馈对推荐系统进行改进和扩展。其中，如何将用户和项目的社会化属性信息融入推荐模型中，以及如何衡量社会化属性信息在推进过程中的权重，将是社会化信息推荐应重点考虑的问题。

6.2　基于主题的科技文献社会化信息推荐

针对目前文献管理软件无法识别用户潜在研究兴趣从而进行个性化推荐的现状，本节提出了基于主题的社会化推荐方法。首先通过基于内容的个性化过滤方法识别用户的主题偏好，然后利用社会网络分析方法(SNA)识别学术网络中有影响力的文献，进而产生推荐。最后本节提出了基于社会网络的科技文献个性化推荐的框架，理论分析证明该方法可以准确反映用户的研究兴趣，灵活的识别用户所属的学术网络，从而为目标用户提供精准的文献推荐服务。

6.2.1 问题的提出

互联网的发展极大地压缩了科技文献产生、发表的周期，加速了知识的传播。科技文献之间由于知识传播而形成引文网络。社会网络分析方法经常被用于引文网络分析中，如对网络的个体属性如节点的“权力”或者影响力分析以及对网络的整体属性如网络的密度、强度、对称性、规模等信息的分析[31]。该方法经常被用来识别领域热点以及主题的演化等，能快速帮助用户了解研究领域的发展情况。但是此作用发挥的前提条件是用户需要进行相关的搜索。传统的文献查找方式需要用户输入关键词等信息进行查询获得文献，根据文献相关度以及文献被引量等信息来决定是否下载。然而这种文献搜索的方法非常被动，如果能够根据用户的研究兴趣主动为用户进行文献推荐可以改变这种局面。同时，面对大量文献信息，科学研究过程中通过手动寻找、下载、整理、组织和引用这些文献信息变得异常艰巨和复杂。文献管理软件核心功能涵盖信息检索、整理和组织等功能，其出现很好地解决了这些问题[32][33]。但是文献管理软件在利用个性化推荐方法向读者进行文献推荐的功能上表现不足。例如已尝试推荐的CNKI e-Learning软件，推出了“相似文献”和“读者推荐文献”两种功能，其中所有用户都被推荐与已选择文献相似或相关的文献，这些方式没有充分考虑用户的研究偏好，只是以文献为对象来进行推荐。但是科学研究过程中，即使学者研究同一篇文献，关注的焦点也会存在差异，因此在文献管理软件中以用户为对象进行个性化推荐在科学研究中具有重要意义。

个性化推荐方法是一种运用集体智慧预测个体行为的智能方法，通过用户已经选择过的产品或者输入的信息来预测其潜在的偏好。随着网络的发展，信息超载问题愈发严重，个性化推荐方法对于从大量资源中寻找有效信息变得更加重要。目前常用的推荐算法主要包括协同过滤推荐算法、基于内容的推荐算法等。传统的方法在处理文本对象时可以直接利用基于内容的个性化推荐方法，或者利用用户对文本的选择关系运用协同过滤推荐方法为用户提供推荐。这两种方法将用户选择过的对象直接转换为相同的权重值来处理，然而对于不同的文献，用户的偏好程度并不相同，所以上述方法存在无法识别用户真正兴趣的问题。社会化推荐方法的引入可以解决上述难题。从广义的角度来讲，指向社会媒体领域的任意推荐系统就是社会推荐系统[34]。该定义涵盖社交领域中指向任何对象的推荐系统，如传统的推荐项目、标签、人和社区等。其中涉及的数据来源不限于在线社会关系，还包括各种可以获得的社会媒体数据，例如社会标签、用户交互以及用户点击行为等。

本节在基本的个性化推荐框架的基础上，根据用户的科学研究过程提出了一种社会化推荐的方法，最后给出了详细的框架。该方法从资源整合到最后的推荐过程都结合用户的社会化参与方式来运作，具体根据文献管理软件中用户的阅读标注行为来整合资源并识别用户的兴趣，然后依赖其所归属的社会关系网络进行个性化的文献推荐。

6.2.2　科技文献个性化推荐系统框架

根据用户在科学研究过程中查询和使用文献的过程给出了简化的科技文献个性化推荐框架，如图 6-2 所示。科技文献推荐系统可以自动获取和分析用户信息，通过学习和推理机制建立或者更新用户偏好模型，进行智能匹配并产生文献推荐。科技文献个性化推荐系统主要包括五部分：用户信息输入模块、数据预处理模块、模式分析模块、推荐引擎处理模块以及在线文献列表输出模块。以文献管理软件为研究平台，下面描述科技文献中一般个性化推荐系统的基本框架。

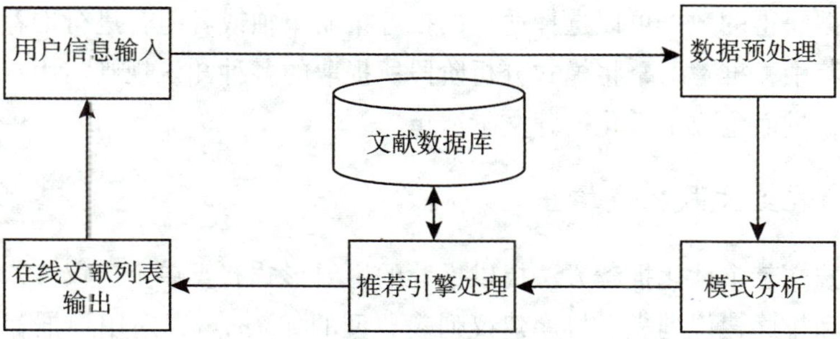

图 6-2　科技文献个性化推荐框架

(1)用户信息输入

用户信息输入主要指目标用户在软件中处理与文献有关的操作时留下的信息。通过这些数据，推荐系统能够识别用户偏好，作为推荐处理的基础信息。输入数据主要包括在软件平台与文献相关的内容数据、结构数据和使用数据。其中，内容数据是传递给用户的文献对象；结构数据是文献本身拥有的题录信息如标题、关键词、作者、文献来源等信息以及平台内部由各层次标签组成的内部结构数据；使用数据是与文献阅读有关的所有行为数据，可以通过配置系统阅读日志等途径获得这些数据。

(2)数据预处理

数据预处理将多种数据源中的数据转化为适合数据挖掘的抽象概念。数据预处理主要包括内容数据预处理、结构数据预处理和使用数据预处理。其中，结构数据预处理是使用数据预处理和内容数据预处理的基础，其主要任务是描述用户制定的文献组织拓扑结构图，并明确软件的文献组织层级安排以及软件中辅助文献阅读工具方式等。使用数据和内容数据经过预处理之后，在数据挖掘需要的时候可以直接访问。

(3)模式分析

模式分析模块从数据中挖掘出各种模式，从中筛选出有用的、可以理解的知识规则，并将其存储在合适的介质中，为推荐引擎提供支撑。

(4)推荐引擎处理

根据获得的数据可以选择适合的推荐策略单独或者组合进行推荐。在个性化推荐中，推荐引擎将模式分析阶段所提取的各种知识规则与用户信息进行匹配，进而生成个性化推荐文献清单。

(5)在线文献列表输出

科技文献个性化推荐方法提供推荐的主要形式有：单个建议、未排序建议列表和排序建议列表。排序建议列表典型的如 *Top-N*，向用户推荐最可能吸引用户的 *N* 个文献。

随着社会化因素的加入，用户不仅仅是获取个性化服务的对象，同时也有意识地参与并影响个性化推荐的结果。社会化的方法有社会网络分析方法、基于信任传播的方法以及其他可以处理社会模型的方法等。基于个性化推荐的框架，本节以CNKI E-Learning文献管理软件为背景，为科技文献的社会化推荐方法建模，并根据模型给出具体的文献推荐框架。

6.2.3　基于社会网络分析的个性化推荐建模

社会化因素成为个性化推荐的一部分是因为用户根据共同的兴趣自发进入一定的社会领域。在为用户提供个性化推荐服务时需要解决的两个首要问题是如何构建社会属性类别和识别用户的社会属性。前者可以通过考虑用户的基本认知情况以及文献自有类别的专业性，集合用户自建的文献组织结构，对文献建立适合大众的主题集合(即主题云)来构建文献的社会化属性类别，后者可以通过分析用户的研究兴趣来获得用户的社会归属情况。在获得对应的社会领域后，我们的思路是利用对专业学术网络的分析向用户推荐该主题下有影响力的文献。

(1)在线构建文献主题云和文献归类

尽管科技文献存在专业的分类方式，但是由于在科学研究过程中，学科之间不断融合，进行交叉研究的趋势逐渐明显，以往只适用于某一学科的知识随着领域交汇可能为其他学科所用。从读者的研究角度出发为文献分类可以体现学科交叉研究的特点。

①识别主题类别。

用户凭借自己的知识在文献管理器中将文献归类，分层管理的学习单元、文献夹名称等区域显示用户主题认知的信息。收集所有用户的主题结构数据形成主题标签云。

由于用户的认知、关注点以及文字描述的差异等造成的同一主题不同名称的情形需要根据经验按照领域知识来构建共享的概念模型，可以采用本体的方法来构建。基于Guarino 和 Giaretta[35]所给的概念，本体被定义为知识领域的概念，它的组成元素(例如实体、属性、关系和定理)能够以人类理解并且机器能够翻译的方式来表达。此外，Hendler同样给出本体的描述[36]：本体被认为是知识名词(包含词汇、语义互连、一些简单规则的推理和一些特殊主体的逻辑)的组合。按照Hendler的定义，实体间的关系同样有丰富的语义解释能力。所以，在利用集体智慧进行主题构建时，先利用本体 Agent 的方法建立人类与应用系统相互作用的统一的概念框架，进行规范化描述，然后将相同语义的对象纳入同一种表述中，建立层次化的主题结构模型。

不同层次的主题描述都可以作为文献类别放入主题云中。例如，存在包含多个子类型的复合式的主题结构 $A=(a_1,\ a_2,\ a_3,\ \cdots,\ a_n)$。显然如果用户对 A 感兴趣，那么应综合其所有子类型主题下的信息进行推荐，而如果用户的研究兴趣非常深入，就需要更加细化的识别主题，不仅要识别主题 A，而且要能够识别用户对何种具体的类别感兴趣，然后进行相应的文献推荐。可以设置子类别优先推荐的方式来保证推荐的主题深度。

②文献归类。

统计所有用户对文献的组织情况来获得文献的主题类别。本节通过主题下文献出现的次数与文献可能出现的最多次数的比值来衡量文献在主题中的重要性，作为文献归属判断的依据。设 m 位用户关注某一主题，该主题下文献 d 出现的次数为 c_d，则文献 d 属于该主题的概率如公式(6-1)所示：

$$p_d=c_d/m \tag{6-1}$$

其中，$p_d\in[0,\ 1]$。显然，如果关注该主题的 m 位用户都认为文献 d 属于该主题，那么 $p_d=1$。在获得文献的社会属性后，往往需要对边缘的文献进行过滤，去除由于用户的认知偏差造成的文献被不适当归类的情况。一般可以通过设定阈值 δ 确定文献的归属状况，见公式(6-2)：

$$p=\{p_d \mid p_d\geqslant\delta\} \tag{6-2}$$

随着用户对文献信息的更新，需要对主题云和文献类别进行更新，例如当主题中某文献出现的次数达到一定的阈值时进行更新或者定期进行更新。

(2)用户主题偏好识别

个性化推荐的核心思想是计算用户与对象之间的相似性，寻找共通的因素来运用知识规则产生推荐。这里以基于内容的个性化推荐方法作为例子来构建用户主题偏好识别的模型。用户主题偏好识别方法采用信息检索领域经典的 TF-IDF 方法[37]分别对用户的偏好类型和主题构建配置文件，再根据配置文件中的关键词计算两者的匹配度，识别用户潜在的主题偏好。

①用户偏好类型和主题特征描述。

a. 用户偏好文献提取。

文献管理软件中用户阅读文献所留下的记录越多，则表示用户越偏爱该文献。针对用户不同的行为类型，根据重要性程度统一设置对应的权重参数，通过量化这些行为来描述用户对文献的偏好程度。设用户 u 阅读的行为类型集合为 A，行为类型 $a_j \in A$，相应的行为类型的次数为 c_{a_j}，类型权重为 w_{a_j}，则对于文献集合 $D = < d_1, d_2, \cdots, d_i, \cdots, d_z >$，用户 u 对文献 d_i 的偏好程度可以通过公式(6-3)[38]计算：

$$p_{di} = \frac{t_{di}(\sum_{a_j \in A} c_{aj} \cdot w_{a_j})}{\sum_{di \in D} t_{di}(\sum_{a_j \in A} a_{aj} \cdot w_{aj})} \tag{6-3}$$

为了消除文章因难易程度不同而对用户 u 形成的影响，公式(6-3)对用户的阅读行为进行了归一化处理。公式(6-4)中 t_{di} 表示用户 u 阅读文献 d_i 的总时间。由于一篇文献可能多次被阅读，$t_{end}^{(k)}$ 表示第 k 次阅读时文献被关闭的时间点，$t_{start}^{(k)}$ 表示第 k 次阅读时文献被打开的时间点，n 为阅读该文献的总次数。

$$t_{di} = \sum_{1 \leqslant k \leqslant n} [t_{end}^{(k)} - t_{start}^{(k)}] \tag{6-4}$$

将所有文献的被偏好程度按照降序排列，根据阈值或者 *Top-N* 的方式选择用户偏好的文献集合 $D = < d_1, d_2, \cdots, d_l >$。每位用户偏好的文献集合代表一种偏好类型，所以用户与偏好类型是一一对应的关系。

另外，为了反映用户对偏好类型喜好的整体水平，这里用偏好文献集合中所有偏好值的平均值来表示，所以用户 u_i 对其偏好类型 p_i 的偏好程度为：

$$p_{ui,\ pi} = \frac{\sum_{1 \leqslant i \leqslant l} p_{di}}{l} \tag{6-5}$$

其中 l 表示用户偏好的文献集合中的文献的数目。

b. 偏好类型的特征表示和主题的特征表示。

词频—反转文件频率(Term Frequency-Inverse Document Frequency，TF-IDF)方法经常被用于分析用户感兴趣的文献，是建立或更新用户配置文件的常用方法。其中关键的技术是特征选取，即要求表征对象的关键词最好且数量最少。然后利用 TF-IDF 方法通过关键词的权重表示用户的偏好特征或者主题类别特征。

对于前面获得的用户偏好的文献集合 D，其中任意的文献 dj 可以用 k 组关键词表示其特征，为 $d_j = < w_{1j}, w_{2j}, \cdots, w_{ij}, \cdots, w_{kj} >$，而关键词对

文献的重要性可通过公式(6-6)来衡量:

$$w_{ij} = tf_{ij} \cdot idf_i \tag{6-6}$$

公式(6-6)中, $tf_{ij} = \frac{f_{ij}}{\max_z f_{zj}}$, $idf_i = \log \frac{N}{n_i}$。$f_{ij}$ 表示关键词 ki 在第 j 篇文献 dj 中出现的频次，通过文献 dj 中出现的频次最高的关键词出现的次数来消除关键词偏向于长文献的影响。idf 是一个衡量词语普遍重要性的度量。因此，用户对应的偏好类型可以通过用户偏好的 l 篇文献的特征 $D = < d_1, d_2, \cdots, d_l >$ 来表征。运用同样的方法可以描述主题的特征。

②用户主题偏好识别。

在获得用户偏好类型特征和主题特征之后，下面需要计算主题和用户偏好类型的相似性来识别用户潜在偏好的研究方向。用户的偏好类型 p 的配置文件 UserPre(p) 可以用关键词的权重向量 $W_p = < w_{1p}, w_{2p}, \cdots, w_{ip} >$ 表示，其中每个分量表示关键词 ki 对用户偏好类型 p 的重要性。相应地，主题 t 的配置文件 Topic(t) 用 $W_t = < w_{1t}, w_{2t}, \cdots, w_{jt} >$ 表示，其中每个分量表示关键词 kj 在主题 t 中的重要程度。通过两者在关键词上的匹配性可以获得用户的主题偏好。在基于内容的推荐系统中，通过计算两者的相似性，用户的主题偏好 $r_{p,t}$ 可以表示为:

$$r_{p,t} = \text{sim}[\text{UserPre}(p), \text{Topic}(t)] \tag{6-7}$$

$r_{p,t}$ 可以利用向量 W_p, W_t 表示成一个值，例如夹角余弦方法:

$$r_{p,t} = \cos(W_p, W_t) = \frac{W_p \cdot W_t}{\| W_p \|_2 \cdot \| W_t \|_2} \tag{6-8}$$

余弦的值越大，相似度越大。根据公式(6-8)将匹配度最高的主题作为对应用户的研究方向。用户在获得主题类型后就相当于成为该主题社会网络中的一员。

(3)基于社会网络分析的学者推荐

知识的传播可以通过引文网络来体现。一篇文献被引用的次数越多，表明其思想传播的范围越广，对应作者的影响力也越大。将文献引用形成的网络抽象为作者粒度的网络模型，有助于我们分析领域中作者的影响力。文献之间因引用而形成的网络常被称为引文网络，它是引文分析的研究对象，指被施引文献与引用文献之间因引用关系而形成的一种网络，包含图书、论文等之间的参考、援引关系。根据网络节点的不同，引文网络可以分为期刊引文网络、文献引文网络和作者引文网络。网络由“节点”和“边”组成，边代表节点之间的连接。这里将作者视为节点，将文献引用所形成的作者之间的连接视为边，建立作者引文网络。将网络转化为图的结构，只要作者 A 在其文献中参考或引用作者 B 的文献，图中就建立一条作者 A 指向 B 的边。由此，建立了一个作者引文网络的有向图模型。

在一个社会网络中，如果一个行动者与其他行动者存在直接的关联，该行动者就居于中心地位，在该网络中拥有较大的“权力”和影响力。根据这个思想，为了比较作者相对于网络中其他作者的影响力，本节引入“相对点度中心度”[39]的概念来衡量作者在学术领域中的影响力：

$$\text{Influence}(a)=\frac{\text{Degree}(a)}{2(m-1)} \tag{6-9}$$

其中，Degree(a) 表示作者 a 的度，包含“入度”(网络中指向作者 a 的其他学者的数量)和“出度”(网络中作者 a 指向其他学者的相关学者的数量)。m 为网络中所有作者的数量，(m-1) 表示该网络中节点的最大可能的单向连接数，即除了作者自身之外的其他作者的数量。显然，a 与其他学者的连接越多，Influence(a) 的值越倾向 1，即影响力越大。网络中经常用“入度”来表示一个人在社会网络中的受尊敬的程度[40]，而本节在衡量学者的影响力时考虑学者的“出度”是因为学术活跃度也可以作为评定一个学者影响力的重要因素。

(4)基于主题的社会化推荐模型

①推荐模型描述。

前面通过 TF-IDF 方法分别提取用户偏好和主题特征，利用余弦定理计算两者相似性获得用户的主题偏好，然后通过社会网络分析方法分析主题网络中作者的影响力。通过上述两个部分的结合可以获得特定主题网络中学者的影响力模型。考虑到学术网络中学者之间的引用可能不止出现一次，即可能出现一篇文献中多次引用某一作者的多篇文献，也可能在不同的文献中引用某作者的同一篇文献的情况。所以整合上述所有因素时需要引入“文献被引量”来区别同一作者发表的不同文献的影响力。

本节提出的基于社会网络的个性化推荐方法根据用户相应的主题偏好，依赖领域中作者的影响力来进行文献推荐。产生推荐的基本思想有三个：越接近用户兴趣的主题越值得被推荐；作者影响力越大的文献越值得被推荐；

被引量越高的文献越值得被推荐。涉及四种关系：用户与偏好类型之间的关系、偏好类型与主题类型之间的关系、主题类型与作者之间的关系和作者与文献之间的关系。假设使用软件的用户集合 $U = < u_1, u_2, \cdots, u_e >$，对应的用户偏好类型集合 $P = < p_1, p_2, \cdots, p_e >$，主题网络的类型集合 $T = < t_1, t_2, \cdots, t_n >$，作者集合 $A = < a_1, a_2, \cdots, a_m >$，文献集合 $D = < d_1, d_2, \cdots, d_l >$，用 $P_{e\times e}$ 表示用户—偏好矩阵，$R_{e\times n}$ 表示偏好—主题的相似性矩阵，$I_{n\times m}$ 表示主题—作者影响力矩阵，$C_{m\times l}$ 表示作者—文献被引量矩阵，则根据用户的研究兴趣，通过矩阵连接的方式获得的文献被推荐价值为：

$$\text{Recommend}(U) = P_{e\times e} \cdot R_{e\times n} \cdot I_{n\times m} \cdot C_{m\times l} \tag{6-10}$$

公式(6-10)中四种矩阵的表示方法如下：用户—偏好矩阵 $P_{e\times e} = \begin{bmatrix} p_{u1,\ p1} & \cdots & p_{u1,\ pe} \\ \vdots & \ddots & \vdots \\ \cdots & \cdots & p_{ue,\ pe} \end{bmatrix}_{e\times e}$，其中行代表用户，列代表偏好类型，矩阵中每一个元素根据公式(6-5)计算用户对偏好类型的偏好值，因为用户偏好的文献集合存在很大的差异性，所以基本上每一位用户对应一种偏好类型；偏好—主题的相似性矩阵 $R_{e\times n} = \begin{bmatrix} r_{p1,\ t1} & \cdots & r_{p1,\ tn} \\ \vdots & \ddots & \vdots \\ \cdots & \cdots & r_{pe,\ tn} \end{bmatrix}_{e\times n}$，其中行代表偏好类型，列代表主题类型，矩阵中每一个元素根据公式(6-8)计算偏好类型和主题的相似度；主题—作者影响力矩阵 $I_{n\times m} = \begin{bmatrix} i_{t1,\ a1} & \cdots & i_{t1,\ am} \\ \vdots & \ddots & \vdots \\ \cdots & \cdots & i_{tn,\ am} \end{bmatrix}_{n\times m}$，其中行代表主题，列代表作者，矩阵中的元素根据公式(6-9)计算，表示作者在某主题下的影响力，如果作者在某主题下没有发表文章，则表示其在该主题下的影响力为0；作者—文献被引量矩阵 $C_{m\times l} = \begin{bmatrix} c_{a1,\ d1} & \cdots & c_{a1,\ dl} \\ \vdots & \ddots & \vdots \\ \cdots & \cdots & c_{am,\ dl} \end{bmatrix}_{m\times l}$，其中行代表作者，列代表文献，矩阵中的元素表示作者 a_i 的第 j 篇文献 d_j 的被引量，如果作者 a_i 没有发表文献 d_j，则引文量 $c_{ai,\ dj} = 0$。

通过公式(6-10)获得文献的推荐价值后，对其排序，将价值量高的文献优先推荐给用户。这种方法保证了主题下的核心文献被优先推荐给用户的可能性。

②模型解释。

公式(6-10)表示按照用户所属学术社会网络向读者进行文献推荐的方法。首先识别用户偏好的文献，然后将用户对该偏好文献集合(偏好类型)的喜好转变为一个数值，用在第一个矩阵(用户—偏好矩阵)中来表示用户对该偏好类型的偏好程度，如果用户 A 喜好偏好类型 B，那么就按照公式(6-5)来计算偏好值，否则喜好程度为 0。第二个矩阵(偏好—主题相似性矩阵)根据偏好类型和主题的配置文件来计算两者之间的相似性，匹配度高的主题具有被优先推荐的可能。第三个矩阵(主题—作者影响力矩阵)计算作者在学术网络中的影响力，这个矩阵能很好地反映交叉领域研究学者的影响力。第四个矩阵(作者—文献被引量矩阵)直接载入作者文献被引用的情况，作为文献推荐的基础数据。前两个矩阵的乘积可以识别用户的研究兴趣，并找到用户归属的学术社会网络，后面两个矩阵的乘积是为了获得网络中最合适的文献来产生推荐。通过公式(6-10)的矩阵连接的方式可以根据每一种偏好类型、每一个主题、每一位作者以及每一篇文献来为用户进行个性化文献推荐。

本节提出的模型在识别学术社会网络时以一种灵活组合的方式呈现，即根据用户的研究方向识别个性化的学术社会网络。由于用户的研究深度和角度不一样，任意两个人不可能被归为完全相同的学术社会网络中，所以即使两个人的研究兴趣相似，识别出来的网络仍然会不同，从而推荐的文献也会存在差别。显然，这种方法需要强大的运算能力的支撑，因为对于所有使用文献管理软件的用户而言，处理次数为 e、e、n、m、l，其中不乏对同一篇文献的多次计算。

6.2.4　基于社会网络的科技文献个性化推荐框架与流程

基于科技文献个性化推荐系统框架，结合本节提出的基于社会网络分析的个性化推荐模型，这里给出详细的基于社会网络的科技文献个性化推荐框架(见图 6-3)，并对推荐流程进行介绍。

具体的推荐流程如下：

①文献管理软件采集所有用户对文献的分类层次结构，按照公式(6-1)和(6-2)构建主题云，并对在线文献库中所有的文献按照主题进行归类；

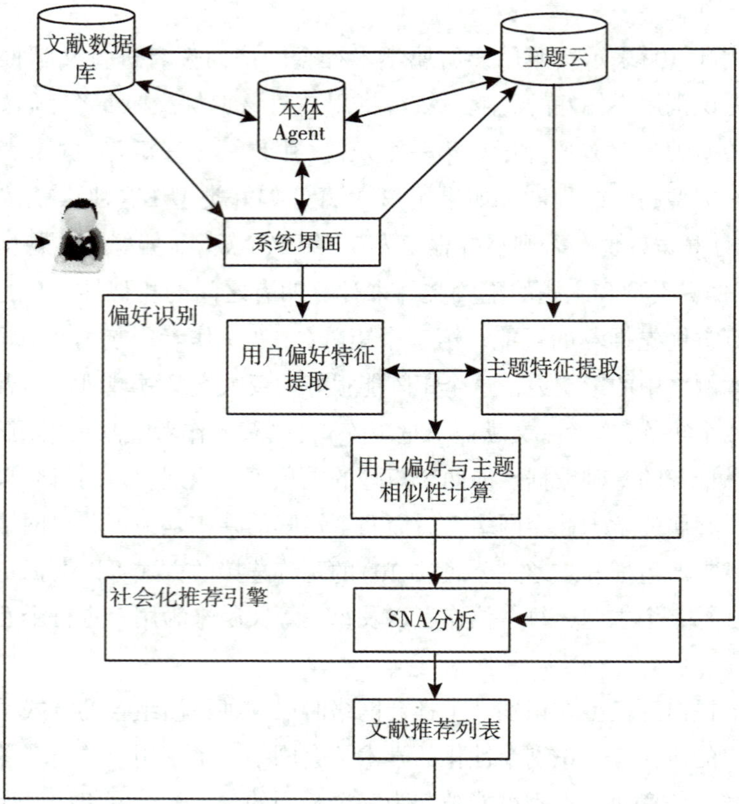

图 6-3　基于社会网络的科技文献个性化推荐框架

②采集用户对下载文献的阅读行为记录，根据公式(6-3)获得用户对文献的偏好值，然后筛选出符合要求的文献，并按照公式(6-5)计算用户对偏好文献集合(偏好类型)的总偏好程度；

③按照公式(6-8)计算用户的偏好类型与主题云中主题的相似性，识别用户偏好的主题类型；

④根据公式(6-9)计算在线文献库中主题引文网络中作者的影响力；

⑤获取文献库中文献的被引量；

⑥根据用户的研究兴趣利用公式(6-10)计算文献的被推荐价值，对值排序，按照用户要求向用户进行文献推荐。

6.3　知识网络社区中基于声誉的社会化信息推荐

本节旨在通过研究科学网中用户的社会化行为，在标准协同过滤推荐的基础上探究声誉的发展机制。本节模拟用户的打分过程，利用信任来改进用户评分。同时研究用户声誉在资源选择过程中的作用，与项目的声誉结合来解决同质资源泛滥的问题。实验结果显示，基于声誉的社会化协同过滤推荐方法能更准确地反映用户的偏好情况和资源的质量，从而提高推荐的准确率。

6.3.1　问题的提出

随着互联网的发展，网络上用户之间形成的关系已经成为线下关系的一种投影，因此研究网络上用户的行为具有重要的意义。互联网身份由先前的匿名演变到现在的半匿名状态，甚至部分网站开始实名化发展，这种发展趋势代表着用户开始意识到长期的知识输出所存在的价值，而互联网也乐于提供这种有益于网络良性发展的土壤，如网络上经常采用积分或者等级的形式来有意识地给用户形成一种荣誉感，从而形成一种围绕着知名用户或者资深用户不断向外传播价值、继而持续发展的网络社区氛围。所以在这个越来越注重用户黏性的网络时代，人们在现实之外可以重塑另一种身份，甚至与线下的身份相辅相成形成个人的荣誉。本节将用户由于知识的交换而形成的网络社区称为知识网络社区。知识网络社区的特征可以简单描述为：用户UGC(User Generated Content)模式自发产生内容；用户可以对他人的内容表明自己的态度；可追踪表明态度的用户的信息；用户的身份具有累积的效应。如知识型问答网站——知乎和科学研究分享平台——科学网等都具有这样的特征，然而前者用户多为匿名身份，后者则实名居多。本节以科学网为例来研究基于声誉的协同过滤推荐方法。

个性化推荐服务以一种主动预测用户喜好并积极推荐的方式来辅助搜索引擎的发展。在个性化推荐领域使用比较广泛的是协同过滤推荐方法，尤其是基于用户的协同过滤推荐。这其实也代表着在人工智能领域，人与人之间的关系所发挥的作用越来越受到重视。而这种关系由于社会网络分析的发展，逐渐从相互认识的用户之间的关系扩展到陌生用户之间的关系，并积极应用于个性化推荐中，如基于好友的个性化推荐、基于信任的个性化推荐等。然而，基于相互认识用户的个性化推荐往往会带来数据稀疏等问题，因此部分学者的研究重心集中于由相识用户出发传递到陌生用户的信任机制的挖掘与应用，也就是我们常见的基于信任的推荐机制。关于信任，我们能够从文献中发现多种定义，整体上可以分为两种：一种是在特定的情景下的用户对另一个用户的信任，另一种是基于情景下的整体相关用户对某个用户的信任。然而，这些定义的共同点是主体基于对象可靠性、完整性以及价值等特征所表现出来的信心和期望等。信任的对象可以是行为主体或者项目等。一般对象的可信度与其可靠性、有用性以及受欢迎程度等有很大的关系。这里，我们将用户认为对象可以满足其预期的程度来定义一个用户对其他对象的信任值。声誉是源于公众直接或者间接的知识以及经验而形成的信任的累积。在本节的研究中，我们定义声誉为用户或者博文可以满足许多人期望的程度。基于内在的信任，用户得以产生信任相关的行为。信任行为在本节中可以理解为用户对一个对象表现出兴趣而产生的行为，如用户推荐、博文评论等。本节以科研网为例，通过调研科学网中用户的行为来评估用户的信任，并基于大众的信任来衡量用户声誉。用户声誉可以看成是用户传统声誉在互联网环境的自然延伸。另一方面，由于搜索引擎和个性化推荐的共同发展，网络资源问题由早期的泛滥发展到同类优质资源过多的现状，具体表现在由用户的转载等行为而导致对原创作者的忽视等问题。基于此，本节根据用户行为来衡量博文的声誉，以此获得相对客观、可比较的结果。此外，个性化推荐服务中用户打分水平不一致是一直存在的问题，本节考虑到信任在用户评分中的作用，通过信任来调节用户评分，从而降低由于用户打分标准的不一致而导致在计算用户相似性的过程中产生的偏差。

在感知当下互联网环境中用户对个人声誉逐渐重视的情形下，本节探究声誉在个性化推荐服务中的发展机制。本节研究的基于声誉的社会化信息推荐服务方式是对基于用户的协同过滤推荐方式的扩展机制。

6.3.2 基于用户信任的评分调节

个性化推荐服务的基本步骤一般分为两步或者三步：首先，计算用户之间的相似性；其次，根据用户之间的相似性来预测目标用户对某个项目的打分情况；最后，依据一定的条件向用户进行项目推荐，或者省略第二步直接根据用户之间的相似性来进行用户推荐，后者在社交网络环境中比较常见。

本节在实际操作过程中将用户对博文的偏好转换成一元评分，即如果用户明确“推荐”(网站中用户对博文的一种行为)某篇博文，那么用户对该博文的评分为1，否则为0。这样我们得到所有用户对博文的打分情况。显然，在将用户对博文的偏好转变成一元评分后，不能利用以往计算相似性的方法(如余弦距离、皮尔逊相关系数等)来获得用户之间的相似性。然而，具体分析用户的打分情形时，不难发现，当用户在面对不同作者的博文时，即使是给予相同的分数，分数所代表的意义依然不同。比如，用户阅读并推荐知名作者及其作品的几率要更大。所以，本节在用户对博文基本评分的基础上，加入用户对作者的认同感，以此来调节用户对博文的打分值。这里将用户对作者的认同感归为单方面的信任。

(1)用户间的信任

知识网络社区中，用户因为一定的目的而产生互动。这种互动积累到一定的程度，必然由用户对信息内容的认可，转化为对作者本身的认可。本节将这种基于知识认可基础上对人的认可，定义为用户间的信任。具体表现为用户对博文所产生的实名推荐行为。信任可以分为依赖性信任和决定性信任：依赖性信任可以将信任看成是一种主观的概率，而决定性信任是在相对安全的环境中，尽管可能产生不好的后果但依然形成的信任关系。本节所指的信任即用户因为长期的行为积累所形成的依赖性的信任。为了方便描述，这里将发表博文的用户称为作者，而一般的推荐者称为用户。实际情形中，一个用户既可以是作者，也可以是推荐者。

考虑到一位用户不可能喜欢同一位作者的所有博文，而一篇博文也不可能被所有用户喜爱，因此本节提出公式(6-11)来衡量用户对作者的信任。这里将用户基于对博文的推荐而表现出来的对用户的信任通过所有相关用户的最大化值来进行规范化，从而具有可比较性。用户 ui 对作者 uj 的信任 $t_{ui,\ uj}$ 见公式(6-11)。

$$t_{ui,\ uj}=\frac{\sup(ui,\ uj)}{\max[\sup(ui,\ uj)_{ui}]\cdot\max[\sup(ui,\ uj)_{uj}]} \tag{6-11}$$

其中，$\sup(ui,\ uj)$ 表示用户 ui 推荐作者 uj 的博文的篇数；$\max[\sup(ui,\ uj)_{ui}]$ 表示用户 ui 推荐某一作者最多的次数；$\max[\sup(ui,\ uj)_{uj}]$ 表示作者 uj 被某一用户推荐最多的次数。注意，一位用户对一篇博文仅有一次推荐的机会。这样根据公式(6-11)获得用户之间的信任值 $t_{ui,\ uj}$，范围在[0，1]之间。

(2)评分调节

根据用户之间的信任对打分进行调节，见公式(6-12)。

$$R_{ui,\,n} = t_{ui,\,uj} \cdot r_{ui,\,n} \tag{6-12}$$

其中 $r_{ui,\,n}$ 为原先用户 ui 对博文 n 的打分。

将公式(6-11)代入公式(6-12)，获得同一用户对不同博文的打分情况，以及不同用户对同一博文的打分情况。本节调节后的评分范围为[0，1]。

6.3.3 用户与项目的声誉评估

(1)用户声誉

随着用户在平台中输出的知识量的累积，用户开始在虚拟社区中承担某些社会角色，形成一定的社会影响力。社区中的其他成员则会受到其潜在的影响，比如当在该平台中寻求帮助时，用户往往更容易接受影响力高的用户所提出的观点或者介绍的信息资源。

声誉是一种累积的效应。网络环境下，用户通过自己的知识输出，为他人解决问题的同时也为自己带来一定的影响力。这种影响力继而可以成为他人快速寻求帮助的资源。用户在科学网中可以进行博文发表、用户访问、博文评论和推荐以及加好友等行为。声誉是大众对用户的一种整体评价。现实生活中，经常因为某个人的名声而进行访问或者作品阅读等，而互联网的发展为其提供了更加简单、便捷的方式。根据用户之间的行为可以获得某个用户在一定社群中的影响力，这种影响力可以被认为是声誉的直接表现。根据科学网中用户的基本的信息：访问量、好友数、发表博文的数量和用户自身的活跃度，我们可以获得用户的声誉。

纵观评价指标的发展，无论是对信息质量的评价，还是以人为对象来进行评价，其中都不乏通过其他对象的反馈情况来获得对该对象的整体评估，如 Google 的 PageRank 评价指标将跳出页面和跳入页面的数量作为衡量页面重要性的指标，社会网络分析[39]中通过“入度”和“出度”来衡量一个网络节点的重要性等。因此，如果将与信息有关的行为主体分为信息发送方和信息接收方，那么信息发送方是资源拥有者为了获得关注或者社会影响力而发起的信息传播行为，信息接收方是他人或者对象因为相关需求而自动进入或跳转到相关资源区域进行其他活动的行为主体。通过对这些评价指标的分析，不难看出当评价一个行为主体的影响力时，经常采用资源本身(或拥有者)的贡献价值和其他对象的回应来评价资源(或拥有者)。而在科学网中，用户的贡献价值主要表现在用户发表的博文信息以及对其他用户的访问、评价、推荐等行为中，而其他用户对该用户的反应主要表现在如访问、评价、推荐和加好友等行为中。这里，一方面我们利用用户之间的四种信息来衡量用户的声誉：发表博文的数量，用户的活跃度(该网站衡量一个用户活跃程度的固有指标)，访问量及其好友数。用户发表的博文越多，用户越活跃，那么其向外传递的能量就越多。另一方面，其他用户访问该用户的数量越多，加为好友的数量越多，表明用户越信任该用户。本节给出用户 uj 的绝对声誉的计算方式，见公式(6-13)。

$$Rep_{uj} = \frac{N\_vis(uj) \cdot N\_fri(uj)}{N\_arti(uj) \cdot acti(uj)} \tag{6-13}$$

其中，$N\_vis(uj)$ 是用户 uj 的总访问量，$N\_fri(uj)$ 是用户 uj 的好友数量，$N\_arti(uj)$ 是用户 uj 发表的博文的数量，$acti(uj)$ 是用户 uj 的活跃度。

部分用户出于保密措施等原因而导致数据缺失的问题，本节通过填充所有用户的声誉平均值来解决。

(2)项目声誉

除了通过用户声誉来衡量用户在一定领域内所具有的地位，本节同样对项目给出一个指标来衡量其受欢迎的程度，这里称为项目声誉。本节中的项目具体指博文。由于科学网中的博文多为科研心得以及对领域最新发展的报道和评述等，所以博文的声誉值是衡量一篇博文是否值得推荐的重要指标。虽然博文探讨的是相同的热点，但是由于作者的视角不同而增加新的价值，所以依然具有不同的阅读意义，不同于一般的热点新闻，而是具有很高的推荐价值。

在研究的过程中，笔者发现影响博文声誉的因素主要有博文的评论数量、实名推荐人的数量、博文的阅读量以及发表的天数。博文的评论数量、推荐人的数量以及博文的阅读量越大，说明博文越受欢迎。但是时间的长短与博文被用户发现的概率有直接的关系，所以本节考虑时间影响因子来消除时间对博文声誉的影响。博文声誉的计算方法见公式(6-14)和(6-15)，分别为博文的绝对声誉 H_n 和相对声誉 $\hat{H}_n$。

博文的绝对声誉，见公式(6-14)。

$$H_n = \frac{N\_rec(n)}{N\_read(n)} \cdot N\_rev(n) \cdot \frac{1}{N\_dat(n)} \tag{6-14}$$

其中，$N\_rec(n)$ 是实名推荐的用户的数量，$N\_read(n)$ 是博文的阅读量，$N\_rev(n)$ 是博文的评论数，$N\_dat(n)$ 是距离数据采集时间点，博文发表的天数。本节将"$N\_rec(n)/N\_read(n)$"称为用户的满意度系数，将"$1/N\_dat(n)$"称为时间影响因子。

博文的相对声誉，见公式(6-15)：

$$\hat{H}_n = \frac{H_n}{\max(H_n)} \tag{6-15}$$

其中，$\max(H_n)$ 是绝对声誉最大的博文的声誉，$\frac{1}{\max(H_n)}$ 可以看作归一化因子。$\hat{H}_n$ 在[0，1]之间。

6.3.4 基于声誉的社会化协同过滤推荐原理及算法

(1)用户相似性计算

本节采用皮尔逊相关系数，通过比较用户 ui 和 uj 对共同打分项目的评分情况来获得两者之间的相似度，见公式(6-16)，这里的项目指具体的博文。

$$\text{sim}(ui, uj) = \frac{\sum_{n \in S_{ui,uj}} (R_{ui,n} - \overline{R_{ui}})(R_{uj,n} - \overline{R_{uj}})}{\sqrt{\sum_{n \in S_{ui,uj}} (R_{ui,n} - \overline{R_{ui}})^2 \sum_{n \in S_{ui,uj}} (R_{uj,n} - \overline{R_{uj}})^2}} \tag{6-16}$$

其中，$S_{ui,uj}$ 为两者共同评分过的博文项目集合，$\overline{R_{ui}}$ 为用户 ui 的平均打分值，$R_{ui,n}$ 为用户 ui 对项目 n 的评分值。

(2)用户评分预测

在以往基于用户的协同过滤推荐来预测评分的基础上，不同用户与目标用户即使在相似性相同的情况下，声誉值较大的用户往往会发挥更加显著的作用。同时，博文自身的声誉效应会对推荐产生一定的作用。因此，本节提出通过目标用户 ui 近邻集中的用户的声誉和相似程度以及博文的声誉来向目标用户进行博文推荐。预测评分的计算方式见公式(6-17)：

$$p_{ui,\ n} = \overline{R_{ui}} + \frac{\sum_{uj \in neigh(ui)} \text{sim}(ui,\ uj) \times Rep_{uj} \times (R_{uj,\ n} - \hat{H}_n - \overline{R_{uj}})}{\sum_{uj \in neigh(ui)} |\text{sim}(ui,\ uj) \times Rep_{uj}|} + \hat{H}_n \tag{6-17}$$

其中，$neigh(ui)$ 是与目标用户 ui 相似的近邻集，Rep_{uj} 是用户 uj 的绝对声誉值；$\hat{H}_n$ 为博文的相对声誉。公式(6-17)将用户之间的相似性和其他用户自身的声誉作为预测偏差的两个重要因子，同时引入博文的声誉来加强推荐的效果。

由于用户的评分在经过调节以后所处的范围为[0，1]，所以本节在推荐过程中采用博文的相对声誉 $\hat{H}_n$ 来对推荐进行优化设计，防止因为数量级的不同对评分产生过多的影响。

(3)算法描述

算法名称：RC_Rank( )

输入：用户对博文的评分数据(用户，博文，评分)；用户的声誉数据(用户，声誉)；博文的声誉数据(博文，声誉)。

输出：对博文预测评分值进行排序，并将前 N 个项目输出推荐给目标用户。

伪代码：

```
Init(User, Item): Load(User, Item)
//初始化目标用户 u 的近邻用户集合 User 以及没有选择过的项目集合 Item.
Begin
    For each i in Item do
    //对项目集合 Item 中的项目进行如下操作
    {
        For each uj in User do
        //对近邻集中的每一个用户进行如下操作
        {
            GetRep (uj)//利用公式(6-13)获得用户的绝对声誉值
        }
        GetHi(i)//利用公式(6-15)获得项目的相对声誉值
```

CalRank(i)//利用公式(6-17)预测目标用户 u 对项目 i 的打分值

}

Output(Rank(Item), top-n)

//将项目按照预测的分数降序排列，输出项目列表的前 n 项

End

6.3.5 实验结果与分析

本节以科学网为例，任意采集某一用户的好友信息、这些好友发表的博文的基本信息，以及对这些博文产生过“推荐”行为的用户的基本信息。在数据预处理阶段，本节对用户的信息进行匿名化处理。本节的实验环境为 win8 的 64 位操作系统，CPU 处理器 1.80GHz，内存(RAM)4.00GB。运用 Python 语言进行实验。

(1)数据集

本节利用网络爬虫工具采集科学网中部分用户和博文的信息。采集到的有效用户总数为 2816 人，博文总数为 4631 篇，共有 24143 条用户对博文的推荐记录。采集的用户基本信息为{用户名，博文量，访问量，活跃度，好友数}，博文基本信息为{博文名，作者，发表时间，博文阅读量，评论数，推荐人数量，推荐人名称}。

(2)实验方法与检验标准

本节采用 5 折交叉验证法与标准的基于用户的协同过滤推荐方法对比来检验推荐的性能，即将数据集等分为 5 份，其中 1 份作为测试集，剩下的 4 份作为训练集，这样循环进行 5 次，根据所有用户的推荐效果来验证推荐算法的可靠性和有效性。本节在实验过程中选择使用近邻集中的前 10 位用户来进行推荐，同时将推荐项目的数量确定在前 10 项。以此确保在进行对比实验的过程中条件的一致性。

检验个性化推荐性能的标准有很多种，如平均绝对误差(Mean Absolute Difference，MAE)、均方根误差(Root Mean Square Error，RMSE)、准确率(Precision)和召回率(Recall)等。考虑到推荐的目的是将用户最有可能偏好的 N 篇博文主动推荐给用户，以供用户选择。准确率可以很好的衡量推荐

的这种效果。由于用户偏好的多变性，以及偏好变化的非规律性，我们认为推荐方法达到筛选出用户可能偏好的项目的目的即可。所以，本节采用推荐准确率(Precision)来衡量算法的有效性。

将博文按照预测到的评分值进行排序，将排名前 N 的博文推荐给目标用户。本节选择 $N=10$ 来进行实验。

$$Pre = \frac{N_{(\mathrm{A}\cap\mathrm{B})}}{N_{\mathrm{A}}} \tag{6-18}$$

其中，$N_{(A\cap B)}$ 表示根据算法进行推荐，同时也被用户接受的项目的数量；N_A 表示推荐算法所预测到的项目的个数。Pre 越大说明推荐算法性能越好。

(3) 实验结果与分析

本节将提出的基于声誉的协同过滤推荐方法(Reputation Based Collaborative Filtering Recommendation，Reputation_CF)与基于用户的协同过滤推荐方法(User Based Collaborative Filtering Recommendation，User_CF)进行对比，见图 6-4。图中共有 6 组对比数据，前 5 组是通过 5 折交叉验证法分别进行的实验对比数据，第 6 组是将前 5 组实验的数据平均后所得的对推荐性能的比较。

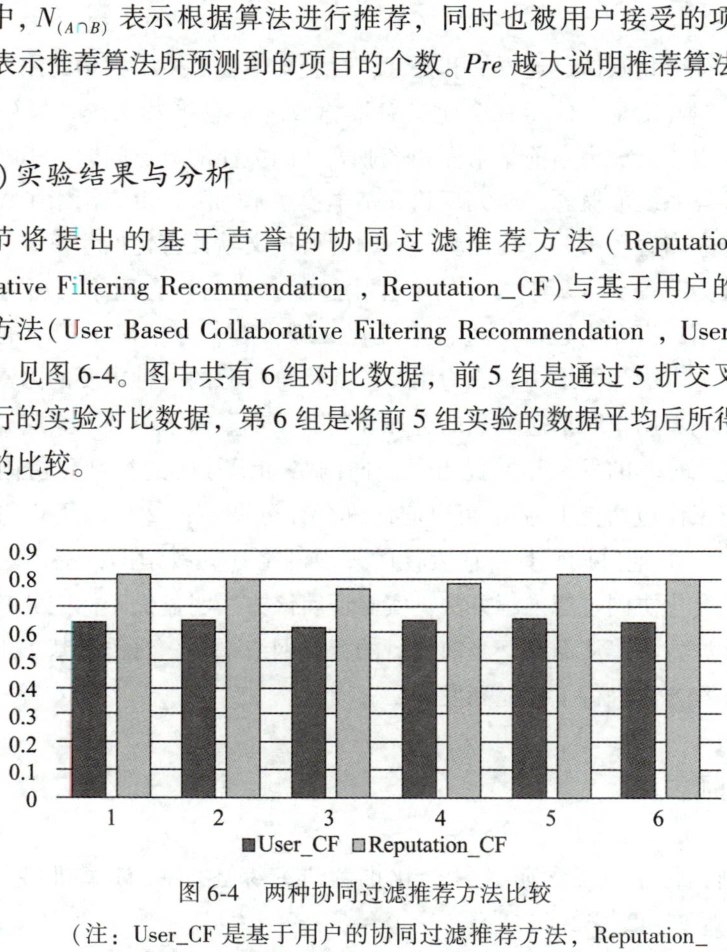

图 6-4　两种协同过滤推荐方法比较

(注：User_CF 是基于用户的协同过滤推荐方法，Reputation_CF 是基于声誉的协同过滤推荐方法。)

从图 6-4 可以看出，Reputation_CF 明显优于 User_CF。根据 5 组数据的平均结果显示，Reputation_CF 在 User_CF 的基础上提升了 24%的性能。同时两种方法在数据集上的表现良好，具有较好的稳定性。因此，实验证明在知识网络社区中，声誉在用户接受信息资源的过程中具有很重要的作用。本节提出的基于用户声誉的社会化协同过滤推荐方法在一定程度促进了协同过滤推荐方法的发展。

本章小结

当前社会化媒体迅速发展和兴起，社交媒体上产生了大量的用户和项目的社会化属性信息，使得社会化信息推荐成为信息推荐系统领域研究的热点，同时也逐渐成为当前学术界和产业界共同关注的热点问题。本章在介绍社会化推荐系统的概念、研究现状和基本模型基础上，重点探索了以下两个方面的研究内容：第一，提出基于主题的科技文献社会化推荐模型，以文献管理软件为背景，将基于内容的个性化过滤方法与社会网络分析方法相结合，根据用户潜在主题偏好进行个性化文献推荐，并给出了相应的设计框架。第二，考虑到网络声誉成为用户接受信息资源的一种重要的因素，正在深刻地影响着用户对信息资源的选择和判断。本章探索声誉因素应如果推动社会化信息推荐的发展，并提出了面向网络知识社区的社会化协同过滤推荐，研究工作包括：① 基于用户信任进行评分调节；②提出用户与项目的声誉算法；③ 通过调研具有代表性的知识网络社区科学网，提出一种基于声誉的社会化协同过滤推荐方法，实验证实该方法明显优于标准的基于用户的协同过滤方法，从而基于当前流行的社交网络平台，对传统基于用户的协同过滤推荐方法进行了扩充和发展。

参考文献

[1] 王刚，蒋军，王含茹．社会化推荐研究综述[J]. 计算机科学，2018(11)：37-42，62.
[2] 宋鹏，梁吉业．主流价值导向：社会化推荐的关键维度[N]. 光明日报，2019-09-20(11).
[3] 孟祥武，刘树栋，张玉洁．社会化推荐系统研究[J]. 软件学报，2015(6)：1356-1372.

[4] Jannach D, Geyer W, Dugan C, et al. RecSys 09: Workshop on recommender systems and the social Web[C] // ACM Conference on RecSys 2009. New York: ACM Press, 2009: 421-422.

[5] Freyne J, Anand S S. Recommender systems and the social Web[C] // ACM Conference on RecSys 2011. New York: ACM Press, 2011: 383-384.

[6] Mobasher B, Jannach D, et al Recommender systems and the social Web [C]// ACM confence on RecSys 2013 ACM Press, 2013: 477-478.

[7] 冯敏，姚伟，刘静．情报学中信息社会化推荐的理论研究[J]. 情报理论与实践，2011(8): 26-30, 25.

[8] 姚伟．面向社会化推荐的隐性知识交流研究[J]. 图书情报工作，2012(16): 42-47, 131.

[9] 胡昌平，张晓颖．社会化推荐服务中的用户体验模型构建[J]. 情报杂志，2014(9): 181-186.

[10] 丁安，姚伟．社会化推荐在知识集成中的应用研究[J]. 图书馆论坛，2012(6): 1-5.

[11] Li X, Chen H. Recommendation as link prediction in bipartite graphs: A graph kernel-based machine learning approach. Decision Support Systems, 2013, 54(2): 880-890.

[12] 胡吉明，林鑫．基于用户—资源—词汇三部图的社会化推荐算法设计与实现[J]. 情报理论与实践，2016(3): 130-134.

[13] Li J, Ma S, Hong S. Recommendation on social network based on graph model[C] //The 31th Chinese Control Conf. Washington: IEEE Computer Society, 2012: 7548-7551.

[14] 严素蓉，冯小青，廖一星．基于矩阵分解的社会化推荐模型[J]. 清华大学学报(自然科学版)，2016(7): 793-800.

[15] 文俊浩，戴大文，余俊良．计算机科学，融合矩阵分解与距离度量学习的社会化推荐算法[J]. 计算机科学，2018(10): 196-201.

[16] 王磊，任航，龚凯．基于多维信任和联合矩阵分解的社会化推荐方法[J]. 计算机应用，2019(5): 1269-1274.

[17] 熊丽荣，刘坚，汤颖．基于联合概率矩阵分解的移动社会化推荐[J]. 计算机科学，2016(9): 255-260, 265.

[18] 潘一腾，何发智，于海平．一种基于信任关系隐含相似度的社会化推

荐算法[J]. 计算机学报, 2018(1): 65-81.
[19] 郭磊, 马军, 陈竹敏. 一种信任关系强度敏感的社会化推荐算法[J]. 计算机研究与发展, 2013(9): 1805-1813.
[20] 李卫疆, 齐静, 余正涛等. 融合信任传播和奇异值分解的社会化推荐算法[J]. 计算机工程, 2017(8): 236-242.
[21] 孙雨生, 李扬, 朱礼军. 国内社会化推荐研究进展: 架构与应用[J]. 图书馆学研究, 2019(10): 2-10.
[22] 刘迎春, 朱旭, 谢年春等. 基于数据挖掘的专业可信回答者个性化推荐——以 Stack Overflow 问答社区为例[J]. 现代教育技术, 2019(5): 78-84.
[23] 陈晨, 侯景瑞, 吴任力等. 基于多源混合标签的社会化问答社区问题推荐方法研究[J]. 情报科学, 2019(7): 139-145.
[24] 陈杰, 刘学军, 李斌等. 一种基于用户动态兴趣和社交网络的微博推荐方法[J]. 电子学报, 2017(4): 898-905.
[25] 马慧芳, 贾美惠子, 张迪等. 融合标签关联关系与用户社交关系的微博推荐方法[J]. 电子学报, 2017(10): 112-118.
[26] 琚春华, 鲍福光, 许翀寰. 基于社会网络协同过滤的社会化电子商务推荐研究[J]. 电信科学, 2014(9): 80-86.
[27] 蔡志文, 林建宗. 面向社会化电子商务的信任感知协同过滤推荐方法[J]. 计算机应用, 2015(1): 161-171.
[28] 徐旋旋, 肖迎元, 许庆贤. 基于社交网络的个性化旅游景点推荐方法[J]. 天津理工大学学报, 2017(4): 46-50, 56.
[29] 刘思宇, 陈挺. 基于社交网络的餐厅群体推荐模型及系统设计[J]. 科技创新与应用, 2019(18): 27-30.
[30] 王扶东, 俞立群. 垂直学习社区基于学习兴趣与风格的社会化推荐算法[J]. 小型微型计算机系统, 2020(1): 24-29.
[31] 宋歌. 网络分析方法在引文分析中的整合研究 [J]. 中国图书馆学报, 2011(4): 106-114.
[32] 赵飞. 常用文献管理软件功能比较[J]. 现代图书情报技术, 2012(3): 67-72.
[33] 翟中会, 李凌, 蔡勤. 基于文献管理软件的参考咨询工作流优化[J]. 新世纪图书馆, 2019(5): 36-39.

[34] Ido G, David C. Social recommender systems [A]. The 20th international conference companion on World wide web [C]. New York: Association for Computing Machinery, 2011: 283-284.

[35] Guarino N, Giaretta P. Ontologies and knowledge bases: Towards a terminological clarification [J]. Towards very large knowledge bases: Knowledge Building and Knowledge Sharing , 1995: 25-32.

[36] Hendler J. Agents and the semantic web [J]. IEEE Intelligent Systems, 2001, 16(2), 30-37.

[37] 周源，刘怀兰，杜朋朋等．基于改进 TF-IDF 特征提取的文本分类模型研究[J]. 情报科学, 2017(5): 111-118.

[38] Carmagnola F, Vernero F, Grillo P. Advanced social recommendations with SoNARS++[J]. Interacting with Computers, 2014, 26(1): 75-88.

[39] 刘军．社会网络分析[M]. 北京：社会科学文献出版社，2004.

[40] Jong-Soo S, Un-Bong B, In-Jeong C. Contents recommendation method using social network analysis [J]. Wireless Personal Communications. 2013, 73(4): 1529-1546.

第 7 章　基于情境感知的信息推荐系统

随着移动互联网络和智能手机等技术的发展，面向泛在环境下的个性化信息推荐服务将成为信息服务研究的新热点。传统“用户—资源”二维推荐服务模型存在信息资源与用户需求匹配过程中自适应性不够等问题，导致个性化信息服务质量不高。针对泛在环境下用户个性化信息需求具有情境敏感性，本章研究基于情境感知的信息资源推荐服务的理论、模型与方法，首先探讨基于情境感知的信息推荐在个性化信息服务中的研究意义，并介绍目前国内外相关的研究现状及存在的问题，在此基础上针对相应的应用领域，从不同研究视角提出相应的基于情境感知的信息推荐方法，包括：①提出一种融合物理情境、偏好情境以及网络情境的多维信息推荐服务模型、算法和体系结构；②将贝叶斯分类和传统协同过滤技术结合，提出一种基于情境感知的信息协同推荐方法；③为了识别不同情境对于信息推荐所起的不同作用，提出“情境条件熵”来度量用户的情境感知度，提出一种基于情境感知的移动阅读个性化信息推荐模型，利用情境条件熵计算不同情境属性的权重，并将其与传统的协同过滤推荐算法结合。最后，选取科学网博文开展实验研究。因此，本章对基于情境感知的信息推荐做了有益的尝试，为目标用户在泛在环境下提供实时、精准的个性化信息推荐服务。

7.1　情境感知信息推荐的提出

7.1.1　情境感知推荐——个性化信息服务新模式

随着信息和网络通信技术的迅猛发展，信息服务正经历着重大的变革。以4G技术、WiFi和智能手机等为代表的移动通信技术的普及和发展，使得泛在环境更具可触摸性，随时随地可提供服务的方式，使得数字信息资源服务理论和技术手段必须适应泛在环境的新要求。因此，面向泛在环境的新型信息服务方式将成为信息服务领域研究的新热点。随着数字信息资源的增加，信息数量呈几何级数增长，信息服务领域面临“信息丰富、但有用信息获取困难”的窘境。一方面，网络中的海量信息资源出现信息过载现象；另一方面，用户被这些信息所包围着，却无法从中有效获取自己所需的信息资源。针对该问题，个性化信息推荐服务应运而生，它能够在分析预测用户需求基础上主动推送其可能需要但又无法获取的有用信息，并能够以用户为中心，通过研究用户行为、兴趣和环境等，为用户推荐更具针对性的信息，即实现信息的“按需定制服务”。

目前，个性化推荐服务已得到了国内外专家的广泛研究，其最典型的应用是在B2C电子商务领域，通过推荐系统将用户可能感兴趣或满意的商品信息主动推荐给顾客，将用户的潜在需求转化为现实需求。但是，这些推荐系统和相应算法仅关注用户与信息之间的二维关联关系，较少考虑用户所处的情境(如时间、地理位置、行为状态、网络条件等)，导致推荐精准度不高。而在泛在环境中，用户的个性化信息需求具有高度情境敏感性，同一用户在不同情境下会偏好不同的信息资源，并在搜索过程中采取不同的选择策略。因此，面向泛在环境的个性化推荐系统应考虑相关情境信息，将情境信息融入推荐过程中，即将传统二维的“用户—资源”推荐效用模型扩展为包含多种情境信息的多维推荐效用模型，以提高泛在环境下信息推荐服务的精准度。从相关文献调查结果看，包含情境和情境感知的多维度个性化推荐服务和系统研究方面，国外近年来才开始出现，而在我国则更是处在探索阶段，因而是信息推荐系统一个亟待深入研究的领域。

情境感知推荐对于现有信息推荐模型和方法的完善和扩展、泛在环境下个性化信息服务的创新方面都具有重要的理论价值和现实意义。具体来说，可以归纳为以下两个方面。

①针对泛在环境的动态性、复杂性和实时性等特点，情境感知推荐将传统的"用户—资源"二维推荐效用模型扩展为包含多种情境信息的多维推荐效用模型，这是对现有推荐系统模型和方法的完善和扩展。通过对泛在环境下个性化信息服务的需求分析，明确情境的定义分类，并准确地对不同情境进行描述和构建，在此基础上提出基于情境感知的多维推荐模型和算法，使得信息资源在特定情境条件下能够和用户需求进行自适应匹配。因此，情境感知推荐研究在当前融合网络和泛在环境下，尝试解决传统二维推荐模型和算法存在的信息资源与用户需求匹配过程中自适应性不够等问题，从而提高推荐系统的精准度。另外，该研究涉及"泛在计算"和"信息服务"等信息学科热门研究领域，从国际前沿视角上看将成为信息推荐系统领域未来较为活跃的研究方向之一。

②创新信息服务方法，进一步完善个性化信息服务理论和技术。情境感知推荐拟在个性化信息服务研究中探求情境的获取与描述方法，在此基础上构建基于情境感知的信息推荐服务模型并实现个性化信息推荐服务。即在泛在环境下，对基于情境感知方法的个性化信息推荐服务展开系统研究，使得信息推荐服务系统在动态、复杂的融合网络环境下，能够感知、洞察各种情境信息，并根据特定情境自适应地调整推送给目标用户的信息，满足用户在特定情境下对信息的个性化需求。

7.1.2 情境感知推荐的研究现状

数字信息资源的迅猛增长带来了信息过载问题，如何帮助用户从迅速激增的海量信息资源中及时获取有用信息，是个性化信息服务应解决的重要问题。推荐系统作为一种信息过滤的重要手段，是解决这一问题非常有潜力的方法。

传统的"用户—资源"二维推荐系统作用于信息资源与用户构建的二维空间中，强调信息资源与用户需求的协同与匹配，而没有考虑将与用户或资源相关的情境信息(例如时间、地理位置、行为状态、网络条件等)包含进来。在传统的系统应用中，情境相对稳定，同一资源相对于同一用户其推荐评分值可以保持不变，传统的二维推荐系统能够提供较好的信息服务。但是，在泛在环境下，用户和资源所处环境更加复杂、易变，并具有实时动态性。传统二维推荐系统存在信息资源与用户需求匹配过程中自适应性不够等问题，从而影响推荐精准度。为了保障泛在环境下个性化信息服务的质量，国内外学者尝试提出将情境融入推荐模型中，由二维推荐模型扩展为包含多种情境信息的多维推荐模型。

目前，国外学者和相关研究机构已开始对情境和基于情境感知的推荐系统及其个性化信息服务的理论、方法及其应用进行深入研究。关于情境的定义，目前比较公认的定义是[1][2]：情境(Context)，也称上下文，是指任何可以用来描述实体情形和特征的信息，其实体可以是人、位置或是与用户和应用交互相关的物理的或虚拟的对象，包括用户和应用本身。美国明尼苏达大学 Adomavicius 等[3]正式提出面向推荐过程的多维概念和方法，该方法借鉴了数据仓库和联机分析处理(OLAP)中的多维数据模型，其目的是增加传统二维推荐过程的维度，以感知推荐过程中相关的情境信息，这是有关多维推荐方法的最早研究。另外，Adomavicius 等[4]系统地阐述了包含情境信息的多维推荐系统的原理和方法，提出了在传统的协同过滤基础上引入情境匹配的联合推荐算法，并开发了电影推荐的原型实验系统。Lee[5]提出一种基于地理位置的旅馆推荐系统，其推荐过程通过构建决策树来对目标旅馆资源进行评分，在特定地理情境环境下为旅客提供有效的信息服务。Yap 等[6]认为用户情境是描述用户兴趣模型的重要属性特征，并通过构建 Bayesian 网络模型来动态预测用户真实情境和偏好，去除无用的噪声情境，从而在复杂的移动网络环境下提高推荐服务的准确度。Anand 等[7]考虑到用户行为的连续性，对用户情境分别通过构建长期行为模型和当前行为模型进行描述，并联合这两种用户行为模型设计了基于用户情境感知的推荐算法，试图克服传统协同过滤中存在的数据稀疏性问题。Choi 等[8]提出一种面向智能手机的情境感知系统 MCORE，系统通过分析智能手机中保存的用户日志来自适应学习用户的偏好情境，从而为手机用户主动推送个性化的短消息服务。Park[9]提出一种在移动网络环境下基于用户动态情境和偏好的资源协同推荐系统，以适应用户偏好和网络条件的动态变化，为用户提供定制的个性化信息服务。Cantador[10]提出一种基于语义情境的新闻推荐算法，利用领域本体对用户偏好情境进行语义描述和建模，实现新闻内容和用户偏好情境的语义内容匹配，在此基础上开发了基于用户情境的新闻推荐原型系统 News@ hand。Linas 等[11]扩展了传统的协同过滤“用户—资源”评分矩阵，来储存与该资源相对应的情境信息，并提出采用不纯度标准来为每个资源项目选择合适的情境特征，借助该特征将资源项目分为两类，在新的资源项目上用矩阵分解和最近邻协同过滤来实现情境感知推荐。另外，美国ACM协会于2009年、2010年连续举办了情境感知推荐系统专题国际研讨会(Workshop on Context-aware Recommender Systems)，并于2010年举办了情境感知的电影推荐挑战赛(Challenge on Context-aware Movie Recommendation)，同时还发布了两个真实数据集Moviepilot和Filmtipset。著名的ACM智能用户接口国际会议(ACM International Conference on Intelligent User Interfaces)也于2011年举办信息检索和推荐中的情境感知专题研讨会(Workshop on Context-awareness in Retrieval and Recommendation)。

在我国，有关基于情境和情境感知的多维推荐系统及其个性化服务的研究也逐渐开始，并且在最近几年已出现了一些反映相关研究成果的文献。如武慧娟等[12]提出一种基于认知计算和情境感知的个性化信息自适应推荐模式框架，重点研究认知计算与情境感知的融合、认知计算与情境感知融合下的用户偏好的提取、个性化信息自适应推荐模式三个方面内容。洪亮等[13]提出一种基于情境感知的移动数字图书馆个性化资源推荐方法，基于相似用户有相似选择的考虑，引入角色的概念模拟用户兴趣选择，在此基础上设计一种有效的WSSQ算法构建用户信任网络，由此给出改进的情境感知推荐方法，为移动数字图书馆资源推荐提供了一种思路。吴笛等[14]研究提出结合情境感知技术和多层次、多关系的关联算法来实现学习资源的个性化推荐，并探索基于情境感知的行为特征分析和提取流程。房小可等[15]提出一种融合情境语义的虚拟学术社区知识推荐模型，以虚拟学术社区研究对象，将网络用户学术交流中的情境语义关系融入知识推荐中，以实现融合情境的语义协同推荐。田雪筠[16]提出一种基于情境和基于内容相结合的推荐算法，在当前情境下利用用户的历史情境信息和用户偏好综合为用户推荐信息。王伟伟等[17]针对移动餐饮个性化推荐的情境敏感性，提出一种基于情境感知的餐饮推荐模型，将基于情境的推荐和基于用户兴趣的推荐相结合，得到一个自适应的混合推荐模型。

综上所述，我们不难发现，基于情境的多维推荐服务模型和系统目前还处在探讨阶段，没有一个成熟和完善的多维推荐模型和方法。国内多数研究还只停留在关于情境概念的定义以及如何将情境应用于个性化推荐服务的初步探讨上；国外研究已出现了一些面向电影、旅馆、新闻、电子产品、手机短消息等资源的个性化多维推荐模型和系统，但存在着情境信息单一化(如仅考虑地理位置、时间或仅考虑用户偏好)的局限性，没有将泛在环境下可能存在的多种不同情境信息同时融入推荐过程和算法中，因而这些推荐模型和系统仍有较大的局限性，感知复杂环境的自适应能力不强。另外，目前国内外还没有将包含情境的多维推荐方法应用到移动数字图书馆等领域。随着移动数字图书馆在我国的普及和流行，基于情境感知的多维推荐模型和算法将是实现移动数字图书馆个性化信息服务的一种值得重点研究的方向。

7.2　融合多种情境的信息多维推荐服务模型

7.2.1　情境信息识别获取与语义描述方法研究

多维推荐模型不仅应考虑“用户—资源”二维空间，而且应考虑与用户和资源相关的情境(例如时间、地理位置、用户偏好、网络带宽等)。为实现情境感知的推荐服务个性化，首先必须获取当前的情境信息，感知用户及所处环境的当前情境。情境分为两类：显式情境和隐式情境。显式情境是指可以直接感知的情境，而隐式情境不能直接感知，需要在已有的显式情境基础上进行推理间接获得。具体来说，通过预先设定规则(用户自定义规则或相关的约束等)对情境知识库中的显性情境进行推理，以获取隐性情境。然后，将这两种类型的情境信息集成到统一的情境描述模型中。情境的识别获取过程如图 7-1 所示。

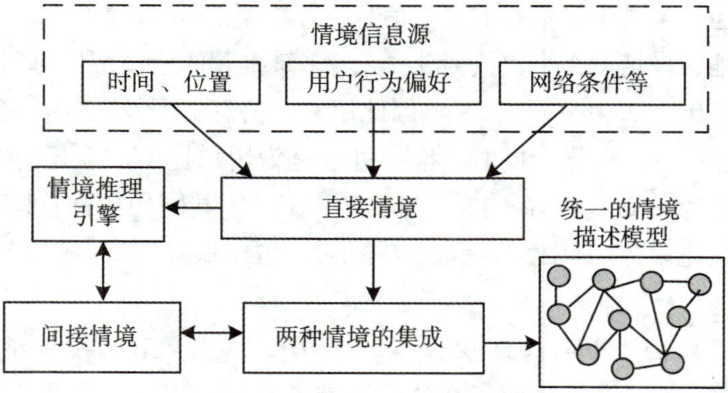

图 7-1　情境的识别获取过程

当不同类型的情境信息被识别并获取之后，我们采用基于本体的方法构建情境信息的语义描述。具体来说，推荐模型采用本体对情境信息进行语义描述和语义扩展，并构建语义扩展的本体语义化情境，并将各种类型的情境信息存储到系统的情境知识库中。在基于本体的语义描述基础上，可以采用OWL作为情境描述和实现用户和系统之间语义互操作的本体语言。根据情境的知识表示方法，情境本体是指情境信息的正式、显式描述，它定义了一组与情境信息相关的概念、关系、实例以及公式。基于情境本体，各种情境信息在信息推荐模型中能够被语义描述和使用。在基于情境感知的信息推荐模型中，情境本体分别定义物理情境类、偏好情境类、网络情境类等情境概念及其相应的关系、属性等。例如，物理情境类描述用户当前所处的地理位置及其时间；偏好情境类描述用户对信息资源的偏好程度，可定义为带权重的本体概念向量 $P = \{p_1, p_2, \cdots, p_k\}$，其中的权重值 $p_k \in [0, 1]$ 表示相关特征概念 c_k 表达用户偏好情境的重要程度；网络情境类描述了泛在环境下当前移动网络的状态和条件，包括从语义上定义和描述网络的带宽、数据速率以及用户终端设备的运行能力等概念。

7.2.2 信息资源多维推荐服务模型

如同前面所述，我们提出的情境感知的推荐服务模型不仅应考虑传统信息推荐系统中的“用户”与“信息资源”构建的二维空间，同时也应考虑融合情境信息所构建的多维空间，例如时间、地点和用户偏好等。将与用户与信息资源相关的不同情境融入信息推荐模型中，信息推荐模型就由二维推荐模型扩展为包含多种情境信息的多维信息推荐模型。

一般地，设情境类型数量为 $n-2$，多维推荐的情境维度可定义为向量 $\text{Context} = \{D_1, D_2, \cdots, D_{n-2}\}$，因此用户、信息资源及其各种情境共同构成推荐模型的 n 维输入。同时，推荐过程是为用户提供个性化的推荐服务，设推荐服务为 m 维向量 $S = \{S_1, S_2, \cdots, S_m\}$，共同构成推荐模型的 m 个不同的个性化服务(其中 S_i 表示系统提供的第 i 个服务)。因此，多维推荐模型可定义为：

$$U: User \times Item \times D_1 \times D_2 \times \cdots \times D_{n\text{-}2} \rightarrow S_1 \times S_2 \times \cdots \times S_m \quad (7\text{-}1)$$

多维推荐个性化服务要研究的问题就是对目标用户 u，找到使 m 维个性化服务质量效用值 U 最大的信息资源 i_u^*，即满足形式化公式：

$$\forall u \in User,\ i_u^* = \arg\max_{i \in Items} U \quad (7\text{-}2)$$

在公式(7-1)中，用户、信息资源以及 n-2 维情境共同组成多维推荐模

型的 n 维输入；多维推荐模型的输出则由 m 维推荐服务组成。在泛在环境下，我们将一般多维推荐模型具体化，将情境信息分为用户物理情境、用户偏好情境和网络情境三种类型；推荐过程的输出则由资源评分、显示模式组成。这里，我们提出的多维信息推荐模型由五维输入空间（即用户、信息资源和三类情境）以及二维输出空间（即资源评分和显示模式）构建。因此，泛在环境下基于情境感知的信息资源多维推荐效用函数可以表示为：

$$U(User, Item, PhyContext, PreferContext, NetContext) = (Score, Modality) \tag{7-3}$$

在该多维推荐模型中，推荐的输入由用户、资源、物理情境、偏好情境和网络情境五维构成；推荐的输出则由资源评分（*Score*）和显示模式（*Modality*）二维组成。资源评分和传统的二维推荐模型相似，即表示系统所推荐的信息资源与目标用户需求的相似程度，系统将评分排名前 N 的信息资源作为目标用户的 *Top-N* 推荐集；而显示模式根据特定的网络条件和移动终端运行能力提供推荐资源的显示模式和数据格式标准，以适应泛在环境下复杂、动态的网络情境。

7.2.3 基于情境感知的信息资源推荐算法

在识别获取和语义描述情境的基础上，我们提出一种基于情境感知的信息资源推荐算法。首先，算法集成基于资源内容的用户偏好情境匹配和 Bayesian 学习方法的物理情境匹配，计算对目标资源的评分；同时，算法应用 Jena 规则引擎执行规则推理，根据当前网络情境将推荐的资源以适当的显示模式和数据格式标准推送给目标用户，形成混合的多维推荐算法。基于情境感知的信息资源推荐算法流程如图 7-2 所示。

(1) 基于 Bayesian 学习方法的物理情境匹配

该算法步骤利用 Bayesian 学习方法，计算目标信息资源与用户当前所处物理情境之间的匹配度，实现推荐系统对物理情境的智能感知。物理情境既可以是单一类型情境，也可以是多种类型情境的组合。这里，单一情境仅指一种特定类型的物理情境，例如日期、具体时间或者地理位置等；多种情境则是所有单一情境的组合，例如{晚上 8 点，周末，家里}是多种单一情境的组合值，它表示用户当前时间是周末晚上 8 点，并且正在家里。

基于 Bayesian 学习方法，我们可以计算目标信息资源与用户当前物理情

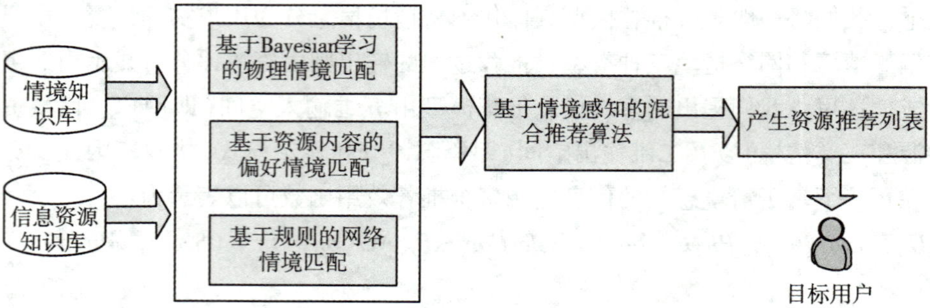

图 7-2　基于情境感知的信息资源推荐算法流程

境的匹配相似度。显然，它表示用户在当前物理情境下访问信息资源的概率。

基于 Bayesian 学习方法的物理情境匹配计算模型为：设当前物理情境为 C（单一类型情境或多种类型情境的组合），目标信息资源为 $D_j(1 \leqslant j \leqslant N)$，则在物理情境 C 给定条件下，用户选择访问信息资源 D_j 的概率为：

$$P(D_j \mid C) = \frac{P(C \mid D_j)P(D_j)}{P(C)} = \frac{P(C \mid D_j) \cdot P(D_j)}{\sum_{j=1}^{N} P(C \mid D_j) \cdot P(D_j)} \tag{7-4}$$

其中，N 为资源集 D 中的资源数量，$P(C \mid D_j)$ 为先验条件概率，表示用户过去在访问资源 D_j 条件下物理情境 C 所出现的概率，该值可以通过对用户访问资源的历史记录进行计算；$P(D_j)$ 表示用户过去访问资源 D_j 的概率，其值也可由目标用户的历史访问记录计算。由于 Bayesian 学习方法具有自适应学习能力，随着目标用户使用和访问信息资源的历史时间增长，Bayesian 学习方法对物理情境感知能力将越来越强。在给定的物理情境下，能够较精准地计算目标资源与当前物理情境之间的匹配度，并将匹配度较高的目标资源推荐给目标用户。

(2)基于资源内容的用户偏好情境匹配

该算法步骤采用基于资源内容的方法计算信息资源与用户偏好情境的相似度，实现目标资源与偏好情境的语义匹配。基于内容的推荐采用标识用户偏好的特征词来提取资源内容的特征，以此预测目标用户对该资源的喜好程度，该推荐方法仅将与用户偏好相似度最高的前若干个信息资源推荐给目标用户。

如前所述，用户偏好情境包含该用户使用资源的口味及偏好信息，偏好情境可以通过分析用户浏览行为获取，并且可以使用信息检索中的关键词分析技术构建用户的偏好情境模型[18]。我们使用经典的向量空间模型(Vector-Space Model，VSM)对用户偏好情境进行建模。在基于本体的模型构建基础上，将用户当前偏好情境 P 进行本体建模，构建为当前偏好情境语义向量，即 $P=\{p_1, p_2, \cdots, p_k\}$，其中权重值 $p_k\in[0, 1]$ 表示特征概念 c_k 表达当前偏好情境的重要程度。权值 p_k 越高，表明该用户对概念 c_k 越感兴趣；反之，用户对概念 c_k 越不感兴趣。基于领域本体，用户偏好情境在语义上可以准确地表示，减少或消除由传统特征词所带来的语义“模糊性”问题。

考虑到用户偏好具有一定时间连续性，其随时间 t 的推移不断变化，而当前偏好情境只是局部反映了用户当前短时间内的偏好。因此，为实现情境感知的信息推荐服务，需要考虑到用户随时间推移不断累计的历史偏好情境，并通过当前偏好情境与历史偏好情境的更新合成形成综合用户偏好情境，以便更精准地反映用户的行为偏好。在推荐模型中，我们通过设置 n 个时间窗口来构建综合偏好情境，每个时间窗口 $Win_i(0\leqslant i\leqslant n-1)$ 的时间间隔相等，它表示距离当前时间间隔为 i 个时间窗口的一段时间。因此，将当前时间窗口中的当前偏好与过去时间窗口中的历史偏好进行集成，可以更为精准地反映用户真实的偏好情境。值得注意的是，随着时间的推移，每个时间窗口中的历史偏好情境将随着时间的推移而自动递减。这是因为：距离当前时间间隔越近的偏好情境，对综合情境影响越大，反之则越小。设 $P_i(0\leqslant i\leqslant n-1)$ 表示时间窗口 Win_i 中的偏好情境，当 $i=0$ 时为当前偏好情境，当 $i\geqslant 1$ 时为历史偏好情境，目标用户的综合偏好情境 P 则可以通过公式(7-5)进行计算。

$$P=\sum_{i=0}^{n-1}\left(P_i\times\left(\frac{1}{2}\right)^i\right)\qquad(1\leqslant i\leqslant n)\tag{7-5}$$

类似地，我们对资源文档 $D_j(1\leqslant j\leqslant N)$ 采用相同的特征概念进行语义标记，并构建信息资源的语义空间向量。TF-IDF(Term Frequency/Inverse Document Frequency)方法是确定特征词权重最著名的计算方法，其中特征词权重值与特征词在该文档中出现的频率正相关，而与文档集中包含该特征词的文档数量呈负相关。在信息推荐模型中，资源文档的内容可以构建成由TF-IDF方法计算出的特征概念权重所组成的语义空间向量。一般地，信息

资源 $D_j(1 \leqslant j \leqslant N)$ 可以构建为资源语义向量 $D_j = \{d_1, d_2, \cdots, d_k\}$，其中权重值 $d_k \in [0, 1]$ 是特征概念 c_k 表达信息资源的重要程度。在信息资源 D_j 的语义向量空间模型中，特征概念 c_k 被分配为相应的权重值 $d_{ij}(1 \leqslant i \leqslant k, 1 \leqslant j \leqslant N)$，基于 TF-IDF 方法进行如下的计算[19]：

$$d_{ij} = tf_{ij} \times idf_i = \frac{freq_{ij}}{\max_i freq_{ij}} \times \log\left(\frac{m}{n_i}\right) \tag{7-6}$$

其中，$freq_{ij}$ 是特征概念 c_i 在文档资源 D_j 中出现的频率次数；$\max_i freq_{ij}$ 是在文档资源 D_j 中出现频率最高的特征概念的频率；m 表示系统中文档资源的数量；n_i 为文档集 D 中出现特征概念 c_i 的文档资源数量。根据公式(7-6)，可以计算出文档集 D 中每个文档资源的权值。因此，在资源文档向量空间中，资源文档 D_j 的语义向量可进一步表示为 $D_j = \{d_{1j}, d_{2j}, \cdots, d_{ij}, \cdots, d_{kj}\}$。当用户的综合偏好情境语义向量和资源语义向量产生后，我们使用余弦向量度量法[20]计算目标资源 D_j 与目标用户综合偏好情境 P 之间的语义匹配，计算公式表示为：

$$\text{sim}(D_j, P) = \frac{D_j \cdot P}{|D_j| \times |P|} = \frac{\sum_{i=1}^{k} d_{ij} \times p_i}{\sqrt{\sum_{i=1}^{k} d_{ij}^2} \times \sqrt{\sum_{i=1}^{k} p_i^2}} \tag{7-7}$$

(3)基于情境感知的混合多维信息推荐算法

如同前面所述，物理情境匹配方法是用来计算目标资源与当前物理情境的匹配度；而用户偏好情境匹配方法是用来计算目标资源与目标用户综合偏好情境之间的匹配度。在基于情境感知的信息推荐系统中，我们集成这两类情境的匹配方法，从而产生对目标资源的推荐评分，其计算公式为：

$$Recomscore_j = \lambda \cdot \text{sim}(D_j, P) + (1 - \lambda) \cdot P(D_j \mid C) \tag{7-8}$$

其中，$\lambda \in [0, 1]$ 为情境因子，表达用户偏好情境或物理情境在多维推荐服务模型中重要性。当 $\lambda = 1$ 时，推荐算法仅考虑用户的偏好情境，实现对用户偏好情境的智能感知；当 $\lambda = 0$ 时，推荐算法仅考虑物理情境，实现基于 Bayesian 学习的物理情境感知。根据公式(7-8)，算法对所有的候选信息资源进行评分，并将排名 *Top-N* 的资源推荐给目标用户。

当产生推荐的信息资源之后，系统采取基于规则的情境推理方法来决定推荐资源的合适显示模式，以适应泛在环境下复杂、易变的网络情境。首先，系统使用 Jena 技术在推荐过程开始前预先定义一组网络情境推理规则，每个基于 Jena 语法的规则本质上是“if-then”形式的语句。当推荐过程开始后，混合推荐算法应用 Jena 通用规则引擎执行情境规则推理，并且从情境知识库中通过查询本体语义化的网络情境对规则进行解析。具体来说，根据当前的网络情境，算法利用预定义的 Jena 规则推理出当前网络情境下所推荐资源的显示模式(文本、图像或视频等)。因此，在基于本体的语义网络情境基础上，Jena 规则推理引擎负责对规则进行解释和执行，将推荐的目标资源以当前网络情境所支持的显示模式及其相应的数据格式标准主动推送给目标用户，从而形成提供两维推荐输出(包括资源评分和显示模式)的混合多维推荐算法。基于规则的网络情境推理实例如图 7-3 所示，这些规则根据不同的网络情境能推理出当前的网络状况，并决定将推荐资源以相应的显示模式推送给目标用户。

Rule 1： type（? bandwidth, Bandwidth), moreThan（? bandwidth, 100kbps)
⇒ bandwidthLevel(? bandwidth, High)
Rule 2： type（? bandwidth, Bandwidth), lessThan（? bandwidth, 20kbps)
⇒ bandwidthLevel(? bandwidth, Low)
Rule 3： type（? bandwiddth,Bandwidth), type（? modality, modality),
modalitySupported(? modality, Video+Text), bandwidthLevel
(High)
⇒ modalityRecommended（? modality, Video+Text)
Rule 4： type（? bandwiddth,Bandwidth), type（? modality, modality),
modalitySupported(? modality, Video+Text), bandwidthLevel
(Low)
⇒ modalityRecommended（? modality, Text)

图 7-3 基于规则的网络情境推理

7.2.4 信息多维推荐服务的系统体系结构

我们将基于情境感知的的信息多维推荐服务的系统体系结构设计为三层：情境和资源获取层、情境和资源管理层、推荐服务层，给出其技术规范和标准。

①情境和资源获取层：当前情境信息通过情境感知模块从相应的移动设备、GPS 系统、用户行为记录以及网络状况等内外部情境源获取；同时，系统通过建立与相关数字资源门户的开放链接(OpenURL)获取信息资源，实现泛在网络环境下信息资源的无缝集成和定位获取。

②情境和资源管理层：情境聚合模块对获取的不同情境信息进行汇聚，并采用本体技术对情境信息进行语义描述和扩展，将其保存到情境知识库中，构建统一、集成的综合情境语义模型；类似地，信息资源语义分析模块采用本体对获取的信息资源进行信息抽取和语义标记，构建信息资源的知识库。

③推荐服务层：该层是整个系统体系结构的核心。由于语义化的情境知识和信息资源都以本体描述，存放在各自的知识库中，系统通过知识查询引擎为情境和信息资源提供统一的查询接口(例如通过 SPARQL 本体查询语言)。然后，知识查询引擎从情境知识库和资源知识库中获取本体语义化的情境和目标资源，将其提交给推荐引擎；推荐引擎负责执行多维推荐算法，对目标资源产生相应的推荐评分和显示模式，并将评分排名 *Top-N* 的推荐资源提交给 RSS 推送服务模块。RSS 推送服务模块是一种基于"推"模式的信息服务模式，将推荐引擎产生的推荐信息以适当的显示模式和相应的数据格式主动推送给目标用户，为用户提供实时主动的"一站式"信息推荐服务。同时，推荐系统在体系结构的设计基础上，采取基于组件模块的软件设计模式，使得系统内部各模块功能相对独立，并支持组件模块的生命周期管理(包括组件安装、升级、更新以及删除)，确保系统的功能可扩展和可维护性。个性化信息多维推荐服务的系统体系结构如图 7-4。

7.3 基于情境感知的个性化信息协同推荐

随着移动互联网的发展，越来越多的用户信息获取过程是通过移动终端完成的。当前个性化推荐系统对用户情境感知能力不足，缺乏为用户提供符合当前情境的个性化信息推荐服务。为了保证移动环境下个性化推荐的质量，情境是不可忽略的因素；然而不同的应用需要考虑的情境因素也不尽相同，而且目前缺乏将情境信息融入传统推荐中统一的模型和算法。为此，我们对目前关注较少的个性化阅读领域中的情境感知进行探讨，提出了基于贝叶斯方法的情境化用户资源类别偏好学习以及融合该类别偏好的协同过滤个

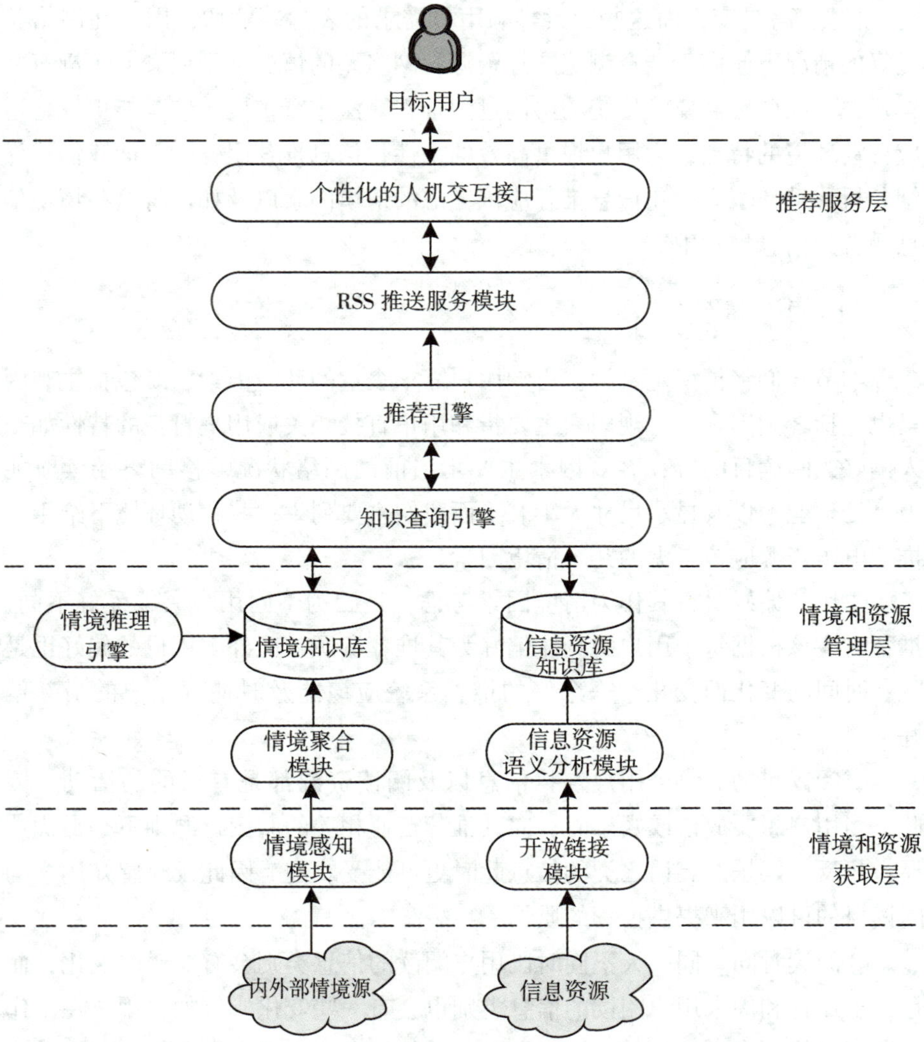

图 7-4　基于情境感知的信息多维推荐服务的系统体系结构

性化信息推荐，使传统的协同过滤具备了情境感知能力，能为用户提供符合当前情境的个性化资源。

7.3.1　基于情境感知的协同过滤推荐

从第 4 章信息协同过滤算法的介绍中，不难看出，传统的协同推荐算法仅考虑用户和资源两个维度。在移动环境下，用户所处的环境(如网络状况、位置等)易变，而这些因素影响用户需求的表达。例如，用户在网络状况好的情况下倾向于选择浏览图片资源，网络差的情况下则更倾向于浏览文本资源。因此，需要将传统的协同过滤推荐算法进行扩展，使其能更好地适应移动环境的特点，为用户提供高效的个性化信息推荐服务。下面我们将详细分析移动环境个性化信息推荐应该考虑的情境因素以及如何将这些情境信息融合到信息推荐中。

(1)用户情境

本节我们将情境定义为：影响用户需求表达的环境因素，既包括主观因素也包括客观因素。主观因素主要指和用户直接相关或用户自身的特性如个人偏好，阅读目的等；客观因素主要指当前的网络状况、移动终端续航能力、处理能力以及显示尺寸大小。下面我们主要列举一些移动环境下给用户推荐电子资源应该考虑的几个情境因素。

①用户偏好。将其作为情境因素考虑，是因为不同用户兴趣爱好不同，推荐时应该根据每个用户的具体偏好为其推荐资源，此外，用户的偏好也是随着时间的变化而变化，一个好的推荐系统应该能及时捕捉用户的最新偏好。

②阅读目的。每个用户查找信息以及阅读资源都是有目的的活动，因此，当用户想要放松或娱乐时，向其推荐行业相关的阅读资源则不是最优选择；相反，娱乐、笑话之类的信息此时更可能受欢迎。因此及时感知用户的阅读目的可以用来提供推荐的质量。

③阅读时间。同一天不同时段用户阅读的信息类别会有一定的变化，而且，工作日和周末用户阅读的信息类别也会有一些变化。例如，用户在工作日期间可能更多地关注与工作、学习相关的信息，在周末则可能更多地关注娱乐、休闲之类的信息。

④网络状况。在传统环境下，有时也会出现带宽不够的情况，而此时浏览非文本尤其是多媒体资源，用户将得不到好的体验。这种情况在移动环境下，由于用户处于移动中，不同地方网络信号差别较大，变得更加突出。因此需要及时捕捉这些信息，来为用户提供更好的服务。

⑤移动终端特点。移动终端尤其智能手机，信息输入没有电脑快捷，因此提供服务时尽可能让用户少输入信息；而且电池续航能力有限，大量的计

算任务应由服务器端来执行；此外智能手机屏幕大小不一，应根据终端屏幕尺寸来调整每页显示信息数量，减少用户滚屏次数。

上面我们给出了移动环境下向用户推荐电子阅读资源应该考虑的情境信息，所谓情境感知是指推荐系统及时捕捉当前情境信息并为用户提供适合当前情境的资源。对于用户偏好的获取可以采用常用的用户评分的形式进行；阅读目的是用户心中的想法，真正智能的系统应该能够推测出用户当前的目的，这尚需我们进一步的研究，目前我们采用用户显式反馈的形式进行；对于阅读时间，采用在服务器端直接获得。

(2)基于情境感知的协同过滤算法

不同的情境信息对于用户资源选择的影响不同，因此应该根据不同情境的特点选择合适的能够融入推荐中的方法。对于偏好情境本节采用传统的协同过滤方法即以评分的形式用于推荐；网络状况主要影响资源格式的选择，而对于移动终端屏幕显示尺寸大小不同，我们通过客户端应用收集手机屏幕信息并将其发到服务端，服务器根据事先定义的规则为该屏幕尺寸的终端选择合适的每页信息展示数量，同样也可以在应用中加入网速测试模块，每当用户请求信息资源时，客户端应用将网速信息发送至服务器，服务器根据网络带宽，为请求的资源选择合适的展现格式。

1)情境化用户资源类别偏好。

阅读目的和阅读时间两个情境因素影响的是用户对资源内容的选择。我们认为不同用户对同样情境的敏感度不同，例如，一些用户每天不同时段阅读的资源类别差别不大，而另一些用户在一天的不同时段阅读的资源类别有明显的差异性，那么对这些用户采用同一模型进行处理已不合适。因此，为了实现真正的个性化资源推荐，我们认为应该为每个用户分别计算情境化资源偏好。然而，由于推荐系统中通常资源数量很大，用户评价较少，另一方面同一类别的资源又有许多相似性，因此本节我们考虑的是用户在不同情境下对各类别资源的偏好情况。这里，我们采用贝叶斯方法来学习和估计情境化用户资源类别偏好。具体如何将贝叶斯方法应用到协同过滤推荐中，下面进行详细阐述。

要成功启动一个推荐系统，必须有足量的用户偏好信息。我们将客观情境与用户偏好之间看作一个松耦合的关系，即认为用户评分更多地反映了用户对资源内容的偏好程度，诸如时间等情境因素则表示用户会在哪种情况下请求该资源。因此，我们将用户评分直接应用在传统的协同过滤算法中，预测用户对资源的评分。对于阅读目的、阅读时间这些情境因素如何融入推荐中，本节采用贝叶斯方法。分别用 C_1、C_2 和 C_3 来表示阅读时间、周以及阅读目的情境因素，V 表示资源所属类别集合，那么给定阅读时间、周以及阅读目的的信息，即给定属性值 $<c_1, c_2, c_3>$ 情况下，用户选择 $v_j(v_j \in V)$ 类资源的概率可以描述如下：

$$P(v_j \mid c_1, c_2, c_3) = \frac{P(c_1, c_2, c_3 \mid v_j)P(v_j)}{P(c_1, c_2, c_3)} = \frac{P(c_1, c_2, c_3 \mid v_j)P(v_j)}{\sum_{j=1}^{N} P(c_1, c_2, c_3 \mid v_j)P(v_j)} \tag{7-9}$$

现在要做的是基于训练数据估计公式(7-9)中两个数据项的值。可以通过计算每个目标值 v_j 在训练数据中的概率来估计每个 $P(v_j)$，由于估计 $P(c_1, c_2, c_3 \mid v_j)$ 需要一个较大的训练数据集，然而实际中可用的用户浏览记录通常较为稀疏。此外，由于本节使用的贝叶斯方法与朴素贝叶斯分类器基本原理相同，因此，这里我们采用与文献[21]中相同的假定：在给定目标值时属性值之间相互条件独立。即，在给定实例目标值情况下，观测到联合的 (c_1, c_2, c_3) 的概率等于每个单独属性的概率乘积：

$$P(c_1, c_2, c_3 \mid v_j) = \prod_{i=1}^{3} P(c_i \mid v_j) \tag{7-10}$$

将其带入公式(7-9)，可得到本节我们采用的情境化用户资源类别偏好的计算方法：

$$P(v_j \mid c_1, c_2, c_3) = \frac{\prod_{i=1}^{3} P(c_i \mid v_j)P(v_j)}{\sum_{j=1}^{N} \prod_{i=1}^{3} P(c_i \mid v_j)P(v_j)} \tag{7-11}$$

贝叶斯模型的使用需要训练集，而且训练集中数据必须为离散值，为此本节对收集的阅读记录按照<*UserId*, *ReadTime*, *Week*, *Motive*, *Category*>五元组所表示的格式进行转换。其中，*UserId* 表示用户的编号；*ReadTime* 表示用户阅读资源的时间，文中其取值为{上午，下午，晚上}；*Week* 表示周，即工作日或周末；*Motive* 表示阅读目的，有休闲或娱乐和学习两种；*Category* 表示电子资源的类别，本节中取值为{社会、财经、IT、生活、娱乐}，随着资源总量的增加，取值也可能增加。训练好贝叶斯模型后，将其用于预测在给定<*UserId*, *ReadTime*, *Week*, *Motive*>下，取 *Category* 中每个属性值的概率。

2)融合资源类别偏好的协同过滤推荐算法。

因为不同用户在同一情境下对各类资源的偏好各异，为了更好地描述每个用户的情境化资源类别偏好，我们根据公式(7-11)，为每个用户建立各自的贝叶斯模型。尽管公式(7-11)中引入了条件独立假设，贝叶斯学习还是需要一定数量的训练集。因此，为了使贝叶斯计算的概率尽可能准确，我们提出了两种互补的计算方法。

①浏览记录较多的用户。

对于此类用户，我们选择为其建立单独的贝叶斯模型。当用户阅读记录较充分时，根据阅读记录建立的模型将能够很好地反映其在各种情境下对各类别资源的偏好情况。

②浏览记录匮乏的用户。

对于此类用户，由于记录缺乏或太少，单独建立的贝叶斯模型准确性将不能保证，为此我们将该用户所在的相似组的记录用作其贝叶斯模型的训练集。用户的相似组识别我们采用聚类的方法，即根据用户的年龄，性别等信息进行用户群组划分。

策略①和②最终都将得到一个情境化用户资源类别偏好，将该偏好与传统的信息协同过滤算法相结合，则可以实现基于情境感知的个性化推荐。结合的方法用公式表示如下：

$$R_{a,i} = P(v_j \mid c_1, c_2, c_3) \cdot p_{a,i} \tag{7-12}$$

其中，项目 i 所属的资源类别为 v_j，该公式表示以资源类别为单位来调整项目的预测评分。具体说来，公式(7-12)右边由两部分组成，$P(v_j \mid c_1, c_2, c_3)$ 表示根据公式(7-11)计算得出的用户 a 在当前情境（c_1，c_2，c_3）下倾向于选择 v_j 类资源的概率；$p_{a,i}$ 表示根据传统协同过滤方法，系统预测的用户 a 对项目 i 的评分；两者的乘积表示在当前情境下用户倾向选择项目 i 的程度，取值在 0 到 5 之间，值越大，表示倾向程度越高。实际操作中，属于同一类的项目预测评分均乘以用户对该类的情境化偏好值。此外，除了乘法的形式结合，是否还有其他结合方式以及哪一种结合方式更好，还有待进一步研究。

3)推荐步骤。

基于对情境化用户资源类别偏好的计算，下面我们介绍基于情境感知的个性化信息推荐的主要步骤。我们提出的情境感知个性化推荐可以概括为以下 6 个步骤。

①收集用户的相关信息，如评分、阅读时间、阅读目的、当前网络状况等；

②根据用户评分信息，按照传统的协同过滤算法预测用户对资源的评分，继而获得推荐列表，这个推荐列表在此称为原始推荐列表；

③将用户的阅读时间和阅读目的信息转换成符合实验要求的格式，生成训练集；

④为训练集数据达到一定数量的用户建立贝叶斯模型，对于训练集数量暂时不满足要求的用户，根据其所在相似组的数据集建立贝叶斯模型；

⑤将步骤④中得到的模型与步骤②中的原始列表按照公式(7-12)相结合，得到调整之后的推荐列表，将该新的推荐列表中的资源项目取前 N 个生成推荐列表；

⑥此时结合用户屏幕尺寸、网络状况，生成合适格式的资源发送给用户。

7.3.2 实验及结果分析

(1)数据集

为了评估改进算法的推荐质量，我们采用博文的推荐来进行测试。用网络爬虫工具从互联网中下载博文 563 篇，人工将其分为五类：社会、财经、IT、生活、娱乐。每类文章均有约 100 篇。本实验中考察的情境因素是时间段和周以及阅读目的。实验的测试者为 8 人，均是 19～25 岁学生。实验分为训练集准备和推荐效果评估两个阶段。在准备训练集阶段，我们让每位用户为 20 篇文章提供评分信息和阅读情境选择。其中每个测试者看到的文章列表相互之间我们通过系统设置保证有 20%的重复。对于每篇文章，我们要求测试者提供倾向于在何种情形下阅读，例如周末、上午、休闲的时候。在推荐效果评估阶段，我们首先让测试者选择一个情境如工作日、下午、休闲的时候，系统按照 7.3.1 中所述的步骤生成一组符合用户所选情境的推荐，用户对此推荐列表进行反馈如喜欢或不喜欢，本实验中我们为每个用户提供了多个情境组合，对于不同情境组合系统推荐的资源不同，均需测试者提供相应的反馈，这里通过计算推荐准确率来衡量推荐质量。

(2) 实验设计与结果

个性化推荐的目的是帮助用户更快更好地找到感兴趣的资源，而 MAE (Mean Absolute Error) 反映的是预测评分与实际评分的差异，评分的差异并不能完全反映推荐的质量。因此，本节采用准确率(*Precision*)作为改进算法即情境感知协同过滤(Context-aware Collaborative Filtering，CACF)推荐质量的衡量标准，并将其与传统的基于用户的协同过滤(Collaborative Filtering，CF)的算法进行比较。所谓准确率是指推荐列表中被用户标注为喜欢的项占该列表项总数的比例。用公式表示如下：

$$Precision = \frac{|A \cap B|}{|B|} \tag{7-13}$$

其中，A、B 分别表示用户标注为喜欢的项目集合和推荐列表中的项目集合，$|A \cap B|$ 表示推荐列表中符合用户偏好的项的数量，$|B|$ 表示推荐列表中项的总数。改进的协同过滤算法和传统协同过滤关于推荐的准确率对比如图 7-5 所示。因为每个测试者对多种情境的推荐列表进行评价，因此，图 7-5 中的推荐准确率是多种情境推荐准确率的均值。最后一组数据是前八组数据的均值，从该组数据中不难看出，情境感知协同过滤的算法一定程度上提高了推荐的准确率。

7.4　基于情境感知的个性化移动阅读推荐

近年来，随着移动网络的发展和智能手机、平板电脑等移动设备的普及，人们获取知识和信息的途径日趋个性化和多样化，数字图书馆提供的移动阅读服务可以在移动终端上实现。但是，现有的移动阅读服务对读者所处的时间、场地等“情境”信息的感知能力明显不足，缺乏为读者提供符合当前情境的个性化知识推荐服务。同时，在基于情境感知的推荐时，各情境因素对读者选择资源所起的重要性各不相同。目前，基于情境感知的推荐还处于探索阶段，大多数学者在研究将情境感知与个性化推荐结合的时间都赋予了情境因素相同的权重，忽略了读者在不同的情境环境下所偏好资源的不同，以及情境因素在推荐过程中所起的不同影响作用。基于此，本节利用情境条件熵来对读者的情境信息进行计算，对在读者选择资源时具有不同影响程度的情境属性进行权重计算，然后结合基于用户的协同过滤进行推荐，使

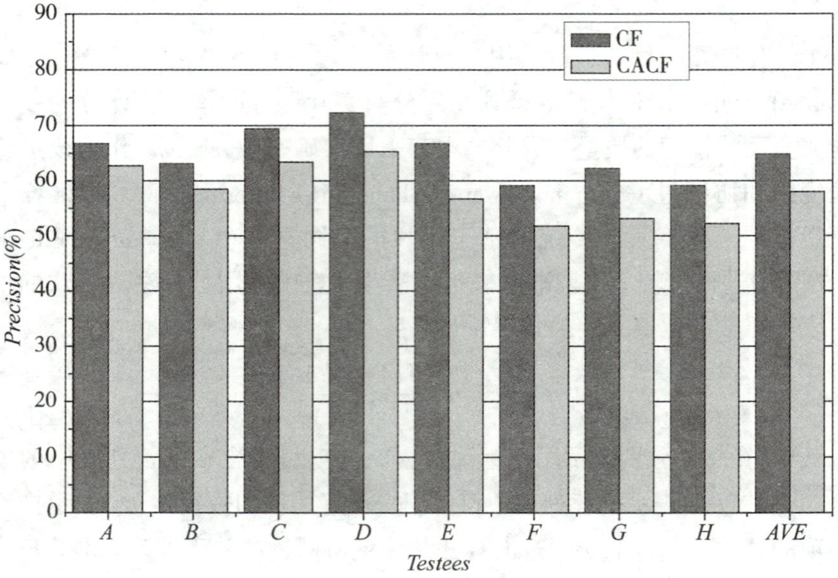

图 7-5　情境感知协同过滤与传统协同过滤基于推荐准确率的对比

传统的协同过滤策略具有情境感知的能力，通过对不同影响力的情境属性进行权重分析以提高推荐的准确度，为读者在不同的情境因素下提供更个性化的推荐服务。

7.4.1　基于情境条件熵的情境影响度

基于情境感知的推荐系统中，每个情境因素对读者的影响值不同，有的情境属性在推荐过程中对读者的影响力较大，有的情境属性影响力较小。本节利用条件熵来计算各情境属性在推荐过程中的影响值，区别出不同影响力的情境属性，并根据情境条件熵度量各情境属性在推荐过程中的权重。

(1) 用户情境条件熵

熵，起源于经典热力学的熵，用来度量系统的无序程度，在信息系统中，许多学者利用熵或其变形来度量知识的信息粒度，进而反映知识的不确定性。熵可以理解为随机变量不确定度的度量，也可以看作系统有序性的度量，不确定度越小，则有序性越强，熵值越小；反之不确定性越大，则无序性越强，熵值越大。

条件熵[22]是信息熵的一种度量，它表示如果已经完全知道第二个随机变量 X 的前提下，随机变量 Y 的信息熵还有多少，即在已知一个变量的基础上，另一个变量的不确定性程度。读者在某情境属性下对于资源感兴趣的程度也有较大差异，比如读者在工作日和周末对信息资源的选择会产生较大差异；而在有的情境属性下对于信息资源类型的选择没有很大区别，那就表示此情境属性对于读者选择资源时间没有较大影响。所以，情境条件熵决定了读者在资源类型选择时的不确定性。

本节将条件熵应用于情境感知的推荐系统中，表示已知某一情境属性的前提下，读者选择项目的不确定性。条件熵值越大，该情境属性对于读者选择资源类型的影响值越小；条件熵值越小，该情境属性对于读者选择资源类型的影响值越大。情境条件熵的定义如下：

$$H(I \mid c) = -\sum_{i=1}^{m} P(c_i) \sum_{j=1}^{n} P(I_1 \mid c_1) \log_2 P(I_j \mid c_j) \tag{7-14}$$

其中，每个情境属性 c 有 m 个情境值，$P(c_i)$ 为情境因素中情境属性为 c_i 的概率。$P(I_j \mid c_i)$ 表示在情境属性为 c_i 的条件下读者选择 I_j 类资源的概率。情境条件熵 $H(I \mid c)$ 的值越大，情境属性 c 对于读者选择资源类型时的参考重要度越小；$H(I \mid c)$ 的值越小，情境属性 c 对于读者选择资源类型时的参考重要度越大。当 $P(I_j \mid c_i)$ 为 0 时，即读者在情境属性 c_i 下选择 I_j 类资源的概率为 0，那么 $H(I \mid c)$ 趋向于最小值 0；当 $P(I_j \mid c_i)$ 为 1 时，即读者在情境属性 c_i 下选择 I_j 类资源的概率为 1，那么此时 $H(I \mid c)$ 等于最小值 0，即情境属性 c_i 对读者选择资源的影响最大，读者在情境属性 c_i 下会选 I_j 类资源。

(2)情境权重

在某情境因素环境下，情境权重表示该情境属性对读者在选择资源类型时所占的比重。情境条件熵值越小，表示已知该情境属性后，读者选择资源类型的不确定性越小，情境属性对于读者选择资源类型时的影响值越大，即该情境属性在资源推荐中所占的权重值就越大。条件熵值越大，情境属性对于读者选择资源类型时的影响值越小。情境权重的计算方法如下：

$$Wc = \frac{1 - H(I \mid c)}{d - \sum_{c \in C} H(I \mid c)} \tag{7-15}$$

$H(I \mid c)$ 表示 c 情境条件熵的值，d 是情境属性的个数。情境权重与情

境条件熵成负相关，情境条件熵值越小，该情境属性所占权重就越大，它对于读者信息推荐所起的作用就越大。情境条件熵 $H(I|c)$ 越小，此情境属性所占的权重 W_c 值越大，即此情境属性在被推荐资源中所占的权重值越大，对于推荐过程中所起的影响就越大。

(3)基于情境条件熵的情境影响

情境属性对于读者选择被推荐资源具有一定的影响作用，读者在不同的情境条件下对资源有不同的偏好，不同的情境属性也有不同的重要性。例如，在“周”情境属性——周末和工作日两个情境值下，读者在周末更倾向于选择娱乐类资源。然而，对于系统推荐的学术性资源，在地点情境属性“家”和“办公室”中，读者可能更愿意在“办公室”选择学术类资源。对于同一种信息资源，不同情境下读者的选择不同，在同一种情境环境中不同的情境属性值下读者的选择也可能不同。在推荐服务中，可以利用情境条件熵度量情境因素的重要性从而衡量每种情境因素对推荐资源的影响程度，并计算各情境因素所占不同的比重。

表 7-1 是基于情境条件熵的读者在不同的情境因素下对推荐资源的选择。一共有 6 组读者日志记录。所采用的简单的数据集包括 3 个情境属性(周，地点，时间)；被推荐的项目 I；读者给出的评价。其中，情境属性的取值情况如下：周(W)= $\{weekday = 1, weekend = 0\}$，地点($L$)= $\{office = 1, home = 0\}$，时间(T)= $\{work = 1, rest = 0\}$，被推荐的项目(I)= $\{entertainment = 1, academic = 0\}$。

表 7-1　　**简单的情境感知推荐系统实例数据集**

标识号	读者	周	地点	时间	项目
1	*U*1	1	1	0	1
2	*U*2	0	0	1	1
3	*U*3	1	1	0	1
4	*U*4	0	1	1	1
5	*U*5	1	0	1	0
6	*U*6	1	1	0	0

①计算各情境属性取值的概率，以及条件概率。

“周”情境属性值为工作日的概率是 $P(W=1)=\frac{2}{3}$，属性值为周末的概率是 $P(W=0)=\frac{1}{3}$。在情境属性值是工作日的前提下读者选择娱乐型资源的概率是 $P(I=0 \mid W=1)=\frac{1}{2}$；情境属性值是工作日的前提下读者选择学术型资源的概率是 $P(I=1 \mid W=1)=\frac{1}{2}$。情境属性值是周末的前提下读者选择娱乐型资源的概率是 $P(I=0 \mid W=0)=0$；情境属性值是周末的前提下读者选择学术型资源的概率是 $P(I=1 \mid W=0)=1$。

②计算各情境属性的条件熵。

对于周，$H(I \mid W)=-[2/3*1/2*\log_2(1/2)+2/3*1/2*\log_2(1/2)+1/3*0+1/3*0]=0.667$，即周情境属性下的条件熵是 0.667。同理，地点情境属性条件熵为 $H(I \mid L)=0.874$，时间情境属性条件熵为 $H(I \mid T)=0.918$。

③计算情境属性权重。

因此，$W_{week}=(1-0.667)/(3-(0.667+0.874+0.918))=0.616$，$W_{location}=0.233$，$W_{time}=0.152$。“周”对于读者选择资源的影响值为 0.616，在各情境因素中所占的权重为 0.616，同理，“位置”所占权重为 0.233，“时间”所占权重为 0.152。

7.4.2　情境感知的移动阅读个性化信息推荐

在数字图书馆中，基于情境感知的移动阅读个性化推荐不仅要考虑读者和项目两个维度，还需要考虑情境因素，根据读者在不同情境属性下对项目的评分信息，利用相同情境下读者之间的相似性对其进行资源的推荐，实现基于情境感知的移动阅读个性化推荐。因此，基于读者的情境感知的移动阅读个性化推荐模型流程：分析系统日志中相同情境下其他读者对项目的评分信息，根据其相同情境下评分信息的相似性来预测目标读者对被推荐资源的评分，结合传统的协同过滤技术，为目标读者推荐个性化的信息资源。

(1)情境感知的移动阅读个性化推荐模型(图 7-6)

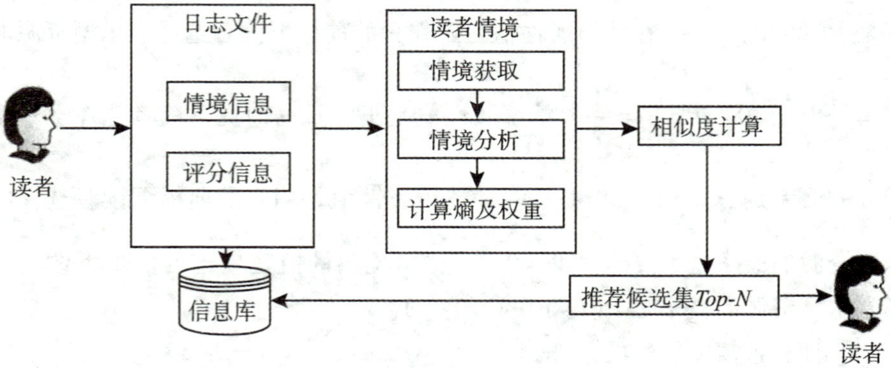

图 7-6　基于情境感知的个性化阅读推荐模型

读者登录移动阅读平台之后，系统获取读者的日志记录，通过分析读者的日志记录，抽取读者在不同的情境环境下偏好的资源类型及其评分，计算所有情境属性的情境条件熵以及此情境属性对于所推荐的资源的影响值，即各情境因素所占的权重值。然后根据其他读者在相同情境下对资源的评分，计算基于用户的协同过滤的相似度，找到与目标读者相似的邻居读者，向目标读者推送信息资源列表，产生推荐。其中，将系统推送给读者的信息资源以及获取的日志记录录入信息库，为以后系统抽取读者的记录提供便利。

(2)基于情境感知的协同过滤推荐

将传统协同过滤推荐算法考虑的用户、项目两个维度拓展为用户、项目以及情境三个维度[23]，使融合情境感知的协同过滤推荐算法能够适应移动环境，为用户提供更可靠的推荐结果。基于用户进行协同过滤相似度的计算找到目标读者的最近邻居，对其进行预测评分，结合情境条件熵，计算出情境权重，得到最终推荐。

①当前情境下读者相似度计算。

在协同过滤的相似性计算中，根据相似用户与目标用户对资源的共同评分，得到评分矩阵，通过用户对资源的评分集合找到与当前用户兴趣相似的邻居用户，从而向当前用户推荐资源。寻找近邻的方法就是用户相似度的计算，度量用户间相似性的方法主要包括三种方法：余弦相似性、皮尔逊相关系数以及修正的余弦相似性[24]。常用的相似度度量标准是皮尔逊相关系数。

在移动阅读环境下，基于情境感知的协同过滤相似度计算过程：目标读者是 a，设读者 a 和 b 在相同情境环境下共同评价过的项目集合为 I_{ab}，用皮尔逊相关系数来测量特定情境下读者 a 和 b 之间的相似度，则读者 a 和 b 之间的相似度为：

$$\mathrm{sim}(a,\ b)=\frac{\sum_{i\in l_{ab}}(R_{a,\ i,\ c}-\overline{R_{a,\ c}})(R_{b,\ i,\ c}-\bar{R}_{b,\ c})}{\sqrt{\sum_{i\in l_{ab}}(R_{a,\ i,\ c}-\overline{R_{a,\ c}})^{2}\sum_{i\in l_{ab}}(R_{b,\ i,\ c}-\bar{R}_{b,\ c})^{2}}}\tag{7-16}$$

其中，I_{ab} 表示读者 a 和 b 在相同情境环境下共同评价过的项目集合，对于每一个资源 i，读者 a 和 b 在情境 c 下进行评分，$R_{a,i,c}$ 表示读者 a 在情境 c 下对资源 i 的评分，$R_{b,i,c}$ 表示读者 b 在情境 c 下对资源 i 的评分。$R_{a,c}$ 和 $R_{b,c}$ 分别表示读者 a 和读者 b 在相同情境 c 下共同评过分的资源的平均值。

②预测评分。

在给出了读者与读者之间的相似度之后，根据上述公式求出在情境 c 下读者 a 与任意读者 b 之间的相似度，之后选择目标读者 a 的最近邻居集合，即将其他读者与目标读者之间的相似度进行降序排序，取相似度最高的前 N 个作为目标读者的最近邻居 N，根据这些最近邻居，预测读者 a 对项目 i 的评分，公式如下：

$$P_{a,\ i,\ c}=\frac{\sum_{b\in N}\mathrm{sim}(a,\ b)\times(R_{b,\ i,\ z}-\bar{R}_{b,\ c})}{\sum_{b\in N}\mathrm{sim}(a,\ b)}+\bar{R}_{a,\ c}\tag{7-17}$$

$P_{a,i,c}$ 表示系统预测在该情境 c 环境下读者 a 对于项目 i 的评分，$\mathrm{sim}(a,b)$ 表示在 c 情境下读者 a 和 b 之间的相似度，$R_{a,c}$ 和 $R_{b,c}$ 分别表示读者 a 和读者 b 在相同情境环境 c 下共同评过分的资源的平均值，N 为相似读者的集合。

③情境权重的推荐结果。

根据公式(7-15)已经计算出的各情境因素的权重，结合上述提出的基于情境感知的协同过滤基本算法计算出在 c 情境下目标读者 a 对项目 i 的预测评分，则实现了基于情境感知的个性化推荐，具体公式如下所示：

$$r_{a,\ i,\ c}=\sum_{i\in l_{ab}}W_{c}\times P_{a,\ i,\ c}\tag{7-18}$$

其中，$P_{a,i,c}$ 表示系统对于读者 a 所预测的项目 i 的评分。W_c 为情境权重，读者在不同的情境属性下选择资源时，每个情境属性所占的权重是不相同的，W_c用于对每一个情境属性赋予一定的权重值，代表情境属性对系统向读者所推荐资源的影响作用。$R_{a,i,c}$表示目标读者 a 在不同的情境属性下对项目 i 的加权评分，即系统的最终预测评分。加权后的预测评分更能够反映出系统预测评分的准确性。情境属性的权重越大，此情境下读者对于项目的预测评分综合值就应该越大，情境属性的权重越小，此情境下读者对于项目的预测评分综合值就应该越小，这样的加权结果可以反映出读者在某种情境因素下更偏好于哪种资源。最后得到的综合预测结果才会更准确。

④算法流程描述。

输入："读者，项目，情境，评分"模型，目标读者 a，当前情境 c，待推荐的项目集合 I。

输出：读者 a 在当前情境 c 下对 I 中最偏好的 K 个项目。

第一步，以项目集 I 的分类以及情境 c，根据公式(7-14)分别计算每个情境属性 c 对于读者选择资源与否的条件熵值 $H(I|c)$。

第二步，利用条件熵值 $H(I|c)$ 再根据公式(7-15)计算情境属性 c 下读者在选择项目类型的权重值 W_c。

第三步，返回继续计算公式(7-15)中各情境属性的权重值。

第四步，在情境属性 c 下，计算目标读者 a 与其他读者 b 的皮尔逊相似度 $\mathrm{sim}(a, b)$，取情境属性 c 下与 a 读者相似度最高的 N 个读者即 $Top\text{-}N$，继而利用公式(7-17)计算在情境属性 c 下评分最高的前 K 个项目及评分。

第五步，返回公式(7-17)循环计算不同的情境属性下 a 评分最高的项目。

第六步，将公式(7-16)得到的不同情境属性下的权重与公式(7-17)得到的前 K 个项目的评分按照公式(7-18)进行加权将最终得到的综合评分最高的项目列表推荐给读者 a。

7.4.3 实验及结果分析

基于本节提出的移动环境下情境感知的个性化阅读推荐研究的实现过程，在此通过一个实验来对文章提出的情境感知的个性化阅读推荐模型进行验证，从而与传统的协同过滤技术进行比较。

(1)数据集

本实验的数据集来自于科学网的博文，用抓取工具抓取科学网上 496 篇博文，人工将其分为四大类，分别为科研类、人物类、文史类和生活类，实验中考察的情境因素有周、地点和时间，这三个类别是本实验的三个情境属性，每一个情境属性下有不同的情境值。周分为工作日和周末；地点分为工作室和家；时间分为工作时间和休息时间。实验选取相关专业 12 名研究生作为实验对象。让每个读者分别针对四大类的博文进行评分以及对情境的选择，比如，读者在选择科研类文章的时候，周情境下更倾向于选择工作日，地点情境下更倾向于选择工作室，时间情境下更倾向于选择工作时间，并对其进行 0~5 分的评分，一共得到 970 条数据。将数据按照 3：1 的比例分为训练集和测试集。根据读者选择的情境组合，系统提供一组符合读者兴趣的推荐博文列表。

（2）度量指标

实验中采用广泛使用的平均绝对偏差 *MAE*（*Mean Absolute Error*）作为推荐算法准确性的评估标准。*MAE* 通过计算预测用户评分与实际用户评分之间的偏差来衡量算法的准确性，*MAE* 值越小，算法推荐质量越高。假设预测评分集为 $\{l_1, l_2, \cdots, l_n\}$，对应用户的实际评分集为 $\{m_1, m_2, \cdots, m_n\}$，则 *MAE* 的计算公式：

$$MAE = \frac{\sum_{i=1}^{m} | I_i - m_i |}{n} \tag{7-19}$$

（3）实验及结果分析

为验证本节的移动环境下基于情境感知的个性化阅读推荐技术与传统的协同过滤技术的推荐效果，本节将读者的评分数据划分为 75%的训练集和 25%的测试集，同时对最近邻居的数目从 5 到 25 递增。使用两种不同的方法对训练集中的评分进行预测，然后与测试集中的实际评分进行对比，求出两种方法下的 *MAE* 值，实验结果对比如图 7-7 所示。从图中可以看出，在邻居数目依次递增时，本节算法与传统的协同过滤算法相比，均具有更低的 *MAE* 值，表明该算法在合理考虑情境的情况下，有更高的推荐质量。所以，移动环境下基于情境感知的个性化阅读推荐研究相比传统的协同过滤有更好的推荐效果。

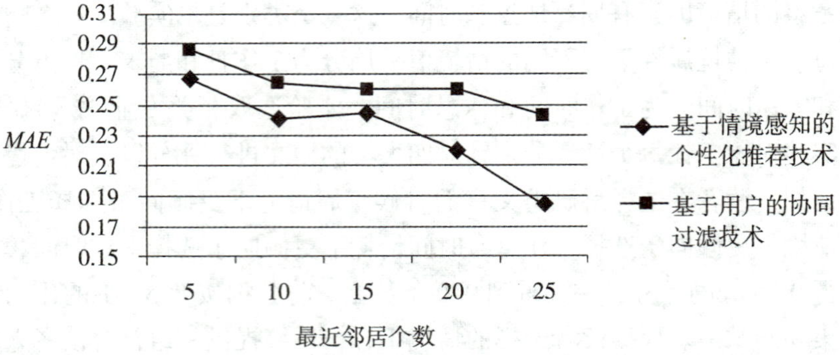

图 7-7　两种方法的 *MAE* 值对比

本章小结

泛在环境下的用户个性化信息需求具有情境敏感性，本章将情境信息融入信息推荐过程中，即将传统二维的“用户—资源”推荐服务模型扩展为包含多种情境信息的多维信息推荐服务模型，使得信息推荐系统在动态、复杂的融合网络环境下，能够感知、洞察各种情境信息，并根据特定情境自适应地调整推送给目标用户的信息。

本章从不同研究视角提出相应的基于情境感知的信息推荐方法。首先，本章提出一种融合物理情境、偏好情境以及网络情境的多维信息推荐服务，使得信息资源在特定情境条件下能够和用户需求进行自适应匹配，并根据网络状态将推荐的信息资源选择合适的显示模式及其数据格式，从而实现系统对各种不同情境的智能感知。同时，本章将贝叶斯分类和传统协同过滤技术结合，提出一种基于情境感知的信息协同推荐方法。移动阅读以便利性获得越来越多的读者的喜欢，移动环境中的情境因素在读者使用移动阅读服务时候变得尤为重要。为了给读者在移动环境下提供个性化的移动阅读服务，本章利用情境条件熵来对读者的情境信息进行计算，对在读者选择资源时具有不同影响程度的情境属性进行权重计算，然后结合基于用户的协同过滤进行推荐，使传统的协同过滤策略具有情境感知的能力，通过对不同影响力的情境属性进行权重分析以提高推荐的准确度，为读者在不同的情境因素下提供更个性化的推荐服务。可以预见，在泛在环境下以读者为中心、为其提供情境感知的移动阅读推荐服务将是数字图书馆信息服务发展的新方向。

参考文献

[1] Tuzhilin A, Adomavicius G. Context-aware recommender systems[C]//The 2008 ACM Conference on Recommender systems, New York, 2008: 335-336.

[2] Dey A K, Abowd G D, Salber D. A conceptual framework and a toolkit for supporting the rapid prototyping of context-aware applications[J]. Journal of Human-Computer Interaction, 2001, 16(2): 97-166.

[3] Adomavicius G, Tuzhilin A. Multidimensional recommender systems: A data warehousing approach[C]//The 2th International Workshop on Electronic Commerce, Lecture Notes in Computer Science, Springer-Verlag, 2001: 180-192.

[4] Adomavicius G, Sankaranarayanan R, Sen S, Tuzhilin A. Incorporating contextual information in recommender system using a multidimensional approach[J]. ACM Transactions on Information Systems, 2005, 23(1): 103-145.

[5] Lee B-H, Kim H-N, Jung J-G, et al. Location-based service with context data for a restaurant recommendation[M]. DEXA, Lecture Notes in Computer Science, Springer-Verlag, 2006: 430-438.

[6] Yap G E, Tan A H, Pang H H. Discovering and exploiting causal dependencies for robust mobile context-aware recommenders[J]. IEEE Transactions on Knowledge Data Engineering, 2007, 19(7): 977-992.

[7] Anand S S, Mobasher B. Contextual recommendation[M]. Workshop on Web Mining, Lecture Notes in Artificial in Artificial Intelligence, Springer-Verlag, 2007: 142-160.

[8] Choi J Y, Song H S, Kim S H. MCORE: A context-sensitive recommendation system for the mobile Web[J]. Expert Systems, 2007, 24(1): 32-46.

[9] Park J H, Kang J H. Resource collaboration system based on dynamic user preference and context[J]. Artificial Intelligence Review, 2010, 34(3): 271-287.

[10] Cantador I, Castells P. Semantic contextualisation in a news recommender system[M]. Workshop on Context-aware Recommender Systems (CARS-2009), New York, 2009.

[11] Baltrunas L, Ricci F. Context-dependent tems generation in collaborative filtering [C]//The 2009 Workshop on Context-Aware Recommender Systems, 2009.

[12] 武慧娟, 孙鸿飞. 基于认知计算与情境感知的个性化信息自适应推荐模式框架研究[J]. 情报科学, 2018(5): 114-118, 143.

[13] 洪亮, 钱晨, 樊星. 移动数字图书馆资源的情境感知个性化推荐方法研究[J]. 现代图书情报技术, 2016(Z1): 110-119.

[14] 吴笛, 李保强. 基于情境感知的学习资源关联分析与推荐模型研究[J]. 中国远程教育, 2017(2): 59-65, 80.

[15] 房小可, 叶莎莎, 严承希. 融合情境语义的虚拟学术社区知识推荐模型研究[J]. 情报理论与实践, 2019(9): 154-159.

[16] 田雪筠. 基于情境感知的移动电子资源推荐技术研究[J]. 情报理论与实践, 2015(5): 86-89, 104.

[17] 王伟伟, 段富. 基于情境感知的餐饮推荐模型设计[J]. 现代电子技术, 2018(18): 154-157.

[18] Adomavicius G, Tuzhilin A. Toward the next generation of recommender systems: A survey of the state-of-the-art and possible extensions[J]. IEEE Transactions on Knowledge and Data Engineering, 2005, 17(6): 734-749.

[19] Salton G. Automatic text processing[M]. New York: Addison-Wesley, 1989.

[20] Pablo C, Miriam F, et al. An adaptation of the vector-space model for ontology-basedinformation retrieval[J]. IEEE Transaction on Knowledge and Data Engineering, 2007, 19(2): 261-272.

[21] Mitchell T. Machine Learning[M]. New York: McGraw Hill Higher Education, 1997: 177-180.

[22] Shannon C E. A mathematical theory of communication[J]. Bell System Technical Journal, 1948(27): 379-429, 623-656.

[23] 胡慕海，蔡淑琴，张宇．情境化信息推荐机制的研究[J]. 情报学报，2011，10(10)：1053-1064.

[24] Sarwar B, Karypis G, Konstan J, Riedl J. Item-based collaborative filtering recommendation algorithms[C]//The 10th International World Wide Web Conference, 2001: 285-295.

第 8 章　基于用户画像的信息推荐系统

在大数据时代背景下，随着互联网信息技术的蓬勃发展，网络规模大幅增加，人们在网络平台上自由地交流、表达个人情绪、分享个人意见的过程中产生了海量的信息。面对这些海量的用户信息，如何有效利用信息进行更为精准的用户推荐，提供更有价值的服务是当前信息推荐领域研究的热点与难点。针对推荐系统在大数据环境下精准性的要求，本章基于用户画像的信息推荐系统理论、模型及方法，探索用户画像对信息推荐领域所产生的积极影响。首先，详细介绍用户画像的概念，对当前的用户画像技术以及基于用户画像的推荐研究进行全面梳理，探讨用户画像对信息推荐系统的推动作用。进而，提出一种新颖的基于用户画像的推荐服务模型，充分提取与融合用户信息中包含的属性特征，构建出更为精准、全面、细致的用户画像，在该用户画像的基础上进行信息推荐。最后，利用该推荐服务模型，分别针对电影和移动图书馆两个领域进行应用，实验结果表明用户画像有效提高了信息推荐系统的推荐效果。

8.1　用户画像

8.1.1　用户画像的概述

用户画像(User Profile)也被称为用户角色，其可以定义为描述用户的信息集，是基于一系列真实数据建立的目标用户模型，同时也是最能描述用户特征(如年龄、性别、居住地、工作地点等)的形象集合。研究者的专业知识的不同、研究方向的差异以及研究背景的千差万别也就意味着各个学者对于用户画像的定义都有着各自不同的理解。最早提出用户画像概念的是交互设计之父 Alan Cooper，他在研究中将用户画像定义为“基于用户真实数据的虚拟代表”，通过搜集用户数据分析用户的不同特点，然后根据其行为方式、态度观点的不同把用户分为多种类型，抽取每种用户类型的典型特征，赋予名字、照片、一些人口统计学要素、场景等描述，形成用户的个性化标签，由此构成一个用户画像[1]。Gauch S 等也将用户画像视为一种集合，是应用于自适应交互式系统的用户模型的数据实例，可以包括人口统计信息，例如姓名、年龄、国家和教育程度等，并且还可以表示一组用户或一个人的兴趣或偏好[2]。El Allioui 等将用户画像定义为描述用户与系统之间交互的一组有组织的数据[3]。Calegari S 等在对互联网搜索引擎领域进行研究探索时，将用户画像作为一组概念，利用本体方法用于以结构化方式表示用户的兴趣[4]。Tang 在研究中也给出了网络用户画像建模的定义，即获取网络用户不同属性值的建模过程，这里提到的属性值主要从用户的个人信息、兴趣偏好以及搜索行为等进行提取[5]。我国学者王宪朋等认为用户画像的定义包括三个方面内容：一是用户数据的搜集，该内容也是构建用户画像的前提和基础，要构建用户画像，首先需要搜集与积累用户数据，如能够体现用户社会属性、生活习惯以及消费行为等方面的数据；二是用户画像与业务是密不可分的，构建用户画像时需要对符合业务需求的特定用户进行画像，因此需要体现业务特色；三是构建用户画像需要进行数学建模，通过对已有数据的深层次挖掘，标签化、形象化展现隐藏在数据背后的信息价值[6]。余孟杰[7]认为用户画像是一种大数据环境下用户信息标签化方法，即大数据提供了足够的数据基础，通过抽象出标签信息可以完美地呈现出用户全貌，从而用于精准的用户行为分析。

用户画像示意图如图 8-1 所示。

8.1.2　用户画像的构成

关于用户画像的构成要素，国外学者 David Travis 在提出用户画像这一概念时给出了 7 个基本条件：P(Primary Research，基本性)、E(Empathy，移情性)、R(Realistic，真实性)、S(Singular，独特性)、O(Objectives，目标性)、N(Number，数量)和 A(Applicable，应用性)，并将这 7 个特性的首字母组成 PERSONA 一词，翻译成中文即为“用户画像”[8]。Lafouge 等在研

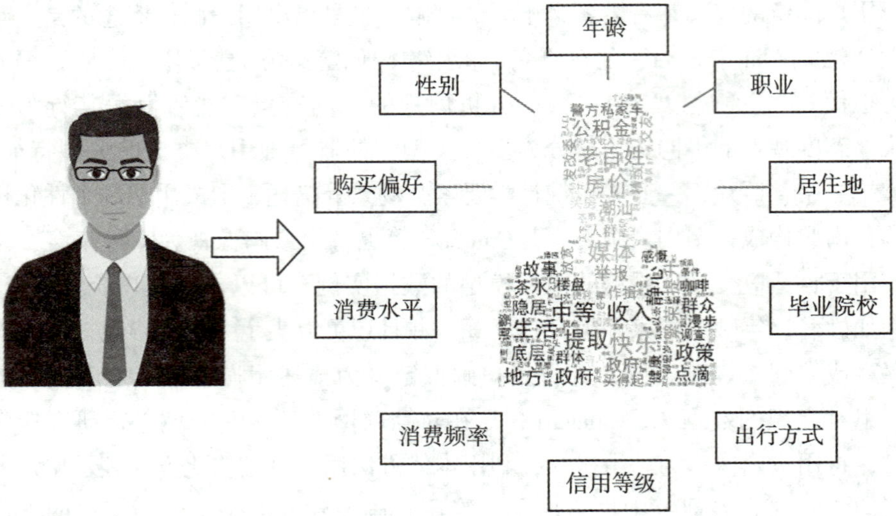

图 8-1　用户画像示意图

究中将用户特征信息概括为两个方面：与用户个人相关的稳定因素(如个人基本信息、用户行为信息以及习惯信息稳定因素)与可变信息(如检索环境、搜索目标等可能发生变化的因素)；并且围绕这两个方面，他们从以下五个部分信息来构建用户画像模型：用户的状态(USER)、用户目标(UGOAL)、用户认知(KNOW)、用户对系统的熟悉程度(IRS)以及用户背景(BACK)[9]。Guimaraes 等通过研究将用户画像的构成要素归纳为：用户的基本素养、学历背景、社会关系、就业情况、地理位置以及时间情境等[10]。国内学者也从不同的角度提出了用户画像的不同构成维度，如陈志明等依据社交网络的特性，将用户画像维度划分为自然属性、社交属性、兴趣属性和能力属性[11]；其中的自然、社交、兴趣属性较好理解，此处的能力属性特指用户生产内容(User Generated Content，UGC)的能力，即社交网络用户输出优质内容的水平高低。张小可等在研究过程中融入了用户的心理特征要素，提出了用户基本属性、社交网络属性、兴趣爱好属性、购买能力行为属性和心理特征属性的五要素用户画像模型[12]。

综合上述各学者的研究角度，我们在陈志明等[11]的研究基础上将用户画像的构成概括为 5 个维度：自然属性、社交属性、兴趣属性、行为属性以及能力属性。

①自然属性：指相对稳定和静态的人口统计信息属性，这些信息属性均是先天或后天产生的，例如：性别、地域、受教育程度、职业经历等，自然属性中不同的特征在不同场合下对用户画像建立起着不同的作用，对于每个属性的权重也需要在不同的场合分别考虑。

②社交属性：主要通过用户的社交影响力进行衡量。社交现象主要表现在用户通过与他人或团体之间进行社交互动而对自身的观点、情感、态度和行为产生影响。在对社交属性进行研究探索时，用户的社会影响力是需要考虑的一项重要内容。对于社交影响力的定义，目前的研究大多综合考虑网络拓扑结构及社交节点的相互影响程度，对其进行以下两方面的因素分析：其一是用户的活跃度，具体包括用户关注的人数、关注的话题数、关注的专栏数、提问及回答的数量等。在社交平台越是活跃的用户，其影响其他用户的机会就越大。其二是用户“邻居”的影响力，其中“邻居”等同于用户“粉丝”，均为用户的关注者。社交网络中信息的流动需要这些邻居节点作为传播的载体，因此各节点自身的影响力对社交影响力研究而言也是同样重要的。以微博用户为例，每位微博用户社交产生的行为，例如关注其他用户以及评论、转发、点赞微博内容等，都属于用户之间的常规社交互动行为，反映了用户的社交属性特征。

③兴趣属性：用户在社交网站上初次使用注册时会被要求其选择自己感兴趣的话题，各网站会依此进行相关内容的推荐，因此用户所关注的话题可以看作其显性兴趣；用户在浏览网站的过程中，会对自己感兴趣的话题进行提问、回答与收藏，这些交互信息一定程度上也能反映用户的偏好兴趣，我们将其称为隐性兴趣。

④行为属性：指用户在浏览网页时产生的行为，所产生的行为信息也能很好反映出用户的偏好倾向。通过分析用户的行为日志，便可以挖掘出用户的行为属性特征包括购买偏好、消费区间等。例如，用户在淘宝等网站产生的浏览记录，我们就可以从中挖掘出用户的一个购买倾向以及观察他的消费层次从而预测其偏好的消费区间；再如用户在浏览网站时产生的点击流，我们便可以追踪顾客的购物需求变化，得知其在网站最新的偏好需求，有助于我们主动对用户进行有效的个性化推荐。

⑤能力属性：指用户在网购平台上是否可以提供优质的评价信息，用于评价用户输出优质内容的水平，该属性主要针对那些采用用户生成内容(User Generated Content，UGC)模式的网站。UGC 的优势在于用户可以自由

上传内容，并且均是主观产生的丰富信息内容，有助于我们对网站用户的分析调查，但由于用户产生的内容质量是参差不齐的，因此用户产出优质内容的能力极其重要，它是网站的核心竞争力，也是我们分析用户属性的一项重要指标。

8.1.3 用户画像的构建流程

用户画像真正的价值所在其实就是对真实用户的兴趣进行估计和预测，在推荐系统中用户画像的实现基本上分两个阶段完成，第一阶段包括用户画像的表示，其可以表示为具有指定权重的术语向量，或与一般本体的概念有关的语义加权或根据概念矩阵；第二阶段涉及个性化过程中的用户数据集成，建立用户个人用户画像时要考虑不同的维度，以此进行个性化推荐[13]。一方面，由于存储限制和关于用户的有限信息，用户画像的表示实质上是抽象的；另一方面，在内存和复杂性方面应使用紧凑的表示形式来确保用户画像的精准性和有效性。用户画像涉及的内容维度在不同领域中亦不同，而在构建用户画像的过程中多采用统计学习、贝叶斯网络、神经网络、主题模型、聚类分析等方法。例如，Amoretti 等将用户画像的构建分为三个部分：①行为建模，对用户过去行为的分析可以预测未来用户的行为，因此行为建模的重点是与用户行为相关的模式，为此需要存储用户系统交互数据。②兴趣建模，用于计算用户对新产品，场所等的兴趣度的函数的定义。③意图建模，试图查找用户的最终目标或原因，行为和兴趣建模均可以成为意图建模的基础[14]。

我们将用户画像模型的构建过程总结概括为四个主要步骤，即数据收集、数据预处理、用户特征属性提取及用户画像构建，构建流程如图 8-2 所示。

数据收集部分主要是根据用户画像所对应的研究群体，来选择数据获取来源及数据信息内容，同时还要考虑到获取数据所使用的方法。收集的用户数据包括能够体现用户社会属性、生活习惯以及消费行为等各方面的用户信息数据。用户画像的数据来源包括静态数据和动态数据两个部分。静态数据是用户相对稳定的数据，如用户年龄、地域等基础信息。动态数据是随着用户行为不断变化的信息，不同的应用领域动态数据也有所差别。

数据预处理是对收集到的数据进行清洗与整理，最终获得模型所需要的数据格式。数据预处理的方法有很多，对不同的数据形式有不同的处理方

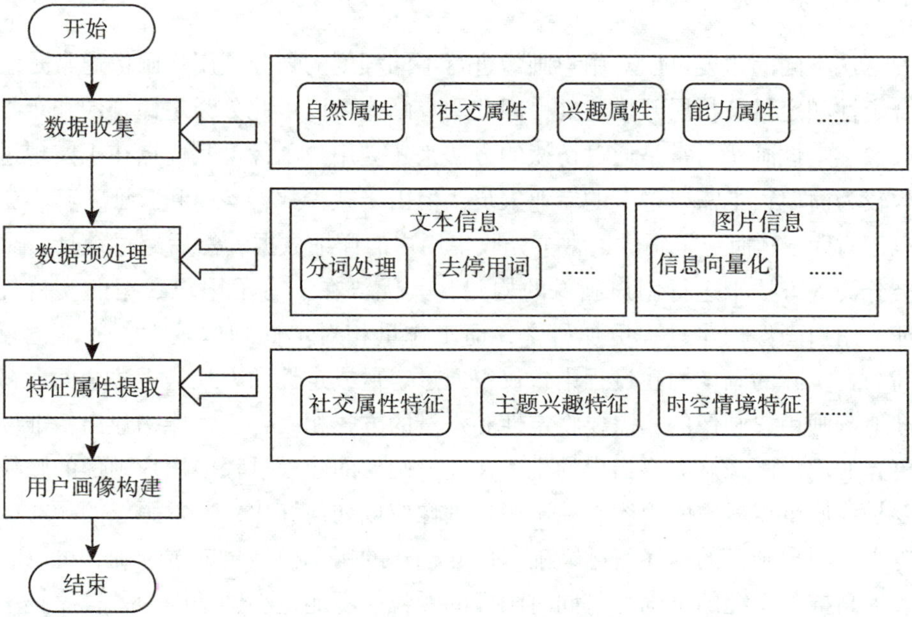

图 8-2　用户画像构建流程图

法。例如，对文本数据进行预处理，需要对数据集进行分词处理、去停用词和特殊词汇等；对图片数据源进行处理，则需要对图片进行向量化处理以及对图片进行特征提取等操作。

特征属性提取即是在收集用户数据的基础上，对其进行整理和分类，并通过一定的数据挖掘方法从中抽取用户特征，进一步提炼得到用户标签的过程。现有的用户画像研究主要通过两类方法来完成特征抽取[15]，包括：①人工抽取：在相关理论的支持下，结合研究者的知识和经验，“描绘或者抽象用户属性差异”，从而抽取用户特征。该方法具有一定的主观性，仅适用于数据表达清晰、数据量小的研究场景。②技术抽取：通过机器学习算法抽取用户特征，如决策树、逻辑回归、支持向量机、贝叶斯网络、*K* 均值算法、主题模型等算法，这些方法适用于大数据环境下海量用户数据的研究场景。

用户画像构建过程综合用户的各项特征属性，汇集用户的各项信息，利用构建好的用户标签抽象出用户数字信息的全貌，展现用户的特征偏好，其构建流程如图 8-2 所示。

8.1.4 用户画像的分类

从不同的角度可以对用户画像进行不同程度的划分。用户画像通常是结合定性和定量分析展开描述的，因此用户画像可以由此分为定性画像和定量画像。定性画像通常是通过访谈的方法来建立用户画像，其优点在于实现过程较为简单，不需要过多的专业人员，但由于缺少数据支撑和验证，其劣势也相对明显。而定量画像通常事先收集用户的详细数据，然后经过统计、聚类分类等方法来进行用户画像的构建，其优势在于有了用户数据的支持佐证，用户画像构建过程更加科学，但工作量相对定性画像较大，成本也较高。在实际的画像构建过程中，仅仅通过定量或定性的方式是无法全面、精准地刻画用户画像的，需要将定性和定量的方式相结合，才能构建出精准度更高的用户画像。需要指出的是，在定量画像的建模过程中用户画像的颗粒度是我们重点考虑的内容。关于用户画像应该如何细化，通常画像的颗粒度越小，用户画像的描述就越精确，以此构建的用户模型也就越准确，可以有效提高推荐系统的精确性。同时画像的颗粒度不能过小，是因为颗粒度越小则所需的用户个人数据就越多，这样不仅会大大提高用户建模的成本，也会导致用户画像的普适性降低。因此，用户画像的颗粒度需要依托于应用场景和用户需求的实时动态调整。

从画像是否用于进行用户行为预测角度考虑，用户画像还可以分为两大类，第一类是统计型画像，统计型画像是基于用户的统计数据来判断用户的兴趣偏好，这类标签无关乎正确率，通常需要在应用的基础上进行评估，不需要训练样本集。例如，用户在网站浏览商品的次数超过一定标准，那么我们就可以认为他对该商品较为感兴趣。实际上，在日常生活场景中大多的购物网站系统都是基于统计型画像的。第二类是预测型画像，即通过挖掘用户的行为特征来对用户行为进行预测，进而主动为用户提供相应的推荐服务。例如各大银行等信用平台就通过用户历史数据进行建模，预测用户的信用指数，识别存在信用风险的用户群体与潜在客户群体。

针对画像的构建对象是否为单一用户，可以将用户画像分为个人用户画像和群体用户画像。个人用户画像的研究对象是某场景下的一个具体用户，研究者通过对某具体领域的单一用户挖掘分析其多维度的用户信息，抽取相应的特征属性、提炼出用户标签从而构建用户的个人画像。该画像不仅可以全面描述单个用户的用户特征，反映出用户的行为、兴趣和偏好等特点，而且能够帮助我们深入全面地了解并追踪用户需求，在此基础上结合相关技术以实现个性化搜索、推荐和用户行为预测等功能。而群体用户画像比单一的用户画像可以更好地反映一个群体的内在特征，有利于具体场景下针对群体性质的研究进一步开展。在群体用户画像的研究中，研究对象是某场景下的特定用户群体。通过从群体用户的用户数据中抽取用户特征，然后对具有相似用户特征的用户进行聚类，构建不同类型的用户群体画像。群体用户画像的构建与实现不仅能够帮助了解群体行为动态，追踪群体用户的潜在行为，尤其是能够促进网络舆情的有效治理；而且对于群体用户画像中的群体行为特征规律的探索有助于实现进一步的决策支持，能够辅助企业优化产品设计，提升用户体验。

8.2　用户画像的研究现状

用户画像作为日益成熟的数据分析工具，不仅可以对用户特征进行分析和追踪，抽象出用户的信息全貌，还可以挖掘用户的兴趣，追踪用户行为，分析用户的需求变化，可以运用于个性化推荐、个性化搜索、精准营销等领域。目前国内外研究学者对用户画像的构建和应用进行了诸多研究，尤其是在个性化推荐领域，研究结果也表明精准的用户画像能够有效地提升信息推荐系统的推荐效果。本节将针对已有用户画像方法研究进行梳理和总结，按照用户画像方法的不同，将其分为以下四类：基于主题的用户画像、基于本体的用户画像、基于兴趣的用户画像和基于行为的用户画像。

8.2.1　基于主题的用户画像方法

通常情况下，用户有多个方面的兴趣爱好，而已有基于关键词的向量空间模型难以区分特征关键词所表征的是用户哪一类兴趣偏好。为了充分利用用户各种文本信息以建立全面而精准的用户画像，有学者提出了基于主题的用户画像方法。Blei 等[16]在研究中提出了一个包含词、主题和文档三层结构的 LDA 模型，该研究通过三层贝叶斯网络生成文档主题模型，可广泛应用于话题跟踪、知识发现、主题挖掘中，成为当前最具代表性的主题挖掘模型。Gao 等[17]针对 Twitter 用户构建用户画像，在研究中利用了基于话题标签、实体和话题的用户画像方法，通过丰富语义来提高用户画像的多样性和准确性。朱志良等[18]从多个角度描述用户的偏好，讨论用户对历史新闻的偏好程度，使用LDA作为语言模型来检测潜在的主题，表达每条新闻的主题分布，提出了一个用户画像模型，并通过实验证明了该方法构造的用户画像有效提升了推荐效果。贺明等[19]融合内容和协作过滤技术提出了一种基于用户画像树(UP-Tree)的新闻推荐框架UP-TreeRec，通过利用一种新颖的主题模型UILDA，获得了主题空间中新闻内容的表示向量，将其作为用户兴趣与新闻主题相关联的基本桥梁，然后设计具有动态可变结构的决策树，根据用户的反馈来构建用户兴趣画像，利用该画像大大提高了新闻推荐的准确性和有效性。马超[20]对目前主流的用户画像分析算法进行分类，并指出现有算法主要有两方面不足：一是现有算法多利用社交网络结构信息的无监督学习，算法的预测精度是相对较低的；二是现有算法过于依赖用户自产生数据，使模型不能很好地在不同社交网络数据集中进行迁移。由此，研究过程使用标签传播算法提出了基于主题模型的半监督学习算法框架，该框架能够将部分已知用户属性信息作为监督信息加入模型中，并可有效地利用社交网络的网络结构信息，使得模型的性能与鲁棒性大幅提高。但是，该算法框架在细微之处还不太完善，在社交网络结构与文本文档结构转换、用户多属性预测分析等方面还存在进一步改进的空间。

总之，基于主题的用户画像方法相较其他画像方法优势在于其可以通过主题模型等方法抽取用户的主题兴趣，将用户兴趣与主题倾向相关联，能够一定程度上描述用户兴趣的多样性，增强推荐算法的有效性。需指出的是，一方面运用基于主题的用户画像方法在进行信息推荐时需同时考虑用户与资源文本，实现主题信息共享。另一方面，目前的研究也大多仅仅局限于文本的主题挖掘，没有考虑到用户信息资源的多样性，忽略了用户图像信息和其他多模态资源信息中所包含的用户主题特征，在未来的研究中需要注意画像信息的全面性，以此构建更为精准的用户画像来提升推荐系统的效果。

8.2.2 基于本体的用户画像方法

本体(Ontology)是一种形式化的说明，通过形式化表达特定领域中的对象类型、概念、属性以及相互关系。学者刘柏嵩在其研究中指出，本体实际是指共享概念模型的明确的形式化规范说明，它包含了四层含义，分别是概念模型(Conceptualization)、明确(Explicit)、形式化(Formal)和共享(Share)[21]。Vladimir等提出了一种基于本体的方法来表示用户画像，并对上下文之间的交互过程进行协作学习，进行了与学校环境以及职业所在环境中所定义的用户画像有关的案例研究[22]。Ahmad 等构建一种新颖的上下文和个性化的本体用户画像，利用和集成上下文信息构建 Web 个性化系统，开发了上下文感知个性化系统(CAPS)，该系统能够基于用户的兴趣和上下文信息来建模，然后利用这些用户画像来推断用户并向其提供上下文建议，该研究表明考虑 Web 个性化系统中的上下文信息可以提供更加有效的个性化服务并向用户提供更好的建议[23]。郑建兴等[24]以微博为例，结合其文本短、信息少、更新速度快等特点，在本体用户模型基础上提出了“友邻—用户”模型的实现方法；该方法利用友邻集进一步扩展了用户模型的主题兴趣，其建立的“友邻—用户”模型是对传统用户模型的一种改进，更好地刻画了用户形象，提高了推荐性能。姜建武等[25]运用基于“行为—主题—词汇—词汇”模型的信息本体提取方法抽象出体现用户行为的具体标签，由此来构建用户画像的数学模型，并对该模型能否准确刻画用户偏好进行了验证，同时针对传统信息推送服务未考虑用户个人综合因素、针对性差和推广转化率低的问题，结合大数据理论提出基于用户画像的智能信息推送方法，从而为大数据精准营销提供了一种创新策略。

总的来看，基于本体的用户画像方法较多地考虑信息源包含的具体语义，其语义表达能力更强，并且具有较好的逻辑推理能力，将之应用于个性化推荐、信息检索领域可显著提升准确率与查全率。但由于基于本体的用户画像推荐必须根据用户的目标需求和要获取或更新的关注领域而不断转变，随着本体结构的发展，本体或互操作性问题可能会存在不一致的问题。目前的研究工作很少致力于研究本体的演化表示，大多都未给出数据集成系统中的全局方案，当本体更改其数据源关系时，该过程会很容易产生错误并会耗费较多的时间成本。

8.2.3　基于兴趣的用户画像方法

为了提供个性化帮助，研究工作主要依赖的是包含在用户配置文件中的表示用户兴趣和偏好的信息，用户的兴趣和偏好一直是用户档案信息的重点内容。如今构建用户画像主要有两种思路，其一是使用显示的相关反馈来对用户画像进行构建，这种一般都是系统对用户做出强制性或者选择性的要求，让用户自己填写，如微博等社交平台中的用户信息，用户可以选填；其二是隐式的分析用户行为以此来收集用户的喜好信息，从而构建用户画像。

Ouaftouh 等[13]基于用户的兴趣和聚类算法设计了一种新颖的推荐方法，

构建了一个集成用户兴趣的用户画像模型，提出了一种分区聚类算法，运用电子商务网站对应的用户个人资料数据集对该推荐方法进行了评估，结果显示优于主流的推荐方法。汪强兵等[6]以新浪微博为研究对象，利用在线社交网络中的手势行为进行用户兴趣画像构建。通过收集实验用户的手势行为及微博内容，构建兴趣画像，并通过用户实验研究用户兴趣画像在微博推荐中的应用。王庆福[27]采用贝叶斯网络构建用户兴趣模型，进行用户画像在内容推送方面的研究。该研究中用户的兴趣标签主要依赖于三类数据：第一类为用户数据，主要包括静态(不变的用户信息如个人基本信息等)和动态数据(变化的用户信息如用户行为等)；第二类是商品数据，即客观商品属性，包括商品功能、颜色、尺寸等具体数据；第三类是平台数据，其中平台包括用户和商品交互的平台，用户获取信息的平台，用户购买商品的平台以及用户发布评论的平台等。黄传慧[28]在研究中对情境感知在图书馆推荐系统中的应用研究现状进行了梳理，阐述了基于情境感知构建图书馆推荐系统的基本思路：获取用户兴趣偏好信息(短期偏好信息、长期偏好信息以及情境信息)，鉴于情境因素的变化可能对用户偏好造成影响，利用相似情境计算公式找出用户间的关联关系，构建基于情境感知—目标用户—资源协同驱动推荐模型，在图书馆情境化偏好建模以及推荐领域做出了有益探索。

从上述研究成果中可以看出，当前基于用户兴趣的画像方法主要从两方面着手，一方面是对用户的显性兴趣进行分析，即充分挖掘用户在网站及社交平台的注册信息所包含的用户特征，由此构建用户画像；另一方面，采用隐式方式对用户兴趣进行搜集与推理，由此建立基于用户潜在兴趣的画像模型。在基于用户兴趣画像来进行个性化推荐服务时，要充分考虑到用户对某一资源的兴趣以及关注程度不是一成不变的，随着时间的推移用户兴趣倾向会不断发生变化，产生用户兴趣迁移的情况。因此，我们要构建与用户兴趣最为契合的画像模型，精准反映用户兴趣迁移的时间变化、周期规律等特点。

8.2.4 基于行为的用户画像方法

对用户行为的研究是对用户进行画像的核心问题，通过研究用户行为不仅可以发现某一用户属于什么群体分布，而且可以从用户聚集的用户人群中发现人群之间的差异。基于此，我们可以对不同的人群给以不同的用户价值，构建完善的用户画像，然后针对不同用户人群提供精准化的优质服务。

对于网络用户行为的研究我们最早可以追溯到 2005 年，国外学者 Barabdsi 在 *Nature* 刊文，基于复杂网络理论对用户的行为规律进行探讨，通过统计用户发送和回复普通邮件和电子邮件的时间间隔，Barabdsi 发现相邻两个事件间隔的分布服从反比成幕率的长尾效应[29]，并在之后的研究中进一步指出 93%的人类活动都是可预测的[30]。Logesh 等[31]在研究中提出一种活动和行为诱导的个性化推荐系统（Activity and Behavior induced Personalized Recommender System，ABiPRS），该系统根据用户的喜好为用户生成最佳匹配位置或兴趣点（Point of Interests，POIs）的列表，由于数据的多样性以及数据大小和维度的不同，用于预测基于位置的社交网络（LBSN）推荐的用户兴趣画像至关重要。此外他们还设计了一种新的推荐模型，以利用用户之间的关系来满足用户组的需求。Adomavicius 等[32]使用关联规则、分类算法等数据挖掘方法构建了面向个性化的用户画像，由此来分析用户的购买行为。研究结果表明，面向个性化的用户画像可以很好地挖掘隐藏在用户的商品交易记录中的行为档案信息，从而揭示更深层面的用户消费行为规律。

国内学者应秋芳等[33]研究了单个（微型）级别的用户发布行为，并对由隐马尔可夫模型生成的用户发布序列进行建模，并将其聚类到不同的用户画像中，通过比较使用简单的零阶模型（等效于主题模型，如 LDA）和一阶模型的结果，发现其在聚类和预测用户类型方面的有效性很高。万家山等[34]提出一种基于用户画像的智能信息推送方法，借助智慧学习平台的用户数据，主要通过 KD-Tree 来实现在 KNN 聚类算法中分析用户偏好和行为特征，进而将用户进行类别划分。该研究首先通过分析聚类中心将每一类用户抽象成高度精练的短文本，形成具有代表性的标签；其次，根据社交用户个体的标签权重值，结合业务需求进行二次建模来构建用户画像模型；最后借助协同过滤推荐算法产生推荐。研究结果表明用户画像不仅提高了数据的可用性和价值，还使分析者从大量的用户数据中摆脱出来，快速地协助分析者做好精细化分类，达到了较好的推荐效果。

根据以上的国内外研究成果，我们可知基于行为的用户画像方法有助于剖析用户决策行为不同阶段表现出来的特征行为、变化过程、动因要素等，由此可以构建出较为完善的用户画像模型，从而帮助我们为不同用户提供独具特色的个性化精准推荐服务。值得注意的是，如果使用的数据体量较小，基于行为的用户画像研究只能较为有限地分析用户的某种特定行为，与实际应用中所需要考虑的广度与范围相比还远远不够。因此，针对大数据环境下用户行为数据增长迅速、类型众多且价值密度低的特点，如何利用大数据技术对用户行为进行充分的深入挖掘，真正地构建基于用户行为大数据分析的用户画像，并利用该画像优势来进行个性化信息服务仍是目前研究的难点。

8.3 基于用户画像的信息推荐服务

8.3.1 基于用户画像的信息推荐——个性化推荐研究的新视角

在互联网世界中，由于可用信息量的爆炸式增长导致信息过载，人们在享受网络资源带来极大便利的同时也受到信息碎片化与信息超载所带来的困扰，与此同时用户们对信息访问的个性化需求也在不断增加。个性化推荐系统采取过滤无关信息或识别用户可能感兴趣的附加信息的形式，通过管理针对单个用户特定的信息来解决过载问题。虽然个性化推荐系统已经在众多领域得到了研究与应用，尤其在电子商务领域的发展不断成熟。但随着系统规模的不断扩大，表征用户特征的数据体量日益增多，数据种类变得更加繁杂，数据更新也日趋快速，对于当前大多数个性化推荐系统而言，都或多或少存在着功能不足的问题。如何从这些海量增长、异构多源和实时高频的数据中攫取有价值的用户信息，在此基础上从相似的用户中尽可能地捕捉用户兴趣，仍然是当前信息推荐领域的研究难点。

在此背景下，用户画像(User Profile)及其应用近年来备受关注。无论是Google趋势还是百度指数，以“用户画像”为关键词的搜索量呈现显著上升的态势。用户画像是用户真实数据的虚拟代表，其根据用户的基本属性内容、情境特征、社交行为习惯等用户属性，抽象得到用户原型，再通过标签的形式，如性别、所在地区、年龄、兴趣爱好、社交行为习惯等，构造出用户的立体“画像”。该画像可以清晰描绘出用户的属性特征，有利于我们分析用户的社交特性、兴趣爱好、行为倾向等，有着极大的应用价值。当前用户画像已经被逐步用于内容推送、应用推荐、产品研发、广告投放、手机个人征信、移动个性化服务等众多领域。尤其是当前的主流网络购物平台，通过将用户画像应用于推荐、搜索、广告投放等方面，让用户享受到非常便捷的服务和体验，给用户个性化服务提供更多的参考。

总之，用户画像作为后续数据分析加工的起点，能够通过收集用户社会属性、偏好特征等维度数据来对用户特性进行刻画，能够有效挖掘用户的兴趣所在，可以弥补个性化推荐系统捕捉用户兴趣偏好能力不足的问题。目前国内外众多研究结果表明，精准的用户画像确实能够有效地提升推荐系统的服务效果。因此，在未来的推荐系统构建过程中，对用户进行画像建模，以此构建用户画像或许将逐渐成为推荐系统提供个性化信息服务的关键。而用户画像作为个性化推荐研究的新视角，亦将成为推荐系统日后发展完善的一个新的突破点。

8.3.2　基于用户画像的信息推荐服务模型

考虑到用户画像对推荐系统效果产生的积极作用，本节提出一种新颖的基于用户画像的信息推荐服务模型，该模型将包含多维用户属性信息。根据上节所述用户画像的构成，在该推荐服务模型中，推荐模型的输入内容主要包括用户自然属性信息、用户社交属性信息、用户兴趣属性信息、用户行为属性信息、用户能力属性信息以及传统的“用户—项目”评分六个维度；推荐模型的输出即为推荐系统利用六维信息对目标用户进行 *Top-N* 推荐。该推荐服务模型的具体步骤主要包括了数据的收集、数据预处理、用户特征属性提取、用户标签构建及相似度计算，最终利用协同过滤算法进行信息推荐。下面我们将详细介绍各个步骤中所涉及的模型与算法。

(1)数据收集

我们搜集到的用户属性信息越多，构建的用户画像模型越能准确反映现实生活中该用户的具体特征。数据收集主要分为显式信息收集和隐式信息收集。

①显式信息收集，即明确的用户信息收集方法，也称显式用户反馈，它依赖于用户自身通过 HTML 表单输入的个人信息。该方法收集的数据可能包含人口统计信息(如生日、婚姻状况、工作或个人兴趣等)。用户除了简单的复选框和文本字段可供填写外，还存在一种通用的反馈技术，其允许用户通过从范围中选择一个值来表达自己观点的技术。目前许多网站都在以该方法收集用户个人信息为用户构建定制化界面，我们可以将这种自定义视为在 Web 上提供个性化服务的第一步。例如，MyYahoo 等网站均明确要求用户初次登陆时提供详细的个人信息以创建用户画像，然后根据用户的喜好自动组织网站内容。但另一方面，这种显式反馈的收集方法给用户带来了额外的负担，存在着一个显著缺陷，即操作过程中会消耗用户的个人时间，技术

的实现依赖每个用户参与的意愿。实际情况下，用户或出于隐私考虑，可能不会选择参与该操作。若用户不自愿提供个人信息，则无法为他们建立个人用户画像。与此同时，用户即使填写个人信息可能也无法准确地报告出自己的兴趣或人口统计数据，并且由于个人资料保持不变，而用户的兴趣可能随时间变化，因此建好的个人用户画像可能会随着时间的推移变得越来越不准确，以上均是显示收集所存在的不足之处。

②隐式用户信息收集，用户画像通常是基于隐式收集的信息(也称隐式用户反馈)构建的。具体包括在提供个性化服务的网站上捕捉用户的行为活动，分析用户行为并对其进行行为预测，通过分析用户的评论获取用户的主题偏好倾向等，这些以间接的方式来获取用户特征信息的收集方法均属于隐式用户信息收集的范畴。此收集方式的主要优点是在构造用户画像的过程中不需要用户自身进行任何其他操作，仅需要利用数据挖掘技术对用户的数据信息进行全方面的统计、分析即可。

另外，收集到的用户数据又分为静态信息数据和动态信息数据。静态信息数据相对稳定，主要包括用户基本属性，这类信息一般为结构化信息，其收集方式主要为显式收集。通过这种方式，推荐系统能够获取真实信息而无需过多地建模预测，将更多的精力放在数据清洗上。动态信息数据是用户在各网络平台上享受服务时所产生的一系列行为动态信息，如搜索信息、发表评论、社交互动、添加收藏等，这类信息一般为非结构化或半结构化的信息，收集方式主要为隐式收集。

(2)数据预处理

数据预处理的方法有很多，对不同的数据形式有不同的处理方法。由于目前大多数推荐系统仍是针对文本信息的推荐，因此这里仅讨论目前文本预处理的主要方法步骤，包括分词处理和去停用词操作。

现有的中文分词算法可分为四大类：①基于词典的分词方法，主要包括字符串匹配、机械分词等方法。代表算法包括正向最大匹配算法、邻近匹配算法等。②基于统计的分词方法，即无字典的分词方法，该方法的核心依据就是在上下文语境中，字与字相邻出现的频率通常能反映出该字连接成词的可信度。主要统计模型包括：N-gram 模型、最大熵模型以及隐马尔科夫模型等。③基于理解(基于人工智能技术)的分词方法，其原理是在分词时利用句法进行语义分析，以此来避免歧义现象。但该种方法的使用有一个必要前提，那就是需要使用大量的语言知识和信息。目前基于理解的分词方法主要有专家系统分词法、神经网络分词法等。④基于字标注的分词方法，其实质就是一种构词方法，即把分词过程视作字在字符串中的标注问题，而分词的过程就成为字重组的简单过程。

目前，比较常用的中文分词工具主要包括如下几种：jieba、BosonNLP、NLPIR、LTP、FudanNLP、THULAC 等。本节将各个分词工具包进行了对比，结果如表 8-1 所示：

表 8-1　**分词工具对比**

分词工具	开源/商业	支持语言	主要功能	费用
jieba 分词	开源	Java、C++、Python	中文分词、词性标注、命名实体识别、支持繁体分词和自定义词典	无
BosonNLP	商业	REST	中文分词、词性标注、命名实体识别	免费调用
NLPIR	开源	Java	中文分词、英文分词、词性标注、命名实体识别、新词识别、关键词提取	无
LTP	开源	Java、C++、Python	中文分词、命名实体识别、词性标注	无
FudanNLP	开源	Java	中文分词、关键词抽取、命名实体识别、词性标注、时间词抽取、语法分析	无
THULAC	开源	Java、C++、Python	中文分词和词性标注	无

文本分析过程中，停用词过滤是一个非常重要的环节。通常我们将数据信息中经常出现的非关键且无明确意义的词或符号称为停用词，包括数字、数学英文字符、标点符号及语句表达中常用的单汉字等。例如新浪微博中存在着常见的一些信息固定格式以及出现次数频繁的词或符号，如："转发""#""//""@"等。停用词的存在不仅会占用大量的存储空间，还会降低关键词的密度，将严重影响用户属性的判断。例如在用户主题提取的过程中，

大量存在的停用词会大大减弱算法性能，影响用户主题兴趣的确定，因此去除停用词是模型构建过程中至关重要的一步。与此同时，由于去停用词是利用已有的停用词表对文本进行遍历，然后将该文本中的停用词剔除的过程，因此，停用词表的选择也同样十分关键。目前主流的停用词表有多种版本且各具特点的，主要包括“百度停用词列表”“哈工大停用词表”“四川大学机器学习智能实验室停用词库”等。我们也可以针对特定的领域自己构建新的停用词表，达到清洗数据优化模型效果的目的。

(3)特征属性提取

特征属性提取指的是通过一定的数据挖掘方法从中抽取用户特征，进一步提炼得到用户标签，即从目标用户提供的数据信息中提炼出用户的各个特征属性，包括社交属性特征、主题兴趣特征、时空情境特征等，以便于构建全面的、精准的、个性的用户画像。对于用户自然属性特征，我们可以根据用户的人口统计特征信息来获取，相对其他属性特征，该特征较容易得到。对于社交属性特征，以用户关注信息这一角度为例，用户之间所共同关注的用户越多，其数量所占据关注总人数的比例越高，则代表着用户间的相似度就越高。因此，用户社交属性可以通过观察用户关注信息以及粉丝信息这两种特征属性信息来得到。对于兴趣属性特征提取而言，对比容易获得的显性兴趣，隐性兴趣的获取则是研究的重点。目前大多兴趣提取的方法主要使用文本挖掘的算法进行分析，目前比较常见的有 TF-IDF、LDA、Word2vec、BERT 及各种改进的主题模型等算法模型，通过这些算法来对用户数据进行匹配和标识，将用户信息向量化以利用各模型来获得用户信息中隐含的兴趣偏好。例如，使用 LDA 模型文本挖掘出用户感兴趣的主题内容，利用得到的用户偏好主题的概率分布空间向量，计算用户相似度进而实现用户所属群体的分类，通过构建行为主题、主题词汇等多种数学模型来实现特征提取。与兴趣属性特征提取类似，用户行为属性和能力属性特征提取同样依赖各数据挖掘的算法来对用户行为信息等进行详细分析，找寻用户信息中的特征规律，以此作为用户的特征属性。

(4)用户标签构建及相似度计算

构建用户标签是用户画像构建过程中至关重要的环节，这里的用户标签是通过对搜集获得的用户信息进行深入分析，完成特征属性提取后得出的特征标识，该特征标识可以高度概括用户的该类信息属性。用户画像的构建就是将这些能够体现用户属性的所有标签综合起来，以此来勾勒出用户虚拟画像的全貌。而用户相似度的计算是为后面的推荐算法做铺垫，我们寻找合适的度量方法来对用户的各属性特征进行相似度计算，并将其进行充分融合得到用户的综合相似度，利用该用户相似度与推荐算法进行结合，能够有效提升推荐算法中为目标用户找寻最近邻居的准确率，以达到优化推荐结果的目的。

(5)基于用户画像的协同过滤推荐

步骤 1，获取“用户—项目”评分信息，构建传统的用户评分矩阵 $RS_{M\times N}$，该矩阵反映了用户 *User* 对项目 *Item* 的评分情况，如公式(8-1)所示：

$$RS_{M\times N}=\begin{pmatrix} rs\ u_1s_1 & rs\ u_1s_2 & \cdots & rs\ u_1s_N \\ rs\ u_2s_1 & rs\ u_2s_2 & \cdots & rs\ u_2s_N \\ \cdots & \cdots & \cdots & \cdots \\ rs\ u_Ms_1 & rs\ u_Ms_2 & \cdots & rs\ u_Ms_N \end{pmatrix}_{M\times N} \tag{8-1}$$

其中，用户 u_i 对项目 s_j 的评分使用 $rs_{u_i,\ s_j}$ 表示，用户 u_i 的平均评分使用 $\overline{rs_{u_i}}$ 表示，用户 u_j 的平均评分使用 rs_{u_j} 表示。

步骤 2，计算目标用户与其他用户的相似度 $\mathrm{sim}(u_i,\ u_j)$。我们在计算时采用 Pearson 相关系数度量公式，由此计算目标用户 u_i 和用户 u_j 的相似度。如公式(8-2)所示：

$$\mathrm{sim}(u_i,\ u_j)=\frac{\sum_{s\in S}(rs_{u_i,\ s}-\overline{rs_{u_i}})(rs_{u_j,\ s}-\overline{rs_{u_j}})}{\sqrt{\sum_{s\in S}(rs_{u_i,\ s}-\overline{rs_{u_i}})^2}\times\sqrt{\sum_{s\in S}(rs_{u_j,\ s}-\overline{rs_{u_j}})^2}} \tag{8-2}$$

式(8-2)中，S 表示目标用户 u_i 以及用户 u_j 共同评分过的项目。

步骤 3，将用户评分相似度与用户各属性相似度进行加权融合，得到综合相似度矩阵，然后利用协同过滤算法进行用户 *Top-N* 推荐。我们将用户属性特征维度定义为向量 $Profile=\{p_1,\ p_2,\ \cdots,\ p_n\}$，用户在 p_i 属性特征下的相似度则表示为 $\mathrm{sim}_i(u_i,\ u_j)$。该推荐模型下用户间的总相似度可定义为公式(8-3)：

$$\mathrm{sim}(u_i,\ u_j)=w_a\mathrm{sim}(u_i,\ u_j)+w_1\cdot\mathrm{sim}_1(u_i,\ u_j)+ w_2*\mathrm{sim}_2(u_i,\ u_j)+\cdots+w_n\cdot\mathrm{sim}_n(u_i,\ u_j) \tag{8-3}$$

其中 $w_1 + w_2 + \cdots + w_n = 1$，$w_a$，$w_i \in [0, 1]$ 且 $i \in (1, 2, \cdots, n)$，w_i 为各属性相似度的权重，w_a 为用户评分相似度的权重值。

基于用户画像的信息推荐服务模型框架如图 8-3 所示。

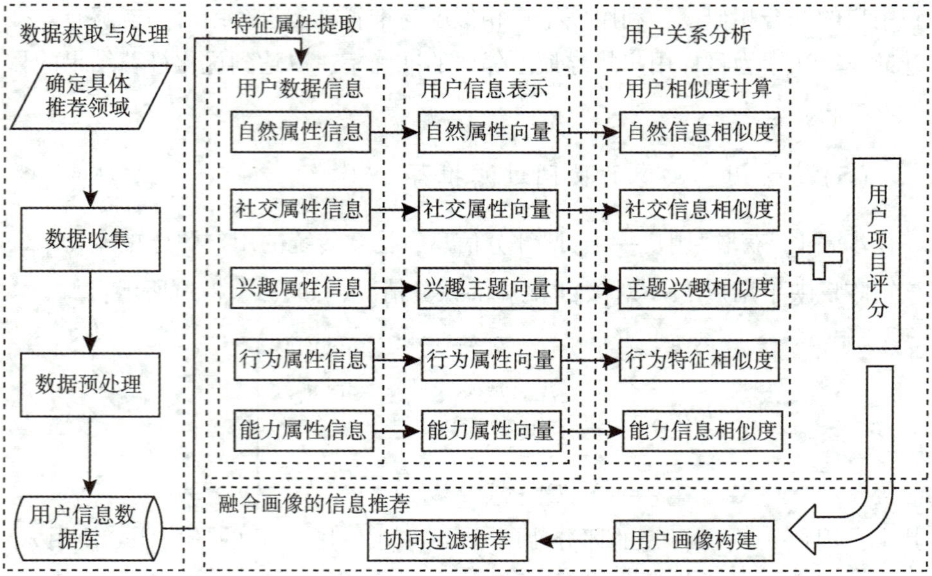

图 8-3　推荐模型框架流程图

8.3.3　融合用户画像的推荐系统体系结构

我们根据上述构建的融合用户画像的信息推荐系统，采用“分层”的设计方法，将融合用户画像的推荐服务系统体系结构设计为三层，分别是数据获取层、资源分析层和推荐服务层，如图 8-4 所示。

①数据获取层。该层是整个推荐系统体系结构中的最底层，是融合用户画像的信息推荐系统的重要组成部分。通过用户信息采集模块，以显式收集和隐式收集这两种数据收集方式来对用户信息进行全面的收集。用户信息收集得越全面细致，则构建的用户画像将越精准，越是有利于弥补推荐算法的数据稀缺性问题，提升推荐系统的推荐效果。与此同时，利用评分信息采集模块，获取用户的项目评分，为将来的预测用户评分做基础。

②资源分析层。该层是对所收集到的用户信息进行全面的分析与挖掘，重点在于分析并提取用户的属性特征，即利用当前所主流的文本分析及特征

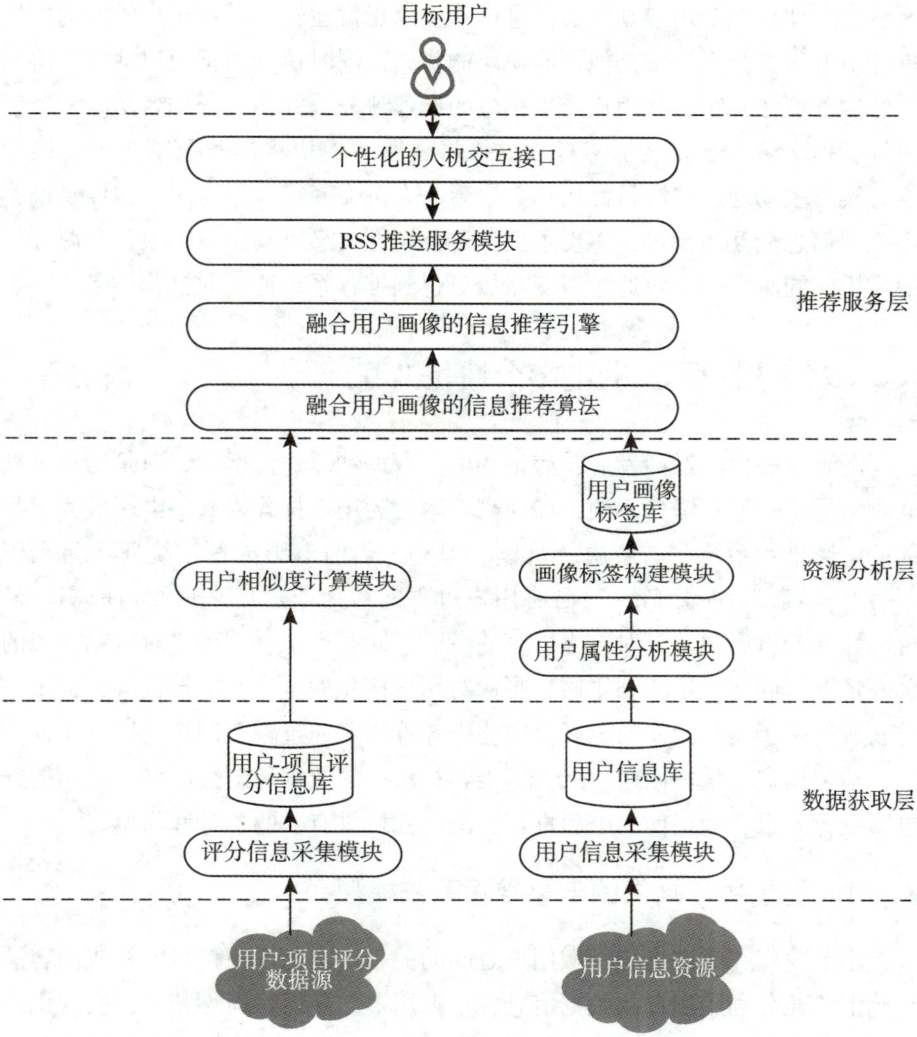

图8-4　融合用户画像的推荐系统体系结构

处理算法(如词袋模型、N-gram、Word2vec、TF-IDF等)，由此抽象出用户画像的标签，构建用户画像。同时，选择合适的相似度度量方法分别对用户属性的相似度以及用户评分相似度进行测量，并将结果输送到推荐服务层。

③推荐服务层。该层是整个系统体系结构的核心。将用户画像属性信息与“用户—评分”信息进行结合，弥补推荐系统的信息稀缺的缺陷，对各相

似度赋予合理的权重，形成综合的用户相似度，并将该相似度融入协调过滤算法中，使得融合用户画像的信息推荐引擎正常运转。融合用户画像的信息推荐引擎负责与系统中其他功能模块的协调，同时执行基于用户画像的协同过滤推荐算法，对目标用户产生相应的推荐评分，并将评分排名 *Top-N* 个项目推荐提交给 RSS 推送服务模块。该推送服务模块将推荐引擎产生的推荐信息实时主动地反馈给目标用户。最后，人机交互接口作为用户和信息推荐系统间信息交互的窗口，实现了用户对各属性信息以及用户对项目资源评价的输入，同时目标用户通过该交互接口得到推荐系统输出的推荐结果。

8.4 基于用户画像的电影个性化推荐

随着互联网的迅猛发展，海量的电影数据和爆炸性增长，但是信息过载问题给用户带来了诸多不便，如何高效率地为用户推荐喜欢的电影成为了目前的电影推荐系统急需解决的难题。但是，当前电影推荐系统通常是利用“用户—电影”评分矩阵，对已有用户过去的行为或意见来预测当前用户最可能喜欢的电影，缺乏对电影内容的考虑，同时也忽略了用户对电影内容的偏好情况。因此，本节利用用户画像对用户信息的整合及挖掘优势，提出一种新颖的基于用户画像的电影个性化推荐算法，通过融合用户的属性特征信息，捕捉用户的偏好倾向，减少了推荐算法中的数据稀疏性问题，从而提升电影推荐效果，为当前的电影推荐算法研究提供有益的参考和借鉴。

8.4.1 基于用户画像的电影推荐系统模型

本节我们在考虑电影领域用户之间的关系情况与用户信息的构成内容的基础上，充分利用用户的数据信息，挖掘用户的各信息属性特征，实现用户的自然信息、行为信息、主题兴趣等属性信息的充分融合；通过对用户与电影交互产生的影评内容进行重点分析，挖掘用户的主题偏好，同时通过提取用户特征属性抽象出用户标签并对用户进行全面画像；然后将用户画像和协同过滤算法相结合，形成一种新的推荐算法并提出一种基于用户画像的电影推荐系统模型，以提高个性化电影推荐的效果。在该电影推荐系统模型中，我们首先对用户信息进行获取和分析，通过分词、去停用词等预处理操作，对用户信息进行清洗和整理；其次，分析电影领域下用户所有的信息属性，通过用户特征提取，尤其是针对电影用户进行主题兴趣属性提取，以此构建用户画像的用户属性标签，从而绘制出用户的立体“画像”；最后将用户各属性特征选择合适的相似度度量方法进行测量，得到用户的综合相似度，再将该相似度与“用户—评分”信息相融合，经过协同过滤算法最终得到用户预测评分并对目标用户进行 *Top-N* 推荐。

基于用户画像的电影推荐系统模型框架如图 8-5 所示。

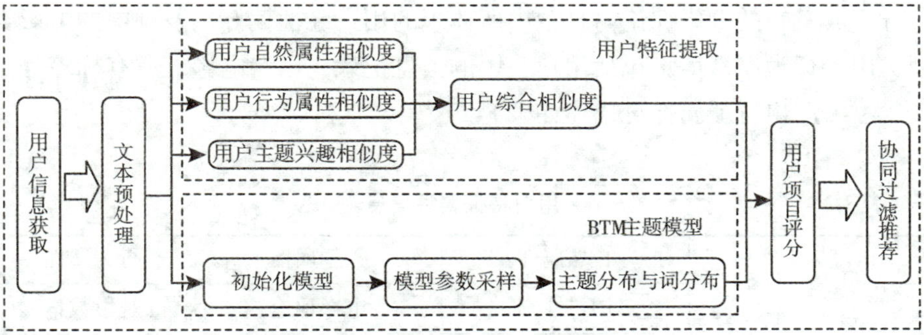

图 8-5　电影推荐系统模型框架

8.4.2　电影用户画像建模

(1) 用户属性分析

考虑到推荐系统所在的具体领域的不同，在构建用户画像之前，我们首先要尽可能多地搜集用户数据信息，这样构建出的用户画像模型才能准确反映现实生活中该用户的具体特征。但鉴于信息搜集成本以及隐私保护方面的限制，实际上构建的画像与用户是很难做到完全匹配的。因此，在信息收集过程中需要充分考虑实际的应用场景，能够构建满足条件需求的用户画像模型即可。

针对电影推荐这一实际场景，我们对电影领域下的用户属性进行分析，确定用户具有的属性信息特征，为之后的用户标签的构建做铺垫。以豆瓣电影网站为例，我们通过分析豆瓣用户的关系网络，观察网站中的日常交互行为来对每一位用户信息进行详细描述。我们搜集到的用户信息主要包括用户进行注册时所填写的自然属性信息；用户使用网站以及用户在电影平台上进行自由交流与分享所产生的社交信息；用户分享或发布的电影评论中所体现的主题兴趣信息；用户之前的观影记录所生产的行为信息等。

(2)构建用户标签

由于豆瓣网站上的用户与用户之间的社交关系较弱，因此我们将用户的属性信息归纳为以下三种：用户的自然属性信息包括性别、年龄、位置信息、工作信息、标签信息以及用户个人简介等；用户的兴趣属性信息包括用户分享或发布的电影评论与日记中所体现的用户隐性偏好以及倾向的电影类型；用户行为属性信息包括用户观影的信息记录、已看电影的所有标签等。

豆瓣用户特征属性可描述如表 8-2 所示。

表 8-2　**用户特征属性信息**

	自然属性	兴趣属性	行为属性
豆瓣用户	用户性别	电影评论	观影数量
	用户年龄	日记信息	观影标签
	位置信息	关注豆列	—
	工作信息	—	—
	标签信息	—	—
	个人简介	—	—

通过以上分析用户信息所得到的用户属性特征，可知用户画像的标签将由以下三个部分构成，即用户自然属性标签、用户兴趣属性标签以及用户行为属性标签。其中，用户自然属性信息和用户行为属性信息都可以通过显性信息收集方式较为容易获得，而用户兴趣属性则需要利用当前的文本挖掘算法来进行隐性收集，以得到用户的潜在兴趣倾向。因此，在进行用户属性提取以建立用户标签时，我们在此着重研究用户兴趣属性特征的提取过程。

本节我们利用 BTM(Biterm Topic Model)主题模型[35]来分析用户的电影评论信息，以挖掘出用户感兴趣的电影主题。将用户的电影评论信息作为该模型的语料库集合，对其进行数据预处理后，将其分为训练集和测试集。通过对预处理过的训练集数据进行模型训练，可以推断出主题模型的关键参数，再利用测试集进行模型测试，从中得到测试用户的主题分布，将获得的“文档—主题”分布作为每个用户的主题分布，从而可以得知每个用户参与各个主题的概率分布(默认主题数为 K)，即获得了电影用户大致的主题兴趣倾向。

选择 BTM 主题模型来进行用户主题兴趣的提取，主要是因为 BTM 是针对短文本进行主题建模，与传统主题不同，其是将整个语料库中的共现词对作为文本特征，通过共现词对模式来丰富语料库的信息，可以避免短文本特征稀疏的问题，更好地揭示了主题内容。其中，共现词对(biterm)是一个短文本窗口中的无序共现词对，是由出现在同一个文本中无序的两个词语组成的。BTM 模型中整个 biterms 语料库是上隐含着不同多样的主题，每个词对(biterm)都是从某个主题中独立抽取，且该词对中的每个词所对应的主题也都是相同的，即利用了词共现来保持词与词之间的相关性。与传统的主题模型相比，BTM 的优势在于：①BTM 明确地模拟词对共现模式，不是直接建模文档内容，对文档进行生成，而是直接由语料库中所有共现词对的概率分布生成，增强了主题学习的效率；②BTM 使用整个语料库中的聚合模式来学习主题，以解决文档级稀疏模式的问题。

BTM 模型的建模过程是先生成词对语料库，然后再根据生成的语料库进行模型训练，推断模型参数，最终得到语料库上的主题分布和词分布。假设语料库中有 M 个特征词，一共包含 $|B|$ 个词对，其集合为 B，即 $B=\{b_i\}_{i=1}^{|B|}$，其中 $b_i=(w_{i,1},\ w_{i,2})$，语料库上含有 K 个主题。θ 表示语料库级别的主题分布，$\theta=\{\theta_k\}_{k=1}^{K}$，且 $\sum_{k=1}^{K}\theta_k=1$，主题 k 的分布可表示为 $\theta_k=p(z=k)$，z 代表主题。词分布用 ϕ 来表示，主题 k 下的词分布为 $\phi_{w,k}=p(w|z=k)$，且有 $\sum_{w=1}^{M}\phi_{w,k}=1$。

8.4.3　基于用户画像的协同过滤推荐

(1)用户相似度计算

①自然属性相似度。

为便于研究，假定字母 u 和 v 分别表示两个豆瓣用户，用户的自然属性信息仅考虑 2 种用户特征属性即用户所在地址以及用户个人简介。用户 u 和 v 两者的背景信息分别表示为 *Background*(u)，*Background*(v)。具体地：*Background*(u) = {*Address*(u)，*Introdution*(u)}，*Background*(v) = {*Address*(v)，*Introdution*(v)}。其中 *Address* 代表用户地址，*Introdution* 代表用户的个人简

介。用户 u 和 v 两者的自然属性相似度表示为 $sim[Background(u), Background(v)]$，其可以根据用户$(u, v)$之间的各个属性相似度加权融合得到，计算公式如式(8-4)：

$$\mathrm{sim}[Background(u), Background(v)] = w_a \mathrm{sim}[Address(u), Address(v)] + w_b \mathrm{sim}[Introdution(u), Introdution(v)] \quad (8\text{-}4)$$

式中，w_i 为地址与个人简介两者属性的权重值，且 $w_a + w_b = 1$。

a. 地址相似度。

人们所处的地理位置不同，往往传统习俗、地域文化以及在该文化下的普遍性格等方面的区别都会对用户观影倾向造成影响，因此用户所处地理位置也是电影推荐中较为重要的属性，是计算用户相似度必须考虑的因素。本节采用国家—省份—地市三段数据格式来表示用户的地理位置属性，用转换次数 t 来标识两用户位置间的相似度。转换次数是指将某一用户的位置信息变为与另一用户相同时所需变换的次数，转换次数越多，则相度越低，反之则越高。例如，用户所在地址是中国—江苏—苏州，另一用户所在位置是中国—浙江—杭州，两者间转换次数 t 为 2，其相似度我们便记为 1/3。

b. 个人简介相似度。

用户个人简介是用户在网站注册信息时所填写的对自己的一段简介介绍，其描述信息能够凸显个人的工作性质、爱好兴趣等信息内容，在一定程度上能够反映用户的兴趣倾向，有较高的研究价值。通常编辑距离被用来衡量两个字符串之间的相似度，用来反映两个字符串的绝对差异，同时也可以被用来判定两个自然语言语句的相似度。利用编辑距离反映两个自然语言语句的相似程度时，相似度的数值区间是 [0, 1]，其中相似度数值越大表示这两个自然语言语句相似程度越高。因此，本节采用编辑距离方法来计算用户的个人简介信息相似度。

令用户之间的编辑距离为 $Distance[Introduction(u), Introduction(v)]$，$Length(x)$表示 x 的长度，则用户(u, v)之间的个人简介信息相似度的计算公式如式(8-5)：

$$\mathrm{sim}[Introduction(u), Introduction(v)] = 1 - \frac{Distance[Introduction(u), Introduction(v)]}{\max\{Length[Introduction(u)], Length[Introduction(v)]\}} \quad (8\text{-}5)$$

②行为属性相似度。

这里的行为属性主要是指通过分析用户已观电影包含的电影标签信息来体现用户的行为偏好。针对用户对应的电影标签我们同样利用编辑距离来度量用户间的行为属性相似度，令用户之间的编辑距离为 $Distance[Tag(u), Tag(v)]$，$Length(x)$ 表示 x 的长度，则用户 (u, v) 之间的行为属性相似度的计算公式如式(8-6)：

$$\mathrm{sim}[Tag(u), Tag(v)] = 1 - \frac{Distance[Tag(u), Tag(v)]}{\max\{Length[Tag(u)], Length[Tag(v)]\}} \tag{8-6}$$

③兴趣属性相似度。

本节在通过 BTM 主题模型对用户的电影评论信息进行分析建模，获取了用户的主题分布后，采用皮尔森相关系数计算两两用户在主题概率分布间的距离，也就是用户之间兴趣属性的相似度。用户 (u, v) 的主题兴趣信息分别表示为 $Interest(u)$、$Interest(v)$，用户兴趣属性相似度计算见公式(8-7)：

$$\mathrm{sim}[Interest(u), Interest(v)] = \mathrm{r} = \frac{\sum_{i=1}^{K}(p_{i,u} - \bar{p}_{i,u})(p_{i,v} - \bar{p}_{i,v})}{\sqrt{\sum_{i=1}^{K}(p_{i,u} - \bar{p}_{i,u})^2 \sum_{i=1}^{K}(p_{i,v} - \bar{p}_{i,v})^2}} \tag{8-7}$$

式(8-7)中，$p_{i,u}$ 和 $p_{i,v}$ 分别表示用户 u 和用户 v 各自所对应主题 z_i 的概率分布，$\bar{p}_{i,u}$，$\bar{p}_{i,v}$ 分别表示用户 u 和用户 v 在主题 z_i 下的概率分布的平均值。r 取值在 -1 到 1 之间，$|r|$ 越接近于 1 的表明两者相似性越大，反之相似性越弱。为便于主题兴趣相似度与其他相似度进行对比实验及融合得到用户综合相似度，这里将主题兴趣相似度进行绝对值处理，即 $\mathrm{sim}[Interest(u), Interest(v)] = |r|$。

(2) 用户综合相似度

本节充分利用豆瓣用户信息，将用户的三种属性特征信息，即用户自然属性信息、用户兴趣属性信息和用户行为信息紧密融合在一起，以得到较优的用户相似度算法。对于用户 (u, v) 属性分别表示为，$Profile(u) = \{Background(u), Tag(u), Interest(u)\}$，$Profile(v) = \{Background(v),$

$Tag(v)$, $Interest(v)\}$。

具体地，根据上述所计算得到的各个属性相似度，通过对用户自然属性相似度、用户行为属性相似度和用户兴趣属性相似度赋予合理的权重，来计算得到最终的用户综合相似度 $\text{sim}_p(u, v)$，如公式(8-8)：

$$\text{sim}_p(u, v) = w_a \cdot \text{sim}[Background(u), Background(v)] + w_b \cdot \text{sim}[Tag(u), Tag(v)] + w_c \cdot \text{sim}[Interest(u), Interest(v)] \quad (8\text{-}8)$$

其中，$w_a + w_b + w_c = 1$。由于能够表现用户特征的属性较多，但这些属性对相似度计算所具有的影响力大小却并不相同，若一味地将这些特征属性的重要程度视为同等重要，明显是不合理的，将无法保证用户相似度计算结果的准确性。因此我们采用层次分析法来计算用户（u, v）之间各个属性相似度的权重值。层次分析法的核心思路是利用属性取值方法的进行计算，得到该计算结果，再通过观察大量数据得到一个统计的结果，在将两个结果进行融合的基础上对所关注的各属性进行两两比较，最终得到属性判别矩阵，以确定各属性对决策产生的影响程度。定义中的判别矩阵用 A 来表示，它拥有着 n 个属性，其各元素中第 i 行第 j 列的元素为 a_{ij}，表示元素 i 对元素 j 所具有的重要程度，取值范围为 1~9，其中，数字 1 表示两属性具有相同的重要程度，元素数值越大代表着元素 i 相对元素 j 就越为重要。判别矩阵的具体形式如公式(8-9)：

$$A = (a_{ij})_{n\times n} = \begin{pmatrix} a_{11} & \cdots & a_{1n} \\ \vdots & \ddots & \vdots \\ a_{m1} & \cdots & a_{mn} \end{pmatrix} \quad (8\text{-}9)$$

公式(8-9)中，$a_{ji} = \dfrac{1}{a_{ij}}$，表示元素 j 对元素 i 的重要程度。

权重计算所采用的层次判别矩阵及最终各个属性相似度的权重值设置如表 8-3 至表 8-5 所示。

表 8-3 **实验中自然属性信息的判别矩阵**

自然属性信息	地址信息	个人简介
地址信息	1	1/5
个人简介	5	1

表 8-4　　实验中用户属性信息的判别矩阵

用户属性信息	兴趣属性	行为属性	自然属性
兴趣属性	1	3	6
行为属性	1/3	1	6
自然属性	1/6	1/6	1

表 8-5　　相似度算法权重设置

公　式	权重分配		
自然属性相似度计算公式（8-4）	地址信息 $w_a = 0.167$	粉丝信息 $w_b = 0.833$	
综合相似度计算公式（8-8）	自然属性 $w_a = 0.073$	行为属性 $w_b = 0.301$	兴趣属性 $w_c = 0.626$

(3) 基于用户画像的协同过滤推荐

首先，获取“用户—项目”评分矩阵，建立传统的用户评分矩阵 $RS_{M\times N}$，该矩阵反映了用户 *User* 对项目 *Item* 的评分情况，如公式(8-10)所示：

$$RS_{M\times N}=\begin{pmatrix} rs\ u_1s_1 & rs\ u_1s_2 & \cdots & rs_{u_1s_N} \\ rs\ u_2s_1 & rs\ u_2s_2 & \cdots & rs_{u_2s_N} \\ \cdots & \cdots & \cdots & \cdots \\ rs\ u_Ms_1 & rs\ u_Ms_2 & \cdots & rs_{u_Ms_N} \end{pmatrix}_{M\times N} \tag{8-10}$$

其中，用户 u_i 对项目 s_j 的评分使用 $rs_{u_i,\ s_j}$ 表示，用户 u_i 的平均评分使用 $\overline{rs_{u_i}}$ 表示。

其次，计算目标用户与其他用户的相似度 $\mathrm{sim}(u,\ v)$。我们在计算时采用 Pearson 相关系数度量公式，由此计算目标用户 u 和用户 v 的相似度。如公式(8-11)所示：

$$\mathrm{sim}'(u,\ v)=\frac{\sum_{s\in S}(rs_{u,\ s}-\overline{rs_u})(rs_{v,\ s}-\overline{rs_v})}{\sqrt{\sum_{s\in S}(rs_{u,\ s}-\overline{rs_u})^2}\times\sqrt{\sum_{s\in S}(rs_{v,\ s}-\overline{rs_v})^2}} \tag{8-11}$$

公式(8-11)中，S 表示目标用户 u 及用户 v 共同评分过的项目，$rs_{u,\ s}$ 表示用

户 u 对项目 s 的评分值；$\overline{rs_u}$ 则表示用户 u 的平均评分值。

最后，将用户综合相似度与评分相似度进行融合，总的用户相似度计算如公式(8-12)所示：

$$\mathrm{sim}(u, v) = c \cdot \mathrm{sim}'(u, v) + (1-c) \cdot \mathrm{sim}_p(u, v) \tag{8-12}$$

其中 c 是评分相似度所占的权重，其取值在 0 到 1 之间，需要多次实验来达到最优的实验结果。利用公式(8-12)，可以得出与目标用户 u 偏好最接近的邻居集合，然后进行个性化协同过滤推荐，给出目标用户的 *Top-N* 电影推荐结果。

8.4.4 实验及结果分析

(1)数据集与评价指标

本节实验以豆瓣网站的用户电影数据为例，利用爬虫技术从豆瓣网站共获取 1294 人的用户基本信息，包括用户地址、用户个人简介、用户的电影标签，还爬取了 11421 条用户电影评论、38820 条电影评分以及 31111 条电影信息。我们从该原始评分数据集中进行筛选，剔除信息不全的用户即缺少了用户各属性信息中的任意一项，从剩余用户中随机抽取了 500 名评分次数较多的用户将其数据信息作为本次实验的数据集，其中 300 名用户的信息作为模型的训练集，200 名用户作为最终的实验测试集。

本节采用精确率(*Precision*)作为实验过程中的评估指标。精确率(*Precision*)表示测试为正的样本中有多少是真正的正样本，它是针对预测结果而言的，因此其又称查准率。计算公式如公式(8-13)所示：

$$Precision = \frac{TP}{TP + FP} \tag{8-13}$$

在本实验中，我们可以将精确度理解为推荐电影的准确率，可用公式(8-14)来计算：

$$Precision = \frac{\sum_{accurate} movie}{\sum_{recommend} movie} \tag{8-14}$$

公式(8-14)中，$\sum_{recommend} movie$ 表示根据推荐算法产生的推荐电影的总数量，$\sum_{accurate} movie$ 代表系统推荐出的电影中符合用户偏好的电影数量。

(2)实验结果与分析

在主题模型中我们设定其参数 $\alpha=1$，参数 $\beta=0.01$，主题数目 K 设置为 5，即我们通过主题模型可以得到每个用户 5 维的主题向量，设置主题下的高频主题词的数目 M 为 10，所得的主题及主题词如表 8-6 所示：

表 8-6　**主题及主题词表**

主题	主题词				
主题一	作品	导演	记录	演员	观众
	影像	叙事	角色	形象	片名
主题二	人生	校园	社会	学生	生活
	孩子	父母	人物	家庭	梦想
主题三	哲学	艺术	思考	音乐	思想
	语言	风格	舞台	自然	历史
主题四	故事	误杀	警察	暴力	战争
	成员	冒险	情感	悬疑	情节
主题五	动画	国产	哪吒	票房	评分
	特效	想象力	质量	动漫	命运

为验证提出的模型与方法有效性，特选择传统的协同过滤推荐及本节提出的基于用户画像的协同过滤算法，与之进行精确率(*Precision*)测试结果的对比，对比结果如图 8-6 所示。

从表 8-6 中我们可以明显看出针对电影用户评论抽取出的五类用户兴趣主题，基于此计算各属性相似度，并将各属性特征融入协同过滤算法中，我们看到图 8-6 的实验过程中，分别赋予了最近邻居(*Nearest neighbors*)不同数值(图 8-6 中横坐标 0~50)，通过对 *Nearest neighbors* 数目的变化对上述两种算法 *Precision* 值的变化情况进行比较。推荐结果表明，在我们的利用豆瓣用户数据集进行测试时，随着 *Nearest neighbors* 数目的不断增多，基于用户画像的协同过滤推荐算法的 *Precision* 值逐渐增大，直到一定程度趋于稳定，且在 *Nearest neighbors* 取 30 时实验结果达到最佳；而与传统的协同过滤推荐相比较，实验结果也显示出本节提出的基于用户画像的推荐算法其 *Precision*

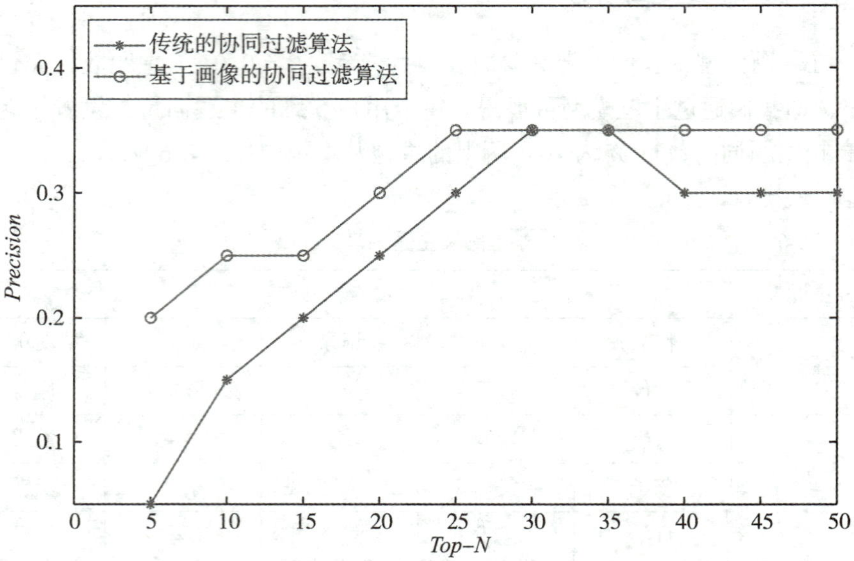

图 8-6 *Precision* 对比结果

值明显高于传统的协同过滤推荐方法，表明基于用户画像的推荐算法比传统推荐算法的误差更小，推荐结果更符合用户的需求。本节提出的电影推荐模型更好地将用户自然属性标签、兴趣属性标签、行为属性标签融入推荐过程中，在推荐中加入用户兴趣偏好信息，在一定程度上缓解了评分数据的稀疏问题，从而有效地提升系统的推荐效果。

8.5 基于用户画像的移动数字图书馆多情境信息推荐

随着泛在计算和移动网络的不断发展，图书馆用户的知识需求、信息获取途径以及阅读方式都发生了巨大的变化，用户的个性化信息需求也逐渐呈现复杂性、多维性、动态性以及易变性的特点，而传统的图书馆服务模式则难以满足现代用户的知识需求。因此，本节针对图书馆用户的情境敏感性，重新审视新时代图书馆服务系统，利用用户画像这一成熟的数据分析工具，了解并跟踪读者需求变化，充分考虑移动数字图书馆用户的信息特点，提出移动数字图书馆用户画像模型并构建移动数字图书馆用户画像；在此基础上将用户画像与传统协同过滤技术相结合，提出一种基于用户画像的情境化信息推荐方法，提升图书馆为用户提供个性化阅读推荐服务的能力。

8.5.1　移动数字图书馆用户画像建模

在对移动数字图书馆进行个性化推荐的过程中，除了考虑用户的项目评分情况外，还需要对用户的位置情境、时间情境、业务关联情境等情境信息以及用户的兴趣偏好进行深度挖掘，基于此实现用户属性信息共享、用户画像建模以及融合画像的协同过滤推荐。此外，用户的各属性信息在大数据环境下呈指数式爆炸性增长，这极大增加了从海量数据中挖掘用户兴趣倾向与相关服务项目的难度，且项目评分的稀疏性问题也愈加突出。鉴于此，本节在对用户进行画像的基础上，在传统推荐算法中引入用户的自然属性要素、兴趣属性要素、行为属性要素以及情境属性要素，提出基于用户画像的图书馆个性化推荐模型与方法，由此来挖掘用户间关系，并将符合相似用户偏好的图书馆服务项目推荐给目标用户。

第 7 章阐述了基于情境感知的信息推荐系统，用户情境应包括物理情境和偏好情境。其中物理情境不仅有单一特定类型情境，如日期、具体时间、地理位置等；还具有多种类型情境组合的情况，如{早上 10：00，周日，总图书馆 2 层，A2 资源阅览室}表示图书馆用户在周末早上 10 点时去往学校的总图 2 层的 A2 阅览室进行图书借阅。而用户偏好情境主要包含用户使用资源的口味及偏好信息，具体到移动数字图书馆领域，偏好情境则可以通过分析用户借阅图书行为以及对读者阅读的图书进行主题分析来对挖掘用户的阅读偏好。因此，在对移动数字图书馆进行多情境用户画像建模时我们不仅对读者所对应的物理情境特征进行全面的考虑，还充分挖掘用户的偏好情境，以此来构建融合情境的用户画像，有助于图书馆多情境推荐效果的提升。

在本章中，我们将移动数字图书馆用户画像建模过程分为以下三个步骤，即图书馆用户属性分析、图书馆用户信息的获取以及用户画像建模。

(1) 图书馆用户属性分析

考虑到图书馆用户在进行图书借阅活动时所产生的一系列行为活动，能充分体现用户特征的属性主要包括四类：自然属性、兴趣属性、行为属性以及情境属性。

①自然属性主要能体现读者的年龄、性别、专业、年级等用户的人口统

计特征，通过这些信息可以明晰用户的姓名、年龄、性别、学历层次、收入情况、社会关系等。利用用户自然属性信息，我们能够较为明显地对读者进行区分，如一位研一的土木专业的同学与大一的法学院新生，两者的图书馆服务使用的频率以及借阅的图书内容必然有着较大的差别，这将有助于提升信息推荐的准确性。

②兴趣属性主要是读者在借阅图书的行为过程中所体现的用户倾向，能充分体现读者的需求特征、偏好兴趣、个人消费特征等。在此，我们是将上述资源情境中的偏好情境从情境属性中脱离出来，单独作为用户的兴趣属性来进行考虑，强调了用户偏好在用户画像以及推荐算法中的重要程度。

③ 行为属性主要是读者在使用图书馆服务过程中所产生的一系列行为，包括文献浏览情况、下载数字图书及文献的情况以及借阅状态等，体现了用户的行为偏好，追踪该属性信息有助于预测用户行为，以此提高数字图书馆的服务效率。

④情境属性主要指的是上述所讨论的资源情境中的物理情境，主要包括时间情境、地理位置情境以及环境情境，体现读者当前的地理位置、周围环境、位置变化等因素。其中时间情境和位置情境通常合称为时空情境。

(2)图书馆用户信息的获取

图书馆用户自然属性信息可通过系统的注册信息获取；用户兴趣属性信息则通过一定的挖掘算法如主题模型、LDA、TF-IDF 等来获取偏好主题，从用户借阅图书的名称、图书的所属分类等方面来获得用户的阅读偏好主题；用户行为属性信息可以通过图书的借阅频次、下载的数字文献、预约或取消预约图书情况来获取用户行为偏好；用户情境属性信息则主要包括时间信息、地理位置信息以及环境信息。其中时空情境信息从是否可确切量化的角度可分为两类：一类是可确切且可量化的绝对时空信息，如具体的位置经纬度、样本阅览室 101、图书馆入口以及确切的年月日等；另一类是模糊描述时间与位置的相对时空信息，如图书馆一楼、图书馆大门 200 米处、暑假期间等。时空数据主要可根据定位技术获取，如北斗、无线网络基站、传感器等。环境信息主要客观描述用户所处的自然条件，比如用户所处环境的温度、湿度、光线、噪声、天气状况等，这些数据可以通过传感器、用户手持的智能终端设备直接获取。

(3) 用户画像建模

用户画像最关键的环节就是构建用户标签，这里的标签是通过对搜集获得的用户信息进行深入分析后得出的特征标识，这一特征标识可以高度概括用户的该类信息属性；最后将能够体现用户属性的所有标签综合起来，就基本勾勒出了用户的立体“画像”。一般情况下，部分标签通过分析用户的行为数据可以直接获得(如用户年龄、学历层次、通讯工具等)，也有部分用户标签需要通过一定的挖掘算法获得(如用户偏好、行为趋向等)。对于基于用户画像的图书馆个性化推荐系统来讲，读者的自然属性标签主要用于描述读者的基本特征；读者的兴趣属性标签则可以充分体现读者的需求偏好；读者的行为属性标签则可以充分体现读者的行为偏好；读者的情境属性标签则可以体现读者当前的地理位置、周围环境、位置变化等因素。通过对读者进行上述的标签化画像，可以较为清晰地表现用户全貌，从而指导图书馆以及图书管理员针对用户的不同情况提供个性化与差异化的服务项目，提高用户服务满意度。

为了便于研究的开展，本节以某高校数字图书馆为例，收集了该校图书馆用户的三个主要维度信息：自然属性信息、兴趣属性信息与情境属性信息，围绕这三个维度构建移动数字图书馆用户的标签体系，然后进行图书馆个性化推荐服务。

①自然属性标签。这里的用户自然属性维度主要用于描述用户的基本情况，如用户的姓名、性别、年龄、身份(本科生、硕士生、博士生、教师等)、专业(文管类、理工类、艺术体育类、医学类)、职称情况(助教、讲师、副教授、教授)、籍贯、联系方式等。

②兴趣属性标签。通过调查，本节整理了体现读者主要兴趣偏好内容的信息：使用移动设备(PDA、平板电脑、智能手机、笔记本电脑)、联网方式(Wifi、2G、3G、4G)、价格偏好即消费能力(30元以下、31~50元、51~80元、81~100元、101元及以上)、风格偏好(科技、政治、理工、外语、文学、娱乐)。

③行为属性标签。用户行为属性维度主要用于描述在数字图书馆服务下用户的行为状态，包括文献浏览及下载情况(1次/周、多次/周、1次/月、多次/月、其他)、借阅图书情况(预约/取消预约)、借阅频次(1次/周、多次/周、1次/月、多次/月、半年以上)以及对图书的评价信息(好

评/差评)等。

④情境属性标签。用户情境属性标签主要包括可以反映用户所在位置、发生时间以及周边环境的信息。其一，用户时间信息标签，主要通过时间属性影响用户的兴趣偏好，如某读者浏览图书馆网址的时间节点(如早晨、上午、中午、下午、晚上或者24小时制的时间点)、页面停留的时间长短(长时间停留表示兴趣较大、短时间表示不感兴趣)等。其二，用户位置信息标签，这里的位置信息主要用于表达与读者位置相关的情境信息，如读者所在的地理位置(城市、学校、校区)、读者的位置类型(图书馆借阅室、样本阅览室、图书馆检索中心、图书馆正门、图书馆以南100米等)、周围人群情况或社会关系(独处、恋人、舍友、同学、学长、老乡、老师)等。其三，外界环境信息标签，主要指气候、光照、噪音等外界环境因素变化而带来的影响，如随着光照、噪音的变化，读者选择的服务项目也会随之发生变化。

8.5.2 移动数字图书馆用户画像构建

通过上述对读者标签的确立，我们采用本体建模方法构建用户画像的概念模型。首先，通过上述用户属性分析来构建读者的用户标签，将用户各种标签(用户的自然属性标签、兴趣属性标签、行为属性标签、情境属性标签)按照 $UC=\{User\_info, Interest, Behavior, Costume\}$ 的形式表示，具体阐述如下：

①用户自然属性标签的形式化表示为：$User\_info=\{UID, Name, Gender, Age, Identity, Major, Ranks\}$，该式中各字段的属性含义具体如表8-7所示。

表8-7　**用户自然属性标签**

标签	属性	说　明
UID	用户标识	用户记录的唯一标识
Name	姓名	用户姓名
Gender	性别	男、女
Age	年龄	18岁以下、18~24岁、25~30岁、31~35岁、36岁及以上
Identity	身份	本科生、硕士生、博士生、教师等

续表

标签	属性	说　明
Major	专业	文管类、理工类、艺术体育类、医学类
Ranks	职称	助教、讲师、副教授、教授

②用户兴趣属性标签的形式化表示为：*Interest* = {*Equipment*，*Internet*，*Price*，*Style*}，式中各字段的属性含义如表 8-8 所示。

表 8-8　**用户兴趣属性标签**

标签	属性	说　明
Equipment	使用设备	笔记本、iPad、PDA、智能手机等
Internet	联网方式	Wifi、2G、3G、4G
Price	价格偏好	30 元以下、31~50 元、51~80 元、81~100 元、101 元及以上
Style	风格偏好	科技、政治、理工、外语、文学、娱乐

③用户行为属性标签的形式化表示为：*Behavior* = {*Downloading*，*Borrowing*，*Frequency*，*Evaluation*}，式中各字段的属性含义如表 8-9 所示。

表 8-9　**用户行为属性标签**

标签	属性	说　明
Downloading	文献下载浏览	1 次/周、多次/周、1 次/月、多次/月、其他
Borrowing	借阅图书情况	预约、取消预约
Frequency	借阅频次	1 次/周、多次/周、1 次/月、多次/月、半年以上
Evaluation	图书评价	好评、差评

④用户情境属性形式化表示为：*Costume* = {*Time*，*Position*，*Weather_Con*}，其中，时间标签的形式化表示为：*Time* = {*TID*，*Datetime*，*Month*，*Parttime*}；用户位置标签的形式化表示为：*Position* = {*City*，*PosType*，*Colleague*}；用户外界环境标签的形式化表示为：*Weather_Con* = {*Weather*，

Humidity，*Noise*}，上式中各字段的属性含义如表8-10所示。

表 8-10　用户情境属性标签

类别	标签	属性	说　明
时间情境	*TID*	时间标识	时间的唯一标识
	Datetime	当前时间	当前用户浏览的绝对时间
	Month	月份	1月、2月、3月、4月、5月、6月、7月、8月、9月、10月、11月、12月
	Parttime	所处时间段	早上、上午、中午、下午、晚上
位置情境	*City*	学校/校区	所在城市、学校、校区
	PosType	地点类型	借阅室、阅览室、检索中心、机房、宿舍、食堂、操场等
	Colleague	社会关系	独处、恋人、舍友、同学、学长、老乡、老师等
外界环境情境	*Weather*	气候	晴朗、多云、阴、雨、雪、霜
	humidity	气温	30℃以上、21～29℃、11～20℃、－9～10℃、－10℃及以下
	Noise	噪声状况	按照我国环境噪声划分标准判定

根据上述给出的读者自然属性标签、兴趣属性标签、行为属性标签以及情境属性标签的形式化表示方法，本节采用本体建模方法构建了移动数字图书馆推荐系统的用户画像概念模型，具体如图 8-7 所示。

8.5.3　融合画像的协同过滤推荐方法

在融合用户画像信息的数字图书馆个性化推荐系统中，鉴于图书馆用户是在一定情境下对项目进行评分，且该情境信息以及用户的其他各属性信息均将对用户评分产生影响，因此本节在评分过程中引入了图书馆用户的各属性信息要素，即将自然属性信息、兴趣属性信息、行为属性信息以及情境属性信息融入原先图书馆用户的每一个项目评分中去，将图书馆用户画像与传统推荐技术相结合，由此来对传统 CF 的“用户—项目”评分矩阵进行扩展，实现融合用户画像的图书馆个性化推荐。总体来讲，融合画像的协同过滤推荐模型具体描述如下。

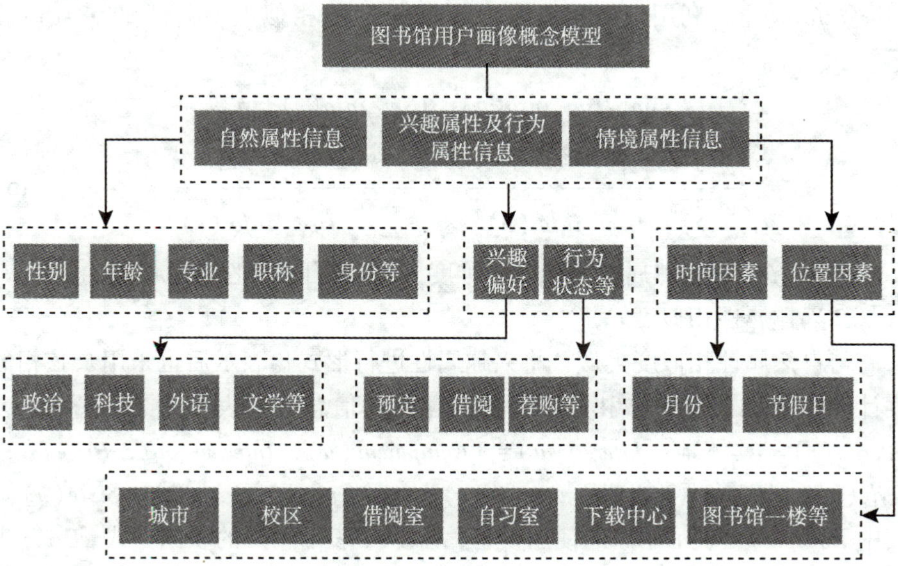

图8-7 图书馆情境化推荐的用户画像概念模型

(1) 获取“用户—项目”评分矩阵、评分时用户所处的情境以及用户的其他属性信息

在建立图书馆用户个性化推荐模型时，先建立传统的用户评分矩阵 $RS_{M\times N}$，如公式(8-1)所示，该矩阵反映了用户 *User* 对项目 *Item* 的评分情况。

(2) 计算用户属性相似度

①自然属性相似度。

首先将用户的各属性信息进行形式化表示，假定字母 u 和 v 分别表示两个图书馆用户，用户 u 和 v 两者的自然属性信息分别表示为 $User\_info(u)$、$User\_info(v)$。具体地：

$User\_info(u)=\{Gender(u), Age(u), Identity(u), Major(u), Ranks(u)\}$，$User\_info(v)=\{Gender(v), Age(v), Identity(v), Major(v), Ranks(v)\}$。其中 *Gender* 代表用户性别，*Age* 代表用户年龄，*Identity* 表示用户身份，*Major* 表示用户的专业，*Ranks* 表示用户的职称。例如 $User\_info(u)=\{0, 1, 1, 0, 0\}$ 将表示用户 u 是一名男性读者，年龄在18岁到24岁之间，是文管类的

硕士研究生。两者的自然属性相似度记为 sim[*User_info*(u), *User_info*(v)]。利用余弦相似度计算该属性的相似度，公式如(8-15)所示。

$$\mathrm{sim}[User\_info(u),\ User\_info(v)] = \frac{\sum_{i=1}^{n}[User\_info\ (u)_i \times User\_info\ (v)_i]}{\sqrt{\sum_{i=1}^{n} User\_info\ (u)_i^2} \times \sqrt{\sum_{i=1}^{n} User\_info\ (v)_i^2}} \tag{8-15}$$

其中，i 代表自然属性向量的各维度，n 代表自然属性的总维度。

②兴趣属性相似度。

与自然属性相似度类似，将兴趣属性进行形式化表示后也采用余弦相似度计算该属性，用户 u 和 v 两者的兴趣属性信息分别表示为 *Interest*(u)、*Interest*(v)。具体地：*Interest*(u)= {*Equipment*(u), *Internet*(u), *Price*(u), *Style*(u)}, *Interest*(v)= {*Equipment*(v), *Internet*(v), *Price*(v), *Style*(v)}。其中 *Equipment* 表示用户的使用设备，*Internet* 表示用户的联网方式，*Price* 表示用户的价格偏好，*Style* 表示用户的阅读风格。相似度计算公式(8-16)所示。

$$\mathrm{sim}[Interest(u),\ Interest(v)] = \frac{\sum_{i=1}^{n}[User\_info\ (u)_i \times User\_info\ (v)_i]}{\sqrt{\sum_{i=1}^{n} Interest\ (u)_i^2} \times \sqrt{\sum_{i=1}^{n} Interest\ (v)_i^2}} \tag{8-16}$$

③行为属性相似度。

同样地，将用户 u 和 v 两者的兴趣属性信息分别表示为 *Behavior*(u)、*Behavior*(v)，其中：

Behavior(u)= {*Downloading*(u), *Borrowing*(u), *Frequency*(u) *Evaluation*(u)}, *Behavior*(v) = {*Downloading*(v), *Borrowing*(v), *Frequency*(v) *Evaluation*(v)}。*Downloading* 代表用户的文献下载浏览情况，*Borrowing* 代表用户图书借阅情况，*Frequency* 代表用户的借阅频次，*Evaluation* 代表用户的图书评价。其相似度计算公式如(8-17)所示。

$$\mathrm{sim}[Behavior(u),\ Behavior(v)] = \frac{\sum_{i=1}^{n}[Behavior\ (u)_i \times Behavior\ (v)_i]}{\sqrt{\sum_{i=1}^{n} Behavior\ (u)_i^2} \times \sqrt{\sum_{i=1}^{n} Behavior\ (v)_i^2}} \tag{8-17}$$

④情境属性相似度。

根据图书馆用户所处的地理位置、环境温度、服务时间等 n 种不同类型的情境，使用向量计算公式将其标记为 $Costume = \{C_1, \cdots, C_i, \cdots, C_N\}$。其中 C_i 表示某一情境属性的向量，可以体现图书馆用户当前的时间信息、位置信息、活动状态等。如在 $C_i = \{c_1, \cdots, c_i, \cdots, c_n\}$ 这一情境实例中，c_i 体现的是情境属性 C_i 的具体属性值：若 C_i 为时间情境，则 c_i 可表示当前时间、月份以及所处时间段等。$Costume(u)$ 和 $Costume(v)$ 则表示用户 u 和 v 所处的不同的情境，其情境相似度记为 $\mathrm{sim}[Costume(u), Costume(v)]$。

然后，根据用户所处的不同情境，采用余弦相似性公式对用户 u 所处情境 C_u 和用户 v 所处情境 C_v 进行相似度计算，具体如式(8-18)、(8-19)所示：

$$\mathrm{sim}[Costume(u), Costume(v)]_i = \frac{\sum_{i=1}^{n} C_{u,i} \times C_{v,i}}{\sqrt{\sum_{i=1}^{n} C_{u,i}^2} \times \sqrt{\sum_{i=1}^{n} C_{v,i}^2}} \tag{8-18}$$

$$\mathrm{sim}[Costume(u), Costume(v)] = \sum_{j=1}^{N} \frac{\mathrm{sim}[Costume(u), Costume(v)]_j}{N} \tag{8-19}$$

公式(8-18)中 $C_{u,i}$，$C_{v,i}$ 分别代表用户 u 和用户 v 所处的某一具体情境，n 代表该情境向量的维度，N 表示整个情境属性中所包含的具体情境的数量。

(3) 融合画像的协同过滤推荐

根据用户对项目的不同评分，采用 *Pearson* 相关系数度量公式计算用户间的相似度，具体如上节式(8-11)所示。

将用户画像各属性相似度与评分相似度进行融合，公式如(8-20)所示。

$$\mathrm{sim}(u, v) = w_a \cdot \mathrm{sim}'(u, v) + w_b \cdot \mathrm{sim}[User\_info(u), User\_info(v)] + w_c \cdot \mathrm{sim}[Behavior(u), Behavior(v)] + w_d \cdot \mathrm{sim}[Costume(u), Costume(v)] \tag{8-20}$$

其中 $w_a + w_b + w_c + w_d = 1$，通过式(8-20)，可以得出与目标用户 u 在当前情境下最相似的用户邻居集合，然后进行协同过滤推荐，最后给出 *Top-N* 的推荐结果。

8.5.4 实验及结果分析

(1)数据集与评价指标

实验以某高校数字图书馆的数据为例，该校数字图书馆借阅系统约有2.1万个用户，14.5万册的图书数据，包含用户评论记录约80000条。本节从该原始评分数据集中随机抽取了评分次数较多的用户与项目作为本次实验的数据集，并对信息不全的用户进行筛选，最终的实验集包括4000个用户对6700余部图书资源的近1万条评分记录。图书馆用户数据的类型包括用户的个人信息(年龄、性别、专业等)、图书资源信息、偏好图书类目、项目评分信息(即用户对图书进行1~5的打分)、用户打分时的时间戳以确定与该服务相关联的两种情境属性：当日时间段、周(工作日、周末、寒暑假等)。

实验具体评价指标主要包括：平均绝对偏差*MAE*、准确率P_L、召回率R_L、覆盖率*Coverage*。各指标的含义与计算方法具体如表8-11所示。其中，u为目标用户，i为图书项目，n为用户总数，L_u为用户u的推荐列表，B_u为测试集中u评分为正(满意)的图书，$\{p_i \mid i=1, 2, \cdots, N\}$为算法预测得出的用户评分集合，$\{q_i \mid i=1, 2, \cdots, N\}$为实际用户评分集合。

表8-11 实验采用的评价指标

指标	含　义	计算方法
平均绝对偏差 *MAE*	算法预测值和实际值之间的平均绝对误差。*MAE*越低，推荐效果越好。	$MAE = \frac{\sum_{i=1}^{N} \lvert p_i - q_i \rvert}{N}$
准确率P_L	推荐列表中用户喜欢的图书所占比重。P_L越高，推荐效果越好。	$P_L = \frac{1}{n}\sum_{u\in U}\left(\frac{L_u \cap B_u}{L_u}\right)$
召回率R_L	测试集中有多少用户喜欢的图书出现在推荐列表中。R_L越高，推荐效果越好。	$R_L = \frac{1}{n}\sum_{u\in U}\left(\frac{L_u \cap B_u}{B_u}\right)$
覆盖率*Coverage*	推荐输出的图书数占总图书数的比重。*Coverage*越高，推荐效果越好。	$Coverage = \frac{\lvert U_{u\in U} L_u \rvert}{n}$

(2) 实验结果与分析

为验证提出模型与方法的有效性，特选择传统的协同过滤推荐、传统上下文过滤方法与之进行平均绝对偏差 *MAE*、准确率 P_L、召回率 R_L、覆盖率 *Coverage* 测试结果的对比，对比结果如图 8-8 与图 8-9 所示。

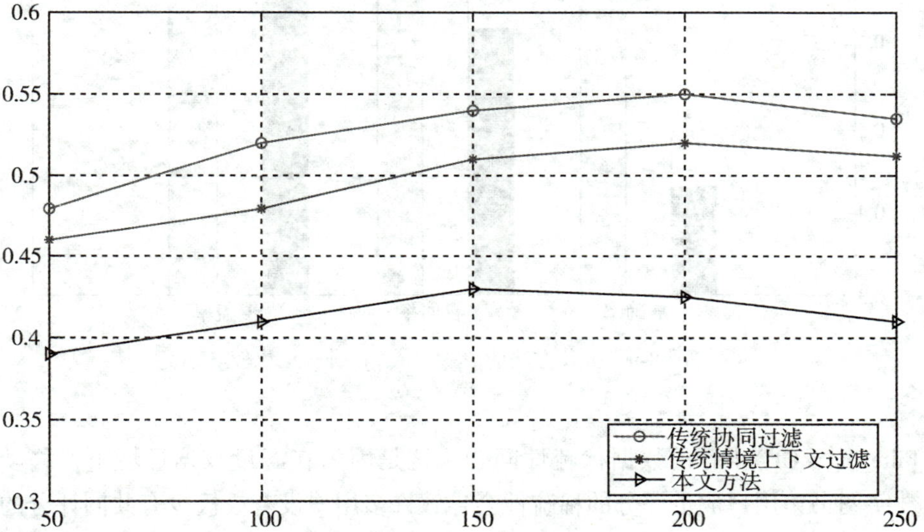

图 8-8　推荐方法的 *MAE* 比较

在图 8-8 的实验过程中，分别赋予了最近邻居（*Nearest neighbors*）不同数值(图 8-8 中横坐标 50~250)，通过对 *Nearest neighbors* 数目的变化对上述三种算法 *MAE* 值的变化情况进行比较，其推荐结果表明，随着 *Nearest neighbors* 数目的不断增多，融合画像的协同过滤推荐算法的 *MAE* 值逐渐减小，且该值减小的幅度趋于增大；而与传统的协同过滤推荐、传统上下文过滤方法的比较结果也显示，本节算法的 *MAE* 值明显小于上述三种传统推荐方法，表明本节推荐算法比传统推荐算法的误差更小，推荐结果更符合用户的需求。图 8-9 的实验结果为三种方法的准确率 P_L、召回率 R_L、覆盖率 *Coverage* 测试结果比较，可以看出，融合画像的推荐方法相较于传统的协同过滤推荐、传统上下文过滤方法获得了更高的准确率、召回率与覆盖率。究其原因，主要是本节方法可在较大程度上有效缓解协同过滤（Collabrative

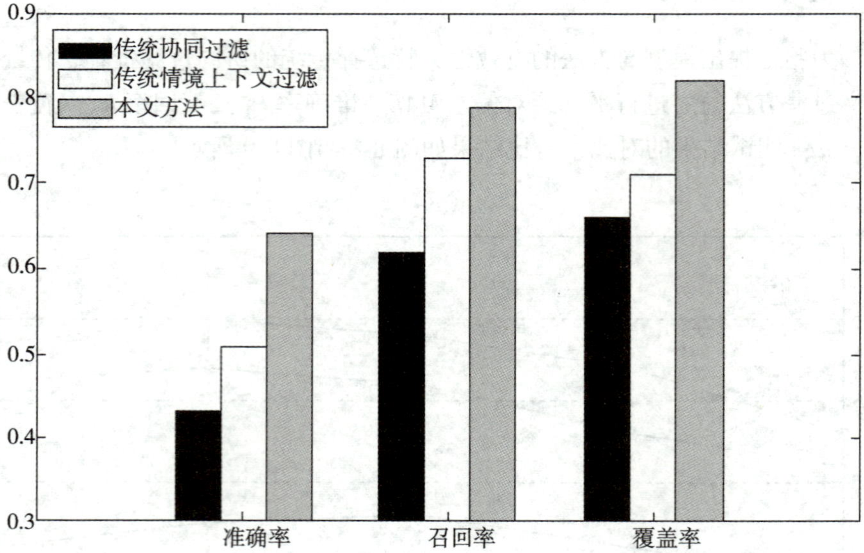

图 8-9　推荐方法的 P_L、R_L、*Coverage* 比较

Filtering，CF)推荐的数据稀疏性问题，这是因为在海量数据环境下，移动数字图书馆用户成员评分的稀疏性会导致许多用户没有或极少有共同评分的项目，因此在使用传统 CF 推荐时很难进行有效的挖掘，推荐的准确性大大降低。本节模型更好地将用户自然属性标签、兴趣属性标签、行为属性标签与情境属性标签融入推荐过程中，改善了由评分数据稀疏而导致的搜索难题，因此有效缓解了海量数据环境下移动数字图书馆用户评分数据稀疏导致的冷启动问题。

本章小结

针对当前推荐信息系统评分数据的稀缺性以及推荐系统常忽略用户偏好兴趣的问题，本章利用用户画像能够追踪用户行为动态、有效挖掘用户兴趣偏好的技术优势，将用户画像与信息推荐系统结合，在推荐算法中融合用户属性特征包括自然属性特征，社交属性特征，行为属性特征，兴趣属性特征以及能力属性特征六大属性维度，然后在用户画像的基础上进行协同过滤推荐以此提高推荐算法的精确度，最终提升信息推荐系统的推荐效果。

本章从用户画像的视角为信息推荐服务系统的构建提供了一种新的研究思路。首先，我们详细介绍了用户画像的概念、构成、构建流程以及用户画像的分类，全面梳理了当前主流的用户画像技术，并对基于用户画像的推荐算法研究现状进行综合评述；进而，我们基于用户画像提出一种新颖的信息推荐服务模型，充分阐述用户画像作为推荐算法研究新视角在推荐系统中发挥的积极作用，并给出融合用户画像的推荐系统体系结构以供推荐领域研究人员参考；最后，我们分别针对电影和移动图书馆两个领域进行推荐算法的实践应用，提出了基于用户画像的电影推荐模型和基于用户画像的移动图书馆多情境推荐算法，并进行了相应的实证研究，实验结果均表明融合画像的推荐算法能有效地提高推荐系统的推荐效果。

参考文献

[1] 库珀．交互设计之路[M]．北京：电子工业出版社，2006：10.

[2] Gauch S, Speretta M, Chandramouli A, et al. User profiles for personalized information access[C]. The Adaptive Web, Methods and Strategies of Web Personalization DBLP, 2007: 54-89.

[3] El Allicui Y, El Beqqali O. User profile ontology for the personalization approach [J]. Int J Comput Appl, 2012, 41(4): 31-40.

[4] Calegari S, Pasi G. Ontology-based information behaviour to improve web search[J]. Future Internet, 2010, 2(4): 533-558.

[5] Tang J, Yao L, Zhang D, et al. A combination approach to web user profiling [J]. ACM Transactions on Knowledge Discovery from Data (TKDD), 2010, 5(1): 2.

[6] 王宪朋．基于视频大数据的用户画像构建[J]. 电视技术, 2017, 41(6): 20-23.

[7] 余孟杰．产品研发中用户画像的数据建模——从具象到抽象[J]. 设计艺术研究, 2014, 4(6): 62-64.

[8] Travis D. E-Commerce Usability: Tools and techniques to perfect the on-line experience [M]. CRC Press, 2002.

[9] Lafouge T, Lardy J P, Abdallah N B. Improving information retrieval by combining user profile and document segmentation [J]. Information

Processing & Management An International Journal, 1996 (3): 305-315.
[10] Guimaraes, Tatiara Paranhos. Perfil de Usuários de Biblioteca Governamental: O Caso do Ministério da Saúde [J]. Perspectivas Em Ciência Da Information, 2007 (3): 96-115.
[11] 陈志明, 胡震云. UGC 网站用户画像研究[J]. 计算机系统应用, 2017, 26(1): 24-30.
[12] 张小可, 沈文明, 杜翠凤. 贝叶斯网络在用户画像构建中的研究[J]. 移动通信, 2016, 40(22): 22-26.
[13] Ouaftouh S, A Zellou, A Idri, Social recommendation: A user profile clustering-based approach [J]. Concurrency and Computation-Practice & Experience, 2019. 31(e533020).
[14] Amoretti M, L Belli, F Zanichelli U. Travel: Smart mobility with a novel user profiling and recommendation approach [J]. Pervasive and Mobile Computing, 2017, 38: 474-489.
[15] 宋美琦, 陈烨, 张瑞. 用户画像研究述评[J]. 情报科学, 2019, 37(4): 171-176.
[16] Blei D M, Ng A Y, Jordan M I. Latent dirichlet allocation[J]. Journal of Machine Learning Research, 2003, 3: 993-1022.
[17] Abel F, Gao Q, Houben G J, et al. Analyzing user modeling on twitter for personalized news recommendations[M]. Springer Berlin Heidelberg, 2011: 1-12.
[18] Zhu Z, et al. A dynamic personalized news recommendation system based on bap user profiling method[J]. IEEE Access, 2018, 6: 41068-41078.
[19] He M, et al. UP-TreeRec: Building dynamic user profiles tree for news recommendation[J]. China Communications, 2019, 16(4): 219-233.
[20] 马超. 基于主题模型的社交网络用户画像分析方法[D]. 中国科学技术大学硕士学位论文, 2017: 1-9.
[21] 刘柏嵩. 基于本体的数字图书馆信息过滤研究[J]. 上海交通大学学报, 2003, 37: 171-176.
[22] Luna V, et al. An ontology-based approach for representing the interaction process between user profile and its context for collaborative learning environments[J]. Computers in Human Behavior, 2015, 51: 1387-1394.

[23] Hawalah A, M Fasli. Utilizing contextual ontological user profiles for personalized recommendations [J]. Expert Systems With Applications, 2014, 41(10): 4777-4797.
[24] 郑建兴, 张博锋, 岳晓冬, 等. 基于友邻-用户模型的微博主题推荐研究[J]. 山东大学报(理学版), 2013, 48(11): 59-65.
[25] 姜建武, 李景文, 陆妍玲, 等. 基于用户画像的信息智能推送方法[J]. 微型机与应用, 2016, 35(23): 86-92.
[26] 汪强兵, 章成志. 基于手势行为的社交网络用户兴趣画像构建及应用[J]. 图书与情报, 2019(2): 114-119, 132.
[27] 王庆福. 贝叶斯网络在用户兴趣模型构建中的研究[J]. 无线互联科技, 2016(12): 101-102.
[28] 黄传慧. 基于情境感知的图书馆学术信息推荐系统构建研究[J]. 图书馆工作与研究, 2015, 第 236 期: 21-26.
[29] Barabasi A L. The origin of bursts and heavy tails in human dynamics[J]. Nature, 2005, 435(7039): 207-211.
[30] Barabasi, Albert-Laszlo. Bursts: The hidden patterns behind everything we do, from your E-mail to bloody crusades [M]. Plume, 2010.
[31] Logesh R, et al. Efficient user profiling based intelligent travel recommender system for individual and group of users [J]. Mobile Networks & Applications, 2019, 24(3): 1018-1033.
[32] Adomavicius G, Tuzhilin A. Using data mining methods to build customer profiles[J]. Computer, 2001, 34(2): 74-82.
[33] Ying Q F, et al. User modeling and usage profiling based on temporal posting behavior in OSNs[J]. Online Social Networks and Media, 2018, 8: 32-41.
[34] 万家山, 陈蕾, 吴锦华, 等. 基于 KD-Tree 聚类的社交用户画像建模[J]. 计算机科学, 2019, 46(6): 442-445, 467.
[35] X Yan, J Guo, Y Lan, X Cheng. A biterm topic model for short texts [C]//The 22nd International Conference on World Wide Web. ACM, 2013: 1445-1456.

第 9 章　智慧图书馆信息推荐服务

随着大数据和人工智能技术的发展，传统的图书馆借阅服务模式正在向以读者为中心的智慧型知识服务模式转变，这成为图书馆服务模式未来发展的必然趋势。智慧图书馆以云计算、物联网、数据分析和数据挖掘等信息技术为基础，将信息推荐实时、动态地嵌入读者的情境中，为读者提供全面感知、立体互联和泛在互动的个性化知识推送服务，以支持读者的泛在学习、移动阅读和科学交流等各种类型的场景活动。基于此，本章在介绍智慧图书馆的基础上，从不同视角研究智慧图书馆个性化信息推荐服务，包括：①提出智慧图书馆个性化信息推荐服务体系及保障模式；②提出基于情境感知的智慧图书馆个性化推荐服务，探索该推荐服务的构建方法以及关键问题；③提出基于 SoLoMo 模式的智慧图书馆嵌入式推荐服务模式，并以泛在学习应用场景为例，分析了面向泛在学习的嵌入式推荐服务模式，探讨该模式的要素构成、体系结构和保障机制。因此，本章对智慧图书馆智慧型服务做了有益的尝试，为目标读者在泛在环境下不同类型的场景活动提供互联、高效和便利的嵌入式推荐服务。

9.1　智慧图书馆与智慧服务

当前，传统的图书馆借阅服务模式正在向以读者为中心的智慧型知识服务模式转变，这成为图书馆服务模式未来发展的必然趋势。而图书馆服务对人、资源、空间三个最主要因素的智慧交互与融合构成了智慧服务，其中智慧已成为图书馆用户个性化服务过程中的重要工具和内容。随着信息技术水平的发展和用户个性化阅读服务需求的提升，图书馆在其服务建设上必须突出“智慧性”以满足读者的阅读体验和满意度。智慧图书馆以网络化、数字化和智能化为信息技术基础，以方便读者、绿色发展为其精髓和灵魂，以人为本的可持续发展来满足日益增长的读者的信息需求[1]。在当前泛在信息环境下，知识弥漫对图书馆的知识服务能力和水平提出了更高的要求，用户关注的重点已从简单发现信息转变为以最高效的方式获取满足自身个性化需求的知识资源。图书馆利用自身在知识资源方面的优势，在实现图书馆与泛在智慧服务的融合与协同的基础上构建智慧图书馆来满足大众化的需求。

智慧服务是相比于智能服务是更高级别层次的服务，在智能化信息技术的基础上以互联高效的特征强调舒适的体验，并能够促进协同创新与科学创造。图书馆个性化推荐则是指以读者的个人背景、专业、习惯、爱好和提出的特别要求等为依据，对每一个读者提供个性化的推荐服务[2]。个性化推荐技术是提高图书馆知识服务的重要手段，在智慧图书馆智慧体系中融入个性化推荐系统，通过智慧感知、分析用户的知识需求，融合相关数据资源并充分利用最新的信息网络技术手段为用户提供智慧知识服务。从而利用个性化推荐技术来改变用户和图书馆的交互模式和协同平台智慧推荐服务方式，为读者提供高效率、高时效、精确化的个性化知识推送服务，同时图书馆的智慧服务平台水平也可以得到可靠性保障。

9.1.1　智慧图书馆

智慧图书馆概念率先在欧美国家图书馆界被提出，并在公共图书馆和大学图书馆中实践。2003年前后，芬兰奥卢大学图书馆提供的一项新服务称为“Smart Library”，这一服务隶属于“Rotuaari project”项目[3]。此后图书馆的学者发表了题为《智慧图书馆：基于位置感知的移动图书馆服务》的会议论文，指出“Smart Library”是一个不受空间限制的、可被感知的移动图书馆服务，它可以帮助用户找到所需图书和相关资料[4]。国内图书馆界关于智慧图书馆的研究和实践以上海图书馆开展手机图书馆移动服务和台北市图书馆应用无线射频识别技术建立无人服务智能图书馆为代表开始深入，并且不断有图书馆工作者从各方面开展研究工作。目前关于智慧图书馆的定义还没有一个统一的表述，研究者从图书馆服务[5]、智能建筑[6]和信息技术应用[7]等不同角度给出了相应的描述。王世伟给出了相对具体形象的智慧图书馆概念：智慧图书馆是以数字化、网络化、智能化的信息技术为基础，以互联、高效、便利为主要特征，以绿色发展和数字惠民为本质追求，是现代图书馆科学发展的理念与实践[8]。

从智慧图书馆带来的变化可以将智慧图书馆的特点概括为互联、高效、便利三点，且三大特点直接相互联系，互联是基础和技术支撑，高效是核心和本质追求，便利是宗旨和落脚点。除此之外，智慧图书馆还有普遍认为的智慧性和资源丰富性等特点。智慧性在服务水平上体现在相较传统的文献信息服务，知识服务层次更高的智慧型服务在服务方式上体现在整合读者和信息数据资源，以读者个性化知识需求为出发点，借助信息化技术手段主动地向读者推荐知识资源。而资源丰富性是因为图书馆必须通过物联网、云计算等先进的信息技术，掌握丰富的信息资源，包括纸质资源和数字资源等。以人为本是智慧图书馆的核心思想，任何智慧化的技术和服务都是为读者用户提供便利的。

智慧图书馆主要从图书馆服务理论、信息技术和实践应用三种研究视角对智慧图书馆知识服务展开相应的研究。在图书馆服务理论研究方面，王静等建立了基于SFIC理论的智慧图书馆协同治理的模式框架，并探讨“智慧社会”背景下智慧图书馆建设的协同治理体系[9]。李通对智慧图书馆微观知识生态系统及其组成要素进行了研究，从保障、合作、循环这三个方面详细论述了该系统的运行机理[10]。夏立新等分析人在智慧活动中的本质规律及其对图书馆的核心需求后，提出融合“资源”“人”“空间”三大核心要素，构建智慧环境以支持用户智慧活动的智慧图书馆建设理念及服务模式[11]。邱圣晖(2015)对云计算技术在智慧图书馆服务应用进行了研究，并对基于云计算的智慧型图书馆云服务平台进行了服务模式的探索[12]。田梅基于关联主义学习理论，提出智慧图书馆在泛在环境、社会性网络、移动信息服务和云服务平台下相应的服务模式，为大数据时代信息资源的深度挖掘和学习服务的智慧化发展提供参考[13]。在信息技术研究方面，刘喜球等人研究基于可穿戴技术的智慧图书馆知识服务实现方法，并提出将可穿戴技术通过云技术和大数据的计算和分析，实现面向读者的信息资源智慧导航[14]。周耀研究区块链技术在智慧图书馆中的应用，并设计四个基于区块链技术的智慧图书馆应用系统[15]。王茜等提出了智慧图书馆系统平台建设及应用方案，拓展了基于云平台的智慧图书馆系统设计与实现领域的研究[16]。李默将深度学习技术融入智慧图书馆移动视觉搜索系统中，构建了基于深度学习的智慧图书馆移动视觉搜索模型[17]。在实践应用方面，上海图书馆率先开展了手机图书馆的移动服务，台北市图书馆应用无线射频识别(RFID)技术建立了无人服务的智慧图书馆——Open Book[18]。另外，深圳图书馆、香港大学图书馆、上海浦东新馆、国家图书馆新馆等高校图书馆和公共图书馆先后引入了 RFID 技术，将 RFID 标签和阅读器应用到图书采访、分类编目以及图书的流通和读者证卡、借阅等各环节，从而为读者提供智慧化、个性化的图书管理和借阅服务，极大地提高了图书馆工作效率。

9.1.2　智慧服务

图书馆学术界对于图书馆智慧服务的概念也有着各自不同的观点，我们对这些解释和阐述进行整理归纳，认为图书馆智慧服务是图书馆在为读者提供信息服务的过程中，不仅仅提供信息资源，而是更多地要在用户解决问题的过程中给用户提供新的知识理念、培养用户新的阅读习惯和能力、创造新的知识服务模式，也就是说图书馆给用户提供的知识服务是“智慧性”的。

智慧服务是智慧图书馆内涵的核心，从人文理念视角看，图书馆的智慧服务就是服务用户、奉献用户，体现人文情怀和人文智慧的图书馆服务。从知识学问视角看，图书馆智慧服务就是在无线的数据资源环境下，特别是在大数据数字资源环境下，经知识组织、知识加工、知识推荐、知识管理等环节将数字化资源转化为知识然后呈现在读者面前。从技术角度看，图书馆智慧服务是在信息技术发达的背景下利用一系列的信息技术手段，为读者提供高质量个性化的知识服务。这些技术手段包括主流的 FRID 无线射频等情景感知技术、无线网技术、信息传输技术和大数据技术，也包括传统基础实用的技术手段，本章就是将个性化推荐技术与智慧图书馆融合，考虑如何构建智慧图书馆个性化推荐体系，从而为读者提供智慧化知识服务。

9.2　智慧图书馆个性化信息推荐服务体系及保障模式

9.2.1　智慧图书馆个性化推荐智慧服务需求

智慧图书馆的基础推送服务内容主要有以下几个方面：①定期向用户推送图书馆近期的新书通报、热门图书、借阅情况、催还通知、讲座活动等信息。②通过分析用户基本个体信息特征以及检索信息资源的历史记录获取其兴趣偏好等，从而有针对性地向其推送可能感兴趣的知识资源。③系统在用户登录 OPAC 系统时根据用户之前的书本借阅信息和文献查阅信息推送相关的书刊和文献，并提供图书馆电子图书和文献的全文阅读链接。但是智慧图书馆如何体现“智慧”的含义，进一步为读者提供智慧服务需求，我们将个性化知识推荐应用于智慧图书馆领域，在资源丰富条件下，探讨个性化推荐智慧服务需求特点，从而为智慧图书馆读者提供泛在、个性化、主动性的智慧知识服务。

(1)智慧服务泛在化需求

泛在是指读者在任何时间、任何地点，利用任何方式都可以获得图书馆知识服务。智慧图书馆的环境下，需要打破时间和空间的限制，为读者提供全天候、全方位、多形式的知识服务。泛在智慧服务模式是由传统图书馆和数字图书馆为用户提供单向知识服务转变为将图书馆和读者依托云计算和物联网等信息技术形成智慧服务网络为读者提供泛在服务。推荐系统通过移动端为读者提供基于地理位置的推送，这样读者可以随时随地享受图书馆提供的各项资源和服务。Fan Yang 和 Zhi-Mei Wang 提出了一个基于位置的数据服务中间件的面向服务的架构(SOA)，以实现移动信息推送系统能够集成和转换各种格式的数据，以及提供一个范围广泛的组合服务[19]。泛在智慧推荐服务实现了书书相连、人人相连、人书相连、库库相连、馆馆相连、网网相连下的深入协同共享，在互动共享的理念上解决读者泛在化知识服务需求。

(2) 智慧服务个性化、主动性需求

从传统图书馆到数字图书馆再到更高级别的智慧图书馆，不管技术如何发展，图书馆的本质理念还是“以人为本”“以读者为中心”，所以智慧图书馆必须提供个性化的知识服务，并且由传统的“被动知识服务”转变为“主动性知识服务”。个性化的实质是针对读者的个体差异而提供不一样的知识服务方式和内容；而主动性的实质是推荐系统自动地按照用户的知识需求提供相应的服务。数字图书馆的个性化服务关键技术主要有个性化推送与定制服务、个性化推荐与报道服务和个性化知识决策服务三种[20]。智慧图书馆作为数字图书馆的更高阶段，为体现其智慧服务，必须充分利用个性化推荐技术为读者提供个性化服务。个性化信息推荐是根据用户问题解决过程当中的实际知识需求，利用收集的用户信息和数据，或通过对用户个人借阅习惯的分析主动地向用户提供其需要的知识服务，充分体现了知识服务的“智慧化”和“个性化”。

(3) 智慧服务资源丰富性

信息技术俨然已经将我们带入了“大数据时代”，图书馆由传统向数字化转变已经充斥着各种各样的结构化和非结构化数据。智慧图书馆时代所有读者个人和借阅信息、书本信息、数字资源信息等图书馆信息数据往往是复杂海量的，与用户地理位置信息、感知传输数据信息以及社会化网络信息相关的数据往往也是海量的，信息资源空前丰富。智慧图书馆面临“大数据挑战”，个性化推荐系统需要借助数据挖掘、云存储、云计算等大数据处理技术为读者提供个性化智慧知识服务。利用数据挖掘从大规模数据库特别是大数据时代海量的信息资源中分析数据的内在特征和文献的相关性，并根据用户的兴趣和需求，将潜在有用信息分析提取，才能向读者提供其需要的知识信息。云存储和云计算技术为推荐系统解决了大数据环境无限制存储和数据高效运行计算的难题，从而可以提供优质的具有智慧性的推荐结果。

9.2.2　基于智慧知识服务的智慧图书馆个性化推荐模型体系构建

目前关于图书馆的个性化推荐系统模型体系构建的研究主要是针对传统图书馆和数字图书馆个性化服务提出的。国外相关研究和实践比较主流，康奈尔大学的“my library”是目前数字图书馆个性化推荐服务的原型。国内方面也有很多关于数字图书馆推荐系统模型的研究，例如张春丽提出了基于数字图书馆关联数据的用户服务模型和协同信息推荐模型，并对协同信息推荐模型进行了研究和构建，为数字图书馆整体服务水平的提升提供一种新的视角[21]。汪圳等提出一种基于科研情境的分层过滤的数字图书馆知识主动推荐策略，基于情境感知技术构建科研情境模型，根据对科研情境类型的分析，确定用户的知识需求，完成面向科研人员的数字图书馆知识准确推荐[22]。关于智慧图书馆的个性化推荐服务体系目前相关研究较少，丁安等对智慧推荐内涵和智慧图书馆服务进行了系统阐述，从知识集成、用户兴趣推荐、知识交流平台和反馈机制四个方面分析了目前智慧图书馆服务存在的不足，提出利用智慧推荐系统解决问题的相关策略，构建了基于用户需求的智慧推荐系统模型[23]。

根据智慧图书馆所处的广泛互联环境，结合数字互联时代“智慧读者”

的个性化智慧服务需求，在前人关于数字图书馆和智慧图书馆的模型研究基础上，本章将个性化推荐系统融入智慧服务体系，构建了基于智慧知识服务的个性化推荐服务模型体系架构，以体现智慧图书馆的泛在性和智慧性，如图 9-1 所示。

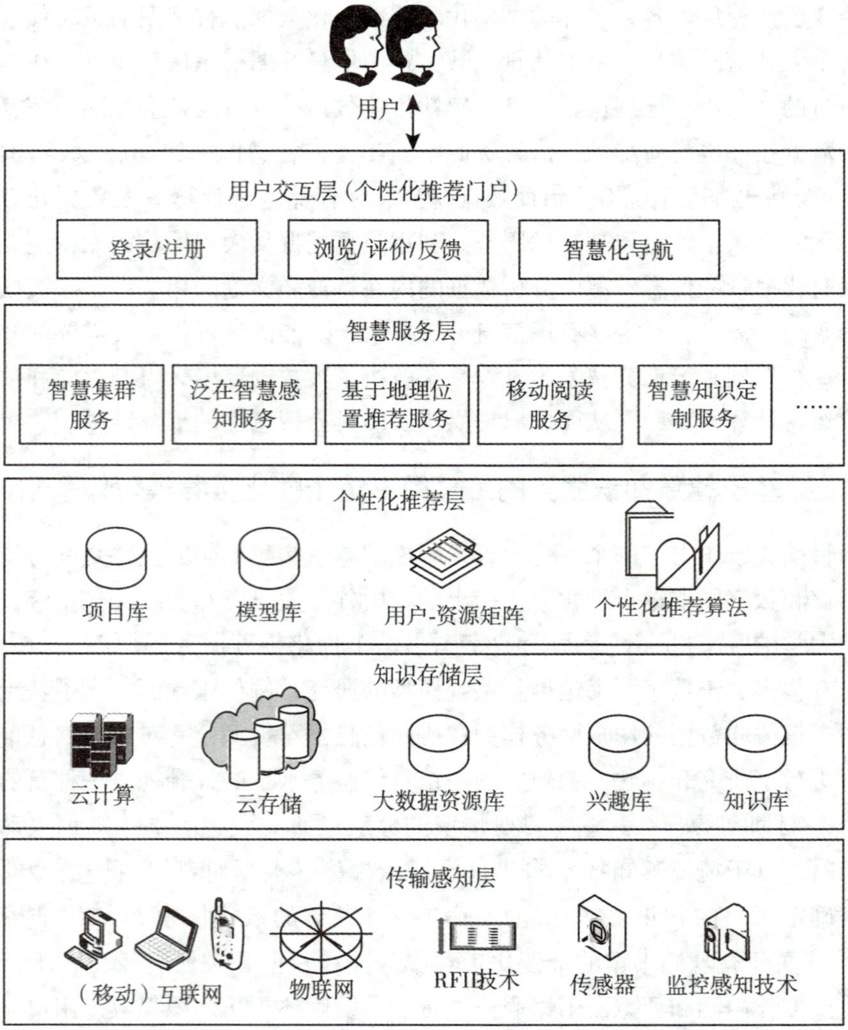

图 9-1　基于智慧知识服务的智慧图书馆个性化推荐服务体系

(1) 用户交互层

用户交互层即个性化推荐门户，是智慧图书馆为读者提供知识服务的直接门户平台，也是知识资源评价反馈平台。评价反馈有显性和隐性两种方式，显性评价中读者可以直接给资源打分，隐性评价可以通过读者在微博、微信、论坛等社交圈与图书馆的互动或者通过读者给书本文献贴的标签等方式发现其兴趣偏好。读者对资源的评分是推荐算法的基础，所以读者的评价反馈的非常重要的。

(2) 智慧服务层

智慧服务层即推荐服务模式层，是智慧图书馆进行智慧服务和知识推荐的方式，也是满足读者个性化知识需求的平台。向读者推荐的资源通过"my library"个人图书馆、邮件、短信、图书馆官方客户端或者微博微信账号个人中心等方式呈现。智慧服务和知识推荐服务模式有以下几种：①智慧集群服务。智慧图书馆的集群化推荐服务平台可以实现文献、数据信息、知识的泛在整合、跨时空传输、便捷性推荐，不仅打破图书馆知识传递壁垒，更增强了知识推荐的规模效应。②泛在智慧感知服务。主要通过传输感知层的RFID技术和物联网技术实现，为读者提供泛在的、基于情境感知的、基于地理位置(LBS)的知识推荐服务。推荐系统为读者提供基于LBS的推送，读者可以就近享受图书馆各项资源和服务。考虑到用户所处环境的特殊情境，通过移动阅读的方法提供个性化知识阅读服务。更有SoLoMo(社会化本地移动)智慧推荐服务模式，综合考虑读者社会化网络偏好、地理位置和情境信息，并将其应用到本地化移动阅读推荐中。③智慧化定制与管理服务。是智慧图书馆通过一定的机制，在读者用户主动参与的前提下，提供一个读者可以自己选择需要的知识资源和服务框架。系统智能化的管理与优化，进行用户知识平台管理和个性化知识需求预测以及读者个性化智慧服务的管理、保障和完善工作。

(3) 个性化推荐层

个性化推荐层是承接知识存储层和智慧服务层的重要中间层，推荐对象(资源项目)、推荐算法和"用户—资源"矩阵是进行个性化推荐的三个核心部分。推荐对象为用户实际所需的知识资源，由存储层知识库提供。协同过滤技术是目前应用最成功最广泛的个性化推荐技术，改进的协同过滤算法可以一定程度上解决稀疏性、冷启动等问题。“用户—资源”评分矩阵来源于兴趣库，是进行协同过滤的基础。个性化推荐系统综合利用大数据库、知识库和兴趣库等信息，通过读者实际具体情况利用相应的推荐算法实施知识推荐行为以满足读者实际阅读需求，向读者实时、高效地推荐知识资源。

(4)知识存储层

大数据时代，图书馆步入数字化时代，各种结构化非结构化数据集越来越庞大。传统推荐算法的推荐速度在海量数据的影响下显得越来越慢，这会直接影响用户的阅读体验，云存储和云计算技术为图书馆在大数据时代向用户推送精确化、个性化的知识资源提供了重要基础。浩瀚如海的智慧图书馆数据资源和用户个人信息、文献资源等数据信息通过云存储在大数据资源库，并通过云计算等方式进行数据挖掘，可以产生有价值的知识资源存入知识库，挖掘出用户的兴趣偏好信息存储在兴趣库，可供个性化推荐系统使用。

(5)传输感知层

传输感知层是进行智慧知识推荐服务的重要组成部分，使智慧图书馆具备感知能力，实时进行物体识别和信息采集，可以为知识存储层大数据库和云计算提供数据支持，同时与智慧服务层也建立了动态的联系。物联网技术使图书馆设施实现自动化、智慧化管理和互联互通，感知技术使智慧图书馆根据用户情境、位置等感知信息提供知识阅读服务。除了传感感知技术和物联网技术，互联网、无线网、电信网等网络通信技术也提供数据互联服务，从而使智慧图书馆在多网融合环境下提供无线泛在智慧服务。例如移动互联网时代，读者越来越倾向于通过笔记本、智能手机、平板电脑等移动设备登录图书馆网站或客户端获取推荐的知识资源。

9.2.3 图书馆个性化推荐系统智慧服务模式保障

(1)互联性智慧推荐服务保障

数字化、网络化和智能化技术是智慧图书馆的技术基础，其特征表现为对图书馆人员和物体的全面感知、跨时空的立体互联和信息共享基础上的深度协同。个性化推荐系统融合数字化、网络化和智能化等技术，不仅提高了个性化系统的推荐效率和准确度，更强化了智慧图书馆的互联特点，具体表现为以下三个方面：①全面感知的知识推荐服务。RFID(无线射频识别)技术是智慧图书馆必不可少的技术，更是图书馆全面感知的保证。在智能手机、读者卡、图书建筑(主要包括图书馆、书亭和出版社)、图书和书架上都装有RFID电子标签，RFID从读者进入图书馆扫描智能手机SIM卡数据信息完成身份认证，到读者借阅图书的一系列数据信息，这些数据信息在经过后台云计算等技术的数据分析后判断读者的文献或者借阅兴趣偏好，从而将读者感兴趣的知识信息通过移动设备等方式以个性化推荐系统推送给该读者。为解决个性化推荐系统对情境感知不足的问题，很多基于情境感知的移动推荐方法被提出来解决用户需求的动态化、情境化。例如张潇璐等针对高校移动图书馆提出一种基于情境感知的知识资源推荐模型，融入情境因素，通过基于改进受限玻尔兹曼机的协同过滤算法来实现读者所处移动情境下的知识资源推荐[24]。②立体互联的知识推荐服务。立体互联主要通过各部分的数据采集器连接起来，达到书书、人书、人人相连，馆馆、库库、网网相通。物联网是构建智慧城市和智慧图书馆的重要基础部分，通过借鉴物联网理论和亚马逊网上书店推荐系统经验，构建基于物联网的图书馆馆藏推荐服务平台[25]。③共享协同的知识推荐服务。基于信任的推荐以及基于社会化网络推荐的提出就是以读者之间的分享、信誉为基础，向目标读者推荐资源。协同推荐算法的思想就是以最近邻居对资源的评分预测评分然后推荐资源，这也是共享和协同的体现。

(2)高效性智慧推荐服务保障

从人文理念角度看，智慧图书馆是一个服务、管理和环境方面都体现“智慧”和“高效”，这也是未来图书馆发展必须体现出来的。①节能低碳的知识推荐服务。智慧图书馆是绿色的图书馆，和谐的图书馆，创新图书馆发展，从理念到实践都在以读者为中心的基础上让图书馆智慧的绿色发展。个性化推荐在信息化时代以数字化形式将资源发送到读者的移动设备上，或者将推荐资源在个人图书馆“my library”中提醒，不仅提高了效率，而且数字化的方式节省了大量纸张，为绿色图书馆的发展做出贡献。②灵敏便捷的知识推荐服务。灵敏便捷的图书馆必须能够实时地感知读者用户需求，以最快捷有效的方式向用户展现需要的信息资源。基于用户情境的推荐系统和基于用户地理位置(LBS)的推荐系统都能够实时相应用户信息需求，灵敏便捷地向读者提供图书馆知识资源。另外，智慧图书馆推荐系统能够根据读者对书本和资源贴的标签灵敏地感知用户兴趣变化，从而向其提供近期感兴趣的知识资源。③整合集群的知识推荐服务。个性化推荐系统为不同区域、行业和知识水平的读者提供一个可共享的知识平台，离散知识服务转变为集群式、可视化知识服务。由物联网为人书、人人、网网、馆馆的相连做基础，个性化推荐系统能够使馆藏文献平台、数字化资源平台等提供全方位一体化的知识服务。

(3) 便利性智慧推荐服务保障

智慧图书馆的理念精髓就是以人为本和数字惠民，以物联网、移动互联网等信息技术为基础，在个性化推荐系统的支持下，更加便捷地为读者提供智慧、便利的知识服务。①无线泛在的知识推荐服务。利用笔记本、平板电脑、移动手机等移动设备连接无线网络，图书馆突破了时间和地域的限制，可以随时随地访问图书馆资源。个性化推荐应用于移动阅读领域，实时适应用户兴趣、情境、地理位置等变化，加强了读者与智慧图书馆的交互，提供泛在阅读推荐服务。②就近一体的知识推荐服务。手机图书馆是当下流行的传统图书馆衍生产物，能够提供智慧便民的知识服务。例如，武汉大学图书馆在手机“移动图书馆”设立新书推荐和讲座信息、文献等其他资源推荐，读者只需通过登陆手机图书馆客户端，就能享受图书馆知识推荐服务。另外，基于LBS的移动知识推荐服务，能够满足就近的阅读学习解决方案。③更加个性互动的知识推荐服务。与传统图书馆扮演知识中介的角色不同，智慧图书馆一个很大的特色就是提供以用户为中心的主动性知识信息服务和个性化互动智慧服务。个性化推荐系统根据读者和知识数据信息，经过数据挖掘、知识管理、推荐计算等方式，主动地为读者提供知识资源。同时图书馆利用微博、微信、论坛、网上知识导航等方式与读者互动，一方面体现了图书馆个性化的互动服务，另一方面通过互动可以更全面地掌握读者的兴趣偏好、知识需求等信息，从而更好地向其提供个性化推荐服务。

9.3 基于情境感知的智慧图书馆个性化推荐服务

物联网、云计算等技术的快速发展使各种移动智能终端感知读者情境信息变成可能。智慧图书馆可以利用这些信息随时随地向读者推送符合读者情境的信息，为读者提供更优质的个性化信息服务。本节从智慧图书馆的概念和特点出发，提出了一种基于情境感知的智慧图书馆个性化推荐服务模型，探索该推荐服务的构建方法，以及将情境感知运用于智慧图书馆中需要解决的关键问题。

9.3.1　情境感知和智慧图书馆

在泛在网络环境、云计算、物联网技术的背景下，各种移动终端可以利用传感器等设备主动感知读者的情境环境，收集读者的情境信息。智慧图书馆可以利用这些情境信息随时随地向读者推送符合读者情境的信息，实现对读者的精准化推荐服务。

目前基于情境感知的图书馆服务只是针对读者现在所享有的服务的优化，识别用户是否进入图书馆，从情境感知的角度来分析智慧图书馆对读者的个性化服务的研究很少，本节基于情境感知的角度探讨智慧图书馆的个性化推荐服务模型，通过构建更智能的图书馆，同时连接空间的其他方面，自动识别读者的情境，对读者进行感知，针对不同的情境提供个性化推荐服务，使得基于情境感知的智慧图书馆能够真正成为读者实时获取信息服务的理想渠道。智慧图书馆能够以读者需求为基础，利用个性化信息推荐技术，在读者情境信息基础上实现对读者高效率的信息资源推送。

智慧图书馆借助各种感应设备实现充分的互联，实时实地收集读者的情境数据信息，将读者的相关情境进行自主的匹配处理和计算；充分考虑读者的兴趣、浏览记录等信息，向读者推荐最适合其情境信息的资源或者服务。同时，可以根据读者对所推荐的资源的感兴趣程度或者是评分情况进行聚类，建立读者兴趣群，实现读者间社区化交流，为读者营造开放的交流平台，使读者之间，读者与图书馆之间，读者与数据库运营商之间进行互联，提高智慧化服务的广度以及准确性和可靠性。另外，智慧图书馆利用智能传感的互联，对馆内文献以及资源实现自动控制以及识别，实现馆内环境的控制以及对资源及文献的管理。因此，基于情境感知的智慧图书馆提供给读者的是一系列全方位的服务，实现的是一个互联高效的网络，致力于为读者提供更全面的服务。

基于情境感知的智慧图书馆不同于以往的图书馆服务形式，既可以向读者提供图书馆近期的热门图书推送、催还通知等基本服务，还能够根据读者情境信息，如位置的实时变化，向读者推荐基于距离的精准的文献图书导航等。这种不同体现在开放性、智慧性和感知性方面。

(1) 开放性

智慧图书馆可以 7×24 小时地对读者进行情境感知，使读者在网络空间下随时随地进行知识的获取，为读者提供个性化的服务，该模式在时间和空间上具有的开放性使图书馆真正成为读者身边的图书馆，在网络空间下为读者提供时间上更多的自由和选择。它将集成的各种信息资源以互动的文字、索引文摘，或网上点播等方式提供给读者。这种开放的可获取形式为读者带来更多知识习得和交流的途径和方式，也丰富了智慧图书馆的服务。

(2) 智慧性

智慧图书馆通过对图书馆建筑设备的智慧化感知，不仅能够为读者提供更舒适的环境，也可以实现图书馆管理上的智能化，对图书馆中的各种文献图书资源进行管理，使读者可以通过智能终端进行基本的书目查询检索和图书资源定位。此外，智慧图书馆还可根据感知的情境和读者的偏好提供个性化的信息推送，以更加可视化的、更方便的方式提供给读者。通过物联网和云计算实现信息共享，把所有的信息资源和图书资源集成起来，构建一个高效快捷的知识管理平台，更方便地管理各图书馆平台集成的信息、图书，且可以自动获取读者的情境信息，为读者提供更丰富的、全方位的个性化信息。

(3) 感知性

智慧图书馆利用物联网等技术，通过智能终端对读者进行感知，可以随时随地快速获取读者所处的情境信息，通过对这些数据信息的传输和分析，可以了解读者的借阅习惯和偏好，方便图书馆为读者提供更可靠的资源推荐。另外，智慧图书馆可同时感知图书馆资源，把传感器等设备装置在图书馆管理对象上，如书、空调、加湿器等，对图书馆中的湿度温度进行调节控制，对图书资源进行定位和对文献进行感知，确保读者在借阅时能够更轻松地找到所需要的图书资源。这种管理改变了图书馆传统的馆藏管理和编目，不仅能够保证图书准确上架，保存排架位置，也能够提高工作人员的效率，方便读者。

9.3.2　基于情境感知的智慧图书馆个性化推荐模型

基于情境感知的智慧图书馆推荐模型要满足读者实时的访问需求，还需自动感知读者所处的情境信息，以及在各种情境因素下推荐个性化的服务及资源。推荐模型的流程是：首先，传感器、智能手机等智能设备以及相应的应用程序对读者情境信息进行采集和获取，感知读者的情境信息。情境分为两类：静态情境和动态情境。静态情境相对稳定，包括读者的专业、长期兴趣等；动态情境则随着读者所处环境不同易发生变化，包括读者当前地理位置和短期兴趣等。在情境获取的基础上，系统对这些情境信息进行过滤和处理，同时进行情境建模，然后将情境数据进行云存储，综合读者的描述性文件信息(包括读者的特征信息、评论和浏览行为等)，将云上的这些综合数据输入个性化推荐平台进行计算，最后将推荐资源以图像、文本和视频等综合推送方式呈现给读者，如图 9-2 所示。

(1)读者情境信息的采集

移动环境中智能终端使用各种移动传感器设备，如 RFID、智能手机、蓝牙、GPS 等采集读者原始的情境信息，通过记录读者登录注册时的账号、设备型号随时随地感知和捕获读者的使用设备、位置、借阅记录、偏好等，并进行初步分类与过滤处理，得到推荐模型所需要的情境数据。

(2)读者情境数据

1994 年，Schilit 等从实体的角度将情境分为读者情境、物理情景和计算机情境[26]。这种分类以实体的角度进行区分，对读者的动态信息缺乏感知能力，没有对读者的移动情境信息进行识别。本节从读者角度把情境信息分为静态情境和动态情境。静态情境包括读者外部长期保持不变的情境信息，如住址、专业、性别、长期兴趣等。动态情境包括读者在移动环境中所处的位置、天气、当前心情、时间和短期兴趣等。

智慧图书馆服务平台不仅要获取读者的情境信息，还要对其进行识别和过滤。以读者为中心的情境数据能够有效地降低情境数据获取的不确定性。读者的情境信息时刻在变化，情境感知服务需要及时获取这些情境信息，过滤情境噪音，将处理后的情境数据经智慧图书馆个性化推荐平台为读者提供

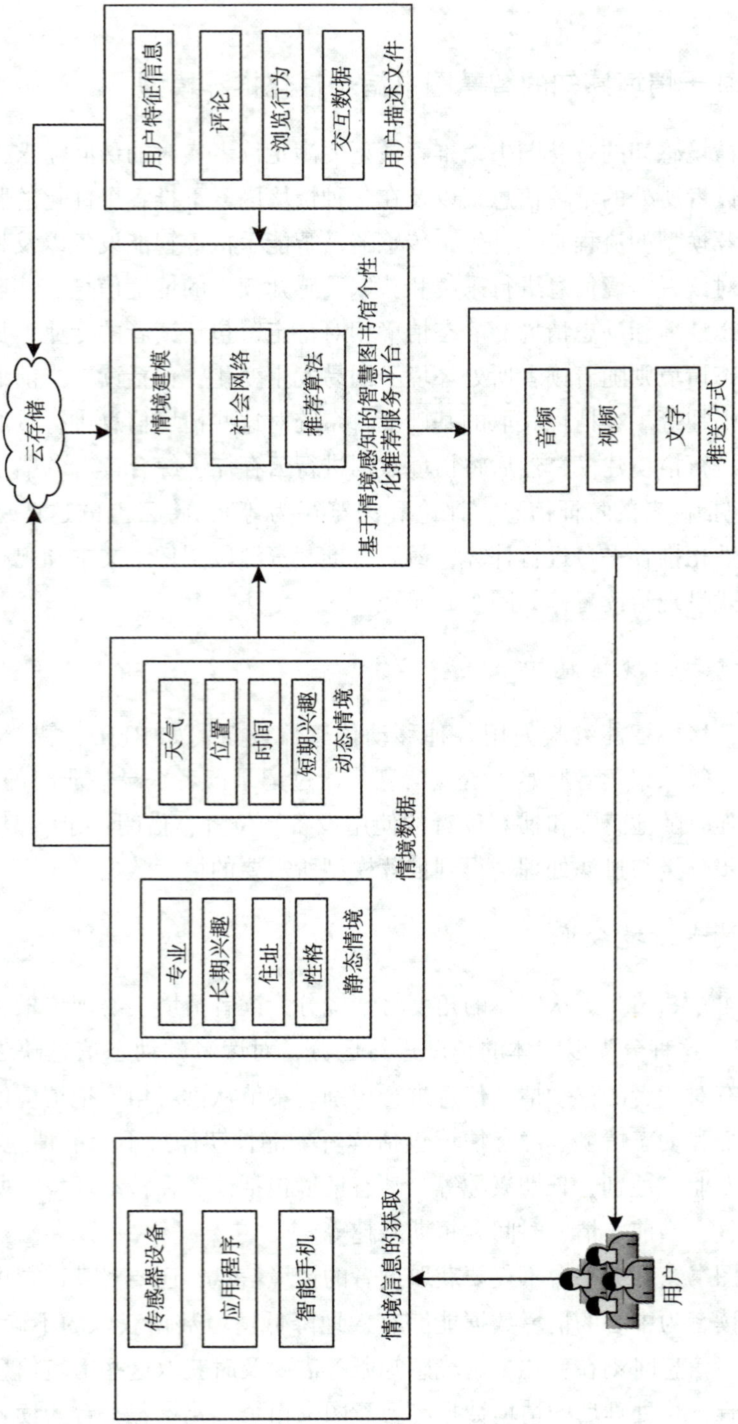

图9-2 基于情境感知的智慧图书馆个性化推荐模型

更灵活的服务。通过计算机来提取情境信息并进行计算，对情境信息进行分类和过滤，赋予每个情境因素不同的权重因子，可为读者提供更好的推送服务。

(3)读者描述性文件

读者描述性文件信息用来表示读者的交互关系，描述读者的行为及社会网络关系。读者在智慧图书馆平台上注册自己的基本信息，填写自己感兴趣的内容，系统以显性的方式获取这类信息，并根据读者主动提供的信息适应读者的需求变化、分析读者的行为，同时以隐性的方式获取读者的查询、浏览、收藏、标记、页面停留时间、阅读速度等信息，从而实现智慧化收集读者偏好的功能，然后利用成熟的数据挖掘和推荐算法等技术获取读者感兴趣的内容，预测读者的行为，为其推荐合适的信息。

另外，读者与其他读者之间的交互信息，如对图书的评论及与其他读者之间的互动反映出读者的群体性特征，可用以识别读者所属的知识群体。系统收集并提取读者的群体信息，根据同一知识群体中其他读者访问过的最多的资源、评论过的文章及书籍、收藏最多的信息资源、推荐最多的资源找到强关系读者，并基于群体内读者之间的交流增强群体与群体间读者的知识推荐。在不同的知识群体之间，系统通过寻找群体相似性来向不同的知识群体推荐资源。

(4)云存储

数字图书馆中的各种数字资源，无论是结构化还是非结构化的资源往往是相互独立的，而智慧图书馆将所有的资源，包括馆馆之间的各种进行集中整合管理并存储在云端，完全实现不同类型数据之间的共享。另外，不同数字资源管理平台之间的相互融合和集成，也实现不同地区的资源共享。读者的情境数据存储在云端，方便系统进行有效的存取和挖掘计算。读者的描述性文件信息如社会网络信息、与其他读者之间的互动、评论信息、知识群体等存储在云端上，庞大的数据能够方便系统寻找与读者相似的群体，能够为读者推荐更符合其兴趣的群体资源。

读者可通过登录自己的账户，利用云端存储的各种资源，随时随地获取需要的知识资源，并对自己的知识平台进行管理，对系统推送的资源进行阅读、收藏、评论，与其他读者进行讨论交流等，体现了智慧图书馆服务的智慧性，实现对资源的有效利用。

(5)基于情境感知的智慧图书馆个性化推荐

智慧图书馆以 SoLoMo 智慧服务模式使图书馆的服务具有时空性，与读者的需求特征进行匹配，实现线上和线下服务关联，从而使图书馆具有感知情境的特征，更加个性化、人性化、社交化，更易于实现无所不在的个性化服务[27]。

智慧图书馆平台通过对情境进行建模，输入各种传感器设备感知的读者情境信息、读者描述性文件信息，并结合情境感知的智慧图书馆个性化推荐算法，运用大数据、社会网络等输出个性化知识的预测以及读者个性化智慧服务资源，运用云计算实现对个人信息的管理和图书资源的管理，推送符合读者当前所处情境的资源类型，为读者提供个性化知识推荐服务。

(6)读者终端推送方式

智能终端的快速发展驱使图书馆服务方式发生巨大变化。智慧图书馆的个性化推荐应针对不同读者的智能终端设备、尺寸自适应地输出读者感兴趣的资源。例如，根据移动读者的位置信息提供图书馆的相关位置导航信息，图书的导航位置信息；根据读者的情境以及偏好提供方便读者阅读的电子阅读格式，向读者提供多形式、一站式的资源推荐服务。

9.3.3 基于情境感知的智慧图书馆个性化推荐体系结构

基于情境感知的智慧图书馆个性化推荐根据智慧图书馆的广泛互联，获取读者的情境信息，并对这些数据加以利用，进而通过推荐算法向读者提供服务。由基于情境感知的智慧图书馆个性化推荐模型构建出具体的推荐体系结构，如图 9-3 所示。

(1)传感器接入层

接入层是将物理设备与智慧图书馆服务结合的重要组成，为数据处理层和推荐层提供数据支持与服务，是其他各层的基础。接入层连接图书馆各种设备，自动识别读者和图书馆管理对象的情境信息，通过各种传感器设备，如 RFID、红外感应器、GPS、WIFI 等感知和定位图书，将架上所有的图书期刊标识信息接入服务器，实现对图书资源的定位和管理，并使读者有效获

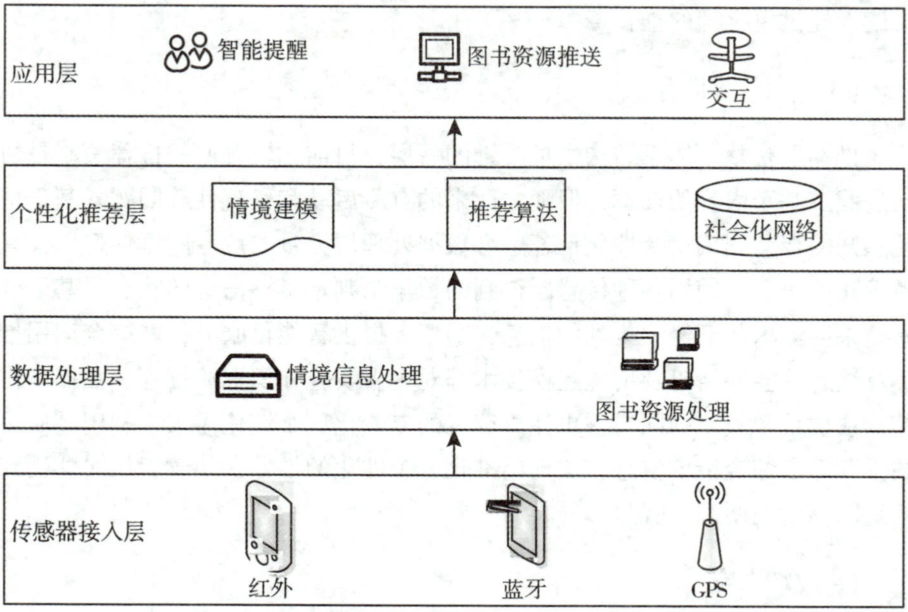

图 9-3　基于情境感知的智慧图书馆个性化推荐体系结构

取图书资源的位置信息。通过移动智能终端设备对情境数据的采集以及对读者的感知，智慧图书馆获取读者的情境信息，实现感知能力，而物联网技术为智慧图书馆的感知提供了条件。另外，可将二维码与蓝牙 Beacon 技术结合，在实现读者身份、图书资源等数据对象感知、标识和处理的基础上，创建基于读者位置的情景式服务体验[28]。

(2)数据处理层

数据处理层将各种感知设备感知到的读者情境信息进行传输和处理，包括读者实时的情境信息、兴趣、偏好等，并对读者的情境信息进行数据描述和表示。这些情境信息中可能存在一些与读者智慧图书馆推送资源无关的或者关系不大的情境因素。因此，数据处理层要先对情境信息进行筛选，通过匹配条件来选择情境信息，如对情境因素中位置的考虑，通过对距离设置一定的阈值来实现对位置情境的过滤。另外，不同的环境中所考虑的情境因素也不同，各种情境因素所占的权重也各不相同，需要对这些情境进行权重分析，对已经获得的情境信息进行过滤和权重分配，利用情境过滤技术剔除掉那些无用的噪音情境，对读者起到推荐作用的情境权重进行加权计算，从而为读者提供更合理的推荐资源。

(3) 个性化推荐层

推荐层是整个体系结构中最关键的一层，目前比较普遍的推荐策略是协同过滤及基于内容的推荐，但随之而来的有冷启动和稀疏性等问题。基于情境感知的智慧图书馆个性化推荐融合数据处理层大量的读者阅读偏好以及兴趣等相关信息，使用各种传感器得到的数据来判定目标信息的状态，基于分析结果存储这些已经收集到的信息，为读者提供智能化服务，并综合运用推荐算法、社会网络以及情境建模技术等对读者实施知识资源推荐。在提高推荐算法质量和效率的同时，更注重读者的专业化、个性化需求，利用高质量的推荐算法综合情境信息，实现精准化、个性化的推荐，使读者切实感受到智慧图书馆的便利与智慧。

(4) 应用层

应用层是智慧图书馆与平台与读者进行交互的最直接体现。智慧图书馆经过推荐层高质量推荐算法后提供给读者的不仅仅是短信推送、书籍到期提醒、新书到馆等基本服务，还应有充分发挥智慧图书馆的个性化、智慧化的服务，如移动阅读推荐、基于读者位置定位的图书推荐服务，以及针对读者所处的不同的情境而提供的定制化推荐服务。由于资源的丰富性，与读者交互的可视化，智慧图书馆能够提供更适应读者情境和兴趣的交互方式，给读者更满意的交互体验和更丰富的资源推荐服务。

9.3.4 智慧图书馆推荐服务应解决的关键问题

我国智慧图书馆的发展还处于初始阶段。技术上的发展虽为智慧图书馆提供了物质保障，但是依然存在很多问题，本节从情境感知视角探讨智慧图书馆推荐服务应解决的关键问题。

(1) 隐私问题

隐私问题在计算机网络时代早已凸显，而在情境感知阶段，智慧图书馆在实现智能感知读者情境信息，在发挥自动化、智能化优势的同时也使得读者隐私问题更加突出。在基于情境感知的智慧图书馆的情境信息采集阶段，各类传感器、摄像头、GPS 等设备在读者未知的情况下或者在未授权的情况下读取读者的信息，无法确保所感知的信息在读者允许的范围内，这势必会使个人的隐私问题受到侵犯。除了读者显式反馈的注册信息、书籍查询信息，以及兴趣偏好等，系统隐性跟踪读者的行为、获取读者的上网记录，都在一定程度上侵犯了读者的隐私。由于云端数据的集成性、高性能计算和海量存储能力，大量的数据资源都存放在云端，各种网络的互联以及数据挖掘技术的使用导致读者的行为模式、兴趣爱好等被暴露，也使数据被窃取的风险增大，云端数据一旦遭到攻击，那么读者的隐私就会被泄露。

(2) 安全问题

物联网等技术是建立在人与人、物与物、人与物之间高度开放互联的基础上的。病毒攻击或者黑客入侵都会使网络遭到大范围的破坏。一旦成功入侵云数据中心，攻击者就会窃取与破坏与读者财产安全等紧密相关的信息。智慧图书馆的大数据不仅包含了海量的馆藏数据资源，还有读者的行为数据、兴趣数据等，这些数据会吸引攻击者，使智慧图书馆的数据资源成为攻击目标。如果这些信息遭到泄露，将会对读者的隐私安全等造成很大的威胁。另外，利用传感技术、传感器设备感知读者信息时，由于感知设备没有完备的防护功能，在传输过程中无线网络的脆弱性使得无线通信或者网络结构容易受到攻击，攻击者发送干扰信号，造成通信终端受到干扰，使传统的安全技术无法运用于传感网络中。

(3) 知识产权问题

智慧图书馆集成和整合了大量数字资源，馆与馆之间资源的共享是智慧图书馆提供资源共享的一种主要方式。资源的共享使得信息资源版权问题必须引起图书馆的高度重视，智慧图书馆开展馆际联盟和文献传递，往往会通过影印复制、扫描的方式给读者提供需要的资源。这种服务很可能引起侵权风险。知识产权问题解决不好会直接影响数据库资源的供应。其次，图书馆为读者推荐科研教学所需的数字资源时，对文字、声音、视频等进行数字化处理、存储与传播，这种传播也必须处理好版权问题。大数据时代，智慧图书馆的大量数据资源存放在云端，如果云提供商对这些数据资源进行挖掘整合分析，进而合成新的数据加以利用传播，使本该用于学术研究的资源成为云提供商谋利的工具，这便使得知识产权更加难以界定。

9.4 基于 SoLoMo 模式的智慧图书馆嵌入式信息推荐

随着移动网络的普及和智能终端的智能化发展，在当前泛在环境下，读者关注的重点不再是能否发掘知识与获取信息，而是以最高效的方式获取满足自身个性化需求的信息资源。同时，在泛在学习、移动阅读、户外科研以及户外科考等不同场景活动中，读者的知识需求也不同。目前智慧图书馆的知识服务仍然以图书馆信息资源为中心，利用智能化的技术尤其是射频识别(RFID)技术对场馆内图书借阅服务进行智能化建设，并未“走出去”，融入泛在环境下读者的学习、教学、科研等各种场景活动中，不能满足读者在各种场景活动中特定的知识需求。本节将嵌入式服务理论融入智慧图书馆信息推荐服务中，提出基于 SoLoMo 模式的智慧图书馆嵌入式信息推荐模型和体系结构，使智慧图书馆能够根据读者具体场景活动，为其推荐信息资源，满足泛在环境下读者不断变化的知识需求。

9.4.1 嵌入式服务

图书馆嵌入式服务(Embedded Library Service，ELS)是从读者的需求出发，通过空间嵌入、组织嵌入、活动嵌入、社交嵌入等方式为高校的科学研究、人才培养、教学研究等提供支持服务[29]。传统的图书馆是以物理馆舍的场所和空间服务为主要特征，而嵌入式服务打破了图书馆物理空间的概念，强调“一线服务”，将服务延伸到一切读者所在的地方；在图书馆员与读者之间建立主动、互动而且全新的关系，拉近了图书馆与读者的距离；通过加强图书馆员与读者的互动沟通，更加直接地了解和挖掘读者的需求[30]。

图书馆嵌入式服务的形式主要有三种[31]：馆内空间嵌入、馆外空间嵌入和虚拟空间嵌入。其中，馆内空间嵌入是指在馆内空间提供零障碍的、一站式的服务，弥补空间上的局限，产生无缝的读者体验；馆外空间嵌入是指图书馆员走出图书馆，深入读者的工作学习环境，伴随读者左右，随时随地为读者提供及时、准确的知识服务；虚拟空间嵌入是指将图书馆的信息资源和知识服务嵌入到读者的计算机桌面、浏览器、软件、网站、搜索引擎和移动通讯设备等虚拟环境中，为读者提供无处不在、方便快捷的图书馆服务。有关馆内空间嵌入和馆外空间嵌入的研究比较多，而对虚拟空间嵌入的研究相对较少。

9.4.2 SoLoMo 模式

"SoLoMo"是由著名风险投资公司 KPCB 合伙人约翰·杜尔提出的，它是以 Social(社交化)为基础，以"Mobile"和"Local"为技术支撑，是一种融合社交网络、位置服务和移动服务的新型社会化交流网络，旨在以社交媒体为平台，通过位置感知和移动计算为读者提供精准的个性化服务[32]。其中，Social(社会化)是指将社交网站等社交媒体作为平台，以人们现实生活中的关系为依托，利用人们之间错综复杂的"弱连接"建立广泛而密切的强大社会关系网，提供社会化服务；Local(本地化)是指提供包含基于地理位置服务(LBS)在内的各种本地化服务，实现现实生活和虚拟网络的融合；Mobile(移动化)，即利用各种移动终端开展社会化交往，随时随地提出各种服务需求，并希望能及时得到满足的一种特性。因此，SoLoMo 模式实现了互联网从技术性向社交性的转变，以及从内容平台向活动平台的转变，它能够实现一定事物基于网络社会面向时间、空间以及地理位置三个视域下其内生的黏合和外延的扩展[33]。

对图书馆而言，SoLoMo 意味着泛在知识环境时代的到来，知识创造、传播和利用的方式发生了根本性的改变，更加强调人们的参与性和人机互动，呈现出简单、方便、个性化、自由、开放等特征，为信息推荐技术嵌入读者的知识空间提供了新的方法和技术支持，也对智慧图书馆的知识服务提出了新的要求和挑战。SoLoMo 环境下，图书馆知识服务逐渐呈现出泛在化、社会化和情境化的特征。对智慧图书馆而言，泛在意味着信息推荐无缝地、动态地、实时地、交互地融入读者的知识活动中，使读者处在智慧图书馆知识服务无处不在、无时不有的环境中。社会化是指图书馆的知识服务从传统的以馆藏资源利用为核心的模式转变为以读者为核心的社会化共享模式，知识共享和交流过程变得更加社会化和开放，读者不仅仅是知识资源的接收者，还是知识资源的编辑、创造和传播者，读者可以与其他任何实体互动和交流。情境化是指智慧图书馆通过各种感知传输设备实时跟踪和收集读者的行为信息、周围的环境信息以及设备信息等，运用智能技术对这些情境信息进行逻辑推理得到读者的需求与偏好，在此基础上提高个性化推荐服务质量。

9.4.3 基于 SoLoMo 模式的嵌入式信息推荐服务需求

随着信息技术和移动网络的发展，读者的知识需求不断发生变化，并日益个性化和多样化。如今，读者希望图书馆能够高效、快捷、准确地为其提供学习、教学、科研以及户外科考等活动所需知识，而不是自己在海量的检索结果中低效甚至是无效地搜寻资源。图书馆未来的发展需要将以图书馆及其资源为中心的"地心说"转变到以读者为导向的"日心说"，充分挖掘和利用各方面的资源和能力来满足读者的需求[34]。

智慧图书馆虽然能够为读者提供跨时空的智慧化服务，但是这种智慧化服务仍然以图书馆为中心，通过将馆内的设备智能化，来提高图书馆借阅服务以及管理的效率，并不能深入读者的工作和学习生活中。因此，将嵌入式服务理论融入智慧图书馆的服务中，让图书馆的知识服务"走出去"，以读者为导向，无缝嵌入读者的学习、教学、科研、户外科考等各种情境活动中，准确了解和挖掘读者的阅读需求，为读者提供个性化推荐服务。以嵌入式理论为基础，形成新的知识服务模式，实现智慧图书馆嵌入式服务"1+1>2"的绩效，满足读者不同情境活动下的个性化知识需求，提高图书馆的服务质量。

我们采用 SoLoMo 服务理念，提出嵌入式信息推荐服务模式。该模式利用 SoLoMo 服务理念，以社交媒体为网络平台，将信息推荐技术嵌入读者的泛在学习、科学研究和科学考察等场景活动中。由此可见，基于 SoLoMo 模式的嵌入式信息推荐服务符合当下读者对信息资源的需求。将 SoLoMo 与嵌入式信息推荐无缝融合，打破了时空限制，使读者随时随地享受智慧图书馆提供的智慧化服务。

9.4.4 基于 SoLoMo 模式的嵌入式信息推荐服务模型

面向读者的智慧图书馆嵌入式信息推荐不同于传统的图书馆和数字图书馆的信息推荐服务，也不同于一般意义上的智慧图书馆知识服务，它以读者为导向，将智慧图书馆知识服务与嵌入式信息推荐相结合发生化学反应，依托泛在网络、信息资源云以及智能感知设备，深入感知并融入读者的场景活动，通过开发 SoLoMo 应用平台，智慧图书馆将资源共享和存储到信息资源云中，并从云提取符合读者当前场景活动的知识资源，通过泛在网络推荐给读者。

由此看出，基于 SoLoMo 模式的智慧图书馆嵌入式推荐模型以读者场景活动需求为导向，以泛在网络、信息资源云和智能技术为依托，为读者提供知识推荐、在线社交以及 LBS 服务为核心的多类型智慧化服务，如图

9-4 所示。

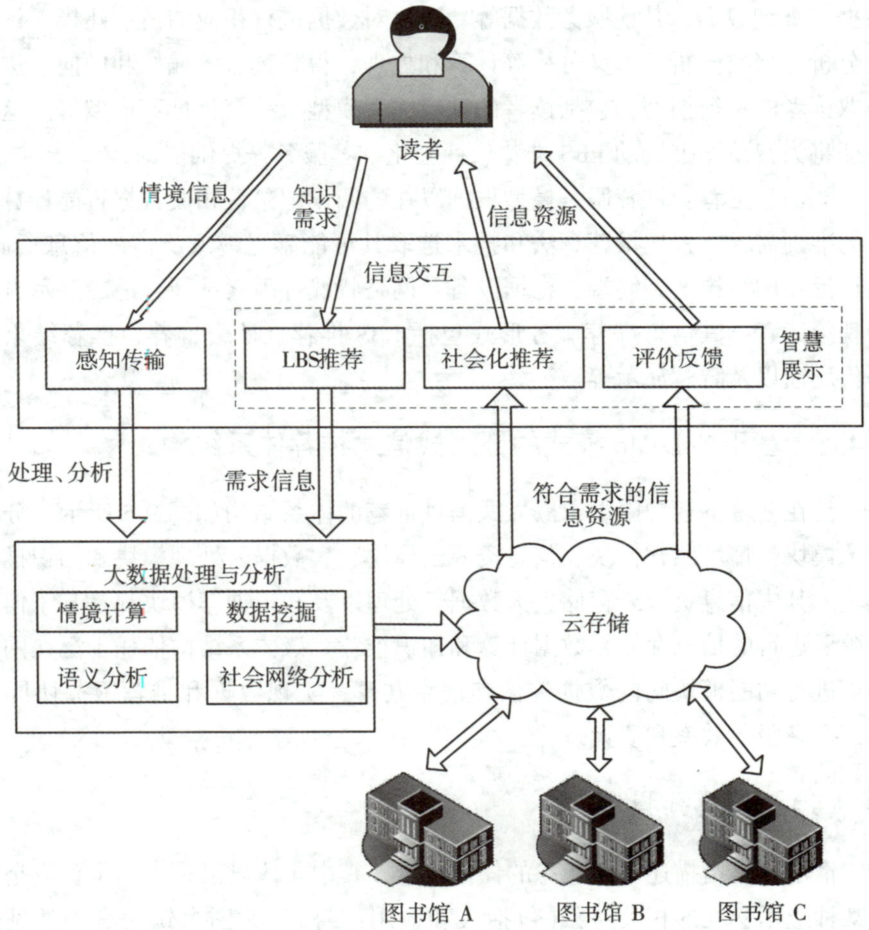

图 9-4　智慧图书馆嵌入式信息推荐服务模型

服务流程具体如下：

① 情境信息采集和存储：将图书馆的知识服务嵌入读者的移动终端（智能手机、平板电脑的浏览器、搜索引擎等），通过各种感知传感设备（RFID、GPS、红外感应器、蓝牙等）深入感知，动态捕捉读者的情境信息，包括读者所处的位置和环境、时间、所进行的场景活动、交互信息、行为特征等。在此基础上通过泛在网络传输到信息资源云进行存储。

② 大数据处理和分析：对获取的海量数据进行整理、分类、分析和计

算，挖掘出有价值的信息以更好地理解读者特征和需求，为智慧图书馆的知识服务提供决策支持。这些海量数据包括传感设备采集的情境数据、社会化数据、查询数据、其他服务数据等。通过对数据进行相应的情境建模、社会化分析、聚类分析、语义分析等计算和处理，得到读者的偏好和倾向，进而获取读者的特征模型，包括读者的社会关系模型、社会化推荐模型等。这些特征将为智慧图书馆的 LBS 推荐、社会化推荐服务等提供依据。

③信息推荐：推荐服务模型根据以往的阅读记录等相关数据智能计算读者的准确需求，根据推荐算法和技术选取其可能感兴趣或所需的信息资源，通过泛在网络推送到终端并根据设备及网络状况等因素选择合适的展示方式呈现给读者，其信息推荐服务形式包括 LBS 推荐、社会推荐、推荐结果的评价反馈以及智慧显示等。

9.4.5 基于 SoLoMo 模式的嵌入式信息推荐体系结构

泛在环境下智慧图书馆嵌入式信息推荐的体系结构如图 9-5 所示，分为四个模块：情境感知模块、信息资源云模块、大数据云处理模块和知识推荐模块。其中信息资源云存储、大数据云处理以及知识推荐模块都是基于信息资源云进行的信息存储、数据计算和知识推荐。该体系结构依托于泛在网络环境进行功能模块间的数据传输和信息共享，实现数据和推荐服务协同合作，提高服务效率和质量。

(1)情境感知模块

情境，是指描述实体状态的任何信息，其中实体可以是人、位置或是人与某种应用交互的相关对象(包括人和应用本身)。对图书馆而言，常见的情境还有读者的描述信息(包括职业、年龄、性别、爱好等)、时间、天气、社会、环境以及终端设备和网速等。情境感知即利用各种感知传感设备深入读者的生活，感知其当前的情境，并利用云计算等相关技术处理和分析捕捉到的情境数据，为读者提供实时的个性化推荐服务。智慧图书馆的服务宗旨即以读者需求为导向，提供敏捷、准确、全天候、全方位、个性化的智慧服务。而要实现这种智慧服务，图书馆需要实时掌握读者的动态，以即时发现读者的阅读兴趣和需求，实时调整服务策略、方式以及知识推荐的内容。

情境感知模块是面向读者的智慧图书馆嵌入式信息推荐的数据基础，主要作用即深度感知和传输读者情境。它将物理设备与智慧图书馆的推荐服务

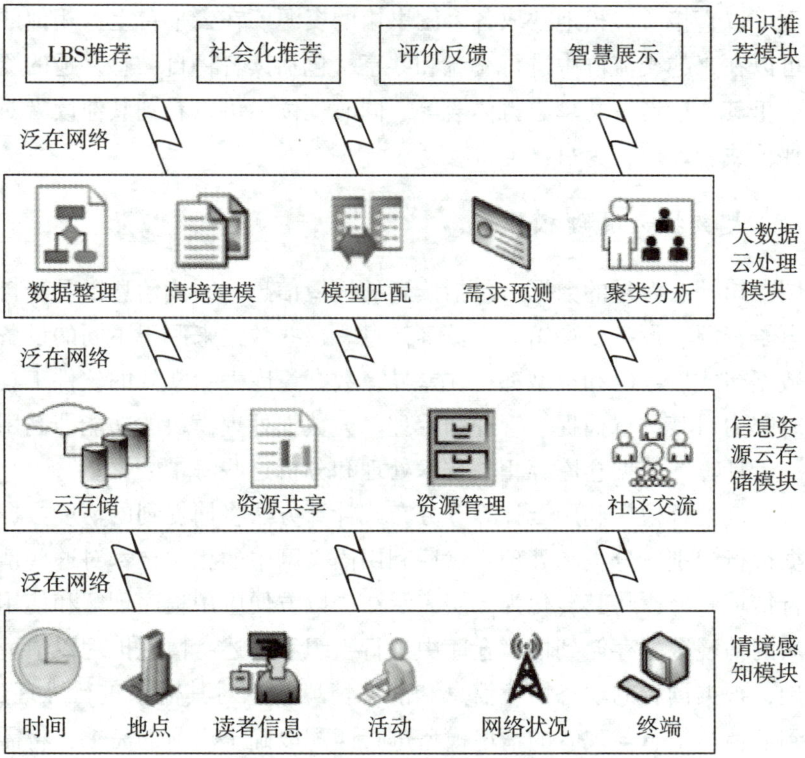

图 9-5　智慧图书馆嵌入式信息推荐体系结构

相结合，通过射频识别系统、红外感应器、摄像头、监视器、蓝牙、定位系统、浏览器、软件、搜索引擎等各种感知传感设备实现充分互联，全面感知、实时收集读者当前的情境信息，并将这些数据传输给信息资源云存储模块进行存储，为大数据处理模块提供了数据基础和支持。

(2) 信息资源云存储模块

信息资源云存储模块主要的功能是存储各个图书馆的电子资源、读者身份等描述性数据、阅读记录、评价反馈以及读者阅读情境等信息，提供了一个相对集中和开放的空间，实现了图书馆与图书馆、读者与读者、读者与图书馆之间的资源共享和管理。各个图书馆地理位置不一、相互独立，智慧图书馆将各个图书馆的管理平台或系统进行集成和融合，并把各馆的资源进行整合和管理并存储于云端，实现各馆的资源共享和统一管理，使不同图书馆的读者无需采用跨馆或申请资源传递等耗时费力的方式获取其他图书馆的资源，而可以直接、轻松地获取各个图书馆的资源。在云平台上，相似的读者之间可以在兴趣交流群中进行交流和共享，包括读者将自己感兴趣的资源推荐给群里其他读者、共享心得体会等。同时，读者可以看到其他读者对该资源的评价或者评分，为自己提供参考。

(3)大数据云处理模块

图书馆拥有海量的数据，包括读者的情境信息、阅读信息以及来自图书馆的电子资源、设备、场馆、人员等信息。这些数据来源于不同的设备，语言、数据格式、编码和类型都存在差异，数据量庞大，常规的软件工具无法在短时间内对其进行捕捉、管理和处理。大数据处理模块的功能即利用数据挖掘、云计算、数据仓库等相关技术处理和分析这些海量数据。

大数据处理模块利用云计算等分布式计算方法将捕捉到的情境数据和网络数据进行识别、分类和处理；然后利用语义网中的相关技术对这些情境信息进行情境解释，将其转化为高层表示法，以方便应用程序理解和使用；将解释后的情境数据存储到情境仓库中进行组织和描述；情境推理以情境仓库为基础，根据读者的动态情境信息和静态情境信息对其需求进行推理建模；将得到的情境信息与现有的情境模型进行匹配以确定当前的需求；将需求与信息资源云中的资源进行匹配，调取符合要求的资源；根据读者的评价反馈实时更新读者的情境模型；根据个体读者的情境模型进行聚类分析，找出相似读者建立群组，方便有共同兴趣的读者进行交流和共享。

(4)知识推荐模块

知识推荐模块是读者与智慧图书馆进行信息交互的接口，是在情境感知模块、大数据处理模块、信息资源云存储模块以及泛在网络环境的支撑下实现的。该功能模块实现了泛在环境下读者与智慧图书馆的沟通协作，通过该接口读者可以便捷地享受到图书馆的智慧推荐服务，主要包括：

① LBS 推荐：根据读者当前的地理位置，给读者推荐其附近的信息资源，即根据推荐算法将读者地理位置情境信息与云端的信息资源相匹配，为读者更有针对性地推电子文献，从而实现基于位置的个性化推荐服务。

② 社会化推荐：社会化推荐服务使得图书馆知识服务社交化，读者在享受图书馆知识服务的同时，还可以编辑、分享知识，成为知识的创造者和

传播者，形成一个充分共享的知识空间。可视化服务将知识资源以图形化的方式展示给读者，提高了知识的可读性和易理解性。社会化推荐服务通过对读者所处的情境、读者社交信息以及其他相关数据进行逻辑推理，获取读者的偏好和潜在需求，为读者推荐相关的知识资源，例如图书、期刊、网络课程以及讲座等。

③评价反馈：读者阅读完推荐资源之后，可以根据自己的阅读感受和体会对推荐资源以及资源的展现形式进行评价和反馈。读者的评价反馈对改进系统推荐服务具有很重要的作用，推荐系统根据读者的评价和反馈信息了解读者对资源的感兴趣程度、对展现形式的接受程度，进而调整知识服务内容和形式。

④智慧展示：智慧图书馆根据读者的视力、光线强弱、终端设备的型号、屏幕大小、网络状况以及所处的环境选择合适的形式将资源展示在终端界面上。例如，根据屏幕大小调整每页文字的排版；根据光线的强弱、读者的视力情况调整文字大小；根据网络速度，提供不同类型的资源——网络速度快就以视频或者音频的形式展现资源，否则以文档形式提供等。

9.4.6　应解决的关键问题

智慧图书馆的发展还处于初级阶段，将基于SoLoMo模式的嵌入式服务理论融入智慧图书馆信息推荐中，虽然提高了推荐的质量，改善了读者的阅读体验，但不能忽视其存在的隐患，需要充分考虑可能出现的问题，以便提前制定相应的对策，预防问题的发生，这对智慧图书馆的健康有序发展具有十分积极的意义。

(1)组织机构和管理制度

智慧图书馆嵌入式信息推荐服务打破了原有的工作思路和工作模式，原有的管理机制和组织结构不再适应现在的需求，需要对其进行调整和改革。图书馆需要解放思想，更新观念，树立“以人为本、读者至上”的服务理念，充分调动和发挥馆员的工作和服务热情，营造和谐的工作氛围；需要创新工作思路，将以往被动的、静态的服务模式改变为主动的、动态的服务模式；需要建立以解决读者需求为目的的知识型组织结构与其相适应，促使各个图书馆以及图书馆各部门之间各司其职、密切配合，实现馆与馆、馆内各系统之间的沟通协作，真正发挥其自身服务的特点和优势；需要改革现有的管理制度，规范整体工作，改造业务流程，调整人员配置，明确各部门的工作内容，制定科学合理的规章制度并严格执行，从而构建有利于知识共享、系统协同的运行机制。

(2)隐私安全

智慧图书馆的嵌入式信息推荐服务实时跟踪读者的行为、随时随地捕获读者的情境信息以及动态挖掘读者的隐性知识需求必然会设计读者的隐私问题，且其信息推荐服务基于泛在网络进行数据的收集和传输，开放的网络环境为读者和图书馆提供便利的同时，也带来了一定的风险：不法分子通过网络对图书馆实施攻击导致图书馆系统瘫痪无法提供服务或者资源泄露等；信息资源云中存储了智能感知传感设备采集的读者实时情境信息，由于云端是高度互联互通的知识共享空间，一旦信息资源云遭到攻击，读者的各种隐私信息将会被泄露，甚至会被不法分子用来进行违法犯罪活动。因此还需要网络安全管理的支持，提供严格的安全保密措施，保护智慧图书馆的数据资源以及相关信息不被泄露或窃取。

(3)法律法规

智慧图书馆在进行信息推荐服务的过程中，涉及知识产权保护、读者隐私保护等问题。智慧图书馆的信息资源云存储了大量的信息资源，图书馆为了满足读者个性化的需求，会将资源转化成各种形式例如电子文献、音频、视频等分享给读者，这将涉及知识版权问题。智慧图书馆通过智能感知传感设备收集读者的情境信息以及个人信息等，这些信息都涉及读者的隐私，如果图书馆不能很好地管理这些信息，将其用于分析和挖掘读者阅读需求以外的其他用途，将会侵犯读者的隐私权。因此，需要制定与图书馆信息推荐服务过程相关的、配套的、完善的法律法规，保护作者的知识产权和读者的隐私安全，约束和规范数据的管理和使用，营造安全、有序、合法的知识共享氛围。

(4)组织协同

智慧图书馆嵌入式信息推荐服务涉及读者和图书馆的电子资源以及各种物理设备，要实现知识服务的实时性和个性化，提高服务质量，除了有依靠一定的技术支撑外，还需要实现各组织的深度协同以及资源的合理配置与共享。各个图书馆的信息资源相对分散，来源复杂，需要对其进行系统地集成，整合为统一的整体，以便更好地对这些信息资源进行管理、利用和共享，这对嵌入式信息推荐服务的分析起到了至关重要的作用，为个性化知识服务提供了前提。另外，智慧图书馆在信息交互过程中涉及数据传输和存储，海量数据如果没有统一的编码标准或规范，将会极大地增加图书馆数据管理的难度，降低数据信息收集、存储、分析处理的能力，从而制约智慧图书馆对读者信息需求分析的真实性和时效性，影响读者的服务体验。因此，智慧图书馆需要制定统一、规范的数据传输和存储的技术标准，提高数据的处理和存储效率。同时，各个图书馆地理位置不一且相互独立，要实现联通为一个图书馆联盟——智慧图书馆，需要遵循统一的规范标准和接口，将各个图书馆的服务以及资源进行整合和自动化协同，建立一个分布式、开放的智慧化信息服务环境。

9.5　面向泛在学习的嵌入式信息推荐

在当前大数据环境下，泛在学习资源的数量正以指数级剧增，一方面读者需要准确获取满足个人学习需求的学习资源，另一方面学习过程中情境因素的变化又导致了学习需求的动态变化。泛在学习环境下，如何满足读者的动态学习需求，快速、及时、高效地为读者提供学习资源，成为亟待解决的问题。面向泛在学习的嵌入式推荐服务以读者为中心，将资源推荐服务动态、无缝地嵌入读者泛在学习过程中，是解决学习者信息迷航、支持个性化学习过程的重要途径。嵌入式推荐服务的研究是智慧图书馆实践建设的一个重要内容，对于丰富和深化大数据环境下图书馆知识服务的理论、方法和技术具有重要的学术意义。因此，本节以泛在学习为应用场景，探索该场景下智慧图书馆嵌入式信息推荐服务模式，包括该模式的要素构成、体系结构和保障机制，旨在为读者提供全面、互联、泛在的嵌入式推荐服务。

9.5.1　面向泛在学习的嵌入式推荐服务的定位

(1) 面向泛在学习的嵌入式推荐服务的含义

嵌入式理论提倡将事物的产生、发展和特点与其所在的环境紧密联系，把事物放在具体背景下进行考察和研究。据此，嵌入式推荐服务是指将推荐服务嵌入到用户过程中，实时关注用户情境以及情境的动态变化，根据用户情境推断用户实时需求，为用户提供个性化的有效推荐。将推荐服务嵌入泛在学习过程，即指将推荐服务融入用户的泛在学习过程中，关注用户学习情境，如学习目标、学习计划、学习环境、学习进度、学习能力等，考察用户学习需求的产生和变化，有效地为用户推荐个性化的学习资源。面对数量庞大、结构形式多样、产生速度快、价值密度高的泛在学习资源，嵌入式推荐服务能在一定程度上满足学习者的个性化学习需求，提高泛在学习的效率。

(2)面向泛在学习的嵌入式推荐服务的特点

①面向用户学习过程。

泛在学习环境下，用户的学习需求会因为学科知识、使用的技术以及用户情境的不同而产生个性化差异和动态变化，由此，嵌入式推荐服务需要面向用户学习过程，通过感知学习情境分析学习需求的变化，以推荐满足用户实时需求的学习资源。学习过程是循序渐进、逐步加深的，因此嵌入式推荐应该根据用户的学习阶段进行推荐，从易到难、由浅入深。在用户学习尚未开始之前，嵌入式推荐根据用户的历史学习记录推荐可能感兴趣的、较为浅显的学习资源，以培养用户的学习兴趣为主；在用户开始学习阶段，为用户推荐相应的学习方法、入门级的学习资源，帮助用户规划学习进程，增强学习兴趣；在用户学习进行时，根据用户需求对海量学习资源深入分析并推荐；在学习结束阶段，推荐疏漏知识点、扩充资源等。

②跟踪式推荐。

泛在学习环境下，嵌入式推荐系统需要考虑用户的知识背景和结构，嵌入用户的知识网络中，判断用户已经学习过的内容，并且评估用户掌握知识的程度。推荐用户感兴趣的或具有潜在兴趣的、未学过的内容 ；对已学过却未掌握的学习资源进行重复推荐或相关推荐；对已学过并且已掌握的知识进行拓展和延伸推荐。

③嵌入社会网络。

知识不仅嵌入个体以及个体的行动之中，还嵌入组织以及组织间的社会网络结构之中。在泛在学习环境下，用户之间进行信息交流和学习，形成关系网络；通过嵌入用户社会网络获取和分析社会情境，不仅为用户推荐学习资源，还可以推荐提供帮助的人(如领域专家、同学)、学习活动、学习小组等。推荐服务嵌入社会网络在一定程度上也加强了人与人之间的联系，即加强了社会网络的构建，进而形成了一个相互促进的过程，如图 9-6 所示。

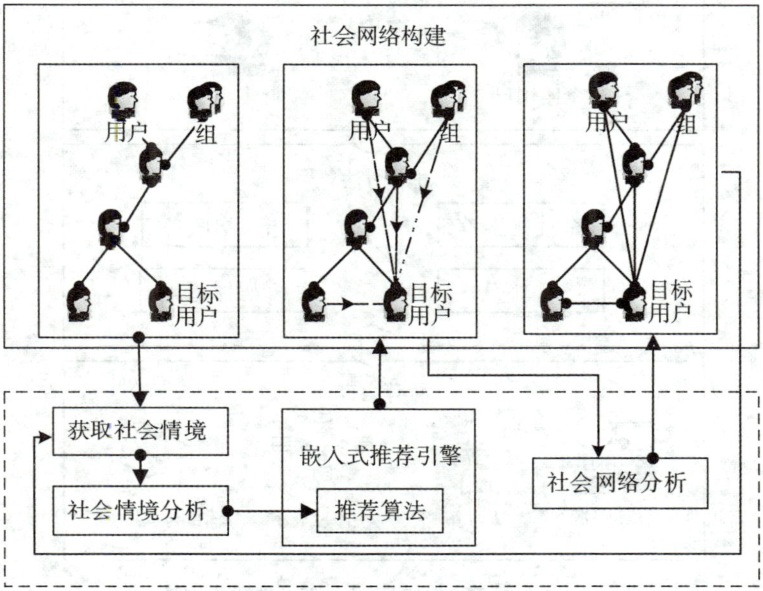

图 9-6　推荐服务嵌入社会网络的过程

9.5.2　面向泛在学习的嵌入式推荐服务模式

(1) 面向泛在学习的嵌入式推荐服务要素

面向泛在学习的嵌入式推荐服务包括以下三个要素，其构成如图 9-7 所示。

①推荐对象。

泛在学习环境下，嵌入式推荐服务的服务对象即信息服务的需求者，包括个体用户和群体用户。针对个体用户，以个体为服务中心，只考虑与个人相关的情境因素，以此来判断个性化学习需求，从而进行嵌入式推荐。对群体用户，如学习小组、课题小组，则以整个群体为中心，综合分析群体中各成员的情境因素，同时需要考虑群体中的个人影响力、解决个体间的偏好冲突。

②推荐内容。

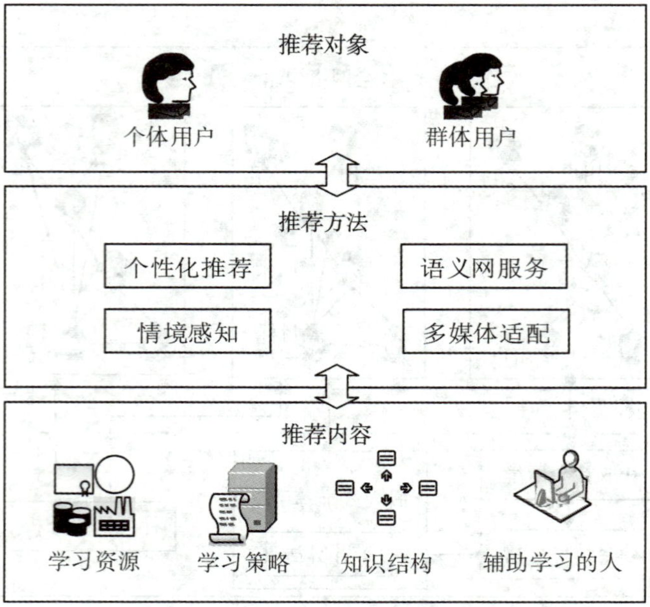

图 9-7　面向泛在学习的嵌入式推荐服务要素构成

面向泛在学习的嵌入式推荐内容包括学习资源、学习策略、知识结构、辅助学习的人等。泛在学习资源最大的特点是具有情境性，不仅要在学习主题上满足用户需求，还要与用户特征、所处环境、所用设备相匹配，可以包括文本、图片、视频、各种多媒体学习资源等。学习策略是指运用一定的学习方法、技巧来控制学习的过程，受到个人主观因素和外部环境因素的影响，推荐系统应该针对不同的学习目标为用户推荐个人学习策略。知识结构是指知识点之间存在一定的联系，形成一定体系结构，为用户推荐知识结构，有利于帮助用户整合零散的知识点以及领域知识的系统学习。与传统学习相同，泛在学习过程同样需要学习交流，因此推荐系统应该基于用户当前学习情境为用户推荐能够辅助相关学习的人，如领域专家、同学、学习小组等。

③推荐方法。

泛在环境的嵌入式推荐服务需要综合运用多种技术和方法：个性化推荐、情境感知、语义网服务、多媒体适配等。个性化推荐通过挖掘用户与项目(User-Item)之间的二元关系，帮助用户发现其可能感兴趣的项目，生成个性化的内容以满足用户需求；从信息过滤角度，可分为以下几种：基于内容的推荐、协同推荐、基于规则的推荐和混合推荐等。情境感知强调将物理空间的变化映射到信息空间，依据这些变化为用户提供相应的信息或服务，提高推荐的准确性和有效性；泛在学习环境下的情境因素包括地理位置、学习进程、学习操作、学习设备、社会情境等。泛在环境具有动态性、网络异构性和终端设备的多样性，要完成嵌入式推荐的复杂任务，需要运用语义 Web 服务技术，即将语义网技术和 Web 服务技术有机结合，在语义层面集成各类信息资源和服务，以支持信息资源的自动发现、调用、组合与执行，是实现泛在环境下服务智能化的关键技术。泛在环境下，不同设备的终端处理能力具有差异性，多媒体适配技术在了解用户的设备的传输条件的情况下，通过创建、选择、修改或重组等技术对内容进行加工，使内容的形式、容量、格式适于目标网络及终端设备的传输和输出，从而满足用户从不同终端无缝访问 Web 资源的需求。

(2)面向泛在学习的嵌入式推荐服务体系结构

面向泛在学习的嵌入式推荐服务将充分利用、整合云计算(Cloud Computing)和物联网(The Internet of Things)技术进行构建。物联网使用户应用终端拓展到人与人、人与物、物与物、物与人的沟通和连接，使物体更加智能化，泛在学习环境下利用物联网技术，可以无缝整合用户的学习情境，根据用户实际需求提供即时的、连续的、高效的、全面的个性化学习资源和学习支持。将泛在学习资源部署在云平台上，通过恰当的基础设施建设，可以从管理层面将资源的功能从实体资源中抽取出来，利用虚拟化技术屏蔽底层硬件和软件实施细节，简化业务应用部署，从而实现资源的整合和灵活配置，有利于资源的聚类、共享、升级和推送，形成泛在学习云资源。

面向泛在学习的嵌入式推荐服务体系结构如图 9-8 所示。总体可分为五个层次：感知层、资源层、逻辑层、管理层和服务层。其中，感知层运用物联网技术实现，资源层、逻辑层、管理层和服务层将部署在云计算平台上。

①感知层。感知层是泛在学习嵌入式推荐服务的基础部分，通过感知层采集用户实时信息，融入情境因素，实现用户学习过程的嵌入。主要利用射频识别(RFID)、全球定位系统(GPS)、传感器、网络监控器等物联网技术感知泛在学习环境下的用户情境，包括社会情境、地理位置、设备终端、网

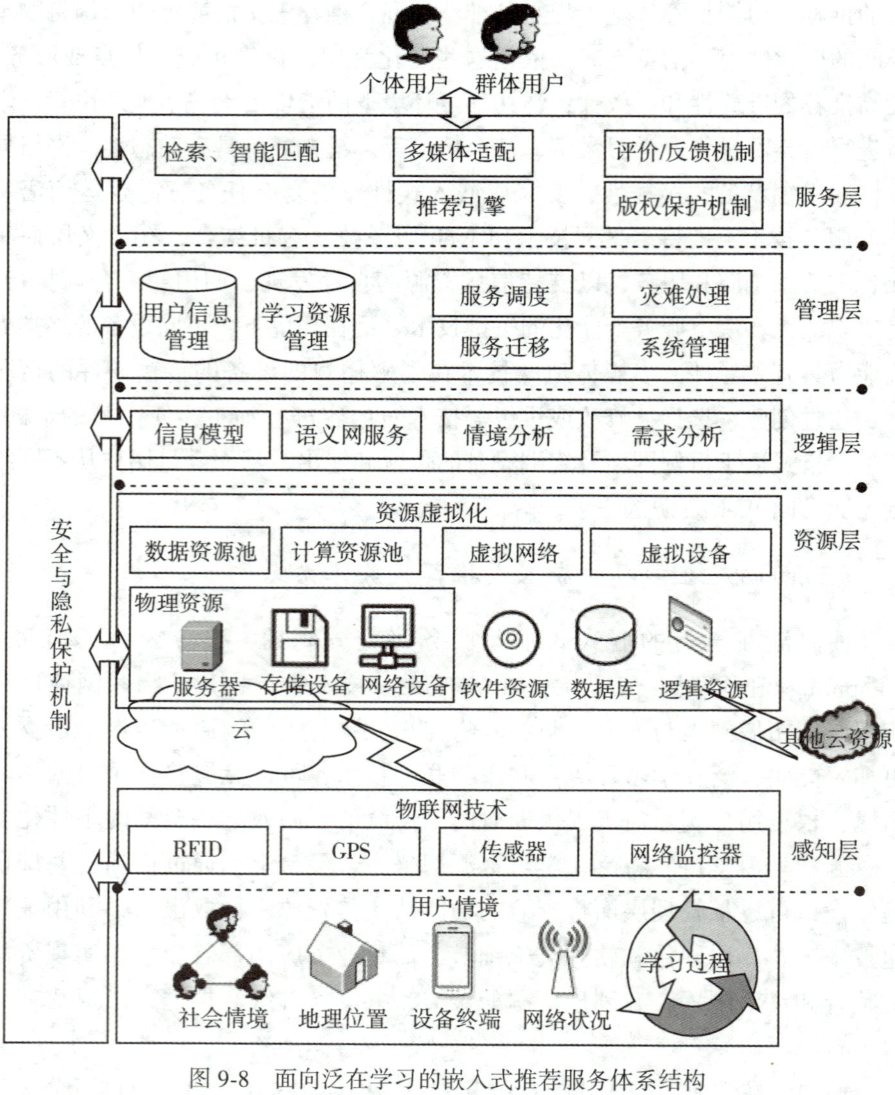

图 9-8　面向泛在学习的嵌入式推荐服务体系结构

络状况、学习过程情境等。

②资源层。海量的泛在学习资源和实时的用户情境数据使得传统的存储环境不堪重负，云平台通过 Internet 以服务的方式提供动态可伸缩的虚拟化资源，使得通过云平台建设泛在学习云资源成为更经济、便利的选择。在资源层中，主要通过虚拟化技术，将物理资源(服务器、存储设备、网络设备

等）、软件资源、逻辑资源、数据库等各项资源的功能进行抽取、整合，形成数据资源池、计算资源池、虚拟网络、虚拟设备，从而便于各种资源和功能的灵活配置。

③逻辑层。逻辑层是泛在学习嵌入式推荐服务的重要部分，通过数据的处理和分析来表示和描述信息，才能进一步为用户提供嵌入式服务，其中包括泛在学习资源信息模型的构建、利用语义Web服务进行语义分析、情境分析、用户需求分析。泛在学习资源的信息模型构建对泛在知识的组织、聚合、建模、管理、推送等过程至关重要，需要结合人际网络、语义关联，提出一种适应泛在环境下嵌入式推荐的学习资源信息模型；利用语义网服务在语义层面对数据进行分析和处理，从逻辑上连接相关事件和实体，使计算机对数据的处理更加智能化；同时，需要对用户各种情境信息进行综合分析，从而根据用户的动态需求提供嵌入式推荐服务。

④管理层。管理层是泛在学习嵌入式推荐服务的重要组成，包括对数据资源的日常管理和维护、制定管理策略和应用处理机制等。在管理层中，需要对学习资源、用户信息等数据库进行系统管理；通过资源和服务调度，解决资源过度或利用不足的问题；通过云服务迁移确保所有数据能在不同的云供应商或私有云内部完成迁移，同时克服迁移过程中的实现、整合、兼容性和互操作问题，云平台中的灾难处理，通过备份规划、还原等机制防止由误操作、断电、硬件损坏、人为破坏等原因造成的数据错误或丢失。

⑤服务层。服务层与泛在学习者直接交互，提供嵌入式推荐服务和其他服务。检索功能根据用户搜索内容进行智能匹配并返回检索结果；结合用户情境、语义网服务、个性化推荐算法判断用户实时需求，为用户提供泛在、全面、高效的嵌入式推荐服务；通过用户评价和反馈机制，让推荐内容接受用户检验，为制作、创造、重构更好的推荐资源提供借鉴和反馈数据，也为面向泛在学习的嵌入式推荐服务的改进提供意见和依据；知识产权保护机制对泛在环境下的学习资源和内容进行权限管理、版权管理，保证泛在学习环境下知识产权所有者的智力劳动成果不受侵害。

此外，面向泛在学习的嵌入式推荐服务体系的各个层次中还需要一定的安全和隐私保护机制，保障用户隐私安全和整个服务体系运作的稳定性和安全性。

9.5.3 面向泛在学习的嵌入式推荐服务的保障机制

(1)评价和反馈机制

为了在泛在学习环境下更好地为用户提供嵌入式推荐服务，满足用户的泛在学习需求，需要一定的用户评价和反馈机制，让推荐资源和嵌入式推荐服务接受用户的检验，从而为制作和创建更好的学习资源、完善和改进更优质的嵌入式推荐服务提供切实的依据。面向泛在学习的嵌入式推荐服务的评价和反馈机制可以从两个方面分析：一是对于推荐学习资源的评价和反馈，二是对于嵌入式推荐服务的评价和反馈。

为了保证资源评价的科学性，对于推荐学习资源的评价和反馈，需将用户分为领域专家用户和非领域专家用户，领域专家用户从资源的教育性、技术性、科学性方面进行评价，而非领域专家用户主要从适用性和满意度方面进行评价；用户评价包括期望评价、学习过程评价、学习后评价的动态评价机制，期望评价可以通过编写调查问卷、用户情境、用户阶段学习目标等判断，学习过程中可以实时评分，学习后评价可以通过用户的评论、点击、下载、阅读时间等进行考量。群体推荐中每个用户对整个群体的影响力是有差异的，因此需要结合各个用户的影响力因素对各用户的评价进行加权计算，从而得到推荐资源的综合评价。推荐学习资源的评价和反馈过程如图 9-9 所示。

对嵌入式推荐服务的评价和反馈同样采用包括期望推荐、推荐过程评价、推荐后评价的动态评价机制。可以通过对推荐系统的评价指标来考察，常用的推荐系统评价指标包括准确度、多样性、新颖性、覆盖率等。其中，准确度考量推荐系统准确预测用户对推荐资源的偏好的程度，准确度指标可包括用户预测评分准确度、预测评分关联性、分类准确度和排序准确度等。多样性是指推荐系统向不同用户推荐不同商品的能力，以及向同一用户推荐不同商品的能力，可以使用汉明距离(Hamming Distance)来衡量。新颖性指推荐系统为用户推荐较难预测到的项目，可以使用一些简单的推荐系统，例如 PPM(Primitive Prediction Method)衡量推荐项目是否易于预测，一般地，推荐项目的可预测性越低，则推荐的新颖性越高。覆盖率指推荐系统向用户推荐的商品覆盖全部商品的比例，较高的覆盖率才能保证推荐系统能在较大资源项目范围内为用户进行推荐，否则会由于推荐的局限性而降低用户满意

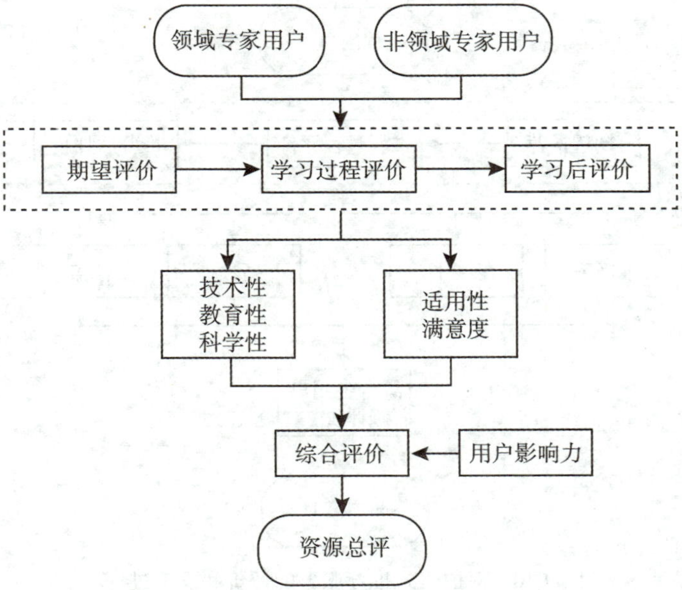

图 9-9　推荐学习资源的评价和反馈过程

度。最后综合各用户的评价得到综合的推荐系统评价指标，从而为嵌入式推荐服务的不断更新和完善提供理论依据。对嵌入式推荐服务的评价和反馈过程如图 9-10 所示。

(2)知识产权保护机制

知识产权(Intellectual Property)也称智力成果权，是权利人对其智力劳动成果享有排他性的专有权利，具有无形性、专有性、地域性、时间性、可复制性的特点。泛在环境下的知识产权属于网络知识产权，是由数字网络发展引起的或与其相关的各种知识产权，主要可分为著作权和工业产权。其中，著作权包括版权和邻接权；工业产权包括专利、发明、实用新型、外观设计、商标、商号等，网络知识产权除了传统知识产权的内涵外，又包括数据库、计算机软件、多媒体、网络域名、数字化作品以及电子版权等。泛在学习环境下，学习资源数量庞大、开放性强、复制方式变得简单，这对知识产权滥用侵权的规制提出了更高的要求。泛在环境下的知识产权保护工作主要从两个方面展开：一是法律手段，二是技术手段。

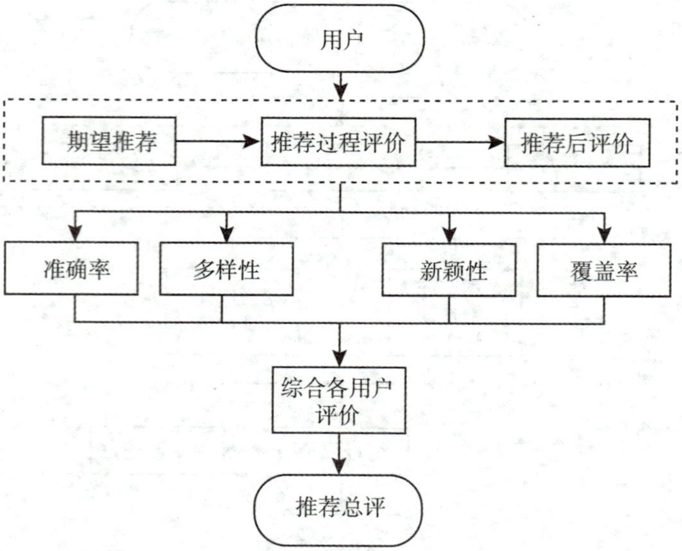

图 9-10　对嵌入式推荐服务的评价和反馈过程

在法律保护方面，我国自 2000 年开始，先后颁布、修订多项关于网络知识产权保护的法律和条例，包括《著作权法》《计算机软件保护条例》《著作权集体管理条例》《信息网络传播权保护条例》《互联网著作权行政保护办法》等，尽管我国关于网络知识产权的法律还不够完善，但对泛在环境下的知识产权起到了一定保护作用，也为泛在学习平台和嵌入式推荐服务体系构建中的知识产权保护机制提供了法律依据。

除了法律手段之外，泛在学习环境下的知识产权保护还需要借助信息技术得到落实，可以综合利用用户身份和访问控制、设置用户权限、数字水印和数字指纹防伪技术、加密技术等。用户身份和访问控制要求用户通过泛在学习平台进行用户注册、通过身份验证来获得一定的用户权限，从而对用户访问泛在学习资源进行控制。设置用户权限是基于用户角色来提供差别服务，例如泛在学习环境下的用户角色包括资源所有者、资源访问者、资源授权者、服务提供者等，相关的权限如资源的创建、发布、修改、查询、访问、下载、权限管理、推送等，根据角色来授予相应的权限，从而进行访问控制。采用数字水印、数字指纹防伪技术，将版权信息隐藏在文本、图片、视频等泛在学习资源中，以此确认内容创建者、购买者、传送隐秘信息或者判断载体是否被篡改，防止用户在没有得到版权人允许的情况下滥用资源、侵犯他人知识产权。利用加密技术对网络上传输的信息进行加密，防止泛在学习资源和信息在传输过程中被盗取和篡改，同时，加密技术结合用户权限可以对用户进行资源的访问控制，如图 9-11 所示。

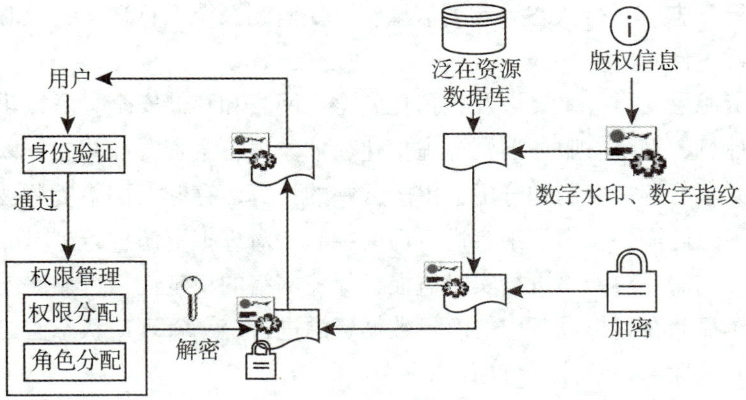

图 9-11　泛在学习资源访问过程控制

(3) 安全与隐私保护机制

将面向泛在学习的嵌入式推荐服务系统部署在云端，集成各项虚拟资源，有助于节省成本开支、增强计算能力、灵活拓展业务应用，然而云服务的相关技术也带来了一系列的安全隐患：物理设备的故障、断电造成业务中断；云端的用户的隐私和敏感信息成为黑客恶意攻击、窃取、非法利用的目标；由于云端数据资源的所有权和管理权分离而导致的数据安全隐患等。

目前，趋势科技、瑞星、卡巴斯基、迈克菲、赛门铁克、PANDA、金山、360 安全卫士等云服务提供商都提出了相应的“云安全”方案，然而“云安全”方案缺乏一定的行业统一安全标准，不同的“云安全”方案针对的主要问题和解决策略都各不相同。要将泛在学习资源部署在云端，为用户提供泛在、全面、有效的嵌入式推荐服务，同时保障系统的稳定性和安全性，不仅要充分了解云服务提供商的安全方案，更重要的是针对业务环节的需要构建完善的嵌入式推荐服务安全与隐私保护机制。

根据面向泛在学习的嵌入式推荐服务体系结构(如图 9-8)所示，可以将对应的安全问题分为五个层次：物理层安全、资源层安全、逻辑层安全、管理层安全、服务层安全。

①物理层安全：物理安全是由于人为或自然灾害造成的设备硬件故障或损害，包括线路、设备环境、服务器、供电状况等。线路、服务器等硬件设备要达到相应的行业标准；至少要有一个备用服务站点，防止意外事故造成服务中断；同时，利用综合日志审计，集中采集安全事件、用户访问记录、系统运行日志、运行状态等各类信息，以便监测系统运行情况，及时发现并处理异常事件。

②资源层安全：主要涉及虚拟化安全、网络和存储安全。虚拟化技术将存储、计算、网络、服务器资源虚拟化，抽象出各个资源和功能，以此实现资源的共享、统一控制和分配，由于云端的计算、存储、网络资源被多个用户共享，因此需要对虚拟平台进行访问控制、对虚拟资源进行逻辑隔离和备份。此外，需要对网络进行实时监控，保障网络的稳定性、可靠性。存储安全要求对存储在虚拟设备中的海量数据资源进行统一管理、状态监控，保证数据的完整性、一致性、可用性。

③逻辑层安全：主要涉及数据在使用和处理过程中的机密性、完整性和安全性。可以在云客户端、云服务端采用 HTTPS/SSL、VPN 等加密技术防范网络诈骗、保障数据传输的机密性；通过数据完整性检验技术防止数据传输过程的延迟、丢包等问题；在完成数据处理后，存储介质中仍然可能有残留数据，可以利用数据擦除等方法擦除残留数据，防止利用残留数据重建而造成的数据泄露。

④管理层安全：即在管理层面保障嵌入式推荐服务的安全性。需要在策略上制定物理设备、资源、服务等各层面的安全标准和安全处理方案，预防可能发生的安全事故；制定相关管理人员的操作规范，防止由于内部操作不当而引起的失误；可以通过建立自动化、可视化的安全监控平台，监控网络设备、服务器、虚拟机、数据库等各项资源，进行综合管理和控制。

⑤ 服务层安全：包括身份和访问控制和客户端安全。系统管理员可以对角色和权限进行创建、管理、删除、授权等操作，设置密码或使用生物识别技术，用户通过统一身份认证获取用户权限，系统通过验证用户身份合法性以及权限范围来控制用户访问。现有的云安全技术融合了并行处理、网格计算、未知病毒行为判断等技术和思想，通过网状的大量客户端监测网络中的软件行为，获取互联网中木马、恶意程序的最新信息，并传送到服务端进行自动分析和处理，将相应的解决方案分发到每一个客户端，以此保障客户

端的安全性。

本章小结

智慧图书馆是在传统图书馆基础上融合了云计算和物联网等先进信息技术的新型图书馆，是图书馆新的发展方向和未来模式，在读者知识服务和体验方面需要带来全新的体验和满足感。基于智慧服务的智慧图书馆需要满足读者的泛在化、个性化、主动性服务，也要解决大数据环境下数字资源海量丰富特性带来的挑战。集成个性化推荐技术的智慧图书馆服务体系在很大程度上给满足了智慧时代图书馆的智慧知识服务需求，更加深刻地体现了图书馆“以人为本”的理念。本章分别从不同视角研究智慧图书馆个性化信息推荐服务，首先探索了智慧图书馆个性化信息推荐服务体系；接着融合读者情境信息，将情境感知技术应用于信息推荐中，提出基于情境感知的智慧图书馆个性化推荐服务模型；而后，探索将 SoLoMo 理念与嵌入式推荐服务无缝融合，提出了基于 SoLoMo 模式的智慧图书馆嵌入式推荐服务模式，将智慧图书馆知识服务嵌入到读者的科研、学习等活动中；最后，以泛在学习为应用场景，探索将嵌入式推荐服务嵌入读者学习过程，洞察读者学习需求、预测读者学习兴趣，为读者提供泛在、全面、互联、高效的智慧型服务。目前，智慧图书馆的研究还在初始阶段，融合个性化信息推荐技术的智慧服务系统需要更深刻的理论探索和技术实践去进一步检验和实现。

参考文献

[1] 王世伟．未来图书馆的新模式——智慧图书馆[J]．图书馆建设，2011(12)．

[2] 聂珍，王华秋，周建．个性化推荐技术在图书馆服务中的应用[J]．现代情报，2013，33(5)：95-102.

[3] Dynamic localization of books and collections：Second version of Smart Library is being tested [EB/OL]．[2018-12-10]．http：//virtuaalikampus. Oulu. fi/English/smart library. html.

[4] Aittola M，Ryhanen T，Ojala T. Smart Library：Location-aware mobile library service[C]//The 5th International Symposium on Human-Computer

Interaction with Mobile Device sand Services (Mobile HCI) . Udine: Springer, 2003: 411-415.

[5] 钱丹丹, 刘洋, 胡姗姗, 等. 智慧图书馆知识服务构成要素及服务架构研究[J]. 情报科学, 2019(12): 52-56.

[6] 马捷, 赵天缘, 王思. 高校智慧图书馆功能结构模型构建[J]. 情报科学, 2017(8): 56-61.

[7] 曾子明, 秦思琪. 智慧图书馆移动视觉搜索服务及其技术框架研究[J]. 情报资料工作, 2017(4): 61-67.

[8] 王世伟. 略论智慧图书馆的五大关系[J]. 图书馆杂志, 2017(4): 4-10.

[9] 王静, 宋迎法, 李新春等. 基于 SFIC 理论的智慧图书馆建设过程中协同治理模式研究[J]. 图书馆学研究, 2019(13): 20-23.

[10] 李通. 智慧图书馆微观知识生态系统运行机理研究[J]. 情报科学, 2019(11): 133-137.

[11] 夏立新, 白阳, 张心怡. 融合与重构: 智慧图书馆发展新形态[J]. 中国图书馆学报, 2018(1): 35-49.

[12] 邱圣晖. 云计算在智慧图书馆建设中的应用研究[J]. 中外企业家, 2015(32): 212-213.

[13] 田梅. 基于关联主义学习理论的智慧图书馆服务模式构建[J]. 图书馆学研究, 2014(9): 64-67, 46.

[14] 刘喜球, 王灿荣. 可穿戴技术: 构建智慧图书馆的助推器[J]. 图书馆论坛, 2015, 35(6): 105-108.

[15] 周耀. 区块链技术在智慧图书馆中的应用研究[J]. 现代情报, 2019(4): 94-102.

[16] 王茜, 张黎. 基于云平台的智慧图书馆系统的设计与实现[J]. 图书馆, 2019(2): 46-50.

[17] 李默. 基于深度学习的智慧图书馆移动视觉搜索服务模式研究[J]. 现代情报, 2019(5): 89-96.

[18] 台北市立图书馆应用 FRID 成立无人服务智慧图书馆介绍 [EB/OL]. [2018-11-20]. http://tech.rfidworld.com.cn/2009_6/2009618954168830.html.

[19] Fan Yang, Zhi-Mei Wang. A mobile location-based information recommendation system based on GPS and Web2.0 services[J]. W. Trans. on Comp. 2009

(4)：725-734.

[20] 贾宏．数字图书馆个性化服务技术述略[J]. 现代情报，2006(2)：94-96.

[21] 张春丽．基于数字图书馆关联数据的用户服务模型与协同信息推荐模型研究[J]. 图书馆理论与实践，2017(7)：89-92.

[22] 汪圳，刘成山，秦春秀．基于科研情境的数字图书馆知识推荐研究[J]. 情报理论与实践，2018(12)：139-143，138.

[23] 丁安，朱朝凤．智慧推荐系统模型构建研究——用户需求驱动下智慧图书馆服务模式[J]. 图书馆学刊，2019(4)：117-121.

[24] 张潇璐，赵学敏，刘璇．基于情境感知的高校移动图书馆知识资源推荐研究[J]. 情境科学，2020(1)：48-52，92.

[25] 张海营．基于物联网的图书馆馆藏推荐服务平台构建[J]. 图书馆杂志，2013(12)：33-36.

[26] N Schilit B，M Theimer M. Disseminating active map information to mobile hosts[J]. Network IEEE，1994，8(5)：22-32.

[27] 谢蓉，刘炜．SoLoMo 与智慧图书馆[J]. 大学图书馆学报，2012，30(3)：5-10.

[28] 王雯霞，刘春丽．二维码对基于 Beacon 的智慧图书馆应用的补充研究[J]. 图书馆学研究，2017(5)：20-23，51.

[29] 王焕景，张永鹏．高校图书馆嵌入式服务质量评价体系的构建研究[J]. 图书馆学研究，2019(9)：54-59.

[30] 初景利．嵌入式图书馆服务的理论突破[J]. 大学图书馆学报，2013(6)：5-9.

[31] 陈廉芳，许春漫．高校图书馆嵌入式创新服务模式探讨[J]. 图书馆工作与研究，2010(8)：4-7.

[32] 吴金红，陈强，王娜．SoLoMo 环境下图书馆数字资源重构策略研究[J]. 图书馆论坛，2014(4)：64-69，40.

[33] 翟姗姗，代沁泉，谭琳洁．基于 SoLoMo 的非遗信息集成推送平台构建及应用研究[J]. 情报科学，2018(10)：71-76.

[34] 初景利，秦小燕．从“地心说”到“日心说”——从以图书馆为中心到以用户为中心的转型变革[J]. 图书情报工作，2018(13)：5-10.